思政教育在路上

——刘红霞小学德育名师工作室专业成长路径

名誉顾问	李耀文	刘论文		
顾　　问	左梦飞	肖四萍	邹兆林	何立新
	苏新喜	欧阳平	龙显特	姜荣华
主　　编	刘红霞			
执行主编	陈爱莲	罗小玲	杨丽琼	李基磊
编　　委	彭　灿	刘　娟	李丽梅	伍伟英
	黄镇波	阳新向	邓国辉	王灵芝
	潘佩兰	杨尊东	李　果	黄小柳
	王黎明	李　红	李　涛	申大局

·长沙·

内容简介

本书汇编了刘红霞小学德育名师工作室两年来关于专业成长路径探寻的一系列重要成果。全书共分为四篇，每篇分为三个章节。第一篇，探索文化建设和工作室的生活化路径。第二篇，探索常态研修和工作室的情境化路径。第三篇，探索课题引领和工作室的学术化路径。第四篇，探索项目驱动和工作室的社会化路径。最后，还附有工作室部分成员的成长手记。

本书适用于广大中小学教师、各级各类教育研究和管理人员，尤其对中小学思政课教师有一定的指导参考价值，并可作为名师工作室建设与教师培训的重要参考读物。

  2019年3月18日，习近平总书记在学校思政课教师座谈会上曾说："教师是立教之本、兴教之源。"办好思政课，离不开一支政治素质过硬、业务能力精湛、育人水平高超的高素质专业化思政课教师队伍。"办好思想政治理论课关键在教师，关键在发挥教师的积极性、主动性、创造性。"

  由娄底市冷水江市中连乡中心小学校长刘红霞主持的"刘红霞小学德育名师工作室"是湖南省首批"小学思政课名师工作室联盟"中的工作室之一，长期致力于为思政教师的专业成长提供支持，探索德育教师专业成长的路径；利用专家团队与名师资源，带领区域内的同行在文化建设、常态研修、课题引领、项目驱动等方面寻找行之有效的德育教师专业成长路径；实实在在按照习近平总书记提出的六个方面的要求，坚持政治要强、情怀要深、思维要新、视野要广、自律要严、人格要正；加强中小学思政课教师队伍建设，形成了一支可信、可敬、可靠，乐为、敢为、有为的思政课教师队伍。"刘红霞小学德育名师工作室"将工作过程中总结出来的经验汇编成这本《思政教育在路上》，是基于时代要求的成果，是解决现实问题获得的成果，也是一份上承天意、下接地气的成果，对中小学思想政治理论课教师具有很好的应用参考价值。

  工作室组织教师进行文化建设。大家在工作室里共同进行理念设计、机制创新、阅读引领，不断践行童化教育主张，把工作室打造成了一个生活化的领域。在这里，大家共同过上了一种反思式的生活。

  工作室把磨课与以赛代训当作一种常态研修。大家积极参加德育教师教学风采大赛、十九大特色课堂设计比赛、贝壳网集体备课大赛；积极参加省、市、县三级送课下乡；积极实行"品德与社会"向"道德与法治"的有效过渡，落实两会精神、探寻社会热点及开展解读小学道德与法治统编教材的网络研修。他们充分发挥自己的聪明才智，挖掘自己的潜能，比智慧、展能力、示方略。他们在"比"中提升自身的专业素养，在"展"中发挥更好的示范效应，在"示"中相互交流，从而实现了从教学新手到教学能手再到专家型教师的蜕变。

工作室积极申报课题、研究课题，以大课题引路求发展、小课题研究求突破的方式前进。为充分发挥"刘红霞小学德育名师工作室"在课题研究中的引领带动作用，更好地引导工作室成员及基地校教师走上教育科研之路，工作室在湖南省教育科学规划办与省教育学会分别申报了"基于儿童本位的传统文化序列化创编研究"的十三五规划办一般资助课题与"农村小学家校联动共创优良家风的实践研究"的十三五教育学会课题，并成功立项；还对荣获湖南省第四届教育科研成果奖的基地校课题"基于童心校园背景下小学生养成教育童话化行动研究"的成果进行推广。与此同时，工作室成员还进行了道德与法治课程的构建与课例研究。他们把工作室打造成了一个学术化的领域，在这里相互学习，共同成长。

工作室以项目驱动的方式把社会主义核心价值观、法治知识、金融知识等根据童化教育的主张进行了儿歌创编，把看似抽象的概念变得直观与形象。开发这样的乡土德育课程，不但加强了学科的融合，培养了师生的审美情趣，丰厚了教师的文化底蕴，培育了学生的核心素养，还彰显了工作室的特色。大家还根据工作室的实际情况，组织不同学科、不同学段、不同地域的工作室教师建立联盟，促进其相互交流，取长补短。其组织的"德育叙事""家风故事""名师讲堂"等活动，充分发挥了工作室成员的引领辐射作用，把工作室打造成了一个社会化的领域，在这里，大家聚集正能量、传递正能量，共同为教育事业发光发热。

立德树人，路径探寻。工作室在不断探索文化建设和工作室的生活化路径，探索常态研修和工作室的情境化路径，探索课题引领和工作室的学术化路径，探索项目驱动和工作室的社会化路径。

可以说，在这本书中，我们看到了"刘红霞小学德育名师工作室"在致力于引导孩子"扣好人生第一粒扣子"工作中勤勉跋涉的足迹，我们听到了所有工作室成员专业成长路上的铿锵之声，我们看到了一群行者在领头雁刘红霞校长的带领下不忘初心、永葆童心、砥砺前行的姿态。

未来，期待工作室在引领教师享受美好德育生活的同时，一如既往地与时俱进，积极响应时代的机遇与挑战，不断开创德育工作的新格局。

湖南省教育科学研究院

左梦飞

2019年6月9日

写在前面

童化教育引领教师享受美好德育生活

——乡村名师工作室发展路径探寻

刘红霞小学德育名师工作室(以下简称"工作室")理应是一个学习型自组织，其中的"名师"自当有成熟的教育主张，以明确的教学追求和共同的目标朝向，吸引工作室全体成员，并辐射更多的德育同行，在实践中寻求自身更好的专业成长之路。多年来，工作室以"童化教育"为主张，引领成员不断回应时代发展的需求，探寻教师德育专业成长的新路径。

一、"童化"引路，探寻教师德育成长的"学术化"路径

作为一个根植于乡村教育事业中的名师工作室，"童化教育"这一主张凸显了笔者作为一名乡村教师、乡村小学校长的成长印记。2012年，在城乡统筹推进农村教师队伍建设的大背景下，笔者从城区来到冷水江市中连乡中心小学这所乡村小学。教育资源的匮乏本身并不可怕，令她担忧的是农村儿童的校园生活状态：童真在丢失、童趣在削减、儿童成人化……如何让儿童"回归"儿童，找回童真、童趣、童心，成为笔者思考的问题。

依托学校的办学积淀和课题研究基础，笔者提出了"童话引路、人性为本、办童心教育"的办学主张。"对内"，学校坚持走课题引领的"高端"发展路径：2013年，学校成功申报湖南省十三五教育科学规划资助课题"基于童心校园背景下小学生养成教育童话化行动研究"，以大课题引领求发展、小课题研究求突破。"对外"，学校积极寻求发展机遇：2013年，湖南省率先在冷水江市进行城乡统筹试点，学校加入冷水江市城乡统筹整体推进农村教师队伍建设联盟、湖南科技大学

教师专业发展联盟与苏浙沪儿童文学联盟。借助"内外"的发展东风，学校进行了童心环境建设、童心课堂打造、童心课程开发、童心活动开展、童心家校共育的整体改革。

在一系列实践中，笔者对儿童的认识不断深化：于农村而言，童心急需呵护；于教育而言，童话只是引路；于自身而言，童心意味成长。所谓"童化教育"，即作为教育人，心里永远要住着一名儿童。孩子有一颗童心，教师也要拥有一颗童心，我们要做的就是基于每颗童心的基因图谱，站在化育的高度耕耘一方肥沃的土地，让童心不停地向下扎根、向上生长，不停地向下吸纳，向上昂扬。

有了教育主张，就有了明确的教学追求和共同的目标朝向。正是"童化教育"主张将越来越多的德育同行凝聚在一起，共同探寻乡村教师的德育专业成长路径。而"童化教育"主张的形成过程，也让工作室成员深刻领悟到教育科研之于教师德育专业成长的价值。工作室坚持走课题研究的"高端"专业发展路径，以"基于儿童本位的传统文化序列化创编研究"，带领成员回应时代发展，不断进行新的德育实践。

实践中，工作室带领成员立足儿童的心理特点和农村学生的生活实际，围绕社会主义核心价值观的核心词语，创编了132首儿歌。如核心词语"富强"以11个题目进行创编：祖国在腾飞、中国彻底变了样、追赶强国梦、两条龙、高速公路、立交桥、中国在领跑、网络时代、小康生活、天堂是家乡、小鼠标。核心词语"文明"则以13个题目进行创编：弯弯腰、不上树、爱心车、红云彩、垃圾分类、文明靠大家、养成节俭好作风、好仪容、广场舞、文化大院、爸爸别抽烟、家风、远离毒品。

工作室成员还发动孩子们一起创编属于自己的儿歌，唱响了富强、文明的美好童年生活：

"神舟号"，上太空，"和谐号"，插翅膀，"蛟龙号"，下大海，"辽宁号"，去巡洋。我们的祖国在腾飞，一天更比一天强！——《祖国在腾飞》

小树抚我弯弯腰，我和小树一样高；妈妈抱我弯弯腰，我和妈妈一样高。我抱小狗弯弯腰，小狗和我一样高；我向小草弯弯腰，小草和我一样高。只要都肯弯弯腰，大家都是一样高；只要人人讲礼貌，社会变得更美好。——《弯弯腰》

……

"童话引路"，让工作室成员真正将儿童放在了教育的中心。他们聚在一起就是一团火，分散到各校就是满天星。工作室成员都在自己的学校为孩子们播下了一颗真善美的种子。

娄底市第八小学的陈爱莲老师带领学校师生将社会主义核心价值观具象化、舞台化，进行了"社会主义核心价值观童谣进课堂"的尝试，将社会主义核心价值观内化于心，外化于行；冷水江市城东学校的黄波老师创编了国学课间操；冷水江市博雅学校的童俊老师则以儿歌完善了学校的"博雅文化"；冷水江市毛易中心小学则将课题组创编的儿歌择优做成了学校的文化围墙……

以此为契机，工作室创编了100首金融知识进校园儿歌，加强诚信教育与货币文化的传承；创编100首法治儿歌，以此助力法治教育。为加强家校合力，工作室开展了"农村小学家校联动共创优良家风的实践研究"，不断聚集、传递正能量，通过家风建设，引领乡村民风建设。

在生动的德育实践过程中，我们鼓励工作室成员不断凝练研究观点。例如，针对社会主义核心价值观教育，工作室中的老师们形成了以下几个研究观点："传承"——传承国粹是历史赋予我们的责任与使命；"改造"——将适合儿童的优秀传统文化嵌入孩子们喜闻乐见的歌谣之中，以游戏传诵，以诵读传承，以生活浸润；"超越"——让传统文化走入现代儿童的视野，并在传承中内化和创新；"倡导"——倡导全社会形成传承优秀传统文化的风气，弘扬民族精神，增强文化自信，唤起民族自信心和自豪感；"扩大"——通过一系列活动推广德育成果、碰触儿童心灵，带领师生接受优秀传统文化的熏陶，扩大中华传统道德文化的内涵与外延，以道德精神引领主流；"塑造"——提高教师对优秀传统文化和"新国学"的重视程度，更好地把自己塑造成适应社会发展的复合型人才。

这些观点虽然还不成熟，但是，它们是工作室成员对自身研究思路的理解和演绎。我们希望借助这样的研究和总结提炼，引领工作室成员爱上课题研究，从中找到属于自己的"学术化"专业成长之路。

二、聚焦课堂，夯实教师德育专业发展的"常态化"路径

教师的成长，根基在课堂，尤其是德育课堂。德育理念、课程理念最终要在课堂落地，教师必须立足课堂，不断践行"儿童立场"，才能形成自身的教学主张，实现德育专业成长。因此，工作室注重聚焦课堂，坚持开展常态化的课堂研修活动，并不断创新研修方式。在新的发展时期，工作室聚焦道德与法治课堂这一德育主渠道，引领成员展开了新的研修之旅。

我们将工作室成员按所在区域分为6个小组，建立了扁平式组织结构的教研

团队，平时以区域为单位开展研训活动，由工作室根据教材和教学实际确定研修主题。由此，我们开展了递进式的课堂构建，借助8个步骤，帮助老师们落实道德与法治教育理念。在此过程中，笔者在网上与各区域组长保持沟通，加强过程性帮助与指导。

例如，工作室以"贯彻十九大精神，培养法治意识"为主题，带领老师们展开了课堂研究。

第1步：前瞻式学课。工作室组织所有成员根据普遍存在的困惑或急需解决的问题，观摩全国贯彻十九大和道德与法治的优秀案例，以其为参照进行自主构建，汲取相关知识与策略，也为老师们奠定坚实的课程资源基础。

第2步：体验式备课。成员根据观摩心得，各自选择一个切入口进行模仿创新，根据各区域学生特点与当地实际情况选择有效的教学策略。

第3步：实践性上课。根据活动方案，教师在各自的课堂中实施教学实践，并进行反思。

第4步：双向式上课。根据学员上课的情况，由工作室首席名师或工作室专家顾问进行同课异构。学员从内容选择、呈现方式、教学策略等方面进行比较。

第5步：集智式备课。以各区域为单位，根据道德与法治课程特点进行集体备课。

第6步：推演式上课。集体备课后，每个区域推荐一名工作室成员进行"实战"演练。

第7步：沙龙式议课。成员齐聚名师工作室基地校，做集体汇报，以交叉的方式在其他区域进行研讨。老师们就自己观察和记录的情况，畅谈各自发现的教育现象，提出讨论议题；达成共识后，代表本区域在全体成员交流环节，分享所得或提出值得商榷之处，并提出改进的意见或建议。

第8步：反思式札记。上课、观课和议课活动结束后，我们要求全体工作室成员都要进行反思。围绕"达成目标情况""对本次活动的评价""自己的收获与生成的新的问题"等，及时进行回顾、梳理，为下一步的教学调整做好准备。

主题研修过程中，工作室成员推出了6节课，分别是娄底第六小学李丽梅老师的《安居有保障》、娄底第六小学罗小玲老师的《红色解密，通关2049》、涟源李涛老师的《一带一路新丝绸之路》、新化县伍艳玲老师的《听听他们的呼唤》、双峰县邓国辉老师带来的《振兴中华，我们的责任》与冷水江市潘红老师的《我们的大中国》。

在老师们充分进行观课与议课后，我们邀请了湖南省教科院左梦飞老师针对这6节课进行了详细点评与指导。他提出的"定准目标""联系生活""转变角色""追求真实"等意见，让老师们对于道德与法治课程性质、特征和基本理念有了更深入的思考；对于全面把握课程目标，正确认识教师的角色和作用有了更清晰的认识；对于将了解儿童作为教学的基础，以活动作为教与学的基本形式等，有了更加深刻的理解。工作室成员收获满满，札记《聚是一团火，散是满天星》《法治教育的三个维度（法治知识、法治思维、法治能力）》《法治理念的渗透（自由、平等、公正、民主、法治）》等，获得了许多老师的认可和点赞。

三、机制演绎，创设教师德育专业成长的"情境化"路径

多姿多彩的课题研究与主题课堂研修活动，让工作室成员取得了长足的进步，也让工作室实现了自身的发展。工作室逐渐走上了专业化的发展道路，确定了遴选三位核心成员与若干班委的制度，实行核心带动、区域管理，力求重心下移，充分调动骨干的积极性。同时，工作室还在基地校选择两位工作室助理，负责工作室的日常管理及对外有效对接与联动。

工作室对成员要求严格、分工合理、定期培训。要求每一位成员在工作中严于律己，率先垂范，以实际行动诠释"名师"内涵；每一位成员每学期至少读一本教育专著、上一节公开课、发表一篇教育教学论文，至少结好一个帮扶对子。我们力求让每一位成员置身于成长的"情境"之中，做到外塑形象、内强素质，形成有研究、指导能力的团队。依托工作室成熟的工作机制，我们逐渐形成了一系列"情境化"的研训路径：

以赛代训，强化专业提升。名师工作室的教研活动应是一种主题教研。主题教研是基于学科典型问题而开展的一系列教研活动，可以有目的地解决教学中迫切需要解决的带有共性的问题。当前，对于名师工作室来说，最重要的共性问题就是更名后的道德与法治课到底如何定位并进行课堂实践。湖南省从2016年开始，便立足"道德与法治"开展一年一度的德育教师教学风采赛，旨在引领全省德育教师队伍科学把握教材，有效实践。为配合省赛，各县市都会进行初赛。借这一"东风"，在各县市初赛之前，名师工作室就积极开展选拔赛。我们将层层比赛视为最好的培训，正所谓"有比才知事物的长短优劣，有较才能推动自身的调整与改造"。工作室成员就是在这样的层层比赛、参赛、观赛中，不断理解"教本"与"学本"的关系，感受教材的"利学易教"，更艺术化地处理文化多样性与文化统

一性的关系,让所有师生都感受到文化的"多样公正"。

　　送教下乡,打磨教学主张。对于名师工作室来说,另一个共性问题就是教学主张的课堂实践。这种课堂实践并非简单的教学主张的课堂呈现或课例的堆积,而是对主题进行进一步设计,让每一次活动不仅有主题,还能更聚焦问题,落实活动的问题导向。而"国培计划"的项目县送教下乡正是围绕主题落实活动问题导向的最佳方式。多年来,工作室根据项目县道德与法治课程的需要和考核要求,组建了一支集培训、教学、教研于一体的市级教师培训团队,承担由市级教师进修学校组织开展的送教下乡培训工作。工作室培训团队围绕"构建有效活动,培养法治意识"的主题,广泛开展初建课校本研修、合格课区域研修、优质课基地校研修、精品课全市推送等活动,不断打磨、聚焦、提炼、完善自身的教学主张。

　　依托情境化的研训,工作室做到了以研之需求的"主动"补训之需求的"被动",以训之组织行为补研之自发状态,使得两者互相依托,互相促进。在这一过程中,工作室培训团队成员和项目县培训对象都更新了教育观念,提升了师德修养,改善了教学行为,培养了自主研修能力,实现了全市道德与法治教师队伍素质的整体提升。

　　"童化"引路,凝聚了热爱德育事业的同行一起走上了科研提升的道路;聚焦课堂,夯实了工作室成员成长的基础;而机制演绎则为老师们搭建了更为广阔的平台,帮助他们成长为名师。我们希望借助工作室不断传播先进的教育理念和教学方法,使其成为德育人的教科研的平台、名师展示的舞台、骨干培养的基地,与更多的同行一起享受美好的德育生活。

冷水江市中连乡中心小学　刘红霞

第一篇　探索文化建设和工作室的生活化路径 …………………（1）

第一章　理念设计，铸工作室之"魂" ……………………………（2）
工作室教育主张 …………………………………………………（2）
工作室理念文化 …………………………………………………（6）
工作室内部管理 …………………………………………………（9）

第二章　机制创新，注工作室之"血" ……………………………（22）
主持人导师培养制 ………………………………………………（22）
骨干带动制 ………………………………………………………（22）
工作助理制 ………………………………………………………（23）

第三章　阅读引领，润工作室之"心" ……………………………（24）
专著推荐，思想引领 ……………………………………………（24）
好书共读，促进成长 ……………………………………………（30）
跨界阅读，兴味悠长 ……………………………………………（39）

第二篇　探索常态研修和工作室的情境化路径 …………………（49）

第一章　以赛代研，养工作室之"气" ……………………………（50）
参加德育教师教学风采赛 ………………………………………（50）
举行十九大特色课堂设计比赛 …………………………………（65）
参与贝壳网集体备课大赛 ………………………………………（78）

第二章　送教下乡，增工作室之"效" ……………………………（93）
参加省教科院送教下乡 …………………………………………（93）
参加娄底市送教下乡 ……………………………………………（94）
参加送教下乡项目工作 …………………………………………（99）

第三章　网络研修，提工作室之"质" ……………………………（114）

品德与社会向道德与法治的有效过渡 …………………………（114）
　　落实两会精神，探寻社会热点 …………………………………（124）
　　小学《道德与法治》统编教材解读及教学建议 ………………（128）

第三篇　探索课题引领和工作室的学术化路径 ………………（153）

　　第一章　课题研究，扬工作室之"帆" ………………………（154）
　　湖南省十三五规划办一般资助课题通过中期评估 ……………（154）
　　湖南省十三五教育学会家长学校课题通过中期评审 …………（161）
　　湖南省十二五规划课题成果推广会在多地举行 ………………（167）
　　第二章　课程构建，提工作室之"神" ………………………（178）
　　紧紧扣住教材更名的理念，从小培养孩子的法治意识 ………（178）
　　准确把握课程变革的方向，让思政课变得"利学易教" ……（179）
　　着力加强有效课堂的构建，让道德与法治理念真正落地 ……（182）
　　第三章　课例研究，把工作室之"脉" ………………………（184）
　　品德与社会课例分析 ……………………………………………（184）
　　道德与法治课例研讨 ……………………………………………（204）
　　研究性学习方式探究 ……………………………………………（223）

第四篇　探索项目驱动和工作室的社会化路径 ………………（247）

　　第一章　项目驱动，助工作室之"力" ………………………（248）
　　法治知识进校园创编儿歌 ………………………………………（248）
　　社会主义核心价值观创编儿歌 …………………………………（259）
　　金融知识进校园创编儿歌 ………………………………………（277）
　　第二章　跨界生长，问工作室之"道" ………………………（292）
　　跨学科联盟 ………………………………………………………（292）
　　跨学段联盟 ………………………………………………………（301）
　　跨地域联盟 ………………………………………………………（320）
　　第三章　立德树人，固工作室之"本" ………………………（331）
　　德育叙事 …………………………………………………………（331）
　　家风故事 …………………………………………………………（349）
　　名师讲堂 …………………………………………………………（361）

附录 工作室成员的成长手记 ……………………………………………（371）

以师德铸魂，从经师走向仁师……………………………………………（372）

以专业固本，从研修走向研究……………………………………………（379）

以发展添翼，从共享走向共创……………………………………………（391）

后　记 ………………………………………………………………………（399）

第一篇 探索文化建设和工作室的生活化路径

黎巴嫩诗人纪伯伦曾说:"人是一支队伍。人总是在队伍里行走,也只有在队伍里才能获得集体前行的节律和力量。"工作室就是一支队伍,队伍中的同仁们共读专业书籍,共同创设工作室理念与文化,共同实践教育主张。

工作室就是这样一个生活化的场域,在这里,成员们共同过着一种实践与反思式的生活。

第一章 理念设计，铸工作室之"魂"

工作室教育主张

童化教育的逻辑进路

著名教育家苏霍姆林斯基(1918—1970)曾说："一所学校的领导首先是教育思想的领导，其次才是行政的领导。"而教育思想的形成，要经历三个阶段：观点、主张、思想。（华南师范大学基础教育培训部研究院王红教授语）回顾我28年来的教育实践，发现学校教育及名师工作室正经历着从认知到理解，从具体到抽象，从内化到外化的逻辑关联与有序过渡。下面，我从我的工作实践出发，谈谈我所践行的"童化教育"。

一、童化教育的有序过渡

"目标是一种动态的规格要求。这种要求可以随着学生年龄、知识、经验、觉悟和思想水平等的提高而提高。而且这种要求总是前后衔接、承前启后的，所以才能构成序列。"学校办学思想的形成不仅有着内在的关联，在不同层次之间还存在着有序的过渡。我的教育思想就经历了以下三个阶段。

1. 儿童本位——我的教育观点。

我国资深教育家、清华大学教授、教育部基础教育司原司长、国家副总督学王文湛先生在北师大讲学时，要求我们教育工作者牢记一句话："假如我是孩子，假如是我的孩子。"他用这句话告诫我们怎么对待工作，怎么对待学生。从我为人师、为人母起，我就一直以此为座右铭。现在，已为教育人、管理者的我面对教育、面对学校、面对师生时，总是以人为本、"照料"心魄、直抵心灵。而在倡导儿童本位思想的过程中，我发觉这不仅是我从教的初心，更是对所有教师与孩子的激励、唤醒、照亮与点燃。我想，这大概就是我的教育观点。

2. 童话引路、人性为本，办童心教育——我的办学主张。

2012年8月28日，我从城区来到中连乡中心小学这所"麻雀级"的乡村小学，随后，用最短的时间了解了这所乡村小学的办学历史、地理环境及这所学校的师生状态。我似乎在学校的办学历史——"闪光点工程"与独特的地域文化资源（地处《西游记》的首拍地波月洞对面）及孩子当时的现状（童真在丢失、童趣在削减、童心成人化）之间找到了一个有效的对接方法。于是，我提出了"童话引路、人性为本，办童心教育"的办学主张，提出了我们教育的三大任务：修正习性——止恶扬善；化去禀性——去掉恨怨恼怒烦；圆满天性——做到孝慈悲喜舍。

人性是教育的基本问题，认识不一样，教育就不一样。可是，今天的很多教育者没有明确的信条，特别不重视"品德与社会""道德与法治"教育。他们所做的仅是保证每一堂课显性目标的达成，或者叫作完成任务。这样的教育不需要探讨人性的问题，因为它不以人的成长，尤其是人的人格成长为教学基本目的。我认为：如果人的善恶依旧存在，那么教育的根本目的就在于培养有人文精神的、有人性的人。教育者可以教孩子辨善恶、知对错、明荣辱、懂廉耻，可以通过约定俗成、规则规范、纪律法规去限制人性中的恶，可以通过人文关怀、精神传递、德育养成来弘扬人性中的善，要引领学生追求人类无限广阔的精神生活，要启发大众崇尚社会普遍永恒的终极价值。笔者科学界定了关了于童心教育的三个核心概念。

童真：儿童的童真就是天真，就是有一颗未经污染的童心，没有一丝一毫的虚假，没有受到不良习气的侵蚀。"皇帝新衣"的故事没有人不知道，故事里的大人们明明有眼睛、有思想、有想法，但都装瞎卖傻。只有孩子，心里想到就问，眼里看到就说，揭穿了事实的真相。愿每一个大人能保持"童真"，保持儿童的天真稚气，做到实事求是，做到以人为本，做到不唯上、不唯书，一心为人民办好事。

童趣：儿童的童稚、烂漫以及行动上流露出的可爱，是为"童趣"。儿童的情趣是孩子的天性。天真烂漫、好玩、好动、好奇决定了孩子与大人的区别。社会的发展，靠的是童年、少年、青年的递进式的创造，离开了童年的幻想、少年的奇思、青年的创造，人类不会前进。

童心：孩童般的纯真之心。"童心"就是真心，"一念之本心"，实际上是表达个体的真实感受与真实愿望的"私心"。

理念一定要经过技术层面的打磨才能真正落地。于是，我率领广大教师进行了科学的干预。如从童心环境的建设、童心课堂的打造、童心课程的开发、童心活动的开展、童心家校的共育等方面，以大课题引路求发展、小课题研究求突破的方式推进学校各项工作。我校的湖南省十三五规划办一般资助课题"基于童心校园背景下小学生养成教育童话化行动研究"在践行童心教育的过程中被湖南省教育规划办评定为优秀等级。

3. 童化教育——我的办学思想。

"童话引路、人性为本，办童心教育"的办学主张确实产生了一些社会效应。《湖南教育》杂志在对我的专访中写道："于农村而言，童心急需呵护；于教育而言，童话只是引路；于自身而言，童心意味成长。"于是，我没有一刻不在思考：既然童话只是引路，那么，又该朝着哪些方向继续拓展呢？很快，我找到了突破口——将童话与童话化对接，将童话化与传统文化对接，即以保全童心的方式传承祖国优秀传统文化。于是，在湖南省十三五规划课题申报中，我又成功立项了"基于儿童本位的传统文化序列化创编研究"课题，探讨如何以儿童喜闻乐见的儿歌的方式创编祖国优秀传统文化；我提出了"践行天地人、新国学"的创新教育理念——童心育人、借力发展、办童化教育。其中十三五规划办课题"基于儿童本位的传统文化序列化创编研究"在中期检查中被评为全省一等奖；"践行天地人、新国学"创新德育理念经过层层考核与筛选被评为全国优秀德育经验典型。

作为由不同层次办学思想构成的有机体系，童化教育有着内在的逻辑关联。具体而言，是指教育思想的分解关系与递进关系。

二、童化教育的逻辑关联

1. "童"就是儿童、童年、童心。

国语词典这样解释"儿童"一词：未成年的男女。儿童是相对成人而言的。而在很多时候，儿童作为受教育的主体是常常缺位的，与这种缺位相伴的往往是成人不自觉的越位。发现儿童，这种本该平常的行为却在我们的生活中变得十分艰难。这种艰难，有多重原因：一是人生成长线性否定的自然结果；二是政治化、功利化社会思想倾向的影响；三是给予儿童的教育教学不协调。显然，这三者呈递进的关系，越到后者，我们可为的空间越大。

"童"亦即童年。大多数人眼中的童年，主要指小学阶段的学生在自我生命成长过程中健康、快乐、丰富而有意义的经历和收获，它是学校文化品格的最高价值追求。近些年，关于儿童和童年话题的人文主义路径的思考和讨论，在诸如教育、文学、艺术、传媒等专业领域，已有越来越多的理论工作者表现出浓厚的学术志趣而参与进来，并从儿童精神、文化、生活、权利与发展等概念延伸到了儿童的文学、艺术、游戏等具体方面。

"童"也叫童心。明代李贽曰："夫童心者，真心也。"我之所以说寻求童心是一种文化的追溯与探源，是基于冷水江市中连乡中心小学当时的状态。2012年8月，我真实地看到了一所学校不应该有的教育生态：校园文化非常贫瘠，教师动力严重不足，学生习惯令人堪忧，家庭教育严重缺失！一个学校的现状，最能反映儿童当下的生存状态。要改变孩子的童年生态，学校必须进行整体改革。因此，我当时就确定了学校的整体改革思路：把建设童真、童趣、童心的童话教育作为学校精神的内核来抓。

2. "化"就是化育。

德育目标中的任何一个具体的目标都不是由单一维度和层面构成的，而是由从低到高、从浅入深、从简单到复杂的复合体构成的。

"化"是融化。融化——学校教育最美丽的意蕴，是"童化教育"的精神折射。在教育教学行为中，只有把童真、童趣、童心融化进去，在全校师生的生活中融入理性的教育教学行为，这种理性的教育教学行为就是"没有爱就没有教育，没有兴趣就没有学习"（顾明远语），这才是对儿童的尊重，才是真正的以人为本。"融化"在我校表现为三个方面：一是问题融于课题，二是课程融于课堂，三是评价融于实践。

"化"是转化。转化——学校教育最朴素的支架，是对"童化教育"的意义探寻。如：传承国粹是历史赋予我们的责任与使命，找准中华优秀传统文化与儿童教育、现代文明的最佳融合点，将适合儿童的中华传统文化嵌入孩子们喜闻乐见的歌谣之中，以诵读传承，以游戏传诵，以生活浸润就是对儿童的行为方式、情感态度和生命意义的探寻。"转化"主要表现在三个方面：一是经典向儿歌转化，二是知识向教养转化，三是交流向现场转化。

"化"是催化。催化——学校教育最本真的期待，是对"童化教育"的诠释。传统的技术化的教育方式失去了生命情怀，失去了向心力与感召力。"催化"则遵循了自然规律，尊重了师生生命的自然，关注了师生生活的本真，力求教育吻合师生生命自然的轨迹与内在的要求，主要表现在学习兴趣的催化、心灵情趣的催化、人文志趣的催化等三个方面。

"化"是优化。优化——学校教育最幸福的归宿，是对"童化教育"的表达。

我们把学校教育与人的幸福、自由、尊严、终极价值联系起来，让学校教育不只关注成绩，更关注人，让童化教育真正成为关注人、直抵人心的教育，如对于师生关系的优化、课堂教学的优化以及周边关系的优化等。

"化"是同化。同化——学校教育最有利的拓展，是对"童化教育"的有效利用。在认知发展理论的视域，"同化"和"顺应"是作为个体求得与环境之间的平衡，实现自我与环境相互作用的两种基本方式。社会在不成熟的儿童面前常常是一个拥有太多不确定的世界，"顺应"必会导致环境压倒自我的平衡，因此，自我中心的"同化"就成为儿童寻得平衡实现的策略，如对于教育智慧的同化、对于教育策略的同化以及对于教育方法的同化等。

同时，"化"还是"计划"的"划""画面"的"画""开花"的"花"。教育不仅需要画面感、故事感，教育更需要生命发出拔节的声音。

李吉林说，自己是一位"长大的儿童"。"长大的儿童"实质上是一种大智慧，拥有这种大智慧的人才能真正站在儿童立场上挥洒自如。

成尚荣说，教师要不断钻研儿童，既要看到他们的"伟大和天使般的可爱"，呵护、鼓励他们，"像对待玫瑰花上的露珠一样"；也要看到他们的"脆弱、粗糙"，严格要求他们。

对每个教育人来说，心里永远要住着一个儿童。孩子有一颗童心，教师也有一颗童心，我们要做的就是基于每颗童心的基因图谱，站在化育的高度耕耘这方肥沃的土地，让童心不停地向下扎根、向上生长，不停地向下吸纳，向上昂扬。

刘红霞
冷水江市中连乡中心小学

工作室理念文化

一、我们的工作室室训：以德为魂，以法育心

康德说："在这个世界上，有两样东西值得我们仰望终生：一是我们头顶上璀璨的星空，二是人们心中高尚的道德律。"星空因其寥廓和深邃，让我们仰望和敬畏；道德因其庄严和圣洁，值得我们一生坚守。小学的"品德与社会"课将逐步更

名为"道德与法治"课,在这个特殊的过渡阶段,工作室所有成员一定要抓住"立德树人"这个中心,以德为魂,以法育心,时刻坚持正确的政治方向,树立正确的价值导向。

二、我们的工作室室徽

1. 图案中的三个动态人物是首席名师"刘红霞"名字首字母"L、H、X"的拟人化。

其寓意"三人行必有我师",展现着团队成员务实、扎实、求实的工作作风,共建、共享、共进的工作目标,也表达着成长不寂寞、成长有方向、成长有力量的工作室最佳状态。

2. 图案中的书,寓意恪守"用阅读浸润生命"的信条。

尼采说:"我看的书越多,感觉看得越少;我学的思想越多,感觉学的越少。最后,我只看了一本书叫善良,一个思想叫善意。"我们坚信:读书不一定让我们成为名师,但可以让我们成为"明师"——明白的教师,明日的教师,善良、善意的教师。"名师"给我们点亮前行的灯,"明师"赋予我们教师的社会责任。

3. 图案中的黄色,代表着泥土,寓意工作室是从泥土里长出来的。

从"《西游记》的首拍地波月洞"到"童话世界里",从"小星星童心校园"到"儿歌化的传统文化",从"基于童心校园背景下小学生养成教育童话化行动研究"到"基于儿童本位的传统文化序列化创编研究",都成了从泥土里长出来的名师工作室的"前奏"。这都与我们的道德与法治课程紧密相连,息息相关。

4. 图案中的"2017"代表工作室组建的时间。

5. "以德为魂、以法育心"的拼音代表工作室的理念。

三、我们的工作室作风:用脑袋行走,用脚板思考

用脑袋行走,就是做思考的实践者;用脚板思考,就是做实践的思考者。

四、我们的工作室定位:共同研究的平台,促进成长的阶梯,提供服务的中心

1. 共同研究:学习研究是工作室的第一要务。首席名师在自身开展研究的同时，带动工作室成员主动研究，凝聚群体智慧，营造研究氛围，彰显研究价值，积累研究成果。

2. 促进成长：首席名师、核心成员通过有实效的多种途径，加大对工作室成员的培养力度，促管理、育人、教书等专业水平真正向更高层次发展。

3. 提供服务：在专家顾问、首席名师、核心成员、班委会等的示范引领下，在全体工作室成员的共同努力下，通过开展活动，提供网站优质资源等多种方式，为娄底广大道德与法治教师，德育工作者的专业成长提供服务，并逐步扩大本工作室的专业影响力。

通过共同研究、促进成长、提供服务，让工作室真正成为展示名师的舞台、培养骨干的基地、示范教学的窗口、科研兴教的引擎、教学改革的论坛。

五、我们的工作室目标：做好带头示范，建好交流平台，带好团队发展，抓好课题研究，出好研究成果

1. 做好带头示范：引领学科建设，以同课异构、研讨会、报告会、名师论坛、公开教学、成员共研、现场指导等形式，有目的、有计划、有步骤地开展教学研究与展示活动，传播先进的教育理念和教学方法，帮助学科教师解决教与学过程中遇到的问题，充分发挥名师的带头、示范、辐射作用，从而形成名优群体效应，实现优质教育资源的共享。

2. 建好交流平台：开辟刘红霞道德与法治网络工作室，及时传递工作室成员学习成果，交流工作室研究成果，建立教育教学资源库，使网络工作室成为本学科教学的动态工作站、成果辐射源和资源生成站，以互动的形式面向广大教师和学生。

3. 带好团队发展：通过培养计划的实施，有效促进培养对象的专业成长，力求在一个工作周期内使工作室成员在师德规范上出样板，课堂教学上出精品，课题研究上出成果，实现所有工作室成员的专业成长和专业化发展。

4. 抓好课题研究：推广湖南省十二五"基于童心校园背景下小学生养成教育童话化行动研究"的课题成果，以湖南省十三五规划课题"基于儿童本位的传统文化序列化创编研究"为依托，找准与本工作室学科相吻合的切入口，进行子课题研究，从而带领本工作室教师开展有效的教学科研活动。

5. 出好研究成果：工作室教育教学、教科研、管理等成果以精品课堂教学实录、个案集（含教学设计、课件、教学评析）、论文、课题报告、专著等形式向外输出。

从以上几个方面入手，建立娄底区域内品德与社会、道德与法治课程教学、研究、培训一体的专业成长共同体。

工作室内部管理

一、我们的工作室章程

第一章　总则

第一条　为了充分发挥娄底市刘红霞小学德育名师工作室的示范引领作用，切实做好名师工作室研培工作，规范首席名师、核心成员、团队成员及相关学校成员的管理，保障研培活动有序高效开展，特制定本章程。

第二条　由娄底市教育局教师培训中心、冷水江市进修学校、名师工作室所在学校组成工作室组织管理机构，负责名师工作室研培工作的开展与管理。

第二章　职责与分工

第三条　工作室职责

名师工作室的主要任务是培养中青年教师，开展教育教学重点问题研究，加强学科教学教研团队建设，解决学科教学难题，引领学科教学健康发展，不断提高学科教学质量。具体职责如下：

带好一支团队。引领名师工作室的学员提高师德修养、教育教学质量、科研水平和管理水平。以公开教学、组织研讨、现场指导、专题研究、公开课评议、观摩考察等形式对学员进行培养。

抓好一项研究。以首席名师的学术专长为基础，以学员的共同研究方向、共同研究愿望为依托，确定并开展教育教学研究。任期内要完成湖南省规划办十三五一般资助课题"基于儿童本位的传统文化序列化创编研究"的研究任务。

做好一次展示。坚持以教育教学为中心，开展学术研究，引领学科建设，每学期举办1次以上主题展示活动，以研讨会、报告会、名师论坛、公开教学、送教下乡、现场指导等形式向全市辐射、示范。任期末要办好工作室任期学术成果汇报展示及工作室成员风采展示活动。

出好一批成果。工作室将重点研究"基于儿童本位的传统文化序列化创编研究"课题、"品德与社会""道德与法治"教学及学校德育工作管理等，将教育、教学、教研、管理等成果以论文、课题报告、专著等形式向外输出。

建好一个专栏。工作室将以"刘红霞优质空间课堂"为依托，建立自己的专栏，实现名师工作室教育教学经验成果共享，开展学科课程教学改革在线研讨，在线解答本市教师的学科教学问题。

完成娄底市、冷水江市教育局名师工作室领导小组交办的其他任务。

第四条　首席名师职责

主持名师工作室的工作，制定工作室管理细则；制定本工作室三年发展规划；制订工作室每学年工作计划，提交工作室总结；建立工作室成员成长档案，督促指导他们制订个人专业发展研修计划，提交研修总结并对其进行指导、管理和考评。

要认真履行师德的表率、育人的模范和教学的专家的义务。关注教育改革与发展的动态和趋向，认真学习教育理论专著，主动提高自身专业水平。

以选定的优秀学员作为重点培训对象。根据工作室要求，完成相应的工作任务，达到相关工作目标；被指导的对象应有明显的发展，学科组进步明显。

要深入课堂听课，积极参加教育教学研讨，提出相应的学科教育教学的改进方案，向相关部门提出关于教学工作的合理化建设性意见，为娄底市的品德与社会、道德与法治教学及基础教育改革与发展献计献策。

坚持教育教学改革实验。全面了解本学科最前沿的信息与发展动态；深入研究教育教学中的重点、难点问题，积极探索新方法，指导本学科的教学研究和科研课题。在工作周期内主持完成至少1项市级以上重点研究课题并取得成果，撰写优质的教育科研文章并著书立说。

每学期至少开设1次以上示范课、研讨课，1次市级以上的讲座；督导成员的教学，每月至少听成员1节课，并予以评课，提出意见、建议，帮助改进课堂教学。并针对学员的特长，实施全程指导，力争两年内使工作室成员有明显的进步。

利用刘红霞优质空间课堂建立工作室专栏，以优质空间课堂为平台，开展与学员及其他本学科教师的合作与交流，展示工作成效，发挥示范辐射作用。

负责定期召开会议。(1)学期初召开一次会议，讨论工作室计划，确定培养对象和培训目标；明确工作室的任务，确定教育科研课题及专题讲座内容。(2)召集核心成员每月1次线上交流，进行专题学习研讨，对学员集中指导，及时收集工作室的各类材料，做好归档，并安排部署下月工作。(3)学期末召开工作室总结会议，回顾本学期的活动及研究成果；成员汇报学期工作，并写出书面材料；总结经验教训，为下学期工作做好准备。

要与成员互帮互助，取长补短，共同发展。

向名师工作室领导小组办公室提交年度经费使用情况。

第五条 顾问职责与任务

为名师工作室提供理论支撑与业务指导。

为名师工作室开展各项工作创造有利条件。

参与制订或修改工作室工作计划、管理细则，共同协商工作方式、工作时间。

第六条 核心成员的职责任务

协助首席名师搞好工作室建设，做到分工合作，共建互享。

制订个人三年发展规划，每学年初制订个人专业发展研修书面计划，学年末进行书面总结，每月在名师工作室交流汇报1次工作开展情况。做好各种研修活动记录，提交研修总结。

使用电子邮箱和工作微信群保持联系，策划并组织本工作室组织开展的各项教育教学研究活动；发挥自身优势，做好教育教学资源积累，完成工作室其他任务。

每个学期，评课不少于15节，上示范课不少于1节，提交2份以上优秀教学设计或优质课例实录。

不断钻研教育教学理论，每学期至少研读1本教育教学专著，撰写2篇读书笔记，每学年完成1篇教育教学论文，并在市级以上报刊上发表或在比赛中获奖，一年内至少有1篇论文获奖或在省级以上刊物上发表。

指导和帮扶青年教师，经常听课、评课，帮助青年教师不断提高教育教学能力。积极参加市、县（区）教育局开展的各项教育科研活动，并完成相应的工作任务。

帮助工作室首席名师维护运行工作室空间专栏，积极开展在线互动式研讨，为名师工作室专栏提供动态的教育教学信息或资源，并为工作室成员或其他教师提供网上答疑等服务。

根据需要收集各地教育教学信息，为工作室开展有关工作提供帮助。

第七条 团队成员职责与任务

成员职责：

成员是名师工作室的学习者、研究者，是名师工作室建设与管理的参与者。

树立良好的师德，倡导无私奉献精神。善于向名师学习，积极主动参加工作室的活动，在名师的引导下与工作室其他成员合作交流，共同成长。

制订个人三年发展规划；制订个人学年专业发展研修计划，做好各种研修活动记录。

努力提高教育教学实践水平，能够按照教育规律和学生的心理规律，科学有效地开展教育工作。

刻苦学习，努力提升教育教学素养，不断提高教育教学理论水平。每学期至少研读1本教育教学专著。

积极参与在线互动式研讨，为名师工作室专栏提供教育教学信息、教育教学资源。

积极完成工作室交给的临时任务。

成员任务：

除参照"名师工作室学员备查资料"（娄底市名师工作室管理办法第十六条）外，所有成员在一个培养周期内的每年度应以最好表现完成如下任务：

1节研究课，1节示范课，1份教学设计（或听课报告），1个优秀课例（或管理案例），1份考试试卷或考试改革方案；参与1项课题研究；至少完成教育教学论文1篇、读书笔记4篇、教学反思6篇、培训总结1份；至少听3节道德与法治课，并进行点评；提供至少1份相关教育教学资源。

第八条　成员所在学校职责

积极创造条件，为开展研培活动提供优良的教学条件和后勤保障，努力做好服务工作。

对工作室成员的研培活动提供时间及经费等方面的保障。

第三章　管理与考核

第九条　名师工作室备查资料

发展规划、研修计划及总结。（含三年规划、学年计划、年度总结）

学习培训。（查看相关文件及证书）

示范引领。（查看帮带青年教师合同、参加送教下乡活动、示范课等材料）

教学实践。（与骨干教师、专家等进行教学实践研究活动，探索符合自身特点的教学模式）

课题研究。（研究过程记录及成果）

撰写或发表论文。（发表刊物复印件）

读书活动。（查看读书笔记）

学科课程开发。（校本教材、讲课教案或课件）

查看名师工作室专栏。（查看刘红霞优质空间课堂）

学校支持名师工作室建设情况。(场地、办公设备、经费支持等)

档案建设。(查看学员档案、活动档案等)

学校对首席名师及名师团队成员工作量落实情况。

名师工作室经费开支情况。(财务查证)

第十条 名师工作室学员备查资料

师德修养。(学校、首席名师考核意见)

参加名师工作室活动情况

发展规划、研修计划及总结。(含三年规划、学年计划、年度总结)

读书笔记。

课题研究及参加教学竞赛成果。(研究过程记录及成果)

撰写论文。(发表刊物复印件)

档案建设。(各种规定性作业、获奖证书及参加各类学术活动通知复印件)

参加教师继续教育或校本培训。(听课记录、讲义提纲和课时数)

在线研讨,微信公众号发文在线研讨跟帖。

送教活动。(活动计划、照片、总结等)

第十一条 成员的考核与评价

考评内容:

每年度工作室优秀学员、优秀学习小组。

评优待遇:

被评为工作室的优秀学员与优秀学习小组的将获得获奖证书。

被评为工作室优秀学员、优秀组长的将优先派出参加各种专业学习和培训。

量化考评:

基础类量化(80分):成员的考核与评价根据成员的"职责与任务"完成质量分为三等,分等级计分。每项任务或职责按时、按量完成,且质量上乘,评为一等;按时不按量或按量不按时,质量上乘,评为二等;按时不按量、按量不按时或既不按时也不按量,且质量一般,评为三等。统一考核分数为80分。具体赋分情况如下:

1节研究课(8、6、4),1节示范课(8、6、4),1份教学设计(或听课报告)(5、3、2),1个优秀课例(或管理案例)(5、3、2),1份考试试卷或考试改革方案(5、3、2);参与1项课题研究(8、6、4);至少完成教育教学论文1篇(5、3、2)、读书笔记4篇(4、2、1)、教学反思6篇(6、4、2)、培训总结1份(5、3、2);听课10节以上并有听课点评(5、3、2);考勤分总计10分,任何关于刘红霞小学德育名师工作室的活动，每迟到一次扣0.5分，每缺勤一次扣1.5分，扣完为止；根据需要收集各地教育教学信息，为工作室开展有关工作提供帮助(6、4、2)。

注：括号中的分数分别为每项任务或职责一、二、三等的所得分数，一等得分即为该项任务或职责的满分。

成果类量化(20分)：

研讨课(或专题讲座、送课下乡)

①观摩课：省级，8分；市级，7分；县(区)级，6分；工作室研讨课享受市级评分。

②赛课：国家一等奖12分，国家二等奖10分，国家三等奖8分；省一等奖10分，省二等奖8分；市一等奖8分，市二等奖6分；县(区)一等奖5分，县(区)二等奖4分。工作室竞赛享受市级评分，无等级评选的活动均参照一等奖评分。

③辅导学生获奖：国家级优秀辅导老师5分，省级4分，市级3分。

④送教下乡：(专指由上级教育部门、其他地州市教育部门或上级师资培训机构派发的送教活动)

娄底市：每送教或讲座一次记5分。

湖南省内：每送教或讲座一次记10分。

跨省：每送教或讲座一次记13分。

论文、案例：

①获奖类：国家级，一篇8分；省级，一篇5分；市级，一篇3分；县(区)级，一篇2分。

②发表类：核心期刊，一篇13分；省级，一篇11分；市级，一篇9分；县(区)级，一篇6分。

③入编类：收入工作室著作的一篇记6分。

考核程序及方法：

学年度末由工作室成员上交各项获奖证书复印件、发表文章复印件，填写《工作室成员年度考核表》，在表上附上计分理由，进行自评。无文本材料为证者，取消该项得分。

本工作室组成评审小组评审。

公示评选结果，如无异议，上报市教育局。

工作室成员实施末位淘汰制动态管理，得分为最后3名的老师如果在第二年没有改观，要被淘汰，同时吸纳特别优秀的名师加入团队中。

第四章 经费的管理和使用

第十二条 根据教育局下拨的专项工作经费,做到专款专用。

第五章 附则

第十三条 本办法由刘红霞小学德育名师工作室核心团队负责解释。实行动态管理,如有冲突,以最近计划或方案为准。

第十四条 如本工作室成员所在县市实行绩分考核制度,则本工作室核心成员每年可以加1分、骨干团队成员每年可以加0.8分、成员每年可以加0.5分。

第十五条 本办法从发布之日起实施。

刘红霞小学德育名师工作室

2017年12月9日

二、我们的工作室管理制度

为了确保工作室各项工作有序开展,促进工作室成员专业发展,全体工作室成员必须遵守以下管理制度。

1. 学习制度。

广泛阅读教育报刊,每学期至少系统学习1本教育理论书籍,做好读书笔记,撰写学习心得。

每学期参加不少于20次听课、评课、议课活动,其中品德与社会、道德与法治课不少于3次,每节课都必须有随机评价和总评。

2. 研究制度。

从2018年开始,工作室成员必须进行品德与社会或道德与法治教学。积极参加工作室开展的各项活动。工作室每期至少进行2次集中学习研讨或网络教研沙龙,研讨主题与形式由小组长负责落实。

积极参与工作室的课题研究工作,力求研究有实效,出成效。

善于思考,分析自己的教学风格、个性特点,探索并提炼个性化的教学方式。

丰富名师工作室专栏和微信公众号,实现优质资源共享。积极在专栏里上传教学论文、教育叙事、教学反思、理论导读、教学设计、教学课件、课例视频等课程资源,每人每学期至少上传3个内容,再由自品牌建设委员上传至世界大学城刘红霞优质空间课堂名师工作室专栏。

工作室每学年组织不少于1次学术讲座,工作室成员每年在全市、县(区)、学校范围内承担1次专题讲座或者1节公开课示范课的教学任务。

工作室成员每年至少有1篇教育教学论文获得市级以上奖励,或在报刊上发表。

建立学习小组活动制度。由各县市的学习小组长根据本组成员的实际情况开创性地开展活动，形成多方引领、辐射一方的自品牌效应，以此作为优秀学习小组评选的主要依据之一。

3. 工作制度。

遵守工作纪律，积极参加工作室组织的各种业务活动，生病或因公出差人员可以请假，其余情况一律不得请假。三次无故缺席工作室活动的，视为自动退出。如因故不能参加工作室正常活动的，可提出书面申请退出工作室。

设立"工作室优秀成员""工作室优秀学习小组"奖项，学期末对及时如质如量完成本学期工作室每项工作的成员或小组进行表彰。

专家顾问的讲义费与核心骨干成员的劳务费将按有关规定酌情补助。

本制度经工作室顾问、核心成员集体研究决定，经全体成员表决通过，自2018年3月起实行。

刘红霞小学德育名师工作室
2017年12月9日

三、我们的工作室三年发展规划

（2017年12月—2020年12月）

（一）指导思想

根据《娄底市教育局〈关于印发娄底市名师工作室管理办法〉的通知》（娄教发〔2017〕21号）、《冷水江教育局〈关于命名冷水江市首批中小学幼儿园名师工作室〉的通知》（冷教字〔2017〕71号）与冷水江市教育局《关于印发冷水江市名师工作室管理办法》（冷教字〔2017〕62号）的精神，在娄底市师培中心的领导下，工作室以提高核心团队参与教师的专业素养和教科研能力为目标，发挥核心团队的辐射带动作用，以课题研究为引导，以课堂教学为主阵地，以课例研究为载体，通过组织开展教育教学研讨活动，建设一支高素质的教师队伍，全面推进娄底市品德与社会、道德与法治课堂教学改革，实现"骨干成名，名师更优"的双重目标。

（二）总体目标

三年内，以名师工作室为成长平台，以课堂教学为主阵地，以课题研究为抓手，坚持自主学习与名师、专家示范、指导和辐射相结合的原则，开展教育教学研讨活动。立足课堂教学研究，通过深入学习理论、教学观摩、教学研讨、撰写教育论文、教学反思、教学随笔等方式,提升教师教学能力,促进教师专业成长,培养小学品德与社会、道德与法治骨干教师、名师,构建娄底市小学道德与法治教师专业发展的平台,促进工作室成员职业素养的有效提升。

(三)工作措施

1. 制订规划,定期开展活动。

工作室每年定期召开两次工作会议,年初会议制订工作室计划,确定工作室成员的阶段工作目标、工作室的教育科研课题及专题讲座内容;年底召开总结会议,安排本学期需展示的成果内容及形式,分享成功的经验,探讨存在的问题。每年开展两次集中研讨活动,每学期开展一次全员线上集体交流活动,每两个月以区域小组长为首组织一次线下主题研讨活动,认真落实期初确定的各项研究计划。

2. 组建队伍,促进名师成长。

聘请专家顾问,为刘红霞小学德育名师工作室工作的开展,提供理论支撑和拓展平台。聘请湖南省教科院左梦飞老师、娄底市教科所何立新老师为顾问;聘请湖南省名师工作科龚明斌科长,娄底市师培中心肖四萍女士、邹兆林书记,冷水江市教师工作科欧阳平科长、进修学校龙显特校长为名誉顾问;聘请冷水江市教研员李新强老师、涟源市教研员张朝晖老师、双峰县教研员刘韶红老师、娄星区教研员聂老师、经开区教研员李伟老师、新化县教研员田新月老师为客座专家。

建设核心团队。核心团队由双峰城南学校的刘娟、娄底第六小学的李丽梅、冷水江市第二中学的杨丽琼三位老师组成。

组建骨干团队。充分依靠工作室成员的自我管理,确保教学计划顺利实施。骨干成员设班长、临时党支部书记、副班长、学习委员、组织委员、文娱委员、宣传委员、自品牌建设委员、生活委员和学习小组长等,协助名师工作室完成周期内日常管理工作。

班委会组成及职责:

班长:陈爱莲,协同工作室负责本班日常事务,负责工作室成员考勤;协助首席及授课教师开展讨论活动及读书活动,引领其他成员认真完成各项培训任务;强化成员与专家、首席、核心成员的沟通交流。

临时党支部书记:罗小玲,协助班长管理班级工作,了解社会动态、政策前沿,为班级工作提供思想保障。

副班长：李伟、李湘军，协助班长、临时党支部书记做好班级管理工作。

学习委员：王灵芝、伍伟英，负责工作室成员签到、资料收集、反馈、评先评优等活动。

组织委员：吴丽群、王黎明、李红，组织各种教育、教学、研究活动。

文娱委员：彭灿、李爱，负责本班的文娱休闲、创意制作、精神风采、品牌打造等展示活动。

宣传委员：邓国辉、潘佩兰，负责本工作室的通讯报道、对外宣传、经验分享与总结等活动。

自品牌建设委员：贺中元、杨尊东，负责名师工作室的网络建设，协助文娱、宣传等部门进行工作室品牌打造工作。

生活委员：唐丽江、周述齐，协助学校后勤对每次集中研讨活动提供后勤保障。

区域小组长成员及职责：

冷水江：潘佩兰、王黎明

娄底：彭灿

双峰：邓国辉

涟源：李涛

新化：伍伟英

协助班委做好工作室所有事宜，负责区域内教师各种分组活动的策划、组织、协调、评优等活动。

3.加强学习，丰富理论素养。

围绕"童化课堂"这一核心价值追求，以儿童为教育的出发点，从儿童的视角去研究教育现象，把握教育规律，调整教学行为，提升专业品质；认真学习现代先进的教育理论，对小学品德与社会、道德与法治教育教学有个性化的思想。

一是倡导自主学习。工作室成员坚持阅读专业书籍，认真做好读书笔记和反思记录，促进自身内涵发展，成为学习方面的先行者。

二是鼓励相互学习。鸡蛋只有自内打破才是成长。在工作室这个大家庭中，每个成员都应当通过对话、交流，寻求相互学习的关系，应毫无保留地提供自己的见解，并谦虚地听取他人的建议，形成紧密的"学习共同体"，共享资源，实现"互惠学习"。

三是向专家学习。采取"走出去，请进来"的方式，让教育专家、未来教育家与我们零距离接触，聆听他们的教育思想和实践经验，分享他们的教育智慧。

4. 聚焦课堂，锤炼教学风格。

一是聚焦课堂。工作室成员围绕"如何打造童化课堂"进行深入研究、探索，创造出切实可行的品德与社会、道德与法治课堂教学模式，形成典型的、系统的课例，并建立资源库。我们的课堂教学研究主要致力于三个方面：一方面研究教材上老师普遍觉得教不好、学生理解不到位的内容；一方面着力于开发教材上只有只言片语介绍的内容，进行深度挖掘；另一方纵观传统文化，对学生进行传统文化渗透教育。

二是形成风格。在未来三年里，通过工作室形式多样、内容丰富的活动，使每位成员教学水平得到进一步提高，教学理念得到进一步提升，能够按照学生的心理规律和教育规律，智慧地、艺术地教育学生，灵活地、有技巧地驾驭课堂，形成各自的教学风格。

5. 开展课题研究，拓展研究视野。

依托首席教师在湖南省教育科学规划办成功立项的课题"基于儿童本位的传统文化序列化创编研究"，各学习小组找准一个与品德与社会、道德与法治教学或德育工作相关的切入口进行子课题研究。拓宽研究视角，探索教学模式，丰富研究成果。

6. 注重宣传，发挥辐射作用。

工作室将用实实在在的行动，发挥对本市各学校的辐射功能，展现工作室在教育、教学、教研方面的指导价值。工作室成员将开设教学示范课、观摩课，根据上级的要求与安排开展送教活动，择机开设有关教育教学与研究方面的专题讲座，积极建设好工作室资源库和微信公众号，上传工作室的研究成果和工作室的最新动态，真正实现资源共享。具体表现为：

一是网络宣传：通过微信公众号进行自品牌塑造，通过刘红霞优质空间课堂在世界大学城宣传。

二是媒体宣传：及时请省、市、县各级媒体来活动现场报道各项活动。

三是简报宣传：每学年制作一期工作简报，及时总结本名师工作室的工作。及时宣传名师工作室所取得的成果。

(四)年度规划和措施

时间	具体工作
2017年12月至2018年12月	1.组建刘红霞小学品德与社会、道德与法治名师工作室团队,建立刘红霞小学道德与法治名师工作室成员微信群和QQ群。名师工作室挂牌时,邀请专家进行专题讲座。制订工作室管理办法、工作室三年发展规划。工作室所有成员根据工作室三年发展规划制订个人的三年发展规划,明确自己今后的专业发展目标和步骤
	2.围绕专业发展开展读书活动,每个成员每学年研读1~2本教育教学著作,多读教育教学杂志和报刊,撰写4篇读书笔记。专注研读名师的教学主张,探究名师们的教学思想和经验,从名师身上汲取营养,提高自己的教育教学能力
	3.工作室成员每学年上1节高质量的校级及以上研讨课,保留详细的教学设计、课件和教学反思,并上传至工作室QQ群,再由自媒体建设委员上传到刘红霞优质空间课堂中的名师工作室专栏。争取在全市举行1次公开课展示活动,工作室成员每学年撰写1篇专业论文
	4.建立刘红霞小学德育名师工作室微信公众号,发挥自媒体品牌效应,充分展现工作室工作学习的过程和成果,切实发挥工作室的天职理念与范本意识
	5.力争两名以上的工作室成员参与2018年市级小学道德与法治公开课比赛,争取代表市里去省里赛课
	6.参与领衔名师的课题研究,在领衔名师的引领下,完成相应的研究任务。组内成员之间团结协作,借智借力,抱团发展
2018年12月至2019年12月	1.继续开展读书活动,做好读书笔记,撰写读书心得。本学年至少开展2次专题教研活动,比如报告会、名师论坛、公开课教学、专题讲座等
	2.逐步养成善于学习、乐于学习、主动学习的习惯,对自己的教学工作以认知反思的方式撰写教学心得,以此改善自己的教学行为,同时培养学生倾听、思考、独立学习的能力
	3.工作室成员每学年上1节高质量的校级及以上研讨课,保留详细的教学设计、课件和教学反思。争取在全市举行2次公开课展示及研讨,工作室成员每学年撰写1篇专业论文
	4.力争两名以上的工作室成员参与2019年市级小学道德与法治公开课比赛,争取代表市里去省里赛课。争取培养几名工作室成员获市级名师称号。两年内把本工作室建设成市内知名工作室
	5.参与娄底市课题的中期评审

续上表

2019年12月至2020年12月	1. 广泛阅读各种报刊及专著，做到涉猎广泛、博观约取，不断提升自己的文化底蕴，使自己研读教材的能力进一步提高，驾驭课堂的能力进一步增强，反思构建的能力进一步提升
	2. 力争在小学道德与法治教学的改革之路上摸索出一点儿门道，取得一点儿成效，形成一点儿特色，形成自己的教学思想，努力向智慧型的教师迈进
	3. 将近三年的教学设计、课件、教学反思、论文等资料整理好，以提升理论修养，进一步提高教学质量
	4. 结合课题继续在教学中开展研究，并将研究成果写成论文，争取发表，课题结题，出版专著
	5. 争取部分教师在市里有一定的名气；部分教师成为省级名师，向特级教师迈进。人人形成相对成熟的教学主张，拥有大气开放、智慧灵动的教学风格
	6. 发挥成员的带头作用，与周围的教师共同进步。组织工作室成员进行课堂教学汇报等综合性活动。通过专家引领、示范公开课、专题讲座、教师论坛等形式，示范、辐射、推动全市的小学道德与法治教学改革

刘红霞小学德育名师工作室

2017 年 12 月 12 日

第二章　机制创新，注工作室之"血"

我们的名师工作室采取主持人导师培养制、学术顾问制、骨干带动制、工作助理制的工作机制。

主持人导师培养制

工作室的主持人刘红霞是湖南省首批小学未来教育家培养对象，同时也是湖南省首批中小学教育家孵化对象。她师从北京师范大学刘淑兰教授和华南师范大学左璜教授这两位导师，从导师处不断获取前沿信息与学术咨询，高屋建瓴地指导工作室开展活动。同时，工作室还邀请湖南省教科院副所长、道德与法治教研员左梦飞老师与娄底市教科所道德与法治教研员何立新老师任工作室顾问，让专业的人专业地引领，不仅能让工作室走向专业化道路，而且也更加接地气。

骨干带动制

工作室在全市范围内选定了三位核心成员与若干班委，他们都是教学的骨干、师德的标兵。我们把工作室成员按区域分成六个小组：冷水江组、基地校组、新化组、涟源组、双峰组、娄底组，建立扁平式组织结构的教研团队，以区域为单位开展研训活动，实行核心带动、区域管理，使工作室重心下移，充分调动骨干的积极性。

工作助理制

工作室在基地校产生了两位工作室助理,进行工作室的日常管理和对外有效对接与联动。工作室助理对工作室成员要求严格,配合首席对各区域工作进行合理分工,组织定期培训。工作室要求每一位成员在工作中严于律己,率先垂范,以实际行动诠释"名师"的内涵。每一个成员每期至少读一本教育专著、上一节公开课、发表一篇教育教学论文、结好一个帮扶对子,做到外塑形象、内强素质,真正形成有研究、指导能力的团队,形成招之即来、来之能战的工作团队。

第三章 阅读引领,润工作室之"心"

专著推荐,思想引领

在教师的专业成长道路上,榜样的示范作用是至关重要的,他能让抽象的道德规范、高深的思想原理更具有说服力和感染力。如果说一位好校长是一所好学校,那么一名好首席就是一个好的工作室。首席名师刘红霞校长是一位有教育理想、教育情怀的优秀乡村校长。二十八年来,她一直坚持"用脑袋行走,用脚板思考""筚路蓝缕,玉汝于成"的理念。经过多年的探索与实践,她率领团队创建了以儿童发展为本位的"童化育人"农村特色学校文化建设模式;悠然岁月中,她甘为乡村点灯人,敢做课改排头雁,争当科研先行者,她是乡村教育最本真最纯然的坚守者。

《童心缘》《一位乡村校长的行走方式》这两本书,记录了一位乡村教育人关于教育行为如何与"童心""童年"共振的思考、实践、创新与反思,诠释了"童心育人"理念的内涵,定位于儿童精神的人文表达,更用她的现身说法诠释了"不忘初心,方得始终"的范本意识与天职理念。

不忘初心,永葆童心
——倾情推荐首席名师教育专著《童心缘》

推荐理由:

至圣先师孔子与其弟子颜渊、子路谈理想时说,他的理想是"老者安之,朋友信之,少者怀之"。这,是孔子的大道。那么教师的大道是什么?工作室首席名师刘红霞有一句话常挂嘴边:"不忘初心,永葆童心。"她说一个社会人,不管他有什么理想与追求，得先"修己安人"。《童心缘》这本书就集结了刘红霞在冷水江市中连乡中心小学从事校长工作前三年的所思所为，其内容彰显了她作为校长的优秀领导素养。读来，让人受益、引人思考的地方很多，如先从自己做起、对教育理念的执着、贵在践行、重在贡献，等等。学校工作是多方面的，以上仅是从领导、管理的视角阅读该书的几点感知。我们还可从学校的教育教学活动，学生、教师的专业成长等更丰富的视角去开掘书中的智慧。

章节提醒：

肩负责任——孕育童心。作为一名专业教师都会懂得："人的成长有其自身的发育规律。如果我们因为功利而硬生生地将本该享受童话、童趣、童真的儿童赶入理性的、功利的成人世界，那么失去童年的不仅是儿童，而且是整个人类，甚至会造成人类精神的枯萎、文化的凋零和时代的断层。"因此，"救救孩子""为了孩子""保卫童年"这样的话语不只是人们恻隐之心的表达，也是对成人必须尊重童年、关心孩子的提醒和忠告，更是对我们教育工作者必须增强守卫童年、捍卫未来、建设生命校园的使命感的警示。刘红霞用童心牵起所有师生的手，找回人类精神的源头，让儿童的纯洁、天真、可爱重回人文精神的怀抱。

童话引路——凝练童心。理念是行动的指导。既然选定了童心教育理念，刘红霞就集思广益，努力策划出让孩子生动活泼发展的行动计划。我们的第一步是童话引路，因为童话故事中的人物的语言、行为、精神境界和心理活动等最容易让儿童产生共鸣，并成为他们生活和学习中投射的目标。对孩子来说，童话形象潜移默化的影响远胜于没有感情色彩的道德说教。童话引路，最终服务于童心教育。对于"童心"在人类生命中的重要性，作家沈从文有着很好的注解。他说："所有故事都是从同一土壤中培养成长的，这土壤别名'童心'。一个民族缺少童心时，即无宗教信仰，无文学艺术，无科学思想，无燃烧情感实证真理的勇气和诚心……"一所学校如果缺少童心，就会让儿童远离童话、远离游戏、远离自然、远离梦想、远离诗意，最终必然会远离人类文明。

打造环境——点亮童心。古人说："近朱者赤，近墨者黑。"教育人都相信，人创造环境，同样环境也造就了人。如果把童话植入学校的每个角落，植入所有的教育教学活动之中，将会收获巨大的力量。刘红霞就是那个带着我们点亮童心的人，校园里那些神奇的想象力、美好的憧憬、善良的心愿、真诚的爱惜……都深深地附着在我们的生命里，全校都洋溢着和谐关爱的真善美的情愫。

收藏感动——滋养童心。教师是一个很注重情感的群体，教师的情感如隐藏在火山口那层薄薄的岩层下的岩浆，这个岩层一旦被融化，岩浆将会喷薄而出，燃起冲天的烈焰。对于这个薄薄的岩层，严寒冰霜只能使其更加坚硬，唯有温情和人文关怀可以将其融化。刘红霞记录的一个个真实灵动的故事都能和教师产生心灵上的共鸣，从而激发教师工作上的内驱力。

阅读引领——启迪童心。刘红霞说：缺乏阅读是一种精神贫穷，它比物质贫穷更可怕。改变这种贫穷的方式当然是阅读——阅读那些经典与杰作，在故事和语言的洗礼中得到和世俗不一样的气息。不知多少次的同读一本书活动，激发了全校师生优雅的心情、超凡的智慧、神奇的灵感、创作的冲动，使师生们有了独特的见解、高雅的格调、强大的心智、犀利的眼睛。

课改探索——护佑童心。关于课改，刘红霞的示范引领课告诉我们，要用儿童的眼睛去观察，用儿童的耳朵去倾听，用儿童的头脑去思考，用儿童的心理去感受。这是对每位教师的基本要求，也是教师们护佑童心、唤醒童心、净化童心、培育童心的神圣职责。

学习感悟——凝聚童心。著名教育家陶西平曾说："要想成为一个优秀的校长，首先必须是一个学习者、研究者。"刘红霞就是这样一个学习者、研究者。我非常敬佩她的钻研精神以及执着的事业追求，这是凝聚童心的重要策略。

精神化妆——捏泥童心。随着童心教育的教师专业化发展的稳步推进，与教师进行心灵对话既是教师成长的需要，也是落实童心教育理念的关键所在，更是落实"人性为本"的重要手段。有人说：老师就是跟着校长来捏泥人的。刘红霞就是这样一个鼓舞教师心灵的模范！

走进风景——放飞童心。知道张弛有度的人是快乐的人，快乐的人又是富有感染力的人，是热爱生活并会享受生活的人。刘红霞组织了一次次温润师生童心励志的活动，我觉得放飞的不只是孩子，还有教师们的童心。

总结盘点——激励童心。"有一样东西，它不是蜜，却能粘住一切，它就是语言。"这是著名文学家高尔基的至理名言。教育，首先蕴含着扣人心弦的讲话艺术。每个学期期初与期末讲话，刘红霞总是善于盘点教师的正能量，充满温情与智慧，这些讲话至今还激励着每一颗童心。

教育交流——拓展童心。"一个人取得最终成就不是取决于他拥有多少潜能，而是发挥了多少潜能，学校亦然。"这是著名教育家朱永新的观点。校长的核心能力是一个积累、提升、动态发展的过程。当学校发展到被人认可的阶段，校长就要有效面对各种交流。当很多单位慕名来访时，我知道校长已在我们这片贫瘠的土地上激活了特色、拓展了特色、强化了特色。

家校携手——共育童心。著名教育家苏霍姆林斯基曾把学校和家庭比作两个

"教育者",认为这两者"不仅要一致行动,要向儿童提出同样的要求,而且要志同道合,抱着一致的信念"。但是不少家长还没真正认识到自己就是教育者。家校携手,理念先行,每个学期的家长学校授课,刘红霞都是带着满满"干货"而来。

"孕育、凝练、点亮、滋养、启迪、护佑、凝聚、放飞、激励、拓展、共育",一个个看似简单的词语,却代表着一位首席名师的心路历程,这不仅是她与童心教师、童心学生、童心校园、童心教育的缘分,也是她童化教育思想的萌芽,更是她主张捍卫童年、建设美好校园与未来的使命,其中凝聚了她用心办教育,对童化教育的一往情深。

冷水江市中连乡中心小学　杨小平

不忘初心,方得始终
——强力推荐首席名师专著《一位乡村校长的行走方式》

著名教育家陶行知曾说过:"校长是一个学校的灵魂。"2012年,工作室基地校——中连乡中心小学迎来了一位有教育情怀、有创新教育理念的女校长——刘红霞。她放弃优越的城区教学环境和生活条件,怀着对乡村教育、对乡村孩子们的热爱,扎根于乡村教育这块贫瘠的土地。几年时间,她让这所不起眼的乡村小学,奇迹转身成为一所闪亮的"童化学校"。小小村小大大变化,学校的变化让孩子们、家长们喜悦,让前来学习的同行们叹服,同时也获得了来学校检查的各位专家高度的评价,荣誉墙上的一块块奖牌记录了全体师生的行走足迹。那么,刘校长是怎么让这样一所师资匮乏的乡村小学快速地华丽翻转的呢?刘红霞校长第二部教育专著《一位乡村校长的行走方式》,让我醍醐灌顶、豁然开朗。"一位好校长,成就一所好学校。"刘校长用她的行动力生动诠释了这句话的深刻含义。

在读《一位乡村校长的行走方式》时,我如同品着一壶香茗与一位教育先锋进行一次深入心灵的交流。《一位乡村校长的行走方式》是刘红霞继《童心缘》这部教育专著后的又一部教育专著,此书共五辑,分别为第一辑《甘为乡村的点灯人》、第二辑《敢做课改的领头雁》、第三辑《争做科研的先行者》、第四辑《勇构文化的排头兵》、第五辑《在第三只童心眼睛里》。细细读来,我的眼前仿佛出现了一位女战士,她每日迎着朝霞坚守着、开垦着乡村教育这块贫瘠的土地。她带着自信,带着教育理想,更带着海量的资源,信心满满地开始了她在乡村教育的田地上的耕耘。

第一辑：《甘为乡村的点灯人》。刘红霞把自己定位成一名乡村的点灯人，她走进乡村孩子的学习生活，发现孩子们的纯真已被僵硬的教条式的古老教学模式禁锢了。要改变，先找源头，回归童心、返璞归真成了这所乡村小学最迫切的需要。刘红霞带领广大师生在读书中寻找突破口，在借力中寻找生长点。童化教学的行走方式开始了，苏浙沪儿童文学联盟会长何夏寿校长、国家一级编剧申大局先生、舜里传媒车志坚先生来了，一本本儿童喜欢的诵读版、儿歌版文学作品诞生了。这是点亮孩子们的第一盏灯。孩子们读着朗朗上口的《华夏百杰儿歌》《冷水江市传统文化创编儿歌》……他们的眼睛亮了，他们的小腰板挺直了，他们为自己是中国人而自豪，微微上扬的嘴角告诉我们他们的自豪与喜悦。马卡连科曾说过"没有爱，就没有教育"。只有对孩子们拥有满满的爱才能开启孩子们的心灵之门，刘红霞显然做到了。

第二辑：《敢做课改的领头雁》。刘红霞将自己化作一只领头雁，作为小学思政课的首席名师，她看见了这门课程一直旁落成"让路课""搭头课"的窘状，她在忧思，在教学中探索突破的方法。她开始前行，在教学前，她总是广泛深入地调查学生的生活学习，了解学生们的兴趣爱好，洞悉他们的喜怒哀乐，以便设计出以学生为主体、规避负方向、迈进正航程的切实有效的教学方案。

我认真仔细地研读了刘红霞老师的《古老的丝绸之路》教学设计。研读之后，我想用"经典"一词概括我的感受。

经典一：对教材分析抽丝剥茧，梳理得异常清晰，悟透了编写者的指导思想与目的。在教案中她是这样编写的：《古老的丝绸之路》是教科版《品德与社会》五年级上册第五单元《我们都是炎黄子孙》中的一篇课文，这一单元通过让学生了解我国是有几千年历史的文明古国，感受中华民族对世界文明的巨大贡献，以达成"让学生掌握应有的历史常识，珍视祖国的历史和文化，具有中华民族的归属感与自豪感，初步形成开放的国际视野"的课程目标。这一课通过带领学生认识丝绸之路，使其体会丝绸之路的巨大作用，感受中华文明的绚烂和古代中国的繁荣昌盛，进而理解对外开放的深远意义。从"这一单元到这一课"，清晰的脉络，展示出刘红霞老师对课程目标、单元训练要求、本节课目标的深入思考，正是有了这些深入的思考才能准确地拟定课堂教学目标，紧扣教学中的难点重点，采取有效的教学策略。

经典二：学情分析深入全面，从实际出发，既考虑了学生们的年龄，同时也考虑了孩子们的生活环境、知识储备等。

经典三：教学目标简洁、清晰、具体，针对性和可操作性强，是根据学生的实际状况和需求进行设计的，避免了"大而空"。在教案中，她是这样编写的：（1）情感态度与价值观：感受中华文化的绚烂，激发民族自豪感。（2）过程与方法：引导学生进行自主、合作、探究的学习活动，体会丝路的作用，感悟对外开放的深刻意义。（3）知识与技能：认识丝绸之路，了解丝路的概况，并且把情感态度价值观置于首位。刘红霞说：小学品德与社会是活动课程，不是学科课程。学科课程是按知识的逻辑进行编排的，而活动课程则是按情感的逻辑进行编排的。

经典四：所有教学活动的设计都是联系生活而创设。要使教学有效，要让学生对学习的内容感兴趣就必须联系生活，这样才能让教学内容变得鲜活生动而有意义，学生才愿意说、有话说、能够说。教学第一环节的设计就是基于这个思考设计的："联系生活，有效引入丝路。"这里刘老师以孩子们熟悉的读本《华夏百杰儿歌》中"汉武帝与张骞"引入新课，既有效地导入了新课，又悄无声息地在孩子们幼小的心灵中播下文化自信的种子，让学生都能大胆地说，而且很会说。

联系生活是将社会常识形象化的最好方式。教学环节二的设计：观看微课，初步了解丝路。运用微课将抽象的丝路形象立体化，让学生直观轻松地初步感知丝绸之路的漫长与艰辛，并在交流中带领学生感受我国劳动人民不畏艰险与锐意开拓的精神。

联系生活从身边的事物开始，才能产生真实的感受。本课所有的教学设计都紧紧抓住了这一点。如教学环节三：小组探究，相互交流丝路。本环节是情境化活动设计，从教材走进学生的生活，使这条经济、科技、文化的丝路变得生动形象，孩子们在合作、交流、探究的过程中，掌握了本课的重点，同时也突破了难点。学习后，我心惴惴，这节课我刚上过，我的教学设计与刘红霞老师一比较显得是那样的粗糙，也怪不得这节课同学们兴趣缺乏，整节课，学生们参与活动的热情始终得不到激发。有名师引路，我立刻现学现改，重新设计这堂课，重新再去上，果然收到了意想不到的效果。向书本学习、向名师学习，只有虚心地学习才能成为像刘红霞一样优秀的教师。

"日落西山红霞飞，战士打靶把营归，风展红旗映彩霞，愉快的歌声满天飞……"我感觉刘老师是自带光芒的人，虽然我现在难以企及，但我相信：心有光芒，必有远方。

冷水江市博雅学校　童俊

好书共读，促进成长

一名对万物没有感觉的老师，就无法设计出能够滋养儿童心灵的教育方式！

好书共读，是促进教师成长的一种很重要的生活方式，让教师们能够像拥有发达根系的大树一样，吸收各个场域的精神营养，吸收不同时代的文化精髓；让教师们建立起多元而综合的知识结构体系，得以与各个专业、各个时代产生特别的联结，博采众长，虚心问道，万物有感，向阳而长。共读好书，这样我们才有力量、有智慧、有底气和儿童生命形成无分界的联结，润泽最纯澈的儿童心灵。

梅花香自研修来
——读《研修，教师的生存常态》有感

感谢刘红霞小学德育名师工作室，给我们搭设了这个研修的台子，让我们找到了自我成长的舞台；感谢娄底市师培中心，给我们送来了精神食粮——研修书籍，让我们品味到最美味的佳肴。通过这些书，我学习了教育前辈们积累下来的宝贵经验，拜读了无数拥有大爱情怀的教育精英的故事，领悟了很多大道至简的教育理念，感受到了教育的真谛，品味到了教育的芬芳。

研修，然后知不足。俗话说"知足者常乐"，这句话本是用来教育人们要有良好的心态，不要有太大的贪欲，但是如果用于教师对待教育的态度，那就大错特错了。曾经的我自认为当了这么多年的教师，对教学已经得心应手了，平时所教班级的成绩也一直在学区的统考中名列前茅，于是，就抱着一种"知足常乐"的心态，在教育行业中得过且过，故步自封，慢慢开始懈怠，懒散。就这样懵懵懂懂过了几年，当刘红霞小学德育名师工作室成立的时候，我很荣幸地成了其中的一员。名师工作室里，才高八斗、学富五车的精英们齐聚一堂。他们说起话来口吐莲花，妙语连珠；上起课来神采飞扬，教学手段层出不穷。这让我自惭形秽。正所谓"读书才恨学识浅，观海方知天地宽"，是研修让我找到了自身的差距，从而激发了我内心深处的学习欲望。

研修，唯贵在坚持。常常听人说起研修，有一句经典语录——"课堂上有点儿激动，课后有点儿心动，回去后一动不动"，就是说大部分人在研修之路上不能坚持。是的，在研修之路上，不仅有鲜花和掌声，还有荆棘和坎坷。在研修中，你可能会有很多美丽的梦想和目标，可是理想和现实往往是矛盾的，特别是女教师，既为人师又为人母、为人妻，每天除了教学任务，还有家务、子女教育任务……每每劳累之后只想倒头就睡，所谓的理想与追求也只能想想而已，如果不靠自身的毅力去支撑，估计也只是一场空谈了。我也曾经有过这样的经历，也曾经无数次地想过要放弃，可身边这些优秀的教师们对教育的执着，特别是刘红霞校长对教育的满腔热情和她那信手拈来的从容，以及书中那一个个感人的教育故事又让我激情满怀。我给自己制订了一个计划：每天坚持看一个小时的书，无论多忙总要挤出一点时间来；每天坚持写点儿教学反思，无论我的写作水平有多差。有了计划，还要去执行，尽管这坚持起来有一点儿难度，但是，有了明确的目标，有了坚定的理想信念，居然慢慢形成了一种习惯。

研修，促智慧成长。可能大多数的老师自认为对工作认真负责，勤勤恳恳，每天守着教室、守着课堂、守着孩子，甚至得到很多家长的肯定。但这真是学生需要、家长需要、社会需要的好老师吗？我看未必。教育需要智慧型教师，教育智慧分为课程智慧、教学智慧、管理智慧、研究智慧和人格智慧五种。教育智慧来自教师的自我修养和不断研修。通过研修，我知道了怎样精准地解读教材，除了共识性理解，更多的是寻找个性化解读；知道了一堂好课除了一些基本的要求外，还要善于突破常规，便捷、高效、机智地处理问题，妥帖地处理教学突发事件；创作好课的教师，其教学智慧，包括课前预设的智慧、课中生成的智慧、课后反思的智慧、管理学生的智慧；要理解尊重学生，走进学生的内心世界，多与学生沟通交流，把握好教育的最佳时机等。《研修，教师的生存常态》一书把理论与事例融合在一起，既让人读来趣味横生，又让教师学会如何智慧成长。

研修，喜闻梅花香。"宝剑锋从磨砺出，梅花香自苦寒来"，参加各种研修培训，尽管也苦过、累过，但我也笑过、乐过。畅游在书中，与专家对话；徜徉在研修中，与智者为伍；在日常的教学中，我巧妙地将在研修中学到的智慧运用于教学与管理中，既轻松又有效，不仅让我的课堂里经常笑声不断，也让我的教学水平和教育管理能力得到了有效的提升。研修，是教师自主发展中不断自我追求和不断自我超越的渡船，让我们坚定自己的职业信念，自觉地将研修作为教师的生存常态！

冷水江市毛易中心小学　王黎明

在人间四月天，聆听花开的声音
——读《花开的声音》有感

  一粒种子孕育、萌芽、开花、结果，是一个漫长而又辛苦，辛苦而又幸福的过程。我似一粒种子，在"娄底市刘红霞小学德育名师工作室"这片沃土里，已经萌芽，正在迈向开花的季节。在暑假这两个月的时间里，我有幸研读了杨九俊先生《花开的声音》这本书。这本书是《幸福教育的样子》的续集，于是我带着问题——幸福教育到底是什么样子的，开始了愉快的阅读之旅。

  人活着不是为了痛苦，而是把追求幸福作为永恒的目标，教书育人的教师自然也不例外。在影响教师的人生幸福指数的诸多因素中，所教学生的学业是否成功，学生的学习生活是否幸福，教师本身的工作是否愉悦，都是至关重要的。从教十几年的经验告诉我，教师的最高境界，就是能够持续不断地培养出在今天能够享受幸福的学习生活、在明天能够创造属于自己的幸福生活的学生。没有人能将自己所没有的奉献给别人，教师要给学生以幸福，自己应先成为一个幸福的人，一个懂得如何创造幸福的人。那么，怎样做，才能成为一名幸福的教师呢？

  首先，怀着阳光的心态，做一名胸怀宽广的教师。

  我们知道阳光的最大特点是把温暖和光明慷慨无私地赐予大自然和人类，不论你是达官贵人还是平民百姓，不论你是大树还是小草，它不曾给谁多一点儿，也不曾给谁少一点儿。阳光的爱多么博大无私、多么光明磊落。作为一名教师，心态阳光，就是要做到胸怀宽广，要像阳光那样随时随地把爱心、温暖、热情传递给学生，让学生因为我们的爱学会爱，因为我们的幸福而感到幸福。我们每天都要面对家庭背景不同、性格迥异、思想不同的众多学生，既然我们无法选择学生，也无法选择家长，那只能尝试着改变自己的心态，以积极的态度面对工作、面对生活。

  其次，热爱自己的事业，做一名心胸豁达的教师。

  心晴的时候，雨也是晴；心雨的时候，晴也是雨。这就是说：心态决定一切——积极的心态会带来积极的结果。不管成为一名教师是偶然还是必然，是主动还是被动，只要我们还在从事，那么就应该放弃不必要的攀比之心，从自己的职业优势中寻找人生的乐趣。不与从政者比地位，居庙堂之高，有"高处不胜寒"的苦恼，处江湖之远，有"采菊东篱下，悠然见南山"的闲适；不与经商者比财富，你虽"财源茂盛达三江"，我却"桃李缤纷满天下"。

  如果我们都能把教师这个职业当成一项终身事业来做，从中寻求价值和理想，寻求快乐和幸福，让自己的才华在教书育人中得到充分展示，那么我们一定会幸福。

最后，善待所有的学生，做开启他们心灵的导师。

南非前总统曼德拉因为追求民主和独立而坐了几十年牢，后来成为总统后，他特别善待敌视、迫害过他的人，他说："如果我不从仇恨的记忆中走出来，那无论我现在在哪里，其实都是在监狱中。"作为教师，我们面对的是学生而不是敌人，尤其是当我们面对学习成绩或行为习惯比较差的学生时，我们是否善待了他们呢？有时一个甜美的笑容，一句温馨的问候，一声鼓励的话语，就能使孩子们活力无限、动力无穷。谁说教师的成功一定得拥有鲜花和掌声？孩子的点滴进步，孩子的支持理解，孩子的金榜题名，不就是对教师最好的回报吗，不就是我们幸福的源泉吗？看到一个个孩子的成长，我深切地感受到，教师不是教书的工匠，而是孩子们的心灵导师乃至人生导师。有人说，人生有三大幸事：上学时遇到一位好老师，工作时遇到一位好师傅，成家时遇到一位好伴侣。在这里我想说："我很幸运，我都遇到了，我也要努力去做那位让学生幸福的好老师！"

教师的职业就是一种幸福、快乐的职业，只有幸福快乐的教师才能教出幸福快乐的学生。学生的幸福感是教师给的，教师的幸福感同样来自学生。我们只有不断提升幸福感，教育教学行为才会充满深情，饱含热情，喷洒激情，才会充满智慧的火花。这是一种潜移默化的强大力量，会在有形与无形中影响学生。

细细品味杨先生的《花开的声音》，让我倍加坚定自己的职业选择，备感作为老师的幸福，也让我义无反顾地想成为那人间的四月天！

冷水江市中连乡中心小学　罗雄

教学花开之声的美
——读《情境教学操作手册》有感

教育家夸美纽斯在《大教学论》中写道："一切知识都是从感官开始的。"这种论述反映了情境教学可以使学生身临其境，让学生在具体形象的展示中获得感知，达到抽象、理性的顿悟；同时激发学生的学习情绪和学习兴趣，使学习活动成为学生主动的、自觉的活动。

教学过程中，情境教学是教师有目的地引入或创设具有一定情绪色彩的、以形象为主题的、生动具体的场景，以引起学生一定的态度体验，从而帮助学生理解教学内容，使学生的水平状况、情感态度等得到优化发展的教学方法。因此，情境教学被李吉林老师认为是一种"诗性"的教育教学。"情真，意切，意远，理寓其中"是情境教学最显著的特点，这种教学方式为学生学习知识并通过学习促进诸方面发展提供了一条有效途径。不仅如此，情境教学，更以促进学生全面发展为目标，把学生发展的许多因素融入具体的教学中，并遵循促进学生发展的五大原则：诱发主动性、强化感受性、突出创造性、渗透教育性、贯穿实践性。重视"情"的纽带、确立"诗"的核心、追求美的境界、开展学生活动的途径，构成了情境教学的关键要素。

《情境教学操作手册》这本书中，根据五种情境类型，用以下几种模式展开了教学的操作性研究：故事情境教学、问题情境教学、生活化情境教学、角色扮演情境教学、激励情境教学、民主情境教学、幽默情境教学、激情情境教学、导读情境教学和情境教学的其他模式。这让我对情境教学有了更全面的认识，了解到民主情境教学、幽默情境教学、激情情境教学、导读情境教学等新的情境教学模式。下面，我将从这几个方面谈谈我的读书心得。

故事情境教学。故事情境教学是指教师以所教知识为主干，创设一些符合学生心理年龄和心理需求的故事情景来辅助教学。是以故事为教学载体，以学生兴趣为支点，以学生为中心，将教学目标渗透其中，将教学内容融合其中的一种教学方法。

在教学中，故事情境教学是我用得最多的一种方式，但在运用中，发觉自己也存在一些缺陷：首先，在创设故事情境时，过于偏重趣味性，而忽视了知识性。通过学习让我懂得在以后的教学当中，首先要确定教学内容的重难点，然后再根据重难点精选故事，这样才能保证让学生学到知识。其次，选择的故事一定要新颖，创设的故事情节不能脱离学生实际，要贴近生活。

总之，在以后的教学中，故事情境教学应多加运用、合理运用，为学生的学习增加乐趣，从而调动学生的学习主动性和积极性。

问题情境教学。问题情境教学又称问题教学法，是以问题为中心展开教学活动的一种教学方法；是教师根据教学需要，从教材入手，提出一定的问题，激发学生的求知欲，引导学生深入思考，通过解决问题达到理解和掌握知识的一种教学方法体系。

课堂上的问题教学方法过于简洁，通常都是以解决"是什么、为什么"为主，没有展示问题。问题情境教学的特点在于让学生更加清楚、明确问题。问题情境教学具有以下鲜明的特点：①主体性；②结构与逻辑性；③递进性与发展性；④

多样性；⑤交互性与融洽性。问题情境教学通常在数学教学中运用较多，它能强化学生问题意识，使教学"活"起来，学生在学习上也会有"厌"到"喜"的转变。

生活化情境教学。生活化情境教学是一种将教学活动置于现实生活的背景之中，从而激发学生作为生活主体参与活动的强烈愿望，同时将教学要求转化为学生作为生活主体的内在需要的教学方式。

记得我在2017年参加了首届"小学生道德与法治风采大赛——环保小卫士"，课件中所有的环保素材都取诸生活。在课堂上，孩子们一看到课件里的图片都来自自己熟悉的环境，便产生了共鸣。孩子们积极发言，畅谈感想，并结合实际说了许多环保金点子。课堂不再是老师单一地讲授，学生接收，而是课堂氛围热闹，师生互动有趣，整堂课"观——说——思——悟"，环环相扣，节奏欢快。通过课内外知识的延伸与拓展，引导学生利用已有知识经验，发现问题，大胆提出猜测，解决问题，使学生主动应用、验证知识，不断积累、拓展新的生活经验，把知识变得有血有肉，富有生气，丰富多彩。此次教学成功运用了生活化情境教学的方法，也成就了这堂课的精彩。

角色扮演情境教学。角色扮演即角色模仿，角色扮演情境教学是用角色扮演的技巧，借助一定的情境，并采用讨论的方式来探讨知识的一种教学策略。它以社会经验为基础，具有一定的社会性、实用性。

角色扮演情境教学是语文教学中最常用的教学方式之一。我在小学六年级上册第九课《穷人》的课堂中，并没有全面讲解课文，而是通过演绎的方式来帮助学生理解文章、解读文章，让学生在角色扮演中了解人物的性格特点、个性品质。通过角色扮演，学生对人物的语言、心理活动都有了自我的理解和认知。扮演"桑娜"这一角色的孩子肖环就在当日的读书笔记中写道："穷人真正的含义不是家境贫穷，而是没有一颗善良朴实的心。桑娜在衣食不饱的情况之下，却愿意与渔夫收养去世邻居西蒙的两个孤儿，宁可自己吃苦，也要帮助别人，这样的善良才是真正的财富，所以我认为桑娜一家人才是真正的富人，没有美好心灵的人才是真正的穷人。"正是因为通过角色扮演，孩子才对人物语言对话、动作的刻画、心理活动的呈现有如此深刻的认知。可见角色扮演情境教学，不仅仅是促进理论与实际的有机结合、训练表现技巧，也在这过程中激发和满足了学生的求知欲。学生在角色扮演情境教学中掌握了面对任务学习法，从外部和内部同时调动潜在的激励因素，产生强大的学习动力，增强了自信心，同时获得巨大的成就感。扮演渔夫的张俊浪同学在课堂上顺利地完成了角色任务，他克服了自身的心理障碍，了解角色所处的环境，使自己与角色紧密结合在一起，不但扩展了自己的思

思政教育在路上

维,还增强了人际互动和表达能力。相信他们在生活中如果遇到类似的问题,也能够很好地、顺利地解决问题。但是,角色扮演情境教学中并不是每个孩子都能表现得如此优异,也有的孩子,台词容易趋于平淡,不能充分反映教学的内容主题,也无法得到大家的关注;有的孩子因胆怯,不敢大胆去表现人物的性格特点,表演没有个性化特征;还有的孩子,扮演时不严谨,使表演变成趣味游戏,从而失去应有的价值……这些存在的问题也是我在今后的教学当中应特别注意的地方。

激励情境教学。激励情境教学是指教师在教学过程中,根据学生不同的生理、心理状况,借助一定的方式和手段,激发学生的学习动机,提高学生的学习积极性、主动性,激发、鼓励学生的进取精神、竞争精神和创造精神,从而帮助学生理解教学内容,诱发其积极参与学习的行为,进而提高课堂效率,促进教学任务顺利完成。

激励情境教学也是我们在课堂教学中普遍运用的一种教学方式。合理利用激励情境教学可以大大激发学生学习的热情,提高学习效率,但往往也会走入一些误区,如:①忽略激励的公平性;②激励方法单一;③忽略学生差异;④忽视批评的作用。我在教学语文六年级第四课《索溪峪的野》这篇课文时,介绍了索溪峪的特点——"野",让孩子们从课文中找一找索溪峪的"野"从哪些方面体现出来,找到答案后画上横线,并说一说。我当时就没顾及学生的学习差异和教学内容的难易程度,用同样的标准去要求班级所有的学生在规定的时间内找到答案,阅读速度慢的同学还没来得及看完文章就开始提问。在这过程中,我发现学习能力偏差的孩子无法跟上,便给予了批评。我如果给那些学习成绩一般,或者稍差的学生制订一个力所能及的目标,避免学习成绩不理想的学生学习吃力,并在他们完成我制订的小目标后给予客观实际的评价,应会起到激励效果。

叶圣陶先生指出:"作者胸有境,入境始于亲。"情感总是在一定的情境中产生的,情境因素对人的情感能起感染的作用。小学生生活经验缺乏,知识水平有限,教学中如果仅靠文字叙述,很难向学生呈现直观形象。身为老师的我们只有善于创设各种直观情境,才能取得理想的教学效果。如李吉林老师在《情境教学与儿童语言发展》一书中所述,儿童情不自禁地脱口而出,可以产生出最富儿童情趣的美妙语言。更如杜威所说,"教育即生活""学校即社会""从做中学活动中学""从经验中学"。在以后的教学中,我也会尝试用更多的情境教学方法从事教学,让课堂教学变得更加生动、丰富!

涟源市双江小学　李涛

第一篇　探索文化建设和工作室的生活化路径

阅读伴我成长
——读《像捕蝉一样做研究》有感

3月份，工作室开展了区域性同读一本书活动，作为娄底市刘红霞小学德育名师工作室的一员，读到"王丽燕小学数学名师工作室"科研实践探索的书——《像捕蝉一样做研究》，我感觉受益匪浅。

此书共有四篇，第一篇是"好书共读"，第二篇是"课例研究"，第三篇是"课题研究"，第四篇是"专业研修"。此四篇基本上概括了每位教师的工作内容及对教师专业发展的要求，不仅数学学科如此，对于其他学科的老师来说，亦是如此。

阅读——

正如此书中说："我们要不断读书，唯有读书，方能使自己的'那桶水'永远清澈灵动，不会因为给予学生'一滴水'而逐渐枯涸。"多读书可以让学生爱上我们的课堂，多读书可以提高自己和学生的综合素质，多读书可以净化我们的心灵，多读书可以让我们学会反思。作为一名教师，我希望站在讲台上，面对我的学生时，是坦然的、自信的、胸有成竹的。而这一切，都需要有精深的学科专业知识、广博的文化知识和丰富的教育理论，读书就是获得这些知识理论的最好的方法。

课例研究——

无论是教育理论的实践性解读，还是教学实践的理论性反思，都需要依托课堂教学。课堂永远是我们的主阵地，作为教师，上得了好课是根本。那什么是好课呢？一堂好的道德与法治课究竟是什么样子呢？我认为：一堂好的道德与法治课，应该满足"生活性""开放性"和"活动性"三个标准。

"生活性"：从学生感兴趣的、为他们所熟知的日常生活入手，使新课导入生活化、课堂教学组织形式生活化、教学情境设置生活化。巧用教材内容设置情境，设置出人性化的教育氛围，在潜移默化中影响学生，达到"润物细无声"的效果；教学活动生活化，在教学工作中应充分考虑学生，不能让学生仅成为听众，应组织他们多看、多做，多参与合适的活动，让学生真正成为学习的主体，使道德与法治教学过程成为学生反复亲历体验的过程。

"开放性"：开放性的道德与法治教学就是以多方位、多角度为理念，以开放的氛围为前提，以开放的课堂为核心，以开放的实践为基本渠道，以主体参与贯穿始终，以提高道德与法治教学实效为根本，以学生养成良好的道德行为习惯为终极目标。

"活动性"：道德与法治课程的呈现形式主要是学生直接参与的主题活动、游戏和其他实践活动。活动的形式可以有很多种，如：讨论、搜集信息、现场调查、情景模拟与角色扮演、教学游戏、参观访问、欣赏、练习、讲故事等。张奠宙先生在《数学教育随想集》中写道："骨干在磨炼反思中成长，名师从课堂教学中走来。"这句话意在告诉我们，一位优秀的老师，必须要具有专业的学科素养，从儿童的视角出发，多读书，多上课，多设计一些与学科有关的课堂活动，让课堂成为孩子们自由表达、放飞个性、感受快乐的"乐园"。数学老师是这样，道德与法治老师也是这样。

课题研究——

"教而不研则浅，研而不教则空。"只有把教学与研究、理论与实际结合起来，才能从分析教育现象入手，从教育本质的角度去思考教学行为，改良教学模式。2018 年，我参与了我们学校的湖南省十三五规划课题"家庭赏识教育"的中期评估。虽然过程很辛苦，很复杂，但我们累并快乐着，日子过得很充实。做课题研究能促使自己去接触新事物和观念，并用理论指导实践，又将实践得出来的结论来验证我们理论的合理性。赏识教育作为当前重要的教育思想和方法，对推进素质教育，促进教育民主，促进学生幸福成长不无裨益。但赏识并不是放之四海而皆准的灵丹妙药，正像迷信"棍棒底下出孝子"一样，过分强调表扬有时也可能事与愿违。科学认识赏识教育，正确运用赏识方法才能事半功倍。我觉得在我们的道德与法治课上也可以渗透赏识教育，让孩子们在赏识中学习，在赏识中成长。

专业研修——

"工欲善其事，必先利其器。"我们深知，如果想要让自己送给孩子的每一滴水永远清澈灵动，那么我们自己的那桶水就要不断更新。因此，坚持不懈地开展个人研修、团队研修、基地校研修是促进教师专业提升的有效路径。我们这个团队的成员，在刘红霞校长的带领下，也在不断研修，不断更新自己的知识，不断地提高自己的教育教学水平和理论知识水平。工作室所在的基地校——冷水江中连乡中心小学给我留下的印象很深：校园文化是中连乡中心小学的一张闪亮名片，校园永久性标语、文化长廊、橱窗展板以及校园绿化等方面的内容和形式尽显个性和特色，校园文化充实、协调、活泼、新颖，堪称"一墙一壁会说话，一草一木能育人"。学校以"儿童本位"为观点，以"童话引路，人性为本，办童心教育"为主张，以"童化教育"为思想，鼓励教师与学生在学校建设理念下进行创新与创造。我相信，在未来的日子里，我们在刘校长的带领下，一定会取得更大的进步和长足的发展。

第一篇　探索文化建设和工作室的生活化路径

"路漫漫其修远兮，吾将上下而求索。"作为名师工作室的一员，我将追随名师的脚步，让自己跳出小圈子，勤学、勤思、勤实践，顺应时代的潮流，在教学的道路上不断进步。

双峰县杏子中心小学　丁勇

跨界阅读，兴味悠长

当代社会，专业分类越来越精细，而当你选择了一门专业，也就等于选择了一种观察视角、一种生活方式。专业成就人，但也限制人，所以需要跨界阅读来增加生命的长度与宽度。就如语文教师，专业是语文教学，如果能经常跳出语文圈子，到圈外找点儿好书读读，就能不断地丰富自我、完善自我。同理，哲学类的书可以成为教师常常翻阅的案头书；禅学类的书，能帮我们变得神清气爽；艺术类的书能提升我们的感受能力与审美能力；博物类的书可以让我们心随物游，静观宇宙之美；管理类的书，让我们发现管理最终都指向一个"人"字，读到最后就是人生智慧。跨界阅读带来的是兴味、浓挚、悠长。作为一名综合性很强的道德与法治课的教师，更要做到博观约取。因此，名师工作室不仅推荐好书共读，更提倡广泛阅读、跨界阅读活动，争做包容并蓄且有温度的教育行者。

今天你跨界了吗？

五年前我们还在调侃：你的英语是体育老师教的？你的数学是美术老师教的？……然而，五年后的今天，"核心素养"一词的提出，打破了学科界限，实施跨学科教学和深度学习成为必然选择。教师没有"一枝红杏出墙来"的跨界意识和跨界生长的能力，又如何胜任发展学生核心素养的时代使命呢？

记得历史特级教师魏勇曾说："当我们讨论法国大革命红色恐怖的影响，从历史书上得到的是一些抽象的概念、机械的教条和冰冷的数字时，我们很难真正体验到它的恐怖。如果我们引入雨果的小说《九三年》，把革命如何压倒人性、原则，如何强奸良知的细节呈现出来，这堂课所引发的震撼将大大超过纯历史的探讨。"这就要求教师在大脑中储藏足够的多学科的知识，有效构建出完整的三维乃至四维知识结构。这样教师才能从主题出发，在不同学科间纵横捭阖，融会贯通。

"跨界"也是教师幸福感的源泉之一。当一名教师不断地面临着新知的学习和挑战，探索跨界的范式和融合点，就始终会有激情涌动和叛逆冲动。同时跨界又使他们眼光超越了自己专业的藩篱，看到更广阔的天空，拥有更梦寐以求的生活方式。还有历史上那些鼎鼎有名的大家，更是跨界的典范。从苏格拉底到亚里士多德再到伽利略、丘吉尔；从孔子到鲁迅、陶行知……他们无一不是身兼数职。当融合、演变、迭代、推进、创新成为这个时代的主题，那也应成为这个时代的教育方式，成为教师新的生长方式。

在工作室的大力倡导下，我也尝试着进行跨界阅读，诚如韩国前任总统朴槿惠所言，在其人生最痛苦的岁月里，对她影响最大的是中国著名学者冯友兰的书——《中国哲学史》。她说："自从与这本书相遇，我恢复了心里的宁静，明白了之前所不能理解的许多事情。所谓人生，并不是与他人的斗争，而是与自己的斗争，想要在这场斗争中获得胜利，就必须内心坚定，懂得控制自己的感情和欲望。"

是啊，哲学能给人带来宁静，带来力量。因为哲学是一切学科之母，是一切学科的源头，包含着超越于学科之上的最高智慧。哲学是"爱智慧"的学科，读点儿哲学类的书，可以培植智慧。因此，我也读了阿兰·德波顿的《哲学的慰藉》、威尔·杜兰特的《哲学的故事》、罗素的《西方哲学史》、冯友兰的《中国哲学简史》、傅佩荣的《哲学与人生》等书，虽然其中的意蕴还有待深挖，但感觉内心通透了很多。尤其对于我们道德与法治教师来说，如果我们多进行跨界阅读，就能帮助我们一步步去粗存精，让自己变得更完整，而培养一名完整的道德与法治教师不正是为了培养完整的儿童吗？

冷水江市潘桥乡中心学校　潘红

放手会成就另一种美

"跨界"对于当今的人来说，是一个常用词了。我们见得最多的就是各种明星的跨界：由影视跨界到演唱，或由综艺跨界到制作等，有了多重身份和多种技能，他们的事业也越来越红火。那么对于我们教师来说，就更要敢于跨界，且要跨出精彩，就这一点，我自读了池昌斌老师的《另一种可能——一个特级教师的跨界生长》后，感慨特别深。说起这本书，还得感谢刘红霞校长的推荐，我更庆幸自己当初加入了"刘红霞小学德育名师工作室"，在刘校长的带领下，我长了不少见识，也提高了自己的业务水平，尤其她推荐的这本书，让我爱不释手、受益匪浅！

话说"读万卷书不如行万里路"。一个人如果不知道泥土的芳香，就不可能真

第一篇　探索文化建设和工作室的生活化路径

正感受到大地的美丽;如果不知道落叶是如何归根的,就不曾真正感受过季节的美好。这样的人,大脑里装再多的知识也很难体会人生真正的幸福。这本书的第一章《在路上》,池昌斌老师这样讲述自然对教育的重要性:"最好的教材是儿童的生活,最好的教室在大自然。那里有大山、树林、溪流、峡谷、原野、麦浪、乡村、草垛……源于自然的教育充满泥土气息,能激发儿童对世界的好奇与探究,传递淳朴和善良的情感!"他始终相信"这样无忧无虑、轻松自由的童年经历会影响儿童一生的美好发展",问题是当下的教育,学生不堪重负,太多的作业、考试让孩子们缺少好奇心与探索自然的冒险意识,这是非常危险的一种倾向,长久下去就会扼杀孩子的想象力与创造力。池老师认为最美好的教育在路上,他说:"最好的教育要充满自然气息,最美的学校和教室就是大自然。一个儿童只有在广泛接触自然中才能实现立体的、有温度的成长,因为自然是最好的老师。"这些闪烁着智慧的思想,非常强烈地震撼着我的内心,它提醒我们每位教师要给学生松绑,不能纯粹把孩子们拘在一方小小的教室里,应该放手让孩子去多参与一些户外活动。记得有一次上五年级的品德与社会课《生命多么可贵》,孩子们只知道人的生命是要好好珍惜的,却忽略了大自然里的许多生命是同样可贵的。因为我一直以来是一名语文教师,所以马上联想到自己上过的语文课文《触摸春天》,脑海里瞬间闪现一个念头:何不让孩子们到自然界去感受生命呢?于是就带着孩子们出了校门,来到了田间,让他们学着课文里安静的方法,闭上眼睛,用手、用耳、用鼻子等各种方法去寻找春天里新生长出来的生命。孩子们欢呼雀跃,一个个都找到了"春天",我让他们睁开眼睛,好好看看自己寻到的宝贝。只见孩子们小心翼翼地护着那些花花草草,嘴里不住地发出"啧啧"声,因为他们发现许多花草都是在比较恶劣的环境里生长出来的,这让他们真切体会到了生命的顽强。当看到有些花草被踩坏,孩子们又忍不住惋惜,看着他们踮起脚尖避开地上的小生命,我知道,他们已经体会到生命的可贵了。同时,从闭上眼睛到睁开眼睛,孩子们也深切体会到健康的可贵,从而再次认识到人的生命的可贵。就这样,我们上了一堂别开生面的品德与社会兼语文课,孩子们兴趣盎然,对知识又记忆尤深。期中考试的时候,作文题目是《难忘的一件事》,我发现好多学生写的都是那一节课的情景。

《在路上》让我意识到,我们的知识就是来自大自然,就是来自每一个生命的启示。所以我们该放手让孩子们去尝试,跟随孩子一起去创造美好!放手会成就另一种美,我们的成长也会有另一种可能,不是吗?

冷水江市毛易箦溪学校　杨鸣鸣

读国学经典，抒爱国情怀

看到本文题目，相信一定会有人问：什么是国学经典？国学经典是先人用尽一生总结的道理，那是对人生的品读，那里有人世的沧桑，有历史的痕迹，有生命的真谛，那些都是中国的骄傲，那里积淀着一个伟大的民族不变的灵魂。国学把我们带到一个新的境界，教我们修身养性，教会我们如何做真人，教会我们分清美丑、明辨是非。国学经典使我们从圣人和智者的叮咛中品味人生的真谛；让我们从一件小事，从一句话，从一个动作，从一个事物中，感悟到崇高的境界和高尚的情怀。国学经典总是引领我们不断领悟生命的意义，端正人生态度。国学经典是中华民族传统文化之精髓，一部部经史子集，蕴含着华夏智慧，使中华民族精神深深植根在我们心中，潜移默化地影响每个人的行为，润物无声地陪伴着个人的成长。

近期，我读了曹雪芹写的《红楼梦》，颇有感触。

《红楼梦》是清代乾隆年间诞生的一部长篇章回小说。四大名著之一的《红楼梦》是中国文学史上一部伟大的文学作品。它是中国古典小说创作的巅峰，是悠久、灿烂的中华文化的杰出代表作，也是整个人类共同的精神财富和文化遗产。

《红楼梦》又名《石头记》《风月宝鉴》《情僧录》《金陵十二钗》等，作者曹雪芹，字梦阮，他的一生极富传奇性。曹雪芹早年生活极其奢华，晚年却困顿不堪，最后在贫病交加中去世。这种特殊的经历，使他对人生和社会有了深刻的体悟和思考。而这种思考，在《红楼梦》中都有曲折的艺术反映，贾府的衰亡明显有着曹家破败的影子。

在这部作品中，我们可以看到清代社会腐败的一面，如：薛蟠杀死店小二那段情节中的描写，"薛姨妈不知如何是好，无奈下，只得去贾府托贾政，贾政问清了原委，含含糊糊地答应了。薛姨妈担心贾政这边不管用，又去找凤姐儿，求贾琏帮着疏通，又花了几千两银子，才买通了知县；那边薛蝌又花钱贿赂证人改了证词，这才给薛蟠判了误伤。"在此情节中，可以看出贾政是明事理的人，绝不扭曲事实，即使自己再有实力，也不愿违反公堂上的纪律，这一点值得人们学习；与此相反，贾琏、薛蝌帮着薛蟠洗清罪名的种种行为，则反映出了当时社会官场的黑暗，封建贵族阶级及其家庭的腐朽。

在《红楼梦》中，贾宝玉是人人皆知的人物，他很聪明，但有些不爱学习，有些贪玩。从中我得到的启发是：在当今的社会中，即使家庭很富有，也要懂得谦逊礼让；要多读书，读好书，凭借自己的能力、学识来创造属于自己的天地。

诵读经典，弘扬中华文化，建设中华文化共有的精神家园，以民族精神修炼人格，借圣贤思想启蒙智慧，用文化经典涵养生命。有圣贤藏于心，笃于行，德必向善，学必精进，功自然成。

国学使人进步，国学使人明智。每一个少年儿童的美好人生，都应该从国学开始。国学，需要我们用一辈子去体会，而国学中的精华，一生也学不完。让国学陪伴我们成长吧！它就像我们的朋友一样，随时提醒我们，让我们有一颗报效祖国的心，同时也要自律、自省、自知、自强！

娄底市第二小学　刘咏霞

抵达源头，遇见先哲
——《中国文脉》读后感

网络的触角延伸到生活中，时间和信息都被它切割、揉碎了，人心日益浮躁、焦虑。这表现在阅读上，则呈现出"快餐速食"之趋势，不管是时间、空间还是心灵，都很难支撑系统性的阅读，碎片化阅读成了一种常态。枕边、沙发上、茶几旁随手放几本书，有时间就翻一翻，一个章节、几页或者几行，内容随意而杂乱，不由得让人怀念小时候捧一本书如痴如醉、废寝忘食的疯狂。社会的信息化，让真正的阅读竟成了一种奢侈。说它奢侈，不是说它昂贵，而是作为一种生活的态度和方式，我们的心已经很难真正做到灵魂抵达。人生的赘负太多，欲望太多，这也许是我们痛苦的根源。

碎片化的阅读可以消磨一些时光，但只有沉浸式阅读，才能让我们有机会与一些好的作品深度对话，从而构建自己的文化领土与精神疆域。因为，有些书，是需要以时空为尺度，以追寻、追问、忘我沉浸为共鸣求索，才能衡量出它的价值和分量的，余秋雨先生的《中国文脉》就是这样一部作品。

"文脉既隐，小丘称峰；健翅已远，残羽充鹏。"这是作者对中国现代文化的失望。在作者看来，"品位决定等级，等级构成文脉"。于是，他觉得"在目前必然寂寞的文化良知领域，应该重启文脉之思，重开严选之风，重立古今坐标，重建普世范本"。而范本的建立，需要重新追溯和审视中国文化"几千年发展中最高等级的生命潜流和审美潜流"。这种追溯，从文脉的原始材料——文字开始。虽然甲骨文和金文尚不能构成文学意义上的"文脉之始"，但它作为中国文化的生命基元，以"形式领先"的方式从书法上构成了"文脉之始"。真正文学意义上的文脉，是从"充满了稻麦香和虫鸟声"的《诗经》开始。无独有偶，在之前，我刚读过曲黎敏的《诗经：越古老，越美好》，呈现在我眼前的是一幅奇特的画面："一个荒蛮时代，人们穿着葛布缁衣，吃着粗茶淡饭，可是就有那么一群人在远瞻星空，近观蒹葭，在用诗来表达着自己的伟大情怀。"此情此景，折射出精神满足比物质满足更重要，让身处信息化社会的我们深感羞愧！

作者顺着中国文脉的经络，在宏大的文化激流中追寻，追问，猜测黄帝，感悟神话，于是，中国文化"背靠着一大批神话传说，刻写着一行行甲骨文、金文，吟唱着一首首《诗经》"隆重上路。

从《诗经》到《离骚》，从先秦诸子到魏晋名家，从汉赋到元曲，从唐宋诗词到明清小说；从老孔到庄孟，从无韵之离骚的司马迁，到权势满天下的曹氏三父子，从信马由缰的阮籍，到抡锤打铁的嵇康，从"采菊东篱下"的陶渊明，到"唐诗几男子"，从"文官政治"代表人物王安石，到"长胡子"耶律楚材，从王阳明到曹雪芹，从王国维到陈寅恪……

余秋雨就如独行侠般，用身体、用灵魂沉浸在文化历史的洪流中，用其独特的观察力和洞悉力，凭着丰厚的文史知识功底，借助各种典藏馆珍，去深思探索这古老民族的深层文化，同时秉承智慧之梳，把中国杂乱的文学史按年代、体裁及历史作用清晰地梳理开来，呈现给读者的是一幅立体的文化具象脉络模型，仿佛将从未断流的中国文脉之河呈现在了读者眼前。而我们，也得以尽情泛舟于这浩瀚辽阔的千年文明长河之中。

不仅如此，我觉得如果想系统地研读中国文化，不妨顺着作者梳理好的脉络，向每一个节点延伸，一定会有不少收获。这就像一棵尚未发芽的树，《中国文脉》如同生成的枝干，如果你愿意向末梢延伸，一定会有枝繁叶茂、硕果累累的一天。当然，这样的研读是需要勇气的。因为读书的时光就像河流，有时难免阻塞、费解，甚至痛苦，但只要源头水源充足，河道自然顺畅。正如王国维先生在《人间词话》中所说人生必经的三种境界，只要有"衣带渐宽终不悔，为伊消得人憔悴"的勇气与毅力，终有一天，你会发现"众里寻他千百度，蓦然回首，那人却在，灯火阑珊处"。读一本好书，就像与一个智者对话，它能让你抵达你曾到不了的角落，遇见不曾看到的人。《中国文脉》就是这样，带着我们一起走进历史，抵达源头，遇见先哲，然后循文之脉，逐文之髓，一路追问，一路前行。

娄底市第六小学　罗小玲

第一篇　探索文化建设和工作室的生活化路径

切问而近思
——读《论语十问》有感

至圣先师孔子，不仅是我国古代伟大的思想家、政治理论家，而且是我国古代伟大的教育家，曾被评为"世界最著名的文化名人"之一。《论语》是记录孔子及其弟子言行的书，其中不少言论颇具哲理，闪烁着智慧的光芒，有"半部论语治天下"的美誉。

回顾我们几十年的教育之路，经历了几次教育理念、教材的"翻新"，我们不断寻求一种适合我国的教育理念和模式。沉下心来想，传统教育思想，特别是孔子的教育思想，着实是我们应该继承和发展的教育根本。

湖南理工学院教授李统兴博士所著的《论语十问》，就是抓住这个教育根本应运而生的成果，应成为每一名思政人的枕边好书。

读其书，就应先知其人。李统兴博士是一位难得的教育人。初识他是在2012年冷水江市教育局组织的校园文化建设推进会上。那一年是我市的校园文化建设年，李博士在市教育局的盛情邀请下，对全市的校园文化建设进行了贴地式的指导。他的指导让刚走上校长岗位的我醍醐灌顶、如饮甘露，给迷茫中的我指明了办学的路径与主张。他当时的话言犹在耳："选取童心教育的方向是对的，因为我们的教育在成人化，如何把童心在校园里打下烙印，师生的第一项任务就是阅读……"（这段文字在我的第一本专著《童心缘》里有记载）由此，我校有了"童话引路、人性为本，办童心教育"的办学主张，也有了"童化教育"的办学思想，还有了"基于童心校园背景下小学生养成教育童话化行动研究"的科研成果。该成果获得了湖南省第四届教育科研成果奖。

又见李博士，是在春晖十年。春晖学院是李统兴博士发起的全国首个大型援教公益项目，它因爱而生，因受众而广泛，因专业而深远。全国各地的专家、志愿者、学员都自发跋山涉水而去。我曾参加了一次援教活动，被李博士大爱的情怀、执着的精神深深感染，真切感受到一个人的行动，成了一群人的坚守；一个人的梦想，成了一群人的执念；一地的坚守，成了四面八方的追梦！这个由李统兴博士发起，全国教育界有情怀的教育人共同举办，得到省教育厅、湖南理工学院、平江县委县政府、岳阳市教育局、平江县教育局、江华县教育局等大力支持的扶贫公益项目坚持10年了，成了乡村教育的中流砥柱！带着这样的敬畏之心去读《论语十问》，你会把自己置身于一个时光的隧道，在这个隧道里，你会碰到古代那位为了推行仁政而降格以求的孔夫子与这位为了乡村教育的振兴、中国教育的梦想而奔走呼号的"现代孔夫子"的对话。作家柳青曾经说过：人生的路虽然漫长，但紧要处却只有那么几步。在人生的紧要处，如果能碰上像李博士这样的重要前辈，得到他无私的引领，是一辈子的福分。

读其书，要悟其道。正如李博士所言：传承国学经典有一种两难的境地，学的觉得枯燥，讲的人也觉得难讲，原因在于不能"能近取譬""切问而近思"。为此，我曾根据我校的办学理念，把优秀的传统文化创编成农村孩子喜闻乐见又易于接受的儿歌样式，如《孔子》："孔丘孔丘，额头长个肉丘。圣坛设教讲儒学，著书立说写《春秋》。三千好弟子，七十二高徒，一部《论语》传千秋。"李博士《论语十问》中的"问道""问学""问师""问政""问仁""问礼""问孝""问友""问利""问君子"就是用"能近取譬""切问而近思"的方式讲述《论语》的，这十问就是十个主题学习单元，我们能在学习中反观自己，在学习中反观身边的人和事，在学习中反思我们的教育。

读其书，要慎己行。2019年3月18日，习近平总书记在学校思政课教师座谈会上曾提出六个方面的要求，即政治要强、情怀要深、思维要新、视野要广、自律要严、人格要正。《论语十问》最重要的是让我们扪心自问：为什么课程开不了、教师讲不好、学生听不进？当然各地各校要有新姿态，在政策以及人、财、物等方面的保障上，出台好办法。但另一方面，作为思政教师，我们要有新姿态，在思想观念、理论素养、授课方法等方面展现新气象，让我们也用"能近取譬""切问而近思"的方式讲好我们的思政课。

冷水江市中连乡中心小学　刘红霞

君子之人，著君子之书
——读《论语十问》有感

因为一本书，认识一个人；因为一个人，理解一种情怀！

——题记

有人说：遇到一本好书，如同在春暖花开的日子里邂逅一位友人，拈花微笑，眼波流转，岁月静好如诗。在刘红霞小学德育名师工作室首席刘红霞校长的推荐下，我就有幸读到了这样一本好书——湖南理工学院教授李统兴博士所著的《论语十问》。

乍一看，读者以为《论语十问》就是《论语十则》，其实不然，它打破了《论语》原有的篇章结构，进行了重新归类，将内涵相同或相近的语段归为十个主题："问道""问学""问师""问政""问仁""问礼""问孝""问友""问利""问君子"。作者用通俗易懂而又轻松幽默的语言,深入浅出地对《论语》这一儒家经典进行了解读,让我们近距离地和至圣先师孔子沟通交流,和古代圣贤隔空擦出了别样的火花。作者善于"能近取譬",联系现实生活,诠释我们人生中的一个又一个哲理,读起来亲切有味,而又意蕴无穷,让人受益匪浅。

  《论语十问》的内容相当丰富,在这里我不想泛泛而论,统而论之。我想说说它给我印象最深的最后一问——"问君子"。作者对君子的解读,详尽透彻,娓娓道来,带给读者的几乎是一个重新树三观、重新正视和剖析自己心灵的过程。所以,我做了一些简单的调查,发现读过《论语十问》的人,大都有个共同的评价:这是一本君子之书。对此,我完全赞同。拜读完这本书,受益受教之余,我想:能写出这样的君子之书的人,一定是个真君子。后来一查相关资料,果然不出所料。李统兴,平江农村教师出身,华中科技大学文学博士,著此书时任《湖南教育》编辑部副主任,现为湖南理工学院新闻传播学院教授,知名教育专家。他有着不一样的教育情怀,心系乡村教育,发起"春晖援教",立足湖南,面向全国乡村教师开展免费培训,成为农村教育的领航人,吸引了众多教育专家和无数的乡村教师加入其团队中。十年来,春晖送教的足迹遍及湖南全省,直接培训乡村教师1.5万名,惠及城乡教师达数十万人,春晖学院的学员遍及湖南、贵州、广西等10余个省区市,受益的学生更是不计其数。子曰:"君子上达,小人下达。""君子喻于义,小人喻于利。"李统兴博士为这种伟大的教育情怀殚精竭虑、上下求索,不正是孔子笔下的君子典型吗?

  书细细读完了,书本的墨香还未散去,圣贤君子的言行深深刻入脑海。"吾日三省吾身""年五十,知四十九年皆非""君子和而不同,小人同而不和""君子坦荡荡,小人长戚戚"……李统兴博士的呼吁缭绕耳畔,字字入心,振聋发聩!那么,让《论语》走进我们的生活,让君子之风盛行,让我们向古代君子的道德水准看齐,并且像李统兴博士一样,悟君子之道,行君子之事,博大自己的胸襟,拥有一点不同于庸人的情怀,努力在平凡的岗位上,干出一点儿不太平凡的事业。作为一名思政教师,我们更要时时反省,多读书,努力提升自己的业务水平,充分利用好思政课这个平台,合理利用好《论语十问》这本思政教师最好的教材,落实"立德树人"这一根本任务,给学生心灵埋下真善美的种子,引导学生扣好人生第一粒扣子!

新化县上梅街道北塔学校 邹伟

第二篇 探索常态研修和工作室的情境化路径

教学竞赛、送教下乡、网络研修是教师基本的生活方式，是教师生命价值的体现。工作室积极参与举办各种活动，如德育教师教学风采大赛，十九大特色课堂设计比赛，贝壳网集体备课大赛；省、市、县三级送课下乡；实现"品德与社会"向"道德与法治"有效过渡，落实两会精神、探寻社会热点及开展解读新教材的网络研修等。工作室的同仁在活动中比智慧、展能力、示方略，实现了从教学新手到教学能手，再到专家型教师的蜕变。行动着的老师最幸福，行动着的老师最美丽！

工作室就是这样一个情境化的场域，在这里，大家醉心研修并幸福成长。

第一章 以赛代研,养工作室之"气"

参加德育教师教学风采赛

为了落实湖南省教育厅关于举办全省中小学思政课教师"立德树人"教学风采赛竞赛通知,为了促进全省德育课程的全面实施,各个市州一般通过层层选拔赛的形式选送第一名选手参加省赛。自工作室成立以来,工作室成员在市州比赛中多次荣获一等奖,获奖成员代表娄底市参加省赛,在参赛的过程中提升了教师的课堂教学能力,展示了德育教师的团队精神。以下是参赛教师的部分教学案例。

《国旗国旗真美丽》教学案例

教学内容

部编版《道德与法治》二年级下册第二单元第二课第一课时。

教材分析

《国旗国旗真美丽》是部编版《道德与法治》二年级下册第二单元《你好,祖国妈妈》中的第二个主题。《国旗国旗真美丽》这一主题按照"国旗、国徽、国歌"的顺序呈现教学内容和开展活动。"国旗"第一部分是关于国旗的基本知识,展示了中华人民共和国国旗、天安门升旗仪式和学校升旗仪式图;第二组图是在第一组图的基础上进行深化和具体体现,进一步体现五星红旗的意义。第二部分内容是学生的活动,让学生通过活动进一步了解教科书以外的知识,了解五星红旗的来历。

学情分析

二年级的孩子在参加学校升旗仪式时,就已经接触过国旗与国歌,但对其来源及含义、象征,却是懵懂无知,甚至有些孩子不懂得要尊重国旗,出现了在升国旗时讲小话,在红领巾上乱涂乱画等现象。针对现实情况,引导孩子尊重国旗、国歌十分必要。

教学目标

1. 尊敬、热爱国旗,了解升旗仪式。
2. 了解有关国旗的知识,懂得国旗是国家的象征和标志。

教学重难点

尊敬、热爱国旗,了解升旗仪式。

教学准备

PPT,小型国旗,大型国旗。

教学过程

(一)歌曲导入

今天老师给同学们带来了不一样的开场,让我们一起跟着音乐节奏,拍手欢迎我的"小助手"。

她手中挥舞着的是什么?

对,就是我们的国旗——五星红旗。(粘贴)

今天我们就要来夸夸国旗——"国旗国旗真美丽"。

(板书:"国旗国旗真美丽",并出示 PPT)

上课前,我们已经把全班分成了五组,现在,各组之间来一场知识大比拼。各组每答对一道题加一面红旗,最后红旗最多的组获胜。

接下来,让我们走进活动一 ——"国旗国旗真美丽",看看我们的国旗到底有多美丽。

【设计意图】通过歌曲导入引发学生的兴趣,通过挥舞国旗使学生们直观地感受到国旗的美丽与庄严,无形之中增添一种敬畏之心。低年级的学生自制能力差,行为习惯也较差,所以用小组竞赛的方式来组织课堂,能有效地提高学生的积极性。

(二)认识国旗

1. 国旗国旗多美丽。

(1)我来说一说。

请你们观察手中的小型国旗,说说它有什么特点。根据表格内容,小组同学进行交流。

我是小侦探

形状	五星红旗上有什么?

(2)小结。

【设计意图】充分调动学生的感官,让学生通过观察、触摸等方式,近距离地接触国旗、认识国旗。再通过小组合作的方式让孩子们畅所欲言,交流自己所观察到的,从而产生疑问,为什么会这样?

2.国旗国旗真神圣。

(1)我来听一听。

对于国旗的这些特点,你们有什么想问的吗?

(红色代表着革命,而革命的成功是用无数革命烈士的鲜血和生命换来的;五颗黄色的星星,这颗大的星星就代表着中国共产党,其余四颗小星星代表着全国人民。四颗小星星紧紧围绕着大星星,则是代表着全国人民在中国共产党领导下紧密团结。红领巾就是五星红旗的一角)

【设计意图】通过了解国旗的含义使学生体会到国旗来之不易,红领巾的背后并不简单,体会其神圣、伟大。

(2)我来看一看。

五星红旗中包含的知识可真不少。五星红旗是我们国家的象征和代表,它十分神圣、伟大,所以我们要尊敬我们的国旗。

让我们赶紧进入活动二——"国旗国旗真神圣"。我们的国家为了保护五星红旗专门制定了相关的法律——《中华人民共和国国旗法》。

【设计意图】通过了解有关国旗的法律法规知识,从而树立国旗的庄严、神圣、不可侵犯的形象。

(3)我来辨一辨。

现在请用刚刚学习到的,关于国旗的法律知识,来判断下面的行为是否正确。

①小明随意用国旗擦桌子,并将国旗扔到地上。
②小明在红领巾上乱涂乱画,把红领巾随意扔掉。
③在升国旗时,小张一直和旁边的小朋友说话。
④在升国旗时,少先队员行队礼,非少先队员行注目礼。

【设计意图】结合学生的实际,让学生巩固之前学习的国旗知识,从而促使学生自觉纠正自己在升国旗、戴红领巾时的不正确行为。

3.国旗国旗我爱你。

(1)我来找一找。

现在要考考你们的观察能力怎么样。生活中,你们在哪些地方可以见到飘扬着的国旗?

之所以在这么多地方都可以见到我们的国旗,是因为国旗是我们国家的象征,它代表着中华民族的骄傲和自豪,所以我们要(PPT出示)——爱我们的国旗。

每个人表达爱的方式都是不一样的,我们的学校每周一都要做一件事来表达对国旗的尊敬和热爱,是什么事情呢?

是升旗仪式。小朋友们,你们知道在举行升旗仪式时,该注意什么吗?

(2)我来读一读。

老师把小朋友们说到的内容编成了一首儿歌,让我们一起看一看。

全班读一读。

【设计意图】通过让学生了解升国旗时的注意事项,从而促使他们纠正自己在升旗时的不正确行为,尊重国旗、热爱国旗。

(3)我来行队礼。

对了,刚刚说到少先队员行队礼,老师想问问,你们会行队礼吗?起立。我们一起学学行队礼吧。

教师做示范,学生行队礼。

通过活动,老师相信你们都会成为合格的少先队员。

(4)我们来升旗。

孩子们,国旗是我们国家的标志,所以我们要热爱国旗。现在我们现场模拟升国旗,以表达对祖国的热爱!

老师感受到了你们对国旗的尊敬和浓浓的爱意,希望以后每次升旗,大家的行为都能像今天一样规范。

【设计意图】通过学习升旗时的注意事项,让学生学会正确的行队礼方式;再通过模拟升旗使学生体会升旗时的肃穆与庄严，学会升旗时的行为规范。

（5）我爱国旗。

现在进入最后一关，请用你自己喜欢的方式表达对国旗的热爱和尊敬。

要求：①画一画你眼中的国旗。②写一写，你对国旗想说的话。

【设计意图】通过自主活动，使学生能够从内心深处热爱、尊重国旗，并把这种情怀通过多种方法表达出来，从而激发学生的民族荣誉感和自豪感。

（三）课堂总结

总结小组比赛获奖情况。

亲爱的孩子们，你们今天的表现很棒，你们都有聪明的头脑、智慧的双眼和能说会道的嘴巴。来，请把掌声送给自己。最后让我们祝愿祖国的明天更加美好，人们的生活更幸福！

板书设计

教学反思

道德与法治课应该以活动为载体，把活动作为教和学的中介。"教师的主要作用是指导儿童的活动，而非单纯地只讲解教科书；儿童更多的是通过实际参与活动，动手动脑，而非仅仅依靠听讲来学习"。这样才能激发学生的内在情感，并内化成为自己的行为。

我将这一课分成了三个活动：第一，感受国旗的美丽——"国旗国旗多美丽"；第二，感受国旗的神圣——"国旗国旗真神圣"；第三，表达对国旗的爱——"国旗国旗我爱你"。在活动中，学生认识国旗的形状、颜色，了解国旗的象征和含义，感受国旗的神圣，并且在生活中寻找国旗、尊重国旗，最后升华感情——爱国旗。

我认为我的课堂有以下特点：

1.使用多媒体变抽象的基础知识、基本原理为形象的、直观的知识，加深学生对于知识的理解。

道德与法治这一学科基础知识比较抽象，加大了教与学的难度。多媒体能够将声音、图像、文字等融为一体，具有形象、直观的特点。如：在理解国旗法律的时候，通过多媒体的直观展示，让学生从内心敬畏国旗。

2. 与实际生活联系，升华感情。

"教育即生活"，儿童认知的发展和品德的构成源于他们对生活的体验、认识和感悟。我将静态的教学资料与丰富多彩的现实生活结合起来，丰富和发展了学生的体验，让他们从中受到教育。我在"国旗国旗我爱你"的活动中，先让学生寻找生活中的国旗，让学生意识到，在我们的生活中有这么多国旗；在模拟升旗仪式时，让学生学习敬队礼、升国旗，升华其感情，使其尊重国旗。

在具体的操作过程中，也存在许多不足：

1. 对学生的学情不够了解，教学组织能力不强。

教学实施过程中，在"国旗国旗真神圣"的环节中，我提问："对于国旗的这些特点，你们有什么想问的吗？"学生几乎没有举手的。这是因为我对学生的情况不够了解，提出的问题让他们无法回答，所以导致冷场。当时我如果多运用奖励制度，用激励性语言进行鼓励，效果应该好很多。

2. 对时间的把控不到位。

在教学过程中，因为担心自己的课上不完，所以在进行最后一个环节的时候，我并没有给孩子足够的时间展示，导致课堂留白很多。

总而言之，通过课后反思把教学实践中的"得"与"失"加以总结，变成自我的教学经验，这是十分珍贵的财富。在不断总结经验教训的基础上，提高自身的整体素质，争取努力上好每一节道德与法治课，让孩子们在娱乐中学到知识，在实践中感到学习的快乐。

（本课例荣获娄底市第二届"道德与法治教学比赛"一等奖）

双峰县洪山中心小学　　刘思琪

《好大一个家》教学案例

教学内容

教科版《品德与社会》四年级下册第五单元第二课《我们的大中国》第二课时。

教材分析

本课教科书中呈现了一幅简明的中国政区图，上面标明了34个省级行政区及行政中心的名称，各省的界限明显，各省的版图用不同的颜色区分开来。图下出示旁白："这是我们的大家庭，认识认识我们的家庭成员吧！"教科书给出这幅图，目的在于让学生在"中国政区图"上查找省级行政区，初步了解我国34个省级行政区的名称。其中，台湾是中华人民共和国不可分割的一部分。

学情分析

四年级的学生从地图中认识自己祖国的地理概况，了解祖国的名山大川和名胜古迹，这不仅是学生社会生活的需要，也是一个普通公民必备的基本素质。学生对于地理知识的储备因为生活经历、阅读习惯、家庭熏陶等原因导致两极分化很严重，有的学生知识面广，已经掌握了不少的地理知识，而有的学生这方面的知识储备非常欠缺，给老师的课堂教学带来了难度。

教学目标

1. 知道我们的祖国是一个地域辽阔的国家。

2. 通过联系生活中的事物和读中国政区图等，初步了解我国的省级行政区的名称及其大体位置。

3. 知道台湾是我国神圣领土不可分割的一部分。

教学重点

了解我国的行政区划，知道我国34个省级行政区的名称及大体位置。

教学难点

根据某个省级行政区的特点设计谜面。

教学准备

多媒体课件，中国政区图拼图。

教学过程

（一）歌曲导入

老师：孩子们，家是最小国，国是千万家，有国才有家，我们先来唱一首《大中国》，（视频播放：大中国）祝福我们伟大的祖国。来，手指动起来，眼睛亮起来，歌声响起来。

我们都有一个家，名字叫中国。这个家不仅风景优美，地域辽阔，而且兄弟姐妹很多。这节课，我们一起来了解这个大家，认识我国的省级行政区划。

【设计意图】视频播放《大中国》，眼前出现一幅幅祖国壮美山河的画卷，可以激发学生的民族自豪感，为后续的学习做好铺垫。

（二）活动探究

活动一：猜一猜。

1. 猜猜这些照片拍自哪些省、市、自治区。

课件出示天安门、布达拉宫、上海外滩风景照等，学生说出拍自哪个省、市、自治区，强调学生说完整省级行政区的名称。

2. 猜猜这些车牌是哪些地方的。

课件出示黑龙江省、云南省的两幅车牌，学生说说所属的省份。

3. 猜猜它们代表什么地方。

① 出示香港、澳门特别行政区区旗，说说它们代表什么地方。

② 出示浙江卫视台标、海南省的轮廓图，让学生猜猜它们代表的是哪个省级行政区。

老师穿插提问：平时你喜欢收看哪些省级卫视的节目？

4. 猜猜这些美食来自哪里。

课件出示臭豆腐、大麻花、羊肉泡馍的图片，让学生说说它们来自哪个省级行政区。

【设计意图】通过猜一猜的活动调动学生的积极性，从学生熟悉的风景名胜的图片、车牌、美食等入手，认识和其对应的省级行政区的名称。

活动二：写一写。

1. 分组活动，写出你们知道的省级行政区的名称。

2. 探讨：都是省级行政区，名称一样吗？有的叫省，有的叫市……

3. 出示：（宪法）中华人民共和国的行政区划：全国分为省、自治区、直辖市，国家在必要的时候设立特别行政区。（齐读）

4. 猜猜我国有多少个省级行政区。在中国政区图上认一认我们的34个省级行政区吧：23个省、5个自治区、4个直辖市、2个特别行政区。

5. 我带来了一首省级行政区的儿歌，读一读，我有问题要考考大家哦。

两湖两广两河山，五江云贵福吉安。

四西二宁青甘陕，海内台北上渝天。

香港澳门和台湾，爱我祖国好河山。

说说两湖两广两河山，五江指的是哪些省级行政区。

【设计意图】认识34个省级行政区的名称，明白台湾是我国领土不可分割的一部分，知道宪法对我国行政区划的规定。

活动三：编谜面。

1. 老师先选择好一两个省级行政区，再根据这个省级行政区的特点，比如说它的版图、简称、特产等，精心设计谜面，让同学猜一猜谜底是哪个省级行政区。就像这样：

我像一只张开翅膀的雄鹰，守卫祖国的北方。

我是伟人毛泽东的故乡。

2. 分小组设计谜面，邀请同学来猜谜底。

【设计意图】学生抓住某个省级行政区的特点编谜面，就是深入了解、认识某个省级行政区的过程。

活动四：拼一拼。

老师：接下来我们分组拼贴中国政区图，了解34个省级行政区的大体位置，比一比哪组拼得最快、最好。（视频播放：34个省级行政区域歌）

【设计意图】通过小组合作拼贴中国政区图，让学生知道我国34个省级行政区的大体位置。

活动五：说一说。

对照中国政区图，说说自己曾经到过哪些省份旅游，现在最想去哪儿走走。

【设计意图】回顾自己以往的生活，并畅想未来，进一步熟悉省级行政区的名称。

（三）课堂总结

老师：我们的祖国富饶辽阔、山川秀美，34个省级行政区组成了和谐统一的大家庭，我们的国家越来越强大，我们有底气对世界说出：咱们中国的领土，一点也不能少。

板书设计

好大一个家

　　　　　　　　　　　34个省级行政单位：

　　　　　　　　　　　23个省

手绘地图　　　　　　　5个少数民族自治区

　　　　　　　　　　　4个直辖市

　　　　　　　　　　　2个特别行政区

　　　　　　　　　　　一个也不能少

教学反思

我来谈谈执教《好大一个家》这堂课后的思考，先说说亮点与成功之处。

1. 紧扣教学目标，精心设计活动，绽放童心活力。

这堂课紧紧围绕课时目标开展了"猜一猜、写一写、编谜面、拼一拼、说一说"这五个活动，它们环环相扣、层层递进，引导孩子们从直观感受、动手实践、积极探讨再到主动思辨。在你追我赶的知识探索中，孩子们感官被全方位调动，智慧火花不断碰撞，教学目标顺利达成。

2. 有效创编教材，整合运用资源，演绎课堂精彩。

这堂课是如何有效创编教材的，我有如下尝试：巧用生活中的资源。上课伊始，我就从孩子们感兴趣的风景名胜、车牌、美食等开展连连猜活动，极大地激发了孩子们的兴趣。出示台湾和大陆相连的轮廓图，简介台湾的历史，并适时引出习近平爷爷十九大报告中关于台湾问题的原文，让孩子们认识到领土完整不可侵犯的观点，教学目标在不露痕迹中自然达成。

3. 巧用信息技术，深度融合，突破教学重难点。

如何让孩子们在中国政区图上一目了然地区分4大板块，信息技术的巧妙应用就具有不可比拟的优势了。课件在呈现23个省时，其余的省级行政区隐成灰色，与23个各不相同的省级行政区的颜色形成了鲜明的对比；在出示5个自治区时，既用箭头指明了位置又标注了全称，这时其余的省级行政区同样也变成了灰色。这样的课件既方便学生熟记省级行政区的名字，又能准确地感知它们的位置，直观明了，信息技术的运用功不可没。

接下来再来谈谈这堂课的不足与遗憾之处。

在猜风景名胜猜美食时，我其实可以把自己在安徽黄山、贵州黄果树瀑布旅游，在西安吃羊肉泡馍的照片放进去；还有猜车牌前可让学生先说说自己家的车牌，你的、我的、他的、老师的，怎么都有一个湘呢，自然就引出了"湘"是湖南省的简称、每个省都有一个简称的概念，为接下来猜别的省的车牌奠定基础。应以孩子们熟悉的人或事物为教学的出发点，更贴近孩子们的生活，让孩子们更有话说，更感兴趣。

（本课例在2018年贝壳网集体备课大赛中荣获省一等奖，在湖南省小学道德与法治学科教师培训暨第二届教师教书育人风采竞赛中荣获二等奖）

娄底市第六小学　李丽梅

《对网络不良诱惑说"不"》教学案例

教学内容

自编教材:对网络不良诱惑说"不"!

设计缘由

随着网络的出现,随之而来的网络诱惑层出不穷。为了让学生更加客观地认识互联网的正面和负面效应,发挥互联网的积极作用,自觉抵制网络不良诱惑而设计了这堂课。

学情分析

网络是孩子们最感兴趣的话题,但大部分孩子只认识到网络世界的精彩无限,只体会到网络的无穷乐趣,并不清楚网络更是一把"双刃剑",能给我们带来很多的无奈,过分迷恋网络甚至会给我们带来很多难以预料的灾难。所以,对学生进行正面引导尤显重要。

教学目标

情感态度与价值观:自觉抵制网络不良诱惑,初步认识和理解网络时代社会生活的复杂性,初步形成辨别是非的能力。

过程与方法:提高自我控制和抵制网络不良诱惑的能力。

知识与技能:认识到网络不良诱惑是可以战胜的,掌握战胜网络不良诱惑的常用方法和技巧。

教学重难点

自觉抵制网络不良诱惑,掌握一些战胜不良诱惑的常用方法和技巧。

教学准备

多媒体课件,规划书,正能量卡。

教学过程

课前谈话:我很高兴来到醴陵市实验小学,更荣幸能和同学们一起学习。昨天,我们就成了好朋友。此刻,老师发现,同学们的脸上都写着两个共同的字——"精神"。老师相信这节课你们会坐得好,听得更好,我期待着你们的精彩表现!请问准备好了吗?下面,请跟随老师走进你们最感兴趣的"网络"话题。(板书课题)

活动一:调查导入,引发话题。

1.老师:亲爱的同学们,热烈欢迎你们来到刘老师主持的《实话我说》栏目。首先,针对目前中小学生的一个热点问题,我想在班上做一个小调查。

（1）你喜欢上网（包括手机上网）吗？（　　）

A．非常喜欢　　　B．一般喜欢　　C．不喜欢

（2）父母对你上网的态度是怎样的？（　　）

A．支持　　　　　B．反对　　　　C．不支持也不反对

（3）放假在家时，你每天上网的时间大约是多少？（　　）

A．半小时　　　　B．一小时　　　C．一小时以上

小结：通过刚才的小调查，老师对同学们平时的上网情况有了一个初步的了解。

老师：通过刚才的小调查发现，有的家长支持孩子上网，有的家长反对孩子上网，有的家长则态度模糊。对待上网，家长们为什么会有不同的态度呢？上网到底有哪些好处和坏处？请同学们各抒己见，发表自己的看法。

过渡语：接下来，就家长该不该支持孩子上网这个话题，老师想采访一下现场听课的老师，因为他们都已为人父母，有自己的孩子，在生活中会遇到同样的问题。

小结：老师们、同学们都各抒己见，各有各的道理，下面让我们连线"全国法院办案标兵"周强华法官，一起听听他的看法和建议。

【设计意图】通过调查，了解学生平时的上网情况，唤醒沉迷于网络的学生。

活动二：沉迷网络，危害严重。

1. 老师：周法官建议我们不要去网吧上网，应该在老师和家长的指导下上网。为什么呢？因为网络是把双刃剑，它趣味重重，但也诱惑重重，而孩子经常沉迷网络却是家长的痛，法律的痛，更是社会的痛。沉迷网络到底会产生哪些严重危害呢？

2. 老师：2018年4月，教育部发出紧急通知，要求全国各地做好预防中小学生沉迷网络教育引导工作。（出示通知）

3. 老师：网络就像阿里巴巴的宝库，里面有取之不尽的"宝物"；但如果使用不当，它就会像潘多拉的魔盒。那么，沉迷网络会给自身造成哪些严重危害呢？（出示危害视频：荒废学业）这个视频告诉我们，沉迷网络会影响学业。

拓展延伸：沉迷网络还会给自身造成哪些危害？请你说一说。

老师：一个家庭如果有一个上网成瘾的孩子，就有了一本血泪史。（出示视频：孩子打赏女主播，败光手术费）沉迷网络会给父母、家庭带来无尽的伤痛！

拓展延伸：你还知道哪些上网成瘾而危害家庭的事例，请说一说。

小结：同学们，经常沉迷网络危害很大，我们应该远离网络不良诱惑，做遵纪守法的好学生。（板书：沉迷网络，危害严重）

【设计意图】通过出示紧急通知和两个案例帮助学生认识到沉迷网络的严重危害,并使其意识到作为学生应该远离网络不良诱惑。

活动三:抵制诱惑,你我同行。

老师:通过刚才的交流,我们知道了生活中存在着网络不良诱惑,这些诱惑时刻就在我们身边,考验着我们的意志,一不留神,就会将我们俘虏。那么,面对网络不良诱惑,我们应该怎样抵制呢?请跟随老师走进"网络生活大搜索"。

1. 判断对错,并陈述理由。

(1)中小学生偶尔去一次营业性网吧,是可以的。(   )

(2)学校周边有网吧,但贴有禁入标志。(   )

(3)小明13岁,哥哥19岁,他长得和哥哥很像,于是他就拿着哥哥的身份证去网吧上网。(   )

(4)农村偏僻山区的网吧,中小学生可以去上网。(   )

2. 小结:我们在面对网络不良诱惑的时候,必须学会说"不",拒绝网络不良诱惑应该从你我做起,从现在做起。(板书:抵制诱惑,你我同行)

3. 老师:刚才的网络生活大搜索,同学们都发表了自己的观点。其实《未成年人保护法》中就有规定,运用法律武器更有说服力,让我们请出"法博士"。

4. 小结:同学们,在生活学习中,当你遭遇网络不良诱惑时,可以利用国家的法律来保护自己!

【设计意图】小学生明辨是非的能力有限,"网络生活大搜索"引导他们抵制生活中存在的网络诱惑,并学会用法律的武器来保护自己的正当权利。

活动四:远离网瘾,我有办法。

老师:网瘾如鸦片,我们要远离!(板书:远离网瘾,我有办法)接下来,让我们来制订远离"网瘾鸦片"规划书。出示要求(学生汇报,老师评价)。

制订远离"网瘾鸦片"规划书	
防止上网成瘾的方法	1. 确定目标 2. 限定时间 3. 合理安排上网时间
找出不做"小网虫"的金点子	1. 上网结束后,要去户外活动 2. 3. ……

续上表

万一你上网成瘾，为戒除网瘾，你有什么好办法？	1. 培养阅读兴趣 2. 3. ……
你想对网络说什么？	

小结：从你们坚定的语气中，我感受到了你们拒绝网络不良诱惑的勇气。

2. 老师：据老师了解，我们学校也有一个网瘾少年，出示案例分析。

思考：面对小明，假如你是他的同学、老师或家长，你会怎么做？

（学生回答后，送正能量卡给网瘾少年）

3. 老师：帮助他人，快乐自己，给永远比拿快乐！最后，老师要把《上网歌》送给大家。

【设计意图】远离网瘾的最终目标是要体现在思想上，落实到行动上。通过制订远离"网瘾鸦片"规划书，正确引导学生不做网瘾少年，要做阳光学生。

板书设计

教学反思

在学习和生活中,我们每个人都经历着大大小小的诱惑。迷茫时,网络虚拟世界的五光十色是一种诱惑;疲惫时,网络游戏的惊险刺激也是一种诱惑。互联网拓宽了我们的求知途径,为我们打开了认识世界的一扇窗,更为我们创造了一个展现自我个性的空间。青少年是祖国的未来,家庭的希望,是最具科技意识和创新能力的一代。如果不能自觉抵制网络不良诱惑,不能做到文明上网和健康上网,那网络就会毁掉我们的一生。基于此原因,我通过自编教材设计了此课,并凭此设计拿到了"娄底市小学道德与法治教师教书育人风采竞赛"第一名。总之,我认为,一堂好的道德与法治课,一定是一堂主题明确、理念先进、主体突出、体验有效、开发有度、必有生成的课。而本堂课最大的缺陷在于:

1.学生没有由知识的容器成为自己的主人。新课程的核心理念是:以学生为本,一切为了学生的发展。整个教学过程都是由学生发现、提出、分析、解决问题的过程。而我的课堂,学生并没有成为真正的主人。

2.课堂教学应由预设转向生成和开放。而我的课堂则成了教师连续地提问,学生习惯性地举手,课堂缺乏生成性,仪式感太强。

3.好的教学设计是理论与实践、理论与实际有机地结合起来的。而我所用到的教学案例则是片面的、极端的,这是设计之大忌。

一个人的智慧和力量永远比不过、拼不过一群人,下次的参赛课,我要汲取此次教训,争取在设计上出新、出彩。

(本课例在娄底市第三届小学道德与法治教师教书育人风采竞赛中荣获一等奖,在湖南省小学道德与法治学科教师培训暨第三届教师教书育人风采竞赛中荣获二等奖)

双峰县永丰镇城南学校　刘娟

举行十九大特色课堂设计比赛

为了学习贯彻党的十九大精神,各地纷纷举行了十九大特色课堂示范课比赛,咱们德育名师工作室当然不甘落后,也策划了以区域为单位的十九大特色课堂教学展示活动,并参与了市州举办的特色课堂设计比赛。

"红色解密,通关2049"
——大手拉小手,共"读"十九大活动设计

教学内容

本次教学活动内容为自主创编内容,站在小学生的角度,深入浅出地解读十九大精神。

教材分析

本教学内容主要包括"解密红色脸谱、解密红色密码、解密十九大关键词"三个部分,涉及这些内容,旨在让学生了解中国共产党的核心领导人、中国近现代史上重要的纪念日,使孩子们对十九大报告的精髓有一个初步的了解。

学情分析

本次授课的对象是五年级学生,五年级学生有了一定的政治、历史知识储备,世界观的形成到了萌芽阶段,抽象逻辑思维能力正慢慢形成,对时事也有了一定的好奇心,但对枯燥的理论知识,对偏离他们生活认知的一些政治时事内容较难理解,所以如何深入浅出地将课题预设呈现,需要花一番心思。

教学目标

1. 以通关游戏的形式，通过观看视频、数字、图表等活动，让学生直观了解中国共产党的历史，了解十九大精神的精髓。

2. 通过研讨实践活动，激发学生对祖国对党的热爱，激发民族自豪感，培养学生作为共产主义未来接班人的社会责任感，在心中升腾起为美丽中国梦努力学习的红色正能量。

3. 在学习活动中，培养学生善于思考、善于总结、善于推理、敢于质疑的优秀学习品质。

教学重点

结合生活实际，让学生们对十九大报告精髓有一个初步的认识了解，并萌发对美好生活的无限向往，树立成长为优秀共产主义接班人的伟大理想。

教学难点

如何深入浅出地为孩子们解读十九大红色关键词。

教学准备

1. 让学生先通过书本或网络了解中国共产党、十九大的有关知识。

2. 教师准备教学课件、通关卡、2049愿景卡，学生准备绘画笔。

3. 全班分活动小组。

教学过程

课前谈话：亲爱的同学们，大家上午好，很高兴认识大家。大家喜欢当小侦探吗？喜欢闯关吗？那今天我们就要来当一回解密大使，玩一个叫"红色解密"的游戏，闯关成功就可以获得通关卡，到达美丽的2049年。在闯关过程中，如果遇到困难，你有一个"求助锦囊"可用。来，咱们先大手拉小手，合作愉快，一起加油。

（一）红色解密

第一关：解密红色脸谱，考考谁的眼力最强。

课件出示红色剪影：毛泽东、邓小平、江泽民、胡锦涛、习近平，最后出示一群普通的共产党人，学生可能不认识。

教师提示：他们是谁？这群人啊，其实他们和毛主席、习近平总书记有一个共同的名字，请看视频《我是谁》。

他们有一个共同的名字：中国共产党人。共产党是我们中国的执政党，他们为中国革命流汗流血、不怕牺牲，建立了新中国；（结合课件）他们吃苦在前、享受在后，建设了富强的中国。（结合课件）他们如星星之火，闪耀在960万平方公里的土地上,使中国龙屹立于世界的东方。(结合课件)他们还创造了一些有特殊含义的红色密码,创造了新中国历史的里程碑。请看第二关!

【设计意图】通过有趣的剪影猜谜、视频观赏活动,激发学生知识学习与活动参与的好奇心,使他们进一步熟悉中国共产党的重要领导人物,了解中国共产党人"一切为了人民"的伟大精神特质,从而对共产党人产生崇拜与敬仰之情。

第二关:解密红色密码。

课件出示第一组红色密码:

1921 年 7 月 23 日至 31 日　　1949 年 10 月 1 日

1997 年 7 月 1 日　　1999 年 12 月 20 日

2012 年 11 月 8 日至 14 日　　2017 年 10 月 18 日至 24 日

解密大使们,这些数字里都藏着红色秘密,你能给它们解密吗?

1921 年中国共产党诞生,中共一大召开。

1949 年新中国成立。

1997 年 7 月 1 日,香港回归。

1999 年 12 月 20 日,澳门回归。

2012 年党的十八大召开,产生以习近平为首的新一代领导集体。

2017 年党的十九大召开。

课件出示第二组红色密码:

党代会:1921 年中共一大——2017 年中共十九大

党员人数:中共一大 50 多人——十九大 8900 万人

国内生产总值:1949 年 179 亿元——2017 年 827122 亿元

此关难度系数 5.0,有没有信心闯过?

从这些数字背后,你解读到了哪些关于党关于祖国特别的信息?或者从这些数字的变化,结合你和爷爷、奶奶、爸爸、妈妈童年生活的对比,你感受到了什么?

小结:看似简单的一组组红色密码,背后是我党、我国历史发展进程中的大事件,揭示着中国共产党人心所向,新中国由小变大、由弱变强的发展历程,更是无数中国共产党人流血流汗甚至不惜牺牲,为人民谋幸福的奋斗历程。哪里需要他们,共产党就出现在哪里,看,他们又来了!

【设计意图】利用课前知识储备,解密"红色密码"背后的历史与内涵,使学生进一步熟悉我党、我国历史发展进程中的大事件,感受中国共产党人心所向,新中国由小变大、由弱变强的发展历程,进而产生强烈的民族自豪感。

第三关：解密十九大关键词。

欢迎大家来到中共十九大的会议现场。在十九大会议上，习近平总书记代表第十八届中央委员会向大会做报告。习爷爷自信地指出，从2020年到2035年，在全面建成小康社会的基础上，再奋斗15年，也就是21世纪中叶，我国基本实现社会主义现代化。怎样实现这一目标呢？习爷爷在报告中给出了下列关键词，解密大使们，咱们来看看吧。

报告中间的哪几个关键词特别打动你？写在题板上。你觉得这几个关键词有什么内涵？说说理由。或者由此想到了生活中哪些故事？看谁解密最精彩！

小组交流，发布研讨结论。

课件出示：图解十九大

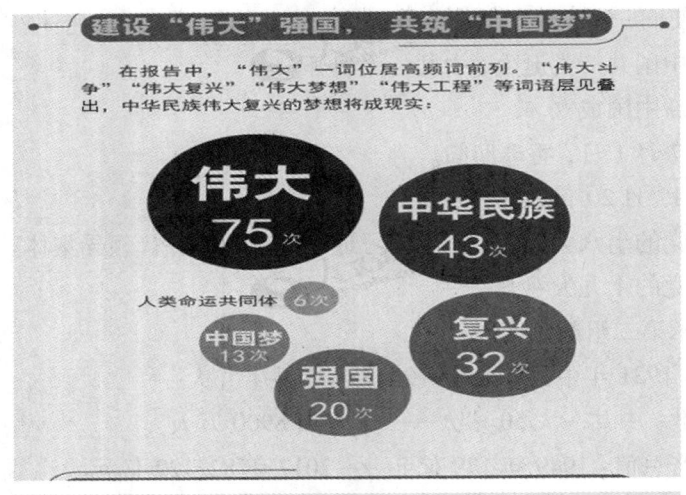

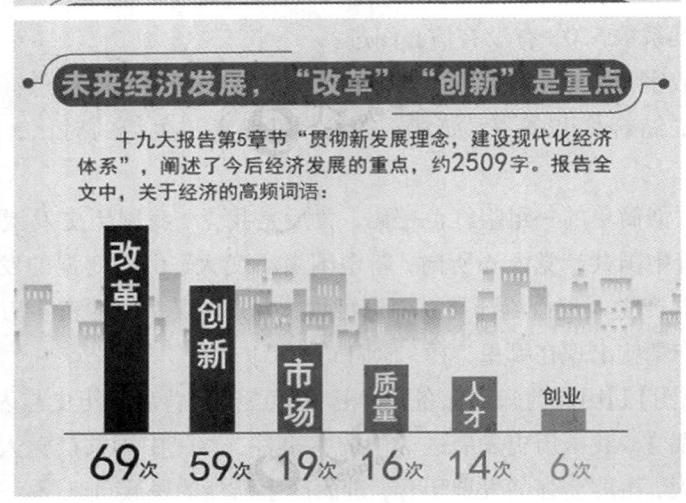

第二篇　探索常态研修和工作室的情境化路径

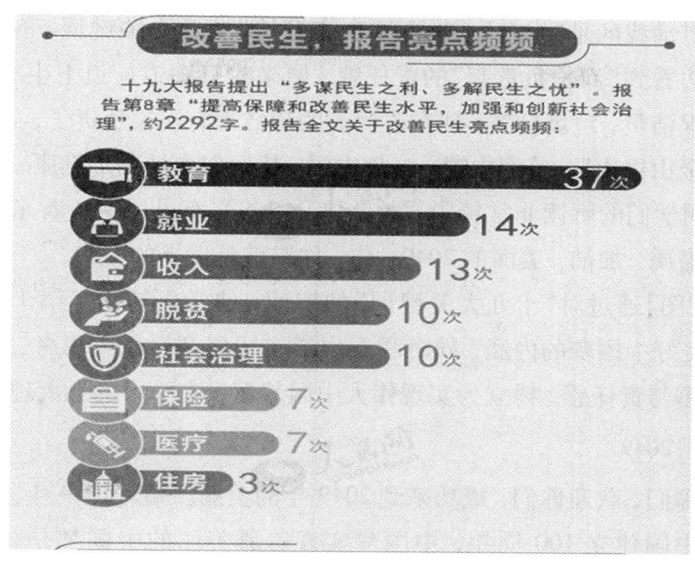

例：这里面打动我的是"教育"这个关键词，习爷爷也提了37次，说明他对教育很重视。现在我们的学校越来越漂亮了，教科书也是免费的，我们感觉很幸福。

打动我的关键词是"脱贫"，现在国家有精准扶贫政策，帮助贫困的人民。我家农村的亲戚原来住在山上，房子很破旧，现在还分了新房子呢，我们感觉很幸福。

这里面打动我的是"绿色""自然""生态环境"这几个关键词,有一天,我在郊外的小河边看到"河长负责制"的责任牌,原来我只知道街道卫生有环卫局管,农村也有了保洁员,垃圾分类,现在连河流的清洁都有河长负责了,习主席说"绿水青山就是金山银山",美丽中国、绿色中国,让我们生活更加健康、幸福……

小结:同学们的解读非常精彩,真是和习爷爷心有灵犀啊!看来大家很有国家领导人的潜质,加油,美丽的2049,你、你们就是世界的主宰。

【设计意图】通过对"十九大关键词"的解读,使学生初步了解十九大报告的精髓,感受美好中国梦的内涵,同时联系生活实际展开讨论与思考,激发中国小公民的幸福感与责任感,树立为实现伟大中国梦而发奋学习的远大理想。

(二)解密2049

解密大师们,欢迎你们,成功来到2049年的美丽门槛。2049年,是什么特殊的年份?新中国建立100周年,中国梦实现。那美丽的中国梦是什么样子的?2049年的中国、2049年的你又是什么样子的?请用文字或图画来为大家解密吧!书画2049年畅想卡,同时播放《中国进入新时代》视频。书画完后集体展示。

(三)未来,我来

亲爱的同学们,老师相信你们,有梦就有未来,我们的2049年一定会最美!共产主义接班人,唱起来吧!音乐:《我们是共产主义接班人》。未来,已来,准备好了吗?起立,右手握拳,举过头顶,呼号:准备着,为共产主义事业而奋斗。

答:时刻准备着!

板书设计

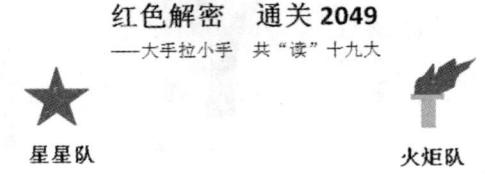

(备注:教学过程以星星队、火炬队知识比拼的形式进行,在黑板上张贴奖励标志)

教学反思

我的这堂品德与社会的拓展活动课是作为一堂十九大特色研讨课在名师工作室研讨活动中上的。本节课设计的本意是让孩子们了解共产党的历史与奋斗史，领会十九大的精神，激发孩子们的爱国爱党热情，树立为实现中国梦从小发奋图强的伟大梦想。因为活动内容离孩子们的生活还是远了点，不容易产生共鸣，我就给孩子们列了课前准备提纲，通过微信群请家长带领孩子一起上网搜索资料，给孩子们讲历史故事等，让孩子们准备了与课堂有关的知识小锦囊，初步了解共产党的有关知识。这样有备而来，课堂上自然而然就很容易进入深度解读环节。对这种离孩子们生活较远的教学题材，孩子们的课堂表现还是让我欣慰的，基本实现了我的教学目标。

做红色教育的课堂怎样才能有趣又有效？以后类似的课堂如何更好地与学生生活相结合，深入浅出地激发学生心中的红色正能量？个人有几点粗浅的体会：

1. 品德与社会课中教学素材的收集很关键，平时我们一定要有这个意识，看到合适的德育故事、视频、音乐，随手收集起来，有一天一定用得着。比如歌曲《苔》和它的背景故事可以用来做生命价值教育；开学那些火爆的校长、学生演讲，做励志教育时用得上。我曾连续两天跑进电影院观看《厉害了我的国》，其中的很多镜头都被我用上了。

2. 品德与社会社活动课的开展，不能选题太大，应结合学生熟悉的生活，抓一个点切入，以小见大，体验、感悟、升华，才能有最好的教育效果。

3. 平时不努力，临时抱佛脚，绝对出不了好课。课前一定要有充分的准备与磨炼，要多试讲，要注重教研团队的研讨，这样不仅可以打造好一堂课，还可以促进团队的成长。所以，唯有不断实践与反思，沉下心来做教学做研究，方能不负芳华，不断进步。

娄底市第六小学　罗小玲

《海峡两岸盼统一》教学案例

教学内容

教科版《品德与社会》四年级下册第五单元第四课

教材分析

本课通过了解台湾，让学生知道盼望祖国统一是海峡两岸人民共同的心愿，了解海峡两岸的人民为祖国的统一做出的努力和贡献；引导学生树立为促进祖国统一而努力读书的信心与决心,充分激发学生的爱国主义情感。

学情分析

四年级的学生已经初步具备了信息的采集、分析与统计能力,基本形成自主学、有主见学的学习行为趋向。他们参与活动、体验生活,探究并试图解决问题的能力得到了一定的训练。但是,《海峡两岸盼统一》这个主题的内涵深刻,事件发生的时间与孩子们生活的时代相距较远,理解起来有一定的难度。

教学目标

情感态度与价值观:感受海峡两岸人民盼望祖国统一的共同心愿,激发学生热爱祖国的感情。

过程与方法:通过自主、合作、探究的学习方式和师生间、学生间的互动信息交流,使感性认识上升到理性认识。

知识与技能:了解台湾,知道台湾自古以来就是祖国领土不可分割的一部分,祖国领土神圣不可侵犯。

教学重难点

1. 了解台湾,感受海峡两岸人民盼望祖国统一的共同心愿。
2. 了解台湾的沧桑历史,体会两岸人民血浓于水的亲情。

教学准备

课件,思念卡。

教学过程

活动一:歌舞相伴,走近台湾。

1. 老师导入:孩子们,老师想唱一首歌,你们想听吗?《外婆的澎湖湾》,会唱的一起唱。刚才这首歌曲唱到了一个地点,知道是什么地方吗?知道澎湖湾在我国的哪个省吗?(引出台湾)(板书:台湾)

2. 你能在中国地图上找出台湾吗?来,让我们一起走近它。(板书:走近)

3. (学生上台找台湾的位置)咱们伟大的中国就是傲立于世界东方的雄鸡,台湾就像雄鸡的鸡爪,今天就让我们的视线穿越海峡,把目光聚集台湾。孩子们,远古时代,台湾和大陆本来连在一起,由于地壳运动,相连部分的陆地下沉为海峡,这窄窄的台湾海峡把大陆和台湾隔在了两岸。(板书:海峡两岸)

台湾像一片飘离大树的绿叶,时时在诉说对根的思念,两岸人民时刻盼望着统一。(板书:盼统一)

【设计意图】以欢快的儿歌导入,从而引出台湾,激发学生的学习欲望。

活动二：知识抢答，了解台湾。

老师：台湾岛，美丽富饶，特产丰富。孩子们，你们了解台湾吗？（板书：了解）接下来，老师把全班分成两个团队，女同学代表宝岛台湾，叫"日月潭"队；男同学代表祖国大陆，叫"长城"队。我们来举行一场知识竞赛，比一比哪个队略胜一筹！

1."必答"环节。

(1)台湾被评为中国十大旅游胜地之一的景区是什么？（日月潭）

(2)台湾的主要粮食作物是什么？（水稻）

(3)台湾最主要的少数民族是什么？（高山族）

(4)钓鱼岛周围的大陆架下蕴藏的丰富资源是什么？（石油）

(5)1662年，谁率军收复台湾？（郑成功）

2."抢答"环节。

(1)台湾海峡在台湾与祖国大陆的哪个省之间？（福建省）

(2)台湾第一大城市是哪个？（台北市）

老师小结：××队的表现真好，大获全胜。来，掌声响起，送给上知天文、下知地理的他们！

【设计意图】让教学面向全体学生，提高他们的认知水平，加强课程内容与学生内心体验的密切联系，在理解和感悟中了解台湾，获得知识，丰富道德情感。

活动三：情系心中，思念台湾。

1.出示微视频《心系台湾》，学生观看后合作、交流。老师小结：台湾大陆一水间，风雨沧桑数百年。山水相依情相牵，亿万儿女盼团圆。大陆人民对台湾同胞的思念之情溢于言表！（板书：思念）

2.学生分组合作制作"思念卡"，并贴卡。（背景音乐：《七子之歌》，同步视频：《醉美台湾》）

【设计意图】此环节设计层层深入，学生的情感体验逐渐加深，这样有助于学生形成正确的道德观；同时，努力做到知行统一，表达对台湾同胞的深情厚谊及盼统一的心愿。

活动四：牢记使命，展望台湾。

老师：孩子们，团聚是几代人的梦想，统一是我们共同的心愿。大陆和台湾，永远心连心。展望台湾，我心飞翔。（板书：展望）

1.播放2017年10月18日中央电视台《海峡两岸》栏目视频，让学生走近十九大，了解习主席关于解决台湾问题的英明决策。

2. 播放城南学子祝福台湾系列活动掠影,激发全体学生对台湾的热爱之情。(前期已在学生中围绕陆台亲情问题开展作文竞赛、演讲比赛、手抄报比赛、班会活动、放孔明灯、投放纸船等系列活动。)

3. 播放城南小记者采访双峰县台联领导的视频,展望和谐的陆台关系。

老师总结:随着祖国经济的发展、国家的强盛,在两岸人民的共同努力下,我们坚信台湾在不久的将来一定回归!(板书:一定回归)

【设计意图】体现学科整合的特点,紧密联系生活,面向广阔的时空;丰富、充实、拓展课程内容,促进学生情感、态度、价值观的形成。

板书设计

海峡两岸盼统一

走近		一
了解	台湾	定
思念		回
展望		归

教学反思

苏霍姆林斯基说过:"在教育过程中,儿童越是觉察不到教育意图,教育效果就越好。我认为这条规律是教育艺术的核心。"基于对此观点的高度赞同,我设计了贯穿始终的四个活动,并有分层递进的设计。活动一:歌舞相伴,走近台湾;活动二:知识抢答,了解台湾;活动三:情系心中,思念台湾;活动四:牢记使命,展望台湾。通过教育教学实践,我认为本堂课做得好的方面有:

1. 情感教育贯穿始终,充分调动了学生的学习积极性,带来了感官冲击,使师生都真正走进了文本。

2. 在课堂中,我成功扮演了以下角色:组织者、引导者、指导者。我组织孩子们有条不紊地去探究新知、感受体验,一层层、一步步解开心里的疑惑。

3. 展示交流穿插全课,我引导学生发展创新思维,增强合作意识,提高合作能力,锻炼动手及口头表达能力。

人无完人,课也无完课,此课也还存在许多不足之处,有待改进。具体表现在:

1. 由于课堂教学时间有限,学生对台湾的风土人情了解较少,如果条件、时间允许的话,可以多让学生去认识、了解、交流,这样更有利于勾起他们对台湾的向往,增强他们的自信心,从而更好地实现教学目标。

2. 学生没有进行预习,加之对台湾本土文化等不了解,所以在知识抢答环节,错误百出。在教学本课前,我很有必要安排学生去认真搜集有关台湾的知识,去查阅书籍,并上网查资料丰富自己的知识。

3.在学生中围绕陆台亲情问题开展作文竞赛、演讲比赛、手抄报比赛、班会活动、放孔明灯、投放纸船等系列活动,需要老师花时间、花精力、花心思去组织筹备,由于时间紧、任务重,各项活动的开展并非很接地气,而是走马观花,没有真正落到实处,对情感目标的实现有影响。

双峰县永丰镇城南学校　刘娟

《帮帮残疾人》教学设计

教学内容

《帮帮残疾人》是《品德与生活》二年级下册第二单元《献出我们的爱》中的第三课。

教材分析

本课内容分为"他们不容易""我能为你做什么"两个部分。"他们不容易"通过一段激发学生想象力与好奇心的文字,一组介绍残疾人生活艰难的图片以及模仿单手穿衣的小游戏,让学生明白残疾人生活中的难处,让学生懂得要帮助残疾人,学会如何帮助残疾人。

学情分析

我们学校的学生在生活中很少有机会接触残疾人,难以真切地体验残疾人生活的艰辛,他们有爱心和同情心,但不知道如何恰当地表达。本节课的学习活动将为他们提供了解残疾人的机会,让他们明白残疾人生活中的难处,懂得帮助残疾人以及学会帮助残疾人。

教学理念

使课堂生活化,注重学生的活动体验和感受。

创设情境,营造真实的学习氛围。

角色体验,在体验中明理。

弘扬十九大精神,关注民生问题,懂得帮助残疾人。

教学目标

情感态度与价值观：激发学生理解、尊重、关心、帮助残疾人的思想感情。弘扬十九大精神，关注民生问题，在学习中养成理解、尊重、关心、帮助残疾人的良好道德风尚。

过程与方法：活动中体验残疾人生活的不容易。

知识与技能：体会残疾人生活的艰辛，懂得帮助残疾人，学会帮助残疾人。

教学重难点

重点：感受残疾人的不容易。

难点：明白帮助残疾人最好的方式，是给予力所能及的帮助。

教学准备

多媒体课件，视频资料，图片。

教学过程

(一)播放视频，激趣导入

用澳大利亚残疾人演讲家尼克·胡哲的一个视频片段引入新课。

播放视频(尼克·胡哲演讲视频)，让学生说说感受。

板书课题：残疾人。

(二)了解残疾，加深感受

1.了解什么是残疾人。

老师：《中华人民共和国残疾人保障法》第二条规定，残疾人是指在心理、生理、人体结构上，某种组织、功能丧失或者不正常，全部或者部分丧失以正常方式从事某种活动能力的人。残疾人包括视力残疾、听力残疾、言语残疾、肢体残疾、智力残疾、精神残疾、多重残疾和其他残疾的人。

【设计意图】通过谈话，初步了解残疾人保障法的相关内容，知道国家对残疾人特别重视与关爱，让学生初步树立关爱残疾人的意识。

2.找找身边的残疾人。

老师：请同学们说说，在我们的生活中，你在什么地方见到过残疾人？

(三)模拟体验，感受不便

过渡：一些在我们看来很容易做到的事情，残疾人要付出非常大的努力才能完成。

活动一：假如我是肢残人。

过渡：小朋友们，接下来，让我们试着体验一下手臂残疾的感觉。假如你们失去了自己的右手,只能用剩下的左手收拾书包。这会是怎样的感觉呢?

请2~3人谈感受。

假若双手都残疾了,那我们怎么去收拾我们的书包呢?

活动二:假如我是聋哑人。

请同学们用手向同桌表达你想说的一句话。(能把你的红领巾借给我吗?)

指名到黑板前表演:

第一位同学用肢体语言表达自己想说的话,传达给第二位,然后快速地写下来,同样,第二名传达给第三位,快速记录下自己理解的意思,第三名说一说自己的理解。

通过刚才的体验,你有什么感受?请2~3名学生说感受。

老师:我们刚才做的只是生活中很平常、很简单的事,然而,就是这些平常、简单的事,对残疾人来说却是这么不容易。当你发现他们需要我们帮助时,请及时伸出援手,帮帮他们。

课件出示:帮帮残疾人。

(四)理性升华,导行明理

在我们的身边有很多人在同情和帮助残疾人。我们的国家也在关心和爱护他们,如残疾人学校、车站售票处的残疾人优先窗口、残疾人带证免费坐公交车等。我们的习主席在十九大上指出要关注民生问题,民生从需求角度看,是指与实现人的生存权利有关的全部要求。而残疾人就是最需要关注的特殊群体。

接下来,让我们一起来关注一下国家为残疾人开辟的绿色通道吧!

课件展示特殊设施:

盲道,轮椅走道,轮椅专用楼梯,残疾人专用厕所等,让学生感受残疾人的不容易。

谈一谈生活中应该如何帮助残疾人:

在平常的生活中,我能为残疾人做什么?

课件出示以下情景图:

在车道旁,看到一个残疾人摔倒了……

在马路边,看到有人把车停在盲道上了……

在车厢里,看见一个挂着拐杖的残疾人上车……

全课总结:

同学们,你们的关心和帮助让他们感受到了人间的温暖,只要人人献出一份爱,世界将变成美好的人间。

播放音乐《让世界充满爱》。

布置作业:

向家人说说当残疾人的体验。

板书设计

帮帮残疾人

关注　　　关爱

教学反思

在教学时,我首先设计让学生从残疾人这一抽象的词语中跳出来,设计"模拟体验"这一环节,一方面是让学生通过亲身体验感受到残疾人的艰辛,另一方面是培养学生观察社会事务、体察他人的能力。学生学习兴趣浓厚,达到了我预设的目标。可惜在接下来的"理性升华"环节,我因预设不当、主导太多,削弱了学生的主体地位。在本环节中,我应放手让学生以小组探究的方式动口动手,集思广益,这样情感的升华才更有效、更直接。最后,在《让世界充满爱》的音乐声中结束本次课程,也让学生的情绪达到高潮。通过本次教学,我发现自己作为老师在基本功上评价单一、激情不够、关注不够的缺点,也同时发现一堂优秀的课在预设情节时至关重要。

娄底市陶龛学校　李伟

参与贝壳网集体备课大赛

为了加强信息技术与学科教学的高度融合,湖南省教育厅中小学教师信息技术应用能力提升工程领导办公室,在全省范围内举行了信息技术与学科整合在线集体备课大赛,工作室成员踊跃参与了道德与法治课程集体备课赛,取得了优异的成绩与效果。

《安居有保障》教学案例

教材内容

自编教材。

教材分析

人们家居生活中存在不少烦心事,我从中提炼教学素材,引入真实案例"楼顶纠纷""狗主人索赔""采光权风波",分设四个活动:巧手定规则、规则大变脸、依法治乱象、小律师——我为你辩护,融入规则教育、法治意识教育。

学情分析

四年级学生知道一些基本的安居规则,但不全面不系统,对一些相关的法律法规知之甚少,在生活中践行安居规则做得不够好。

教学目标

1. 了解营造安全、舒适、美好的居住环境需要遵守规则和法律。
2. 培养学法用法、依法维权的法治意识。

教学重点

了解营造安全、舒适、美好的居住环境需要遵守规则和法律。

教学难点

培养学法用法、依法维权的法治意识。

教学准备

学生准备:观察自己居住的环境(小区)存在的现实问题,搜集安居需要遵守的规则和法律。

老师准备:多媒体课件、视频、小组讨论单,了解本班学生的居住状况。

教学过程

(一)导入

老师:我们的生活离不开衣、食、住、行这四件事,要想生活幸福安宁,首先要衣食住行没有烦恼,大家觉得呢?今天我们就挑"住"来聊聊。老师很想知道同学们对居住环境有什么要求?

老师:安全、舒适、文明、美好是我们对居住环境的要求,可问题是怎样才能使这些有保障?让我们真正享有安居呢?(板书:安居有保障)

【设计意图】开门见山谈到安居的话题,并抛出问题让学生思考。

(二)活动一——巧手定规则

老师:遵守红绿灯的规则,就能保障良好的交通秩序;遵守校规,就能保障学校正常的教学秩序;想要拥有安全、舒适、文明的居住环境,我们又该要共同遵守哪些规则呢?接下来我们就以学习小组为单位,从老师给出的词语中选2~3个写写要遵守的规则,看看哪个小组规则制定得详细全面,时间为4分钟。

(词语:墙壁、楼道、电梯、停车、公共设施、公共区域、行走、卫生、噪声、物业管理费、高空抛物)

学生分组写规则,请代表汇报。

老师:除了同学们写的规则,老师也有一些补充,一起来读一读。

课件出示安居规则。

老师:原来要拥有安全、舒适、文明的居住环境,需要这么多的规则来保驾护航,规则真是无处不在!

【设计意图】分小组围绕安居制定规则,促使学生去回顾生活,提炼规则。

(三)活动二——规则大变脸

老师:规则这么多,可有人认为在住的地方设置这么多规则约束了自由,这样吧,今天就来一个规则大变脸,把这些规则改一改,改成这样:

可以改变房屋结构、用途和外貌等。

可以带危险品进入小区和房屋内。

可以高空抛物。

可以随意停放车辆。

……

老师:请你来读一读,行不行?

学生:不行,小区会乱套,生命安全都没有保障……

老师:同学们,规则这样改可以吗?

学生:不可以。

老师:规则虽然多,约束了大家的自由,但真不可以改。不遵守规则,轻则导致居住的环境肮脏、混乱、无序,重则危及我们的安全。看似严格的规则,实际上保障了大家享有安全和舒适的居住环境。所以规则很重要,我们要共同遵守。(板书:守规则)

【设计意图】从反面让学生认识到正因为有规则的约束,才能保证安居。

(四)活动三——依法治乱象

老师:规则已经制定了,可在我们居住的环境中总会有一些这样的乱象,规则失去了约束力,你能想到什么金点子来治理吗?对,法治,依法治乱象。(板

书：善用法)

课件依次出示各种乱象和相关的法律条文。(车辆乱停放、贴小广告、占用楼道、噪声扰民、广场舞)

老师：影响我们安居的行为中你最不能容忍的是什么？你的底线是什么？猜猜，我最不能容忍的是什么？请看一段视频。

老师：高空抛物被称为"悬在城市上空的痛"，成了危害我们居住安全的不定时炸弹。一个不该掉下的苹果，一个孩子毁了，一个家庭毁了，令人痛心。我国的《物权法》《侵权责任法》明确规定高空抛物属于违法行为。只有依法治理、从严治理才能打击高空抛物这种恶劣行为。

【设计意图】知道安居有保障，除了规则的约束，还要有法律的保护和惩戒，提高学生的认识。

(五)小律师——我为你辩护

老师：有了规则意识、法治意识的你们能现场当一回小律师——我为你辩护吗？敢挑战吗？这几个案例都和我们的居住环境有关。

案例一：某人在小区房屋的楼顶上种了很多的菜，还搭起鸡窝、鸽棚，养鸡喂鸽子，导致臭气熏天、叫声扰民，邻居们担心得禽流感。

小律师：小区楼顶属于公共区域，是整栋楼的业主共有部分，可以先找物业和业委会反映，如果问题没有得到解决，可以收集证据向法院起诉。相关的法律有《物权法》《民法通则》等。

案例二：上午十点，王大爷在小区内骑自行车，一条小狗乱窜，王大爷躲闪不及，压到了小狗。这条宠物狗是名贵品种，狗主人花了大价钱买回来的，心爱的小狗受伤了，狗主人要王大爷赔偿。

小律师：王大爷不需要赔偿。理由：1. 这只狗办理了合法的养犬证吗？2. 城市遛狗时间是有规定的，一般在早上7点以前，晚上9点以后。3. 遛狗时主人要拴束犬链，以防狗伤人。

案例三：能保住"采光权"吗？

某两栋宿舍楼里住着123户居民，在这两栋楼前准备兴建两幢高层住宅楼，这两幢新楼与宿舍楼之间的距离只有38.4米，根据专家计算，如果新楼建成，将会影响123户居民的采光，但城市规划局还是在审批后向房产商下发了可以建设的许可证。

小律师：123户居民可以将规划局告上法庭，法院会认为，规划局审批的两栋新楼与宿舍楼的间距达不到国家关于采光的相关规定，法院将判决取消对这两栋新楼的建设！

【设计意图】通过三个案例的讨论、辨析，进一步让学生学习和安居相关的法律知识，培养法治意识。

（六）总结

今天这节课我们聊了安居这个话题，明白了遵守规则是安居的前提，用法说事、依法维权是安居的保障，遵法守法才能在依法治国的时代享有安宁，希望你们今后能以规则为友，与法治做伴，做"杠杠的"中国小公民。

【设计意图】梳理本节课所学的内容，做到学以践行。

板书设计

教学反思

《安居有保障》是我参加贝壳网集体备课大赛的教学设计，2018年3月，我又在刘红霞名师工作室第二次集中研修时进行了展示。这次课堂展示的主题是"落实法治精神、打造特色课堂"。针对这个主题，我先后构思了"认识身份证、了解公民身份"和"我的生活离不开宪法"这两个教学设计，但最后都因为教学设计不能很好地凸显学科的生活化和活动性而被否决了。但在这个过程中，我认真学习了宪法、未成年人保护法、预防未成年人犯罪法、义务教育法等相关法律，一头扎在这些法律法规中，自己的法律意识大大增强。看了大量的事例、案例后，我努力想在课堂上做到深入浅出，把法治精神、法治意识融入学生的头脑中去。一次在和刘校长交流的过程中，我们谈到了现实生活中居住的一些烦恼和乱象，而安居本就是老百姓关心的事情，品德与社会课的教学就是要善于把生活中的话题、问题变成课堂中的教学主题，选择"安居有保障"这个主题，渗透规则、法治意识应该有很强的现实意义。我又联想到五年级品德与社会教材下册上的《校园"红绿灯"》一课，讲校园规则，就把这次上课的课题定为"守规则、善用法，安居有保障"，其实从课题就可以看出我的教学构想。但后来在试教的过程中，老师们觉得课题太冗长，不如直接把课题定为"安居有保障"，只需在板书中体现"守规则、善用法"即可。于是，我把活动环节设置为巧手定规则、规则大变脸、依法治乱象、小律师——我为你辩护。作为一堂案例课，我努力想在课堂上呈现品德与社会学科的学科生活化、活动性。在3月22日的课堂展示后，工作室的伙伴们对这堂课不吝赞美，用杨丽琼老师的话来说："听了你的这堂课，我才知道小区楼顶属于公共区域，养狗还要办养犬证。"我想这样的课直指学生现实生活中的问题、话题，还是很有意义的。

娄底市第六小学　李丽梅

《身边的环境》教学案例

教学内容

《道德与法治》二年级上册第五单元《我爱绿树，我爱蓝天》的第一课。

教材分析

本课教材内容分两个层次，其一是引导学生观察和认识身边的环境，感受美好环境给人民带来的愉悦，激发学生对美好环境的向往；其二是引导学生主动去调查和了解自己生活的环境，关注身边的环境问题，唤醒他们的环保意识。

学情分析

对于二年级学生来说，"环保"是一个比较抽象的概念，还不能跟自己的生活联系起来。为了让学生理解环保，让环保在他们心中扎根，就要充分利用他们身边的事实和现象，选取他们生活中存在的突出的环境问题，让他们了解环境、关注环境，从而培养学生的环保意识。

教学目标

1. 通过活动，引导学生了解身边的环境，认识身边的环境对自己、对大家生活的影响，并为保护身边的环境做力所能及的事。

2. 在活动中增强学生的法治观念，让学生初步了解十九大精神。

教学重难点

引导学生感受身边的环境对自己、对大家生活的影响，并为保护身边的环境做力所能及的事。

教学准备

1. 学生准备：

（1）分小组、分地点调查身边的环境，自带记录本、笔、手机、照相机、方便袋、矿泉水瓶、水杯、彩笔、画纸等。（请家长志愿者陪同）

（2）分组分地点安排：第一组学校，第二组青山公园，第三组自家居住的小区,第四组涟水河岸边,第五组涟钢体育广场,第六组涟钢宾馆周围。

(3)调查要求:留心观察这些地点的环境,寻找最美的风景,把它们画下来或是拍下来;发现存在的环境问题,及时记录下来或拍下来,或是手机录音,并想想为什么会这样。(拍的照片要洗出来,画画和洗照片的纸张统一为A4纸大小)

2. 老师准备:

(1)拍摄家乡环境状况的图片、视频等,制作多媒体课件。

(2)和音乐老师协调,教唱歌曲《祝福地球妈妈》。

教学过程

课前热身:玩一玩游戏"火眼金睛",看谁观察最仔细。老师将图片快速出示一下,提问:谁知道哪一只蜜蜂拿走了果冻?蝴蝶藏在哪一朵花儿上?

今天这节课我们将开展"火眼金睛"的闯关活动,全班同学分为"蜜蜂队""蝴蝶队"进行比赛,获胜的队伍奖励一面红旗,最后看哪个队获得的红旗多。

正式上课!

【设计意图】课前玩热身游戏,能够拉近师生距离,为学生们在课堂真实表达奠定基础,同时老师"就地取材",将全班同学分为"蜜蜂队""蝴蝶队",开展"火眼金睛"的闯关比赛。这富有童趣的小队名称、引入小队竞争的组织教学,极大激发了学生们的学习热情,让学生们信心满满地进入课堂。

(一)引入课题

"火眼金睛"第一关。

猜一猜,这是什么地方?

出示学生们生活周围环境的图片,让学生们猜一猜,这是什么地方?(涟钢青山公园、涟钢双菱大厦)

引入并板书课题。

【设计意图】出示学生生活周围环境图片,猜一猜引入新课,有趣、贴切、自然。

(二)体验生活、感悟明理

"火眼金睛"第二关。

找一找,在我们身边,你最喜欢的风景在哪里?

课前老师请我们班的小朋友们分小组调查我们身边的环境,大家一定发现了许多美丽的风景,一起来欣赏吧!

要求：
1. 首先请以小组为单位交流、展示你发现的最美风景。
2. 再请各小组推荐一名代表展示，边展示边介绍。
老师小结，再出示老师拍摄的涟钢生活小区的图片、视频。
这些地方花红柳绿、鸟叫虫鸣，我们生活在这样优美的环境中，有什么感受？
请学生们自由发言，老师小结、奖励红旗。
【设计意图】交流分享身边的"最美风景"，让学生们感受美好环境给人带来的愉悦，激发他们对美好环境的向往之情。

"火眼金睛"第三关。
找一找，在我们身边有没有你不喜欢的地方？
请同学们自由发言，同时出示课前实地拍到的图片或记录的材料。老师小结、奖励红旗。
老师再出示书上第61页的三幅图，提问：小朋友们看到了什么？想到了什么？请同学们发言。
如果我们生活在这样的环境里，会有什么感受？小结、奖励红旗。
【设计意图】前后对比，优美的环境是我们喜欢的，是我们需要的；恶劣的环境是对我们不利的，是我们厌恶的！引导学生关注身边环境存在的问题，唤醒学生们的环保意识，进一步激发学生对美好环境的向往和渴求之心！

小结、过渡。
"火眼金睛"第四关。
出示与环境保护法相关的漫画图片，提问：你看到了什么？请学生们看漫画说一说，老师适时分组奖励红旗。
【设计意图】从"第三关"巧妙引入到"第四关"，让学生们在厌恶恶劣环境的同时，深刻感悟到保护环境的重要性，增强学生们的法治观念、法治意识，实现了"道德与法治"的"无痕相接"，让学生们初步懂得"言必合法、行必守法"，把"全面依法治国""法治中国"的种子播撒在学生们的心田。

小结并过渡。
"火眼金睛"第五关。
看一看视频《习近平瞩望绿水青山》，给你印象最深的是什么？
请学生们发言，老师再小结，并一起吟唱老师创编的童谣：
山绕水，水绕山。
白云蓝天映水间，

青山绿水绕心田，
诗意美景我家园。
绿绿水，青青山，
水托青山向蓝天。
爱山护水我能行，
有山有水胜金银！
胜——金——银！

【设计意图】看视频、吟童谣，让学生们知道国家新出台了系列环保法律、法规，初步感知十九大精神；初步理解绿色发展理念，激发学生们学法、用法的意识。

(三)指导践行、引领生活

1. 议一议。

小组讨论：为了山青水绿，为了让我们身边的环境更美丽，我们能做些什么？再请小组代表说一说。老师小结，并板书：保护环境，从我做起。

【设计意图】小组交流、讨论"让我们身边的环境更美丽，我们能做些什么"，引发学生的思考，既让学生回望过去、反思自我，又能指引学生"未来的生活"。

2. 做一做：争当"环保明星"。

刚才小朋友们说得很好，但我们不仅要说得好，还要做得好，以后我们班上每个月要开展"环保明星"评比活动，小朋友每天要从生活中的小事做起，保护环境，并且记录到"优点银行储蓄本"上，看看谁的"环保优点"多！

总结各队的红旗数量，表彰。

【设计意图】此环节不仅让学生们从内心感知、领悟环保的重要性，同时还引导学生们外化为实际行动，老师利用"优点银行储蓄本"这一载体，激励孩子们多争"环保优点"，争当"环保明星"，引领学生们建立低碳生活方式，做到知行统一。

3. 唱一唱：《祝福地球妈妈》。

保护环境，从我做起，我们的身边会越来越美丽，我们的祖国会越来越美丽，我们的地球妈妈也会越来越美丽！齐唱歌曲《祝福地球妈妈》。

在歌声中结束全课。

【设计意图】课堂结尾，设计"唱一唱"的活动，老师带领学生边唱《祝福地球妈妈》边律动，仿佛有一幅蓝天白云、绿水青山、鸟语花香的迷人画卷在我们面前徐徐展开！优美的旋律、动听的歌声，以情带声、以声传情、以情感人、以情育人，于潜移默化中打开学生们的心扉，丰富学生们的情感体验，引起学生们的情感共鸣，收到润物细无声的效果。

板书设计

教学反思

新时代、新思想、新目标、新征程，党的十九大描绘了新时代祖国的宏伟蓝图！我们作为一线教师，不仅要自己认真学习十九大精神、践行十九大精神，更是要用十九大精神浸润孩子们幼小的心灵，为实现伟大的中国梦做好准备！

反思这节课的教学，我注意了以下几个方面：一是让孩子们到自己的周边环境实地调查、小组交流，并用看漫画、观视频、吟童谣等形式生动解读"绿色发展"的内涵；二是精心选用漫画素材，巧妙选择法治教育的切入口，在孩子们心中播下"法治中国"的种子；三是通过"看一看""议一议""做一做""唱一唱"活动，引导孩子们从我做起、从点滴做起，接棒"美丽中国梦"。

课堂设计了"火眼金睛"闯关活动，要过"五关"。第三关中，孩子们在身边的环境中找到了许多"不喜欢的地方"，但老师有点赶时间，有"草草收兵"之嫌，所以课堂内容还要精简。

少年儿童的健康成长关系着民族的振兴、国家的富强！孩子们今天是祖国的花朵，明天是建设祖国的栋梁！将十九大精神有机地融入小学道德与法治课堂，是孩子们成长中最生动的一课，也是为培养实现中国梦的战略预备队造就人才，为实现中华民族伟大复兴的中国梦，让孩子们现在就开始准备，孩子们也必将书写伟大时代新的光荣！

（本课例在2018年贝壳网在线集体备课大赛中荣获省一等奖）

娄底市第八小学　陈爱连

《花儿草儿真美丽》教学案例

教学内容

部编版《道德与法治》一年级下册第二单元《我和大自然》第二课《花儿草儿真美丽》第一课时。

教材分析

本课承接了《风儿轻轻吹》中亲近大自然、在大自然中活动、感受自然的神奇与变化的基调,同时又指向环保意识的提升,蕴含了生命教育的元素,引导学生认识到,即使是弱小的植物也与自己一样拥有生命,与人类在地球上同生共长。

教材根据课程标准"愉快、积极地生活"中的第 2 条"亲近自然,喜欢在大自然中活动,感受自然的美",及"负责任、有爱心地生活"中的第 8 条"爱护动植物,节约资源,为保护环境做力所能及的事"而编写。通过"走,看花看草去""爱护花和草""花草面前要小心"这三个板块的教学活动以及绘本材料的补充拓展,旨在引导学生欣赏大自然的美,亲近大自然,对自然界产生好奇心,乐于探索,能够在与大自然相处时保护自己。

学情分析

一年级学生对花儿草儿并不陌生,即使叫不出名字,他们也喜欢看各种各样的花儿草儿,甚至会去观察它们。然而,学生们对于植物的生命现象缺乏了解,感受植物神秘而美丽的生命现象的能力不足。另一方面,一年级的学生思维具体、形象,而植物的生命现象是比较抽象的,教师要利用好学生的生活经验与经历,引导学生感受植物生命的美丽和奇妙。

教学目标

1. 喜欢花草树木,喜欢和同学一起观察讨论,与同学友好相处。
2. 学会独立观察,能有自己的发现,培养实践能力。
3. 知道花草也是有生命的,懂得怎样爱护花草;与大自然相处时学会保护自己。

教学重点

通过认识植物来欣赏大自然的美,亲近大自然,懂得怎样爱护花草。

教学难点

激发学生感受植物生命的美丽与奇妙,培养学生对大自然的好奇心,享受探索大自然的乐趣。

教学准备

学生准备：自己和花草树木的合影照片。

老师准备：拍摄参赛学校的美景，制作多媒体课件；小吊兰盆栽。

教学过程

(一)情境导入

1. 展示校园图片，感受校园的美丽洁净。

2. 倾情交流，导入今天探讨的话题。

(出示学校校园图片)小朋友们，你们看这是哪呀？今天老师来到咱们学校，发现咱们学校非常漂亮、干净，我看到了很多美丽的花儿和绿油油的小草，春天的气息迎面扑来，今天咱们就一起来感受花儿草儿的美。(出示课题)

【设计意图】从学生熟悉的环境入手，拉近和学生的距离，激发学生的兴趣与热情。

(二)活动探究

活动一：看一看——认识花草感知美。

1. 植物闯关。

出示各种各样的植物图片(荷花、向日葵、杜鹃花、仙人球、柳树、迎春花、桃花)。学生欣赏，抢答其名称。

2. 趣味点兵。

3. 出示有特点的趣味植物图片，激发学生对花草的好奇与喜爱。

你觉得花儿草儿怎么样？(真美丽)

是啊，公园里，一簇簇鲜艳的花朵，犹如无数只蝴蝶，和花儿拍个照，留下芬芳一片；田野中，清风吹过，小草翩翩起舞，像铺上了一床绿色的毯子，在草地上打个滚，留下笑语无数。春天，树儿吐出新芽；夏天，树儿给我们带来阴凉；秋天，树儿奉献出苹果、橘子、梨子……花草树木多么惹人爱啊！

【设计意图】让学生进一步感受花草树木的美丽与丰富，认识到花草也是有生命的，激发学生爱护花草树木的意识。

活动二：说一说——感悟花草生命美。

1. 说花草。

(1)老师：你们见过哪些花儿和草儿？你喜欢哪些花儿和草儿？为什么？

说话提示："我见过一种草……""我最喜欢的花是……因为……"

老师分享：老师不仅喜欢花草，还喜欢养花养草呢(出示老师家里的花草图片)大家看,你们认识吗?这一盆是吊兰,是一个朋友前年送给我的,你们知道它刚来老师家的时候是什么样吗?(出示小吊兰)看,和它一般大,现在呢?翠绿翠绿的,长高了,叶片更宽大了,也变多了,它还会开花呢,现在它还有许多的小宝宝,我们取一个小宝宝下来,像这样放水里培植,好好照顾,又可以长成一盆又大又美的吊兰哦!

(2)出示自己和花草合影的照片。老师:说说你和花草的故事。(提示:自己曾经种过的花草;和长辈一起制作的花茶;端午节用艾叶泡澡等)

2. 播放微视频:《植物有生命》。

3. 小结:是呀,植物的生命生生不息,真是神奇、美妙!有人把这些奥秘写成了一首关于生命的小诗,快来读一读:

大树有生命,

花儿有生命,

小草也有生命。

它们会发芽,会开花,会结果。

种子落在地上,又长出新的嫩芽……

相机表扬:

你表达得这么清晰流畅,我们都听得入迷了,真棒!

别急,再想想,你一定会说好!

你是敢于尝试的勇士,好极了!

你们听得可认真了,会听的孩子是会学习的孩子!

你的表现很出色,老师特别欣赏你!

你观察真仔细,真是一个生活的有心人!

【设计意图】将话题尽量打开,激发学生的交流欲望,让胆怯与不自信的学生也参与到活动中来。

活动三:辨一辨——爱护花草行为美。

1. 情景辨析:出示5组图片,学生判断——他们这样做对吗?为什么?

(漂亮的花摘下来就会枯萎,也不能让别人欣赏了。同时,我们不能随便把公共场所的花带回家,也不能随意到草坪上玩。另外,小树正是生长的时候,把书包挂到上面,树枝都压弯了,小树会受伤的。那我们应该怎么做呢?)

2. 情景回放:播放习主席和小朋友植树的视频。(想想:你感受到什么?知道我们应该怎么做吗?)

引导学生阅读绘本故事《我和小树》。四季轮回,小树变高了,变茂盛了,让学生感受到小树在成长。学生通过观察，可以感受到小树的成长需要爱护，通过"我"的精心照顾，小树才能茁壮成长。

3. 孩子在成长，小树也在成长，"我"的生命需要爱护，小树的生命同样需要关心。我们人类与大自然中所有美丽的生命和谐共在，我们要爱护花和草。

4. 情境互动：播放爱护花草儿歌，师生律动。

【设计意图】引导学生把日常生活中如何爱护花和草这一主题的所见、所思在课堂中分享，进而明理、导行。

（三）总结拓展

小朋友们，我们可以在课外学着种些花花草草，学习一些种植花草的知识，好好照顾你的花草朋友，让它们和你们一同茁壮成长，期末时把你们精心培育的花草带到学校，和伙伴们一起分享！

【设计意图】引导学生在生活中爱护花草，尝试种植花草，学会呵护花草。

板书设计

花儿草儿真美丽

花草美　　　爱花护草

教学反思

我执教本课，旨在让学生去欣赏大自然的美，去亲近大自然，感受花草的美丽和它们的生命价值。教学设计层次鲜明、主线清晰，我在教学设计中力求体现以下特点：

1. 体现道德课程的特点"活动性"。

道德与法治课程不是单一的书本知识的传递和接受，它必须以活动为教和学的基本形式。在课上我让学生直接参与几个围绕花草的主题活动，让学生在活动过程中去体验、感悟和主动建构，课堂上学生们始终兴趣盎然。

2. 尊重学生的主体地位，激活学生的情感体验。

一年级的学生对花儿草儿的了解应该比对"风"的了解多，他们或多或少都和花草打过交道，和花草树木留过影，发生过故事。我课前要求学生准备的和花草合影的照片，使得"说自己和花草之间的故事"环节，学生参与面广，人人是课堂的主人，"愿意亲近大自然"的教学目标水到渠成，同时为"同自然界产生共在感、好奇心，乐于探索大自然"做好了铺垫。

　　不足之处：一年级学生观察能力和表达能力很有限，观察植物有什么发现，并且能把这些发现细致地表达出来，对他们来说有相当的难度。我的引导也比较欠缺，教学效果不甚理想。另外几个活动的设计虽然主观上注意了层次，但由于对教材内容挖掘不够，拓展资源的水平有限，导致课堂层次感不强，教学梯度不明显。

　　改进预设：将本课教学与语文教学中描写花草的内容有机融合起来，通过学习别人描述花草的语句，学会细致观察花草的方式方法，学习用生动的语言表达出来。

冷水江市城东学校　阳新向

第二章　送教下乡，增工作室之"效"

参加省教科院送教下乡

打磨·同行·成长
——参加"2018年度省教科院送教送研活动"心得

也许缘于我对道德与法治课程真实的热爱和取得的点滴成绩，2018年9月下旬，我接到了市教科所道德与法治教研员何立新老师的电话通知：用心准备一堂课，10月份参与省教科院道德与法治学科组织的前往涟源湄江的送教送研活动。接到这个任务，我的内心是忐忑的，因为这不仅是一次高规格的送教送研工作，更是一项很严肃的精准扶贫的政治任务，意义深远，责任重大。为了不辱使命，更为了让山里的老师和学生认识到这门课程的重要性与趣味性，我决心全力以赴。首先是确定课题，针对学生对我国的行政区划混淆不清、张冠李戴现象严重的实际情况，我最终选择了让学生了解我国的行政区划这一课题，因为这个内容和学生息息相关，生活旅行都用得上，并且了解本国的行政区划这些基本常识，是一个中国公民的必修课。接下来就是做深度教学设计，我的设计理念是从生活中来再到生活中去，力求让道德与法治课堂有趣，让目标高效，无须让学生死记硬背34个省级行政区的名称和大概位置，也能通过巧妙设计的多个活动去落实去掌握。最后就是多轮试教，虚心听取团队成员的意见后反复修改，不断优化设计，期待能有更优质的呈现。

10月11日，我怀着高兴、激动的心情，跟随湖南省教科院道德与法治学科2018年度送教送研团队来到了涟源市湄江镇长春联校。记得夜晚的湄江，幽蓝的天幕映衬着闪烁的星子，神秘悠远。初秋的湄江，天很高远，空气很清新，学校很静美，校长很有情怀，孩子们很活泼，美好的环境映衬着师生美好的心情。12日上午，长春联校的龙潭老师、来自株洲市道德与法治学科的核心成员漆薇老师和我认真准备了三堂观摩课，从不同年段、不同角度努力诠释道德与法治学科的学科味道：用活动的形式、源于生活的开放课堂教学培养具有良好素质的小公民，提高学生的道德判断与行为选择能力。接下来，株洲市教科院道德与法治教研员余民老师的深度点评中肯精准，尤其是他对我执教的课提出的改进建议非常到位，点破了我一直存在的瓶颈问题，我连连叹服，心想专家的见解就是不一般：四两拨千斤，我必须要按余民老师的意见再次修改我的设计。最后省教科院道德与法治教研员左梦飞老师带来的"聚焦课堂，提高实效"的精彩讲座深入浅出、娓娓道来，结合大量的教学案例评判优劣、指出症结，既有理论的高度，更有实际的指导意义，对一线教师存在的诸多教学困惑有醍醐灌顶的作用。"教师职业不仅要有'术'的追求，也要有'艺'的追求，更要有'德'的追求。有效是课堂的生命，有效才可能高效，高效才能实现优质教学。"他的讲座让我有思考有顿悟，相信也会有改变和新的成长。

回想2006年第一次懵懵懂懂参加品德与生活教育教学风采比赛，当时有幸获得市一等奖，之后十几年一直在这门课程里浸润、研修，这缘于我不变的真挚热爱，缘于不停的专业追求，缘于不改的教育情怀，在我道德与法治教师专业成长的道路上，因为你、你们的一路引领提点，我、我们的一路同行激励，脚步才清晰坚定，内心才明亮温暖……

娄底市第六小学　李丽梅

参加娄底市送教下乡

体验·感悟·达成
—— 参加湘潭雨湖区教师坊第二次线下培训示范研讨

受湘潭市雨湖区教育研究中心的邀请，作为娄底市送教下乡团队中的一员，我有幸为湘潭市雨湖区小学道德与法治教师工作坊第二次线下研修集中培训上了一堂示范研讨课。上课的内容是人民教育出版社《道德与法治》三年级上册的《生命最宝贵》。我把情感态度价值观置于首位,从猜谜导入,设置体验、感悟、生活反思等环节,让孩子们切实感受到生命最宝贵,从而有效促进活动目标的达成。反响很好!

附教学设计:

《生命最宝贵》教学案例

教学内容

人民教育出版社《道德与法治》三年级上册第三单元第一课。

教材分析

生命只有一次,对每个人来说都是最宝贵的。本课的内容通过设置"生命来之不易"和"爱护身体,珍惜生命"两个课时,帮助学生树立珍爱生命的意识。本课为第二课时的教学设计。

教学目标

情感态度与价值观:培养珍惜生命、热爱生命、感恩生命的情感。

过程与方法:能够在生活中做到爱护身体、珍惜生命。

知识与技能:通过感受身体受伤带来的不便和失去生命对亲人的伤害,学会珍惜生命、爱护生命。

教学重难点

引导并教育学生懂得爱护身体、珍惜生命,培养热爱生命、感恩生命的情感。

教学准备

多媒体课件。

教学过程

(一)猜谜导入:激发兴趣,初步感知

老师:为了考验咱班的小朋友们厉不厉害,老师先请你们猜个谜语。请看谜面:

有一样东西,不论是财主还是乞丐都拥有它;它最值钱,而你又无法售出。它是什么?(生命)

是的,世界上最宝贵的东西就是生命。(板书课题:生命最宝贵)生命对每个人来说只有一次,所以我们从小就要学会爱护身体,珍惜生命!今天的这堂课,老师希望小朋友们都带上聪明的头脑、智慧的双眼和能说会道的嘴巴。请大声告诉老师：你们能做到吗？比一比，哪个学习小组的表现最好！

【设计意图】猜谜引入，激发学生的学习兴趣。

(二)体验活动：现场模拟，提升认识

老师：小朋友们，当你们在老师的带领下走进特殊教育学校，看到那些盲童与耳聋的同龄人，你们会有什么感受？当你们知道有些少年儿童，是在生活中因为意外致残的，你们会有什么感想？再请你们想象一下，他们在学习与生活中会有哪些不方便？

1. 分四个学习小组分别模仿盲人、独臂人、聋哑人、瘸子，三分钟后请每一组派一个同学来汇报：身体受伤会带来哪些不便呢？

2. 分组汇报身体受伤会带来哪些不便。

3. 老师：今天刘老师把勇敢顽强的海伦·凯勒也请到了课堂中，请看名人故事视频《假如给我三天光明》。

4. 老师：海伦·凯勒是个盲聋人，但她身残志坚，她告诫身体健全的我们，应该珍惜生命，珍惜上天赐予的一切。(板书：珍惜生命)

5. 老师：壁虎的尾巴断了可以长出新尾巴，但人的生命失去了还能长出一条新生命吗？(不能)接下来，让我们一起来读一读：

壁虎的尾巴断了，隔一段时间，又长出新的尾巴。

树枝被砍断，还能长出新枝条，萌发新芽。

可是我们的身体，不可再生；

我们的生命，不可重来。

生命是一切希望的基础，

然而它又脆弱得如一朵易凋零的花。

请学会保护自己，

好好珍爱自己的生命吧！

活着，好好活着，

然后才有机会，焕发更夺目的光华。

老师小结：小朋友们，能拥有健全、健康的身体是多么幸福，我们一定要珍爱身体的每一个小部件！(板书：健康是福)

【设计意图】通过现场模拟，帮助学生体会身体受伤带来的不便，从而教育学生懂得珍惜生命。

(三)感悟活动：遭遇伤害，体会伤痛

老师：老师知道小朋友们都爱听故事，于是我带来了《莫莫的故事》，请认真听,听完后要请你回答问题。

1. 说一说:在爱护自己方面,莫莫有哪些做得不好的地方?

拓展:在平时的生活中,你在爱护自己的生命和身体方面,有哪些做得不好的地方?

2. 老师:在我们的生活中,总有个别不听老师、父母教诲的孩子,而一旦遭遇意外的伤害,甚至失去生命时,最痛苦的莫过于他们的爸爸、妈妈。请看溺水视频。

出示小学生溺水,父母倒地翻滚号啕大哭的视频课件。

老师:视频中的爸爸妈妈失去孩子后,他们的天都要塌了。父母对我们的爱是无私的,更可以感天动地。

【设计意图】两个案例帮助引导学生珍爱自己的身体,树立重视生命的意识。

(四)生活反思:正反对比,感悟深化

老师:不听话的孩子,爸爸妈妈和老师都不会喜欢。今天,老师把聪明的光头强也带到了课堂。我超级喜欢光头强,为什么刘老师会这么喜欢光头强呢?请看视频。

1. 课外链接:出示光头强珍爱生命,骗走黄蜂的视频。

说一说:在爱护自己方面,光头强有哪些做得好的地方?

拓展:在平时的生活中,你在爱护自己的生命和身体方面,有哪些做得好的地方?

老师:在避免身体出问题方面,谁做得最好呢?接下来,老师准备进行一场小组比赛,比一比哪一组的小朋友最厉害!

2. 巩固提升:小组比赛。

请你判断一下,下面的做法是对还是错呢?

1. 我喜欢一边吃鱼,一边看电视。　　　　　　　　(　　)

2. 放学回家后,我喜欢和朋友们去爬树、爬电杆。　(　　)

3. 未满 12 岁的儿童不能骑自行车上路。　　　　　(　　)

4. 做完运动后满头大汗时,我就马上洗澡。　　　　(　　)

5. 我们不能擅自到河、池、水库等危险水域游泳。　(　　)

6. 下课后,我喜欢和同学们追赶打闹。　　　　　　(　　)

【设计意图】回归生活,通过正反对比,让"爱护身体、珍惜生命"内化于心,外化于行。

（五）感恩活动：升华提升，放眼未来

老师：小朋友们，我们宝贵的生命都是爸爸妈妈赐予的，我们要把对爸爸妈妈的爱表达在歌声中。接下来，我们一起用手语舞来感恩！

师生互动手语舞展示：《感恩的心》。

总结：小朋友们，人的身体不能重生，人的生命不能重来。珍爱生命，从我做起，从现在做起。（板书：从我做起）祝你们能幸福健康快乐地成长，直到长成参天大树，做一个对社会有用的人！

【设计意图】通过展示手语舞，培养学生热爱生命、感恩生命的情感。

板书设计

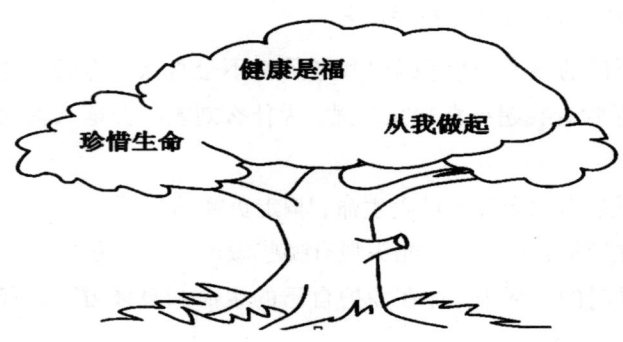

教学反思

通过学习，孩子们懂得了爱护身体、珍惜生命的道理，希望他们能够像爱护自己的眼睛那样爱护自己和他人的生命，期待每个孩子的生命之花都绚丽多彩、摇曳多姿。

本教学案例，是我受邀参加湘潭雨湖区小学道德与法治学科培训暨教师工作坊第二次线下集中研修，与当地名校长"同上一堂课"用到的教学案例。这节课，总体感觉还是比较流畅的，学生的智慧得到了充分挖掘，学习气氛浓厚，教学效果较好。但是，相对于湘潭雨湖区的课而言，我觉得还有需要改进之处：

首先，应该努力打造"生长性"课堂，最大程度地激发并唤醒学生的内在天性，选择适当的教学内容和教学方式，挖掘并提升教学组织的育人功能，通过适当的点评、点拨、点化，使学生在发展中获得唤醒、提升、突破、促进。而我没有对教学内容进行生长性挖掘，没有对教学目标进行生长性设计，更没有对教学任务实施生长性促进。

其次，教学中，我还停留在老师满堂灌，学生满堂听的方式上，有本末倒置的嫌疑。我应该学会放手，只起引导作用，把课堂还给学生，让学生真正成为课堂的主人。

再次，应该努力提高个人综合素质，多向长株潭地区学习教育教学经验，戒骄戒躁、持续学习、奋勇拼搏。只有放手去做，抛开杂念，并尽心尽力、尽职尽责，才能进步，才可超越，才能成长！

双峰县永丰镇城南学校　刘娟

参加送教下乡项目工作

为贯彻落实湘教通〔2017〕484号《关于做好2018年"国培计划"实施准备工作的通知》的精神，切实做好冷水江市2018年度"国培计划"送教下乡培训项目工作，刘红霞小学德育名师工作室承担了冷水江市道德与法治学科"送教下乡"项目工作。培训期间，所有参与培训的学员都要通过"211"三梯度研课磨课模式进行课堂教学打磨，所谓"2"表示所有学员都必须完成初建课和合格课研磨，两个"1"表示在培训团队的引领和指导下，通过两次研磨完成优质课和精品课的生成，由此体现"三梯度研磨"的理念。面对这门新更名的课程，冷水江市的学员们一头雾水，于是工作室成员就手把手进行示范课的演练与零距离指导，学员们终于拨开云雾，顺利通过了项目考核。以下是工作室成员示范课的教学设计。

《上学路上》教学案例

教学内容

人教版《道德与法治》一年级上册第一单元的第四课。

教材分析

本课教材是根据《课程标准》"健康安全的生活"第9条编写的。其目的是引导刚入学的小学生认识一些交通标志和交通设施，了解相关的交通规则，增强交通安全意识、守规则意识。教材中列举了学生上学路上可能遇到的情况，能够帮助学生树立安全、自护、守规则的意识，并初步培养学生的自我保护能力。

学情分析

在对我校一年级学生的调查中,我发现在他们身上存在四个现象:

1. 老人送学生来学校时,追赶型的比较多,学生跑在前面,老人在后面追赶。

2. 大部分学生认识信号灯、人行横道线等常见的交通标志,但没有遵守规则的意识。还有些交通设施及安全设施的名称不能准确说出的,更不了解它们的作用。

3. 大部分学生不熟悉过马路的方法。

4. 大部分学生在家长的再三叮嘱下都有不跟陌生人走的意识,但不会应对陌生人。

基于以上分析,我认为有必要对学生进行交通安全教育,使他们认识到自觉遵守交通规则的重要性,并树立自立、自卫的安全保护意识。

教学目标

情感与态度:愿意遵守交通规则,树立保护自己的安全意识。

行为与习惯:养成自觉遵守交通规则的好习惯。

过程与方法:在教师的引导下,运用已有的知识与生活经验进行体验和探究,初步掌握平安上学的方法。

知识与能力:认识最基本的交通标志,了解与自己生活相关的交通安全常识;学会利用交通设施保护自己,初步树立自立、自卫的安全保护意识。

教学重难点

重点:明白遵守交通规则的重要性。

难点:养成遵守交通规则的好习惯。

教学准备

学生准备:填写调查问卷;与爸爸妈妈一起找找上学路上的交通标志,并画出来。

老师准备:对查找到的资料进行筛选,并整合、设计、制作成课件;对学生进行问卷调查,并对问卷调查所反映的问题进行分析、总结。

教学过程

(一)轻松谈话,导入

亲爱的同学们,今天这节课我们一起学习第一单元的第四课《上学路上》。同学们,我们来两个小约定好吗?你们准备好了吗?(学生:准备好了)嗯,看来同学们真的准备好了,小眼睛睁得大大的,小耳朵也竖起来了。那么我们就一起走在上学的路上，一起出发吧。

(二)交流体验，唤醒

活动一：不同路线同快乐。

老师：同学们，你们一定想知道，生活在不同地方的小朋友，他们的上学路和我们有什么不同。（播放视频《不同的上学路》，出示问题）

老师：认真看，仔细听，看这些同学在上学路上经过了哪些地方？他们在上学的路上都会非常注意什么？现在先同桌之间讨论交流上面的问题。（老师要引导学生交流，如：选一个你印象最深刻的情景，最温暖的情景……）

预设1：站在路边耐心等候，绿灯亮了再从人行横道通过。

预设2：经过铁道路口要等绿灯亮了，可以通行的时候再过。

预设3：上学路上有小河、小桥，要有家长或老师陪伴才能过河。

预设4：我们应该和小伙伴一起上学。

预设5：乘校车上学，应按时有序排队坐车上学。

（课件出示"不同的上学路"图片）

（你观察得可真仔细；你可真细心；你的眼睛可真亮；你有一双善于发现的眼睛；你可真厉害；你太棒啦；观察得很仔细，为你点赞）

同学们观察得很仔细，让我们一起来看看你们说的和老师想的是否一样。

哇，真棒，几乎是一样的，我们现在已经认识和了解了他们不同的上学路。他们生活在不同的地方，上学路不同，上学的方式也不同，有步行的、有乘车的、有接送的……但相同的是他们都很注意路上的安全，遵守交通规则，都能平安快乐地来到学校。

【设计意图】采用看视频进入课本的方式，这种生活模拟的场景让学生直观地了解和感受不同地区、不同环境下的上学方式及路线，能激发学生的学习兴趣，锻炼学生的观察能力，锻炼学生的口语表达能力，树立学生的安全意识和规则意识。

活动二：安全上学我能行。

老师：我们班有的同学是走路上学，有的是乘公交车上学，有的是家长骑车或开车护送上学。下面我们来分小组交流、讨论，比一比看哪个小组最棒。

1.说一说上学路线及路上观察到的重要标志。

请同学们用"我（　　　　　）来学校的，路上经过（　　　　　　　）"的句式来表达。

过渡：同学们说得真好，都是观察小达人。现在老师要增加难度了，同学们，加油哦！

2.请每位学生用自己喜欢的方式记录自己的上学路线。想一想在上学路上，我们应该注意什么？（画一画、写一写）

（分组交流、全班汇报）

3.请画得最棒的同学上台来展示一下。

小结：同学们的上学方式和路线有所不同，但大家都应留意路上的重要标志，熟悉上学路线，快乐平安上学校。无论走路、骑车还是坐车到学校，都请注意安全！

课间小放松：今天同学们表现得真不错！老师带来一首儿歌来鼓励大家呢！

（播放儿歌《上学歌》）

4.安全导航：为了同学们平安快乐地来到学校学习，老师请来一位交警阿姨给我们安全导航。观看视频《如何做到安全出行》，说说交警阿姨提醒了大家什么？

（1）安全知识抢答我最棒：出示课件图片题。学生抢答，教师及时记录各组表现。

过渡：同学们的小脑袋可真爱思考，下面继续比一比。

（2）现实场景我来爆：同学们，老师给你们带来了桃园一(1)班学生们放学的小场景，今天，你们的表现真像孙悟空，火眼金睛，现在我们就用我们的火眼金睛辨一辨，他们这样做对吗？

［以视频和图片的形式出示桃园一(1)班学生们放学小场景］

5.演一演：我会做。

教师手持红绿灯下命令，学生回答并做动作。动作要求：绿灯亮，全体起立，红灯亮，全体坐下，黄灯亮了，等一等。

小结：哇，每个小组都这么认真，我相信同学们以后在上学放学的路上一定能遵守规则，学会保护自己，都能成为安全文明之星。

【设计意图】深入生活实际，帮助学生挖掘生活资源，让学生将生活融入课堂，熟悉自己的上学路线，了解上学路上的明显标志，同时通过辨析课本中学生的行为和现实生活中的行为，让学生通过他人的影子照射到自己，引导学生进行自我发现、自我反思，增强安全意识、规则意识，知道上学路上要遵守规则才能更好地保证安全，平安快乐到学校。

第二篇 探索常态研修和工作室的情境化路径

（三）课后拓展，激励

每一周你都遵守了规则吗？哪一天做到了就给自己奖励，比一比，看看这学期谁是"安全之星"？

	第一周	第二周	第三周	第四周	第五周
星期一					
星期二					
星期三					
星期四					
星期五					

（四）课堂总结

总结小组比赛获奖情况。

亲爱的同学们，你们今天的表现很棒，很多同学都有聪明的头脑、智慧的双眼和能说会道的嘴巴。来，请把掌声送给自己。最后祝愿同学们每天平平安安上学校，高高兴兴把家回。

板书设计

上学路上

教学反思

对于一年级的小朋友来说，学校生活刚刚拉开序幕，每天的上学路就是他们一天学习生活的开始，所以在教学设计上我紧贴学生生活，这样既有利于我教，更便于学生们学。我利用视频课件播放《不同的上学路》，这种模拟生活的场景，学生感觉特别有意思。小眼睛睁得大大的，每个学生学习情绪高涨，个个争先恐后地发言，在这种心态下学习，事半功倍。回顾生活过程，深化认识，让学生们熟悉自己的上学路。通过说、画、贴等学生们喜欢的形式，重现一个个简单的生活情景，引导学生进行自我发现，自我反思，从而深化了上学放学路上注意安全、守规则是在保护自己这一认识。又通过视频的片段来层层展开，让学生辨析是非，讨论应该做些什么，在做的过程中应注意什么。最后，拓展实践活动，回归生活运用。让学生把课堂上明白的道理落实到行动上，实现了课堂教学回归生活这一理念，真正做到了学以致用。我觉得这样的课虽然看上去不是热热闹闹，然而却是实实在在的，是从生活体验中激发学生进行真正的思考。总之，这节课培养了学生的自我保护意识，让他们知道了上学不能迟到，掌握了一些基本的交通规则，掌握了本课的内容，达到了较好的效果。本节课的不足是对农村学生的生活还没有更深刻的了解，所以学生们在画我的上学路线图时，所用时间略超出我预计的时间，这也给我未来的教学提了醒，课前的学情分析不能留于片面，一定要全面。

冷水江市桃园学校　唐丽江

"遭遇陌生人"教学案例

教学内容

教科版《道德与法治》三年级上册第四单元《平安每一天》中的《谨防上当，遇险不惊》的第一课时。

教材分析

本课是《谨防上当，遇险不惊》的第一课时，这一课时主要是与陌生人交往的人际安全防范知识，所以我把第一课时取名为"遭遇陌生人"。本课内容分为"正确看待陌生人""与陌生人交往的建议""与陌生人相处的防范措施"三个小部分，旨在使学生学会分辨陌生人，谨防上当。课文中穿插着精美的图画和生动的对话，旨在帮助学生认识陌生人骗人的手段。

学情分析

三年级的小学生开始转入少年期，生活范围进一步扩大，可以单独行动，不用大人陪护自己上下学，但三年级的学生生活经验少，警惕性差，很容易上当受骗，这就需要老师在学习中经常进行安全教育。

教学目标

1. 情感态度与价值观：

(1)培养学生树立自我保护意识。
(2)引导学生正确与陌生人相处。
2．过程与方法：
本课主要通过讨论、竞赛、表演等活动，提高学生分辨是非、分辨善恶的能力，增强学生发现问题、解决问题的能力。
3．知识与能力：
(1)了解生活中不法分子诱骗、欺诈少年儿童的常见手段。
(2)正确处理与陌生人的关系，增强自我保护意识，传递社会正能量。

教学重点
了解生活中不法分子诱骗、欺诈少年儿童的常见手段，提高安全意识。

教学难点
从多个角度认识陌生人，学会大方、安全地与陌生人相处。

教学准备
准备多媒体课件，编排情景剧。

教学过程

(一)谈话导入

1．同学们，老师今天有点小紧张，你们知道为什么吗？因为今天是和陌生的你们第一次上课，而且还有一些陌生的老师也陪在我们旁边，你们是不是也有点小紧张呢？

2．在我们的生活中，每天都会遇见各种各样的陌生人，今天老师就认识了你们。陌生，也许是熟悉的开始，让我们认识新朋友，收获快乐，但也许是危险的序幕，让我们身陷险境……今天我们就来讨论怎样和陌生人打交道。

3．老师设置了一些闯关游戏，全班同学分为四个队伍来闯关，看哪个队在通关中得到的星星最多，小勇士们，智多星们，你们准备好了吗？

【设计意图】由师生第一次见面的陌生，自然而然地过渡到今天的课题"遭遇陌生人"，拉近与学生的距离，以闯关的形式激发学生的学习兴趣，引导学生积极回答问题，创造良好的学习气氛。

(二)闯关活动

活动一：第一关——安全小问号。

1．我们今天的第一关——安全小问号，下面哪些人是陌生人呢？

(1)她是路边发传单给你的阿姨。

(2)他能叫出你或者你家人的名字,但你忘记在哪里见过。

(3)他是来你家送快递、送外卖、送水、送煤气的叔叔。

(4)他是提醒你不要在马路上追赶的路人。

(5)他是你在网上聊得非常好的朋友。

(6)他是商场里的保安、服务员。

2.老师:同学们,凡是你不认识,不了解,不经常打交道的人都是陌生人。

3.老师:陌生人都是坏人吗?你在生活中有没有碰到陌生人帮助你的事情?(学生分享)

4.老师:我们国家正在大力建设社会主义和谐社会,我们的生活安定有序。可以看出,我们社会上还是好人多呀。但也有一些坏人,我们要学会辨别,多一份警惕和机智,谨防上当。(板书:谨防上当)

【设计意图】"安全小问号"这个活动引导学生正确区分生活中的陌生人,还让孩子用辩证的方法了解、认识社会上好人多,但也有坏人。

活动二:第二关——识别小高手。

老师:我们来进入第二关,识别陌生人骗人的伎俩。

1.识别第一幅图。

老师:请你看看这张图片,图片上的陌生人在干什么?

学生:要这个小朋友试一试她的免费饮料。

老师:这个小朋友是怎么做的?("谢谢"表示感谢,礼貌;"我不渴"表示拒绝)

老师:同学们,从这幅图来看,坏人常用的伎俩是什么?(利用食物)

坏人经常在哪里用这种伎俩骗人?(街上、公园)

面对陌生人给的食物,你有什么对策?(不吃陌生人的东西)

(板书:不吃陌生人的东西)

老师:真的不能吃陌生人给你的免费饮料,免费食物吗?刚刚说了生活中还是好人多,不一定每个给你食物的都是坏人呀,请同学们回想一下自己的生活经历,你在什么情况下吃过陌生人的东西?

学生:在正规超市,有执照的店铺,服务员给你免费食物可以试吃。在大人陪同下,陌生人给你的东西可以吃。

2.以此方法引导学生从辩证的角度总结出第二、第三幅图中的陌生人骗人的伎俩、易发地点、应对方法。

3.儿歌巩固。

老师:老师有一首儿歌送给大家,我们来读一读:

陌生人，给零食，莫伸手，不贪吃。

陌生人，给饮料，不要喝，怕下药。

陌生人，抱你走，抓住栏杆不松手。

孩子们，要警惕，谨防上当和受骗。

4.学生结合生活进行分享。

老师：你还知道坏人哪些骗人的伎俩呢？

【设计意图】这一活动让学生们交流陌生人骗人的伎俩、常见地点以及寻找应对方法，让学生提高安全意识，并让学生在后面的儿歌和分享环节中巩固。

活动三：第三关——安全小博士。

1.小博士们，如果你一个人在路上行走，或者在外边玩，有一个陌生人向你问一些问题，或者请你去一个你很喜欢的地方玩，你怎么做呢？最好的处理办法是什么？（大方有礼，保持距离。如问你家庭情况和个人信息就不要回答）

2.在火车上、在旅行中或者在网上，有陌生人跟你交朋友、聊天。你有什么小建议？（少说多听，重在了解。如少说自己的信息，多听听别人说的话）

3.在你玩手机游戏的时候，你的队友告诉你，只要你扫一下他发给你的二维码，就可以免费领装备。（认真思考，必要防范。如别人要你做什么事情的时候，要认真思考是不是骗局，并且进行防范）

4.刚刚同学们分享了你们和陌生人的相处之道，老师这也有两条小建议送给大家。

（1）相信你的本能，当你和陌生人相处时感觉厌恶或者危险的时候，就是你的警报器在提醒你，这些人危险，赶紧远离。

（2）保护隐私部位，背心短裤覆盖的地方不要让别人触碰。

【设计意图】这一活动让学生了解一些与陌生人相处的技巧和保护自己的方法。

活动四：第四关——我有小妙招。

同学们，恭喜大家来到最后一关了，最后的胜利花落谁家呢？是坐姿端正的第一队，是认真倾听的第二队，是积极回答问题的第三队，还是注意力最集中的第四队呢？

1.四个人一小组讨论，当你遇到这样的情况，你该怎么做？请把你的答案写在书本上。

接到陌生人电话，有陌生人问路，发现陌生人跟踪。

2.陌生人问路该怎么做——组织学生进行情景剧表演。

3. 陌生人打电话怎么做——播放视频。

老师：你独自在家，陌生人给你打电话怎么处理呢？我们从一个小视频中寻找答案，检查你的答案写全面了吗？

4. 陌生人跟踪应该怎么做——播放视频。

老师：面对陌生人跟踪你们有什么小妙招吗？

老师：同学们，你们真会想办法，面对别人跟踪临危不惧，保持冷静，想出很多妙招。还有其他什么办法呢？我们来看一个小视频。

【设计意图】创设小组讨论、情景剧表演等活动，提高学生安全意识，加深学生印象。

（三）小结

同学们，你们表现真好，老师有一首歌曲奖励给大家，歌曲是《我不上你的当》。

【设计意图】在歌曲中回顾本节课内容，升华主题，活跃气氛。

板书设计

遭遇陌生人

谨防上当
不给陌生人开门，
不吃陌生人东西，
不给陌生人带路，
不上陌生人的车。

教学反思

我这节课是"近水楼台先得月"，第一个"楼台"是刘红霞校长的名师工作室，第二个"楼台"还是由刘校长牵头的2018年"国培计划"送教下乡项目组。在这两个"楼台"里，专家们对道德与法治课程的探索与研究成为我备课的指路牌，让第一次上道德与法治课的我有了方向和抓手。老师们的公开课成为我上课的明灯，让我在课堂中去学习这些老师的组织教学、语言风格、激励手段、小组活动等。

备课时，工作室首席刘红霞校长给予我很多宝贵的意见，比如选材上内容太多，教学上没有条理，引导上没有提升，语言上不够精练。

在刘校长的指导下，我的课又得到了质的飞跃，获得了教学比赛一等奖。公开课就是老师人生路上的财富。我累并快乐着，苦并收获着。

冷水江市中连乡中心小学　黄小柳

《可爱的祖国》教学案例

教学内容

教科版《道德与法治》二年级下册第四单元《你好，祖国妈妈》中的第一课《可爱的祖国》。

教材分析

《你好，祖国妈妈》是一个活动单元，这个单元共有三课，《可爱的祖国》是第一课。本课教材围绕"爱祖国"的主题，根据二年级学生的年龄特点和认知能力，选取了新中国成立、中国的自然风貌和伟大创造等有关知识与图片，以丰富的感性材料把"祖国"这一抽象概念具体化，让学生体会到祖国就像妈妈一样可亲可爱。

学情分析

低年级的学生在电视剧和电影中观看过新中国成立的故事，但这只是拘于故事情节的一些了解，并没有深入的认识，所以需要教师采取多种方法，帮助学生更好地认识学习内容。二年级学生活泼好动，上进心和求知欲都很强，活动中要多激励学生去表达与交流，激发他们的爱国情感。

教学目标

1. 了解与祖国相关的基础知识，如国庆日；了解祖国的伟大与美丽；提升学生的民族自豪感与民族自信心；理解祖国对我们的意义，从而更加地热爱她。

2. 知道祖国成立的时间，了解祖国的大都市，了解祖国美丽的自然景色。

3. 通过搜集祖国相关信息，进一步了解祖国，培养学生的民族自豪感、自信心。

教学重点

了解祖国美丽的景色。

教学难点

培养学生的爱国主义精神。

教学准备

学生准备：搜集祖国的图片，旅游照片。

老师准备：多媒体课件，祖国山河的照片。

教学过程

（一）主题导入

播放十九大开幕式升旗仪式，同时伴随着激昂的国歌声，教师激情讲述：

2017年10月18日,党的十九大隆重召开了,这是我们伟大祖国的中国特色社会主义进入新时代的一次重要的大会。今天,让我们共同走进《可爱的祖国》。(板书课题:可爱的祖国)

【设计意图】社会生活是宝贵的课程资源,以现实生活为课程内容的主要源泉,以十九大的召开引入课题,切合当时教学时间。

(二)活动探究

活动一:话国庆。

1. 抢答比赛:我们祖国妈妈叫什么名字?祖国妈妈的生日是哪一天?我们国家哪一位领导人在什么地方向全世界宣告新中国成立?(抢答正确的,教师奖励小奖品)抢答完后,教师讲话并播放1949年10月1日开国大典的录像。然后,教师饱含深情地说:"10月1日,是我们祖国妈妈的生日!是我们举国欢庆的日子!"

2. 齐读教材第45页儿歌。

3. 学生计算并回答:到今年10月1日,祖国妈妈是多少岁的生日?

4. 习主席说,我们的祖国从站起来,到富起来,再到强起来!这多么振奋人心啊!你们自豪吗?

【设计意图】道德与法治课程要超越单一的书本知识的传递和接受,要以活动为教学的基本形式,让学生听、看,获得真实的情感体验,知道国庆节的来历。

活动二:谈感受。

1. 从新中国成立到现在,有哪些国家领导人?你还知道哪些革命英雄?你能说说他们的事迹吗?

2. 新中国的领导人带领全国人民自力更生,艰苦奋斗,我们中华大地发生了翻天覆地的变化,大家一起来看看。

3. 播放课前录制的视频《听爷爷讲那过去的事情》。教师提问:他们以前的生活是怎样的?然后教师再播放2009年建国六十周年庆典的影像资料让学生观看。老师问:通过比较,你有什么感受,有什么想对祖国妈妈说的?(学生小组交流,然后全班集体交流)

4. 谈谈新中国伟大的建筑与科技进步。(教师根据学生所说出示青藏铁路、载人航天卫星等图片)

【设计意图】通过让学生小组交流观看建国周年庆典的感受,交流对祖国的了解,培养学生的表达能力,增强学生的民族自豪感,同时拓宽了学生的视野。

活动三：聊城市。

1. 首都北京。

同学们，你们知道十九大是在哪里召开吗？对的，在祖国的首都——北京。北京是一座美丽的都市，你们知道北京有哪些美丽的风景吗？学生集体交流。

先展示孩子课前搜集的图片或者自己去北京旅游的照片，介绍北京的景色与风土人情。

引导相互评论，奖励小红花。

【设计意图】学生都有自我表现的需要，通过教师的激励能更好地激发学生们的表达欲望，让学生获得成功的体验。

2. 其他城市。

老师：除了北京，祖国还有很多美丽的城市，你最喜欢祖国的哪座城市？先把你喜欢的城市名字写在黑板上，再详细地给大家介绍一下吧。

引导学生展示照片或文字内容，介绍自己喜欢的城市以及喜欢的原因。先组内交流，再指名学生上台介绍。

老师：这许许多多美丽的城市是我们可爱祖国的一部分，爱这些城市也就是爱我们的祖国妈妈。

【设计意图】道德与法治寓于儿童生活的方方面面，儿童品德的形成源于他们对生活的体验、认识、感悟与行动。学生通过介绍自己喜爱的城市，通过自己的亲身经历，就会自然地因为爱某个城市而爱我们的祖国。

活动四：赞景观。

除了城市，我们的祖国还有高高的山、长长的河、大片大片的森林、一眼望不到边的平原，有无数令人骄傲的山山水水。同学们都知道祖国的哪些山水？

1. 介绍山水：点名学生介绍祖国的山水。

2. 引导小结：这些风景可真美啊，这就是我们的祖国，真是令人自豪。

3. 教师提升：有一句广告语说，金山银山，不如绿水青山。我们一定要节约资源，爱护环境，共同保卫我们美丽的家园。虽然我们介绍了很多地方，然而这只是祖国妈妈的冰山一角，祖国还有很多很多美丽的地方。请同学们持课前搜集来的祖国的图片，展示祖国妈妈的美丽。

【设计意图】环保是当今社会的热点问题，渗透环保教育，培养学生的环保意识，让学生知道保护环境也是爱国的一种表现。用自己的语言赞美祖国，让学生的爱国情怀再一次涌动。

（三）拓展延伸

祖国要想更强大，要想位于世界强国之列，我们要怎么做呢？学生讨论交流，然后写到小卡片上。

教师小结：同学们，祖国繁荣昌盛，我们的生活才会美好。我们在祖国妈妈的怀里幸福地成长，从现在开始，我们要听祖国妈妈的话，听党的话，将来报效祖国，把我们的祖国变得更加强大！

【设计意图】品德教学要内化于心，外化于行。通过这一拓展，使学生明白，爱国不能仅仅挂在嘴上，更要付诸行动。

板书设计

可爱的祖国

国　　　庆：10月1日
首　　　都：北　　　京
美丽的城市：（学生板书）
祖国的山水：（学生板书）

教学反思

苏霍姆林斯基说过："课堂教学中没有欢欣鼓舞的心情，学习就会成为学生沉重的负担，反之则会使学习变得轻松有趣。"为了让学生的爱国情怀得到熏陶，我避免了简单的说教，而是让学生在活动中体验祖国的美丽与伟大，让他们热爱祖国的感情油然而生。

1. 关注现实生活。上课开始，我直接从十九大的召开导入课题。学生在生活中对十九大已经有了一些了解，他们感觉亲切自然，而且这样导入也有意无意地向学生渗透了要关心时事的教育理念。后面我又用多媒体播放祖国建国六十周年的盛大庆典场景，学生看得津津有味，脸上洋溢着自豪的微笑。通过展示自己的旅游照片，小组之间进行交流与分享，让学生体会到祖国的美丽，感受到自己生活是多么幸福。

2. 注重情感熏陶。小学低年级阶段是品德和行为习惯、生活态度、认知能力发展的重要时期。我通过组织看、听、读、说等多种活动，让学生感受祖国的伟大和美丽，体会到自己是中国人，生长在这片土地上是多么骄傲和自豪的一件事，从而激发学生热爱祖国的情感。最后，我也进行了情感升华：第一步，让学生大声说出想对祖国妈妈说的话；第二步，让学生把想为祖国妈妈做的事写到小卡片上，让学生说出自己的志愿，将来用行动爱祖国妈妈。

  3.重视学生激励。课堂中，我注意结合低年级学生的年龄特点，让学生看录像、读书，说看到的、知道的，调动学生学习兴趣，激发学生的学习热情，使每一个学生都乐于参与到课堂中来，并发挥主体作用。教学中，从不同的角度来关注学生、评价学生、激励学生，调动学生参与课堂教学活动的积极性，充分发挥了学生的主体性。

新化县思源实验学校 邹运英

第三章 网络研修,提工作室之"质"

品德与社会向道德与法治的有效过渡

课堂,道德与法治教师的第一视点
——以《古老的丝绸之路》教学为例

承载教师成长最主要的载体是课堂,绝没有离开课堂的教师成长,作为道德与法治教师,课堂永远是第一视点。

一、析:对教材与教学目标分析到位

1.紧扣主题,说教材。《古老的丝绸之路》是教科版《品德与社会》五年级上册第五单元《我们都是炎黄子孙》中的一篇课文,指向课程标准中"我们的国家"这一领域。这一单元通过讲述我国是有几千年历史的文明古国,展现中华民族对世界文明的巨大贡献,以达成"让学生掌握应有的历史常识,珍视祖国的历史和文化,具有中华民族的归属感与自豪感,初步形成开放的国际视野"的课程目标。这一课通过认识丝绸之路,体会丝绸之路的巨大作用,带领学生感受中华文明的绚烂和古代中国的繁荣昌盛,进而理解对外开放的深远意义。

2.深入研究,立目标。根据新课标的要求、教材特点和五年级学生的认知水平,本节课制订了如下教学目标。

情感目标:小学品德与社会课程是以情感态度、价值观目标为统领而开展教学的。从教学内容看,本课教材的每部分设计都体现了"感受中华民族对世界文明的巨大贡献,激发民族自尊心和自豪感"这一课程内容。因此,我的情感目标设定为感受中华文化的绚烂,激发民族自豪感。

能力目标:引导学生通过自主、合作、探究的学习活动,体会丝路的作用,感悟对外开放的深刻意义。

知识目标:认识丝绸之路,了解丝路概况。

3. 我国十年课改之所以没有多大成效,一个最主要的原因是教师没有找准重点、没有突破难点,所以接下来我着重就这堂课做一个重难点分析。

教学重点:了解丝路概况,体会丝路作用,激发民族自豪感。

本堂课借助丝绸之路,带领学生走进中国古代的历史,感受这条路带来的繁荣之景,以积累一定的历史常识。故而认识丝绸之路,了解丝路概况,体会丝路作用为本课教学重点。

教学难点:感悟对外开放的深刻含义,培养学生开阔的视野和胸襟。

本课属于中国古代史的范畴,离学生生活实际较远,而历史类题材的教学,旨在以史为鉴,面向未来。学生需要搜集更丰富的资料,进行更深入的思考,才能在体会这条路的作用的过程中,感悟对外开放的深刻意义,形成开放的视野和胸襟。

二、细:对学情分析与方法选择要细致到位

1. 分析了解,知学情。五年级的学生一般在十岁左右,对于农村的学生来说,他们在丝绸之路这方面的知识储备是很单薄的,对古老的丝绸之路特别是丝路的意义与价值就更加模糊。

2. 依据目标,择方法。陶行知先生说过,好的先生不是教书,不是教学生,乃是教学生学。在教学方法上,由于小学道德与法治课程的价值引领是一个"知情意行"连贯而统一的过程,所以我在教学中更加注重学生的情感体验,主要是通过合理利用资源网、堂堂网及社会新闻等资源,通过课前调查、课中探究、课后实践等手段帮助学生获得丰富的情感体验,形成积极的生活态度。

在学法指导上则着力引导学生自主合作探究,从而获得思想的升华。

三、晰:对教学环节及思路要清晰到位

为了更好地落实目标、突出重点、突破难点,充分调动学生的主动性,根据道德与法治综合性、实践性、开放性的特点,结合我校"童化"教育的办学理念,我设计了以下几个教学环节:

环节一：联系生活，引入丝路。

学生齐诵学校创编的华夏百杰儿歌《张骞》《汉武帝》。

老师谈话引入主题。

环节二：观看微课，初步了解丝路。

公元前138年，汉武帝派张骞出使西域，开辟了丝绸之路。这条路由长安出发，经过了哪些地方？人们又是怎样行走的呢？我们一起通过一段视频来了解一下。

出示介绍丝路概况视频，学生观看。

老师：你认为这是一条怎样的路？

学生1：我认为这是一条漫长的路，因为它跨过了几大洲。

老师：是啊，它全长逾7000公里，跨过了亚欧非三大洲。

学生2：我认为这是一条艰辛的路，因为人们走过沙漠，沙尘暴会要了人的命。

老师：没错，我们看到的还只是漫天的黄沙，我们看不到的还有草原上能吞人的沼泽，还有深山老林里潜伏的野兽，人们的生命时刻面临巨大的威胁！然而我们的祖先有没有停下他们的脚步呢？（没有）他们一步一步地开辟出了中国与世界沟通交流的第一条道路，他们是多么具有开拓精神啊！

环节三：小组探究，相互交流丝路。

老师：这样一条漫长而艰辛的道路，是当时中国与外国交流沟通的唯一一条道路。（板书）

这条路究竟为中国带来了什么？又给世界带去了什么呢？

老师布置小组讨论任务，请四人为一个小组，先结合自己手中搜集的资料相互交流，稍后我们一起听听丝路上的"商贸大使""科技大使""文化大使"为我们解密丝绸之路。

学生小组交流、分组汇报。

环节四：走进课本，领略繁华的古代丝路。

老师：自汉朝起，中国历朝历代都注重对外交流，打开课本97页，自己去看一看。

学生自读课本。

老师：汉唐以自信开放的姿态面对世界，社会空前繁荣，史称"汉唐盛世"。"唐"的名号也为世界所知晓，现在国外华人聚集地都有一个共同的名字——唐人街。宋朝时，泉州成为当时世界上最大的对外贸易港口！宋元时期，来华旅居的外国人络绎不绝，马可·波罗是最有名的一位，旅居元朝17年之久，写下《马可

·波罗游记》。如果你想感受古代中国的繁华,不妨回家查阅一下。然而,这样璀璨的历史,在一个朝代却悄然失色,你们说是哪个朝代?

学生:清朝。

环节五:独立思考,感念一度中断的丝路。

结合手中的材料,独立思考:丝绸之路为什么会一度中断?给中国带来了什么影响呢?

老师:你从材料中了解到丝路中断的原因是什么?

学生:清朝的统治者非常的骄傲,他们不屑于和外国人交流。

老师:材料中有四个字,最能体现他们不屑与外国人交流的想法。

学生:闭关锁国。

老师:那闭关锁国给中国带来的是什么呢?

学生:我们中国非常的落后,外国都在发展科技、经济,我们国家什么都没有。

老师:清朝的闭关锁国,阻断了中外的交流,让中国的发展远远落后于其他国家。因为落后,中国国门被打开,外国侵略者掀起瓜分中国的狂潮,中国却无力抵抗,人民的生活陷入水深火热之中。这段动荡不安的岁月,成为中国近代史上最为灰暗、屈辱的一笔!

同学们,我们伴随着丝路的开辟与中断,走过了古代中国的繁华与近代中国的衰败,现在,如果只能用一个词语定义丝绸之路,你认为这是一条怎样的路呢?

学生:我认为这是一条很重要的路,这条路让中国与外国开始了交流,给中国带来了很大的发展。

老师:你认为中国能发展,前提是能和外国沟通交流,那么这条路,是一条怎样的路?

学生:对外开放之路。

环节六:课外延伸,憧憬美好的现代丝路。

老师:尽管丝路上的驼铃声曾一度沉寂,但它的深刻内蕴却从未被我们遗忘!如今,这条路重新焕发出它的活力与生机,习近平主席提出的"一带一路"的战略,得到了世界各国的响应,再次说明国家发展、社会进步的动力是——对外开放!相信在不久的将来,丝路一定会为中国现代史书写出更加灿烂的篇章。

出示课后拓展作业:

老师有一位师范同学在新疆维吾尔自治区援疆,听他说新疆维吾尔自治区去年九月份(2016年9月21日)举行了我国首届丝绸之路法律服务合作论坛,请同学们思考：

1. 为什么要在新疆举行此次论坛？
2. 为什么要举行法律服务合作论坛呢？

课后通过查资料、看新闻、问爸爸妈妈等方式来回答老师留给你们的课后作业。（新疆是"一带一路"核心区，理应成为国家对外开放格局的"前沿"，所以把论坛设在新疆。之所以举行法律服务合作论坛是为推进"一带一路"建设提供法律服务和法律保障，希望建设一条"法律丝绸之路"）

（四）系：对学校理念与特色要心系到位

教师要站在学校的角度设计活动方案，知晓学校教育的价值取向，学科教学的共同价值观。这虽有一定难度，但却是教师在各个教学环节之中必须要考虑的。比如，我在教学中就渗透了我校"童化教育"的思想。

在第一个环节，我就引用了我校正在创编的《华夏百杰儿歌》：

同学们，咱们今天探讨的主题是？（学生：古老的丝绸之路）猜猜，看到这个主题，老师会想到哪两首儿歌？（学生：《汉武帝》《张骞》）恭喜你，答对了。今年五月，我校在湖南教育科学规划办立项了一个一般资助课题"基于儿童本位的传统文化序列化创编研究"，从那时开始，我们给品德与社会课的每一章节都创编了一首中华百杰儿歌。现在，我们来回忆一下《汉武帝》《张骞》这两首儿歌吧，一起背一背。（汉武帝——汉武帝，有霸气，十六继位当皇帝。兴太学，复周礼，独尊儒术成规矩。开疆土，大征战，丝绸之路通西域。西汉帝国，顶天立，雄才大略汉武帝。张骞——张骞做大使，出使大月氏。历时十年久，打通西域路。带去丝绸冶金术，带回葡萄和石榴。汉武帝，喜心头，封他做个博望侯）很好！知道历史上怎么评价他们的吗？（出示汉武帝与张骞的插图）汉武帝建立了一个国家前所未有的尊严，他给了一个族群挺立千秋的自信，他的国号成了一个伟大民族永远的名字。张骞被誉为"第一个睁开眼睛看世界的人"，清华大学历史系教授张岂之这样说："张骞是丝绸之路的开拓者，没有张骞出使西域，也就不会有丝绸之路的开辟。没有丝绸之路的开辟，也就不会有汉朝和西域以及和欧洲文化的交流。"

在第三个环节，我在课前就布置让学生分成三个不同的学习小组进行探究。在课堂汇报的时候，就有了下面具象的生成：

商贸组：

学生1：我带来的是茶叶，由中国传入外国，外国人对茶叶的需求量很大。

学生2：我带来的是葡萄，由外国传入中国，能做葡萄酒，能榨葡萄汁，我很喜欢吃。

学生3：我来讲讲这个猕猴桃的故事吧！猕猴桃最初由中国传出去，在外国经过改良后，又传入中国。

学生4：芝麻由外国传入中国，给我们带来了许多好处，比如榨油！

老师：这些商品的往来，丰富了我们的饮食结构，让我们的生活更加多彩。我们试着想一想，这一来一往的交易，比如中国卖出了价格堪比黄金的丝绸，赚回了什么？（学生：钱）外国也一样！换句话说，这些大型贵重物品，还促进了经济的繁荣发展！

看看这颗核桃（展示实物），聪明的中国人并非只用它来取悦舌尖，善于创造的中国工匠，将核桃打造成了"核雕"，你想对这些能工巧匠们说什么？

学生：这些核雕真是精美，我觉得他们太了不起了！

老师小结：我们中华民族历来是善于学习和敢于创新的民族！

科技组：

老师：商贸大使们的研究十分全面，科技大使们应该也迫不及待想分享一下了吧！

学生1：我知道中国传出了火药、指南针等四大发明，还有冶铁技术、凿井术、缫丝技术等，从外国传入中国的是天文、历法和医学。

学生2：我还知道从外国传入了制作玻璃的技术，我们能做出好看的玻璃制品了！

老师：我将你们所汇报的制成表格，大家有没有发现什么独特的现象？

学生：中国科技传出远比传入要多。

老师：因为中国是"四大文明"古国之一，在古代，我们国家的科技水平，就已远远领先于世界！这些科技中，我们最熟悉的应该是四大发明，难怪英国哲学家弗兰西斯·培根会这么评价四大发明（齐读）——印刷术、火药、指南针这三种发明已经在世界范围内把事物的全部面貌和情况都改变了：第一种是在学术方面，第二种是在战事方面，第三种是在航行方面，并由此又引起难以数计的变化来，竟至任何教派、任何帝国、任何星辰对人类事务的影响都无过于这些机械性的发现了。

文化组：

老师：科技的传递改变了世界，文化的交流又会迸发出怎样的火花呢？文化大使们，请你们说！

学生1：我知道佛教、伊斯兰教等传入了中国。

学生2：西方的音乐和舞蹈传入了中国，唐玄宗结合这个编了《霓裳羽衣舞》。

老师：的确，这条路上的文化往来也非常丰富，我们一起来看看。

佛教由西方传入，对中国有极为深远的影响，其中有个代表人物，你们一定知道，西游记里西天取经的唐僧——玄奘。印度的佛教在中国发扬光大，中国的另一位僧人——鉴真，又再次将它传到日本，同时也带去了建筑、书法、医学等知识，对日本影响很大，今天鉴真的雕像仍然被日本视为国宝。

丝路沿途都有很多佛教的宗庙，敦煌莫高窟就是其中的代表。窟内的壁画和雕塑都体现了中西方文明的完美融合。

中国传出的多是儒家、道家等诸子百家的思想，对世界也产生了深远影响，这张图我们就能看出一二。（道教八卦图和韩国国旗对比）

琵琶这一乐器传入后，在我们的钻研下，变成了独具中国特色的乐器，诞生了很多闻名中外的乐曲，而文人雅士，也从中得到灵感，白居易就在《琵琶行》里写下了这样的诗句——"大弦嘈嘈如急雨，小弦切切如私语。嘈嘈切切错杂弹，大珠小珠落玉盘"。

老师小结：通过大家的探讨，这条路已不再那么神秘，现在你眼中的丝绸之路又是一条怎样的路呢？简单说说自己的理由。

学生1：我认为这条路促进了经济的发展。

学生2：我认为这是一条友谊之路，因为这条路让中国跟很多其他国家有了友好交往。

学生3：我认为这是一条文化之路，因为它带来了很多文化。

学生4：我认为这是一条发展之路，它促进了中国各个方面的发展。

学生5：我认为这是一条科技之路，因为中国传出了许多科技，外国也传入了许多。

老师总结：丝绸之路，是对外开放的代名词，为中外搭起了友谊之桥，促进了经济的繁荣，编织着四方文明，她打开了国人的视野，也让世界认识了中国，更为中国古代史写上了辉煌的一页。

再比如，在教学的最后一个环节，我把自己的人脉资源也引入课堂，让孩子进行拓展练习的时候有一种在场的感觉，这样就能激发其后续探究的热情。

总之，道德与法治老师如果一以贯之地在教学中做到了以上的"四到位"，就能让学生真正感受到道德与法治的合理、有法、动情、入心。只有把课堂作为教师的第一视点，才能达到课堂最佳的效果。

冷水江市中连乡中心小学　　刘红霞

活动，资源，创编——向阳而生
——浅谈小学品德与社会向道德与法治有效过渡的几点策略

新课标指导下的道德与法治课堂应如何凸显课堂的开放性、实施的活动性，让学生个性展现、灵性飞扬，让教师心生欢喜、自我成长、向阳而生呢？一堂什么样的道德与法治课才能从儿童本位出发，实现教学目标呢？笔者有几点粗浅的看法。

一、紧扣教学目标，精心设计活动，绽放童心活力

新课标强调教学过程是师生间教与学的沟通和交往的多维活动，教学设计重在设计儿童的活动，在活动中体现儿童的主体性，突出儿童的个性，解放儿童的创造性。

有人曾说过："告诉我，我会忘记；让我看，我会记得；让我参加活动，我会有深切感受。"这句话深刻地揭示了道德与法治课程的实质就是引导学生感受。例如在《我为祖国绘蓝图》这一课的教学中，可以将知识点巧妙地嵌入到闯关竞赛活动中；《好大一个家》关于省级行政区的认识，可以设计"猜一猜"这是哪里的地标、美食，"拼一拼"中国行政地形图等活动；《上学路上》设计"我们来找"的交通安全游戏活动，设计"一停二看三通过，红灯停绿灯行"角色模仿、游戏互动等活动，让学生们从直观感受、动手实践、积极探讨到主动思辨，在你追我赶的知识探索中，全方位调动手眼脑，智慧火花不断碰撞，知识探究目标自然达成。知识的学习经历了自我探究、实践感悟、总结升华的过程，课堂的生动性和实效性会更强。

二、巧用各类资源，关注知识原点，激发学习热情

不管是品德与社会课还是道德与法治课，我们都要巧用生活中的资源，因为这些课程都是以儿童生活为基础的综合课，与学生的生活是紧密相连的，从学生熟悉的生活展开来，才能让学生真正学会知识。例如《我为祖国绘蓝图》这一主题，事先准备一些学生熟悉的身边城市、学校今昔对比的视频素材，学生们可能更有兴趣去发现、找不同，从而由衷地感慨，漂亮了，我的家！厉害了，我的国！例如《好大一个家》的主题活动，猜地标猜美食环节，可以事先准备老师和身边小伙伴旅行的照片素材，或者说说你家的车牌，你的，我的，他的，怎么都有一个"湘"呢，自然就引出了"湘"这个简称。以学生们熟悉的人或事物为知识的出发

点，学生们会更加兴趣盎然。

整合资源其实除了课前准备的资源，临时的现场资源也可以充分运用，例如在课堂上，可能有些知识点老师不一定全知道，那我们可以鼓励学生向班上那些掌握了的同学请教。老师可以适当在学生面前示弱，既给学生展示自我的机会，提升学生的自信心，又是很好的学法渗透的机会，让学生们明白：知识的学习不仅在课堂上，在老师这，还可以向书本学习，向同伴学习。

三、结合时事与学情，有效创编教材，演绎课堂精彩

道德与法治课程是一门综合性很强的课程，因为与时事和生活紧密相连，具有较强的时事性，有些版本的教材内容偏老旧，所以有时我们要创造性地运用教材，大胆改革课堂教学，整合运用资源，营造开放式氛围，实施开放式教学，提高道德与法治课的针对性、实效性。

现在的道德与法治教材往往只选取生活中有代表性的材料，用几张图片和几句文字说明的"范例"简单呈现。例如六年级下册《我为祖国绘蓝图》这一课，还是2009年的版本，教学素材都是十六大的内容，离学生们生活比较远，因此资料的整合运用、教材的创编显得尤为重要。在课堂上，我们既要尊重教材，又要不拘泥于教材，大胆开发、利用课程资源。首先是善用媒体资源，果断舍弃时效性稍差的十八大前的有关知识，重点放在十八大到十九大的成就上，以电影《厉害了，我的国》里面的祖国发展、变化与成就的素材，从画面、音效到文本全方位地叩打学生的感官，激发学生的自豪感和爱国热情。

创编教材要根据教学目标，敢于取舍。例如在《我为祖国绘蓝图》这一主题中，还可结合时事，增加"我们的思考"教学环节，以讲故事的形式，讲讲特朗普针对中国的贸易战；讲中兴通讯因为在芯片方面没有自主权，被美国制约后几乎全线崩溃的故事，引导学生深入思考：厉害了我的国，还有哪些地方其实又不够厉害？挖掘深度，给学生们创造思辨的机会，学会思辨是学生们长大后需要的一种很重要的思维，让学生们在思辨中知不足，进而激发学生们为建设真正强大的中国而努力学习的热情。

根据实际情况创编教材，有时会有意想不到的教学效果。这一点，我自己也深有体会。有一次，在二年级上道德与法治课时，课题是《团团圆圆过中秋》，首先我给学生们讲了《嫦娥奔月》《中秋节的来历》等故事，聊了聊各地过中秋的习俗，还学唱了儿歌《八月十五月儿圆》，后来在分享课本上有个孩子八月十五苦等爸爸回来过节的故事时，我在班上做了个调查："爸爸妈妈在外地上班的请举手。"一数，足足有20个，全班才33个孩子，留守儿童占了大多数。此刻，黯然神伤的情绪在孩子眼中闪烁。很显然，这些留守孩子在中秋节很难实现真正意的团圆，我想，我该渗透一些广义的"团圆"概念，减轻孩子的某些忧伤。我问学生："你觉得什么是团圆呢？"学生聪明地回答："就是一家人快乐地在一起。"

"如果今年过中秋爸妈因为工作忙不能回家，那怎么办呢？"

"我们可以和爸爸妈妈打电话。"

"可以和爸爸妈妈微信视频。"

"是啊，有时间爸妈会回来看我们，或者我们去爸妈工作的地方，这就叫团团圆圆。但如果没时间，我们给爸妈打电话，微信视频，只要我们和爸妈的心在一起，这也是团团圆圆。"

听完故事、唱完歌，我感觉意犹未尽，干脆提议："爷爷在八月十五为孙子打月饼，要不这节课我们也来画月饼怎么样？"

"好啊，好啊。"

"月饼画好了最想送给谁？"

"给爸爸妈妈。"

"好，你们画好了，老师就给你们拍照片、拍视频，到时候发给你们的爸爸妈妈。"

于是，教室里安安静静的，只听见唰唰动笔的声音。不一会儿，笔触虽然稚嫩，但一个个色彩鲜艳、造型各异的月饼跃然纸上，更是充满了爱的味道。

"老师，我的月饼是水果味的。"

"老师，我还画了个月亮，配上了学的诗——海上生明月，天涯共此时。这是我在看月亮。"

"哇，好美的画面，远方的爸爸妈妈一定也在赏月，在想念他的宝贝，来，把画拿起来，笑一个。"

于是，学生们争先恐后地拿起了作品，高兴地摆起了姿势。

中秋那天，虽然没有圆圆的月亮，但我想，学生们一定和爸爸妈妈"团团圆圆"的，无论以何种形式。虽然我这个道德与法治老师上了一堂看似有点随意的道德与法治课，但这种活动中的感悟，并不是偏离教材主题的即兴创编。我想达成教学目标的效果也是不错的。

道德与法治课程，它应该是"一朵云去推动另一朵云，一棵树去撼动另一棵树，一个灵魂去撞动另一个灵魂"，只有当我们为学生打开一扇窗，引领他们去享受生命成长的绚丽和灿烂时，儿童的德行才会在生活中萌芽，在课堂上飞扬，我们的道德与法治教学才会真正实现其课程目标！

娄底市第六小学　罗小玲

落实两会精神，探寻社会热点

让道德与法治课更时尚

如果要让一个班的学生来为"55岁的教师应不应该退休"做一个选择的话，我估计百分之百的学生会选择退。因为，没有一个学生会喜欢一个奶奶当自己的老师。他们喜欢年轻、时尚、活力、博学的教师。

同样，如果道德与法治课程没有时代性，作为一个道德与法治教师依然是以本为本，势必成为学生所不喜欢的教师。因此，道德与法治不但要生活化，有趣味性，更要有时代性。所以，在道德与法治课中，如果能够以更好的方式，落实两会精神，教师和学生能一起关注时代热点，立德育人的角度将会更有时代性，不仅时尚，还厚重。

作为道德与法治教师，自己就要关注时代热点，要能对时代热点做出合理的分析。如果教师对时代热点缺乏敏感性，缺乏政治站位，没有自己独立的思考，就不能说出让人信服的观点，也很难教育好学生。

因此，新时代要成为一位有专业高度的教师，不仅要有极强的学科专业技术能力，还必须有对政治思想、对国家政策高度与时俱进的认识。

2019年两会期间，习近平总书记六次深入团组，就生态文明建设、脱贫攻坚、乡村振兴、文化文艺和哲学社会科学工作等提出一系列新论断、新要求，系统部署了2019年工作。

以2019年两会为例，要如何落实两会精神，关注时代热点呢？

首先是德育活动的组织，要紧扣时代脉搏。学校必须紧跟时代的潮流，围绕当前国际国内形势，关注学生思想动向，立足学生所思所想，因时因地因人开展丰富多彩的德育活动。常规的德育活动，譬如国旗下的讲话，晨会，以活动为载体开展的丰富多彩的德育教育活动，每周一次的主题班队活动，都可以以两会精神做主题。要精心设计，使活动主题明确、内容丰富、形式多样、吸引力强，以鲜明正确的价值导向引导学生，以积极向上的力量激励学生，促进学生形成良好的思想品德和行为习惯。对于时代热点，可以开辩论会，引导学生进行实践和体验，通过角色扮演，获得同理感受，提高其道德判断能力。

其次，道德与法治课堂是落实两会精神的主阵地。借助道德与法治课程，可以更细致地贯彻两会精神，更深度地关注时代热点。思政课要将两会精神融入教育教学目标当中。在设计每一个课程目标时，要联系两会精神，拓展教学思路，充分利用时政资源，联系学生生活实际，挖掘课程思想内涵，发展学生道德认知，注重学生的情感体验和道德实践，使道德与法治课堂更贴近于学生生活，更贴近于时代！值得注意的是，在设计两会精神进课堂的时候，我们不能生搬硬套，应该将两会精神生活化，政治语言简单化，让学生读得懂，想得清，从而达到教育效果。

比如两会精神之一"生态建设""绿水青山就是金山银山"，习近平主席这一句话很通俗，可在课程上怎么让学生理解？可以联系村组进行山林绿化、农村污染治理、农村清洁户的评比等活动，让学生理解生态建设的意义，以及作为学生应该怎样做。

"改善民生"，可以带学生们参观敬老院、养老院，了解国家在这方面的政策，知道现在的农民老有所养，老有所依，政策实打实，乡村变化大。

新时期，需要我们培养新一代勇于担当、敢于挑战、德才兼备的接班人！中小学道德与法治教师必须充分认识德育工作的时政性，加强落实两会精神，关注时代热点，把"立德树人"这个根本任务牢牢落在实处，为国家培养和储备大量的德智体美劳全面发展的接班人！

双峰县青树坪镇中心小学　邓国辉

让每堂思政课"有意义"，更"有意思"

2019年4月18日，我通过手机直播平台观看了湖南省小学思政课名师工作室联盟暨观摩研讨活动。此次联盟及研讨活动整合了优质培训资源，加强了省内德育名师工作室经验分享与辐射，促进了跨区域名师工作室的交流互动，有力地提升了我们每位思政教师的新课程改革理念和师德修养，切实引领了我们每位思政教师的成长。

这次活动在"傍山为屏，凭江为险，以濠为堑"，充满了文化底蕴的茶陵古城开幕。这是由湖南省教科院牵头，联合三地名师工作室开展的活动。此次联盟暨研讨活动，有来自茶陵的小学道德与法治名师工作室首席名师谭自云、来自娄底小学品德与社会名师工作室的首席名师刘红霞、来自湘潭雨湖区彭育红中小学德育名师工作坊的骨干周纯等三位教师，他们围绕家国情怀分别从不同的切入口上了示范课《家的记忆》《小小童谣，大大世界》《聊家风》，讲出了一堂堂既"有意义"，又"有意思"，还让学生衷心喜爱并终身受益的思政课。让我们知道思政课教师政治要强、情怀要深、思维要新、视野要广、自律要严、人格要正。

一门触碰心灵的好课程，会让人终身受益；一位传道授业的好老师，会让人终生难忘。湖南省小学思政课名师工作室联盟暨观摩研讨活动，让我如品尝了饕餮盛宴，见识到了一位位卓尔不凡的名师、优秀教师。

谭自云老师，他面如春风，和缓地打开学生的记忆，拨动学生们的心弦，学生们时而被唤醒，时而被激励，时而被照亮，时而被点燃。整堂课，谭老师与学生们触及灵魂的对话，让学生们有的哭泣、有的哽咽、有的忍俊不禁红了眼眶，只有触动学生心灵深处最柔软的地方，才能有这样的真情流露，只有对家国一片深情，才能这样让学生们入耳入脑入心。我顿然明白：一堂好的思政课应该是真实的课。

我们娄底市首席名师刘红霞校长的示范课，再一次让我领略到名师的卓越之处。她注重挖掘思想政治资源，将本土资源、课外知识与课程教学进行了科学的融合。将"大道理"化为"小童谣"，并与"生活"相结合，坚持教、学、做合一。她用"看看我在哪？猜猜我是谁？"瞬间拉近师生之间的距离，让学生们和她一起走进童谣世界。通过冷水江版和茶陵版的两种不同风格的地方童谣《月光光，海光光》，引入冷水江市与茶陵县老师创编的童谣，如《锡矿山》《煤矿工人》《红日岭》《波月洞》《茶陵茶》《茶陵水》《茶陵人》《茶陵特产》，提升到冷水江市的梅山文化，茶陵县的红色文化、茶祖文化、东阳文化。最后由地方传统文化提升到中华优秀传统文化。课堂层层递进，情感层层升华，在多种形式的诵读中将优秀的传统文化植入学生们的心，让学生们不仅认识了有着"世界锑都""江南煤海""世界熔岩博物馆"之称的冷水江市，还让学生们重新认识了地处"茶山之阴"，有着"犀城"之称的将军故里茶陵县。地方传统文化是中华传统文化的根基，弘扬地方传统文化，是我们思政教师对家乡民俗文化厚重底蕴的深情与责任。学生们在大声地诵读"有意思"的童谣时，悄然树立了对家乡文化的自信，对家乡、国家和民族的认同，以"我是中国人，我是优秀经典传统文化传承人"而骄傲，同时更深刻地认识到自己肩负的传诵经典的责任。

此时，我不由得想到习近平总书记关于新时代思想政治理论课八个"相统一"的讲话，我瞬间明白，刘红霞名师选择上这节课的意图。她在告诉我们，上好一堂思政课，要丰富教学内容，坚持守正创新，运用现代化多媒体手段，创新教育方法。这样不仅能让传承更有意思，而且能让思政课更有意义，这也是对思政教学的大胆探索和尝试。

湘潭的周纯老师上的《聊家风》课，也让我学习到教学设计的独具匠心与思想内涵的意蕴深远。

课后，来自娄底市教科所的思政课教研员何立新、湘潭市雨湖区的思政课教研员彭育红、株洲市的思政教研员余民对三堂课精彩纷呈、妙语连珠的点评和分享也让我受益匪浅。他们的点评分明就是在给我们上一堂堂不一样的思政课！给我们的专业成长指出了更明确的方向与路径。还有来自三地工作室的十几位老师分别以"打造上接天线、下接地气的名师工作室""将社会主义核心价值观内化于心、外化于行""红色舲舫善行人生""互联网＋名师工作室""坚持才会有收获""关注消防，珍爱生命，共享平安"等为题，分享了宝贵经验，他们的精彩分享如醍醐灌顶，让我对工作室的建设与特色发展有了新的认识，让我这位网络名师工作室的新兵有了前行的力量。湖南省教科院基础教育所副所长左梦飞解读了湖南省教育厅对全省思政教师的顶层设计与殷切期望，更让我们对理直气壮上好思政课信心百倍。

上"有意义"更"有意思"的思政课应该是我们每位思政教师的追求。"有意义"是思政课的价值所在，"有意思"则是其有意义得以落实的关键。习近平总书记在学校思想政治理论课教师座谈会上强调，推动思想政治理论课改革创新，要不断增强思政课的思想性、理论性、亲和力与针对性。如何贯彻落实习近平总书记的这一要求，打造既"有意义"又"有意思"的思政课，切实发挥思政育人的功能，关键在教师。在我们湖南省小学思政课名师工作室联盟里，就有这样一支可信、可敬、可靠，乐为、敢为、有为的德育名师队伍。

精彩纷呈的研讨活动在美丽的红色革命根据地茶陵古城落下了帷幕，享受完这场视听盛宴，作为思政人，我知道了使命的光荣与责任。我将永远走在学习的路上，夯实理论基础知识，丰富教育教学方式，把精深的思想讲得深入浅出，把宏大的理论讲得有滋有味，给学生心灵埋下真善美的种子，引导学生扣好人生第一粒扣子，把立德树人的根本任务落细落实。

冷水江市桃园学校　黄镇波

小学《道德与法治》统编教材解读及教学建议

小学思想品德课走过了几十年的发展历程，对培养拥有健全人格的社会公民发挥了积极作用。时代的变迁对思想品德课提出了新要求，特别是党的十八大以来，党的十八届四中全会明确指出："把法治教育纳入国民教育体系，从青少年抓起，在中小学设立法治知识课程。"为贯彻党的教育精神，中小学义务教育阶段的德育课程更名为《道德与法治》。于2016年秋季，在中小学的起始年级，开始使用更名后的《道德与法治》教材，并从2019年秋季开始，全国中小学全部使用《道德与法治》统编教材。熟悉教材、钻研教材是教好这门课的前提，这也为德育教师带来了新的挑战。那么面对《道德与法治》，我们如何全面理解教材？如何教学？工作室成员通过网络研修的方式就统编小学《道德与法治》教材，从不同的视角进行了解读，同时，为提高课堂教学的有效性，还提出了教学建议。

对六年级上册统编《道德与法治》教材的解读

随着素质教育的不断发展，在新课程改革背景下，人们逐渐认识到了道德与法治教育的重要性和必要性。而道德与法治教育必须从小抓起，因为这一阶段的学生正处于价值观、世界观的形成期，良好的道德与法治教育能使学生养成良好的行为习惯和道德品质。因此，如何在新课程改革的背景下积极地进行小学道德与法治教育至关重要。

一、解读单元目标，构建基本学习框架

六年级上册教材是小学课程的深化，也是初中课程的开端。本册教材依照初中生认知的逻辑习惯，遵循学生年龄特点和生活行为习惯等成长规律，满足学生的成长需求，在知法守法方面给他们一定的支持、引导。

本册教材以法律、公民、国家为中心，形成了法律守护国家和公民、公民遵守国家法律、国家制定公民法律三大主题，组成既独立又相互联系的四个单元。第一单元是起始单元，主要是帮助学生感受生活中的法律，明白宪法是我国根本法。第二单元是奠基，指导学生在新的学习生活中，明确公民的基本含义，了解掌握公民的基本权利和义务。第三单元承接上一个单元，帮助学生认识国家机构

的范围,引导他们明白国家主要以人大代表形式为人民服务,人民的权力受到国家的制约和监督。第四单元是一、二、三单元的总结,是整本书的核心内容,为中学生的法治思维奠定基础。整册教材从法律出发,回到法律,逐步完成学生的法律体系认知,实现法治思维发展。

二、解读教材特点,落实学科核心素养

道德与法治是促进学生思想品德和法治意识形成与发展的关键课程,也是实现立德树人最重要的一门课程。青少年作为我国进行社会主义建设与发展的人员储备,承担着我国社会主义建设的重要任务。本教材基于以上教育理念,紧扣宪法、法治教育大纲、法治观念,有效地培育了学生良好道德品质。

本教材首先紧扣宪法,对应序言、总纲介绍了宪法的基本含义;其次对应公民的基本权利和义务围绕宪法展开论述;再次对应总纲以及国家机构,围绕宪法展开教学;最后将以上单元知识进行汇总,对应总纲、公民的基本权利和义务紧扣宪法展开最后的指导。建立了学生对宪法法律地位和权威的初步认知,让学生初步了解了公民的基本权利和义务。同时按照不同的层次和深度,将法治理念、法治原则与法律常识教育相结合,在教学内容中统筹安排,层层递进。

为深入贯彻党的十八届四中全会关于"将法治教育纳入国民教育体系,从青少年抓起,在中小学设立法治知识课程"的要求,本教材紧扣法治教育大纲,全力构建了丰富的法治文化理论体系。本册以基础性的行为规则和法律常识为主,侧重法治意识、遵法守法行为习惯的养成教育,利用案例教学、实践教学,从生活实践中提炼案例,注重将核心理念、重要概念与学生生活实践相结合,与学生的理解能力相适应。

最后本教材重点加强学生法治观念的培养,以社会主义核心价值观为引领,普及法治知识,培养学生守法意识,自觉遵纪守法;引导学生树立法治信仰,形成对社会主义法治道路的价值认同、制度认同,成为社会主义法治的忠实崇尚者、自觉遵守者、坚定捍卫者。使学生初步了解重要法治理念与原则,初步树立法治意识,养成规则意识和遵法守法的行为习惯,初步具备依法维护自身权益、参与社会生活的意识,为培育法治观念、树立法治信仰奠定了深厚的基础。

三、解读课本内容,理清认知思维脉络

青少年法治教育要以法律常识、法治理念、法治原则、法律制度为核心,围绕青少年的身心特点和成长需求,结合青少年与家庭、学校、社会、国家的

关系，分阶段系统安排公民基本权利义务、家庭关系、社会活动、公共生活、行政管理、司法制度、国家机构等领域的主要法律法规。秉持这样的脉络层次，教材以"我们的守护者"为教学内容，从实际生活出发，让同学们感受法律的作用，并在初步认识法律体系的基础上，让同学们了解宪法作为我国根本法的地位；然后让同学们认识了法律上的人，明白公民意味着我们的身份属于中国公民，感受公民作为国家主人公的使命感；并从国家机构的类型、职权和产生方式向同学们介绍了我们国家的机构体系，了解人大代表为人民的政治导向，建立人大代表由人民选出、对人民负责的政治观念，树立国家的权力也会受到制约和监督的法治理念，清楚国家机关只能在法定范围内，依照严格的法律程序行使权力；最后为了让法律更好地保护青少年的健康成长，让同学们学会正确地运用法律保障自己的基本权益，本教材特地设定了一定的篇幅介绍关于未成年人的法律保护知识，教导同学们要形成知法守法、依法维权的法治观念。

四、树立授课标准，确立科学正面导向

1. 授课内容的科学性和准确性。

提高教学的科学性和准确性就是通过科学合理的教学设计提高教学效率，通过不同的方法调动学生的积极性。例如教师在教导学生关于寻衅滋事罪、聚众斗殴罪等易混淆知识点时，可以通过情景演练的方式，通过白板向学生展示，两位同学不小心撞在一起，因为不懂得控制情绪，从而大打出手之类的案例，引发学生积极的讨论。确保学生专注于课堂，不会出现走神等状况，还可以引发学生主动思考，如果自己遇上这种情况该怎么做，从而让学生有意识地控制情绪。

2. 相关知识的储备。

深度教学要求基于知识的内在结构，通过对知识完整深刻的处理，引导学生从刻板学习走向对学科思想和意义系统的理解和掌握。例如，在教导学生认识法律重要性的时候，如果单纯地讲解法律的概念和意义，学生很难理解，但通过白板呈现校园霸凌案例，并引导学生思考，则可以让学生很快意识到法律的重要性，并坚定他们做知法、守法之人的决心，同时还可以让学生学会运用法律的武器保护自己，可谓一举多得。

3. 正面导向。

在对学生道德偏差问题进行纠正的过程中，必须要依照"以人为本"的原则，这是素质教育理念的核心问题。要引导学生做一个合格的公民，教师可以出示《中华人民共和国宪法》，播放本市新一届区人大代表的选举视频，并提出问题让学生思考讨论。通过对选举现场的展示，增加学生作为公民的政治认同，让他们知道自己是中华人民共和国的公民，选举权是我们作为公民的基本权利之一，引出公民的基本权利中的"政治权利和自由"，形成学生公民意识。让学生牢固树立中国特色社会主义理想信念，成为社会主义合格建设者和可靠接班人。

新化县洋溪镇新民学校　曾浩

对五年级上册统编《道德与法治》教材的教学建议

一、教材结构

（一）第一单元：面对成长中的新问题

1. 自主选择课余生活。

2. 学会沟通交流。

3. 主动拒绝烟酒与毒品。

（二）第二单元：我们是班级的主人

1. 选举产生班委会。

2. 协商决定班级事务。

（三）第三单元：我们的国土，我们的家园

1. 我们神圣的国土。

2. 中华民族一家亲。

（四）第四单元：骄人祖先，灿烂文化

1. 美丽文字，民族瑰宝。

2. 古代科技，耀我中华。

3. 传统美德，源远流长。

二、教学建议

（一）备课建议

教师在实施教学过程时，先必须加强备课"四阅读"：

1. 阅读课本。有序理顺课文的思想逻辑链和学习实践链。

2.阅读学生。全面掌握学生的认知基础、兴趣特点、成长环境、活动条件和发展可能。

3.阅读时代。及时掌握时代发展主题、社会变革亮点,透视其影响力及其对学生未来发展的意义。

4.阅读国情。系统学习中国政治、历史、地理、文学等基本知识,重点把握与课程内容相关的基本常识。

(二)教学设计建议

1.依据课标,确定教学目标。教学目标是备课首先要明确的问题,它决定着一堂课的教学内容、教学结构、教学方法和教学组织的形式。一堂课的成败与否,决定于教师教学目标确定的精细与否。

如第三单元《我们的国土,我们的家园》课标依据是:(1)了解一些我国历史常识,知道在历史发展过程中形成的中华民族优秀文化和革命传统。了解影响我国发展的重大历史事件和社会主义建设的伟大成就。(2)知道近代我国遭受过的列强的侵略以及中华民族的抗争史。敬仰民族英雄和革命先辈,树立奋发图强的爱国志向。(3)知道新中国成立和改革开放以来取得的成就,加强对社会主义中国和中国共产党的热爱之情。总目标是:(1)通过多种途径了解中国近代、现代、当代的历史发展进程,知道近代我国遭受过的列强的侵略以及中华民族的抗争史,知道影响我国发展的重大历史事件和社会主义建设的伟大成就。(2)在学习中感悟百折不挠、坚韧不拔的抗争精神,学习自力更生、艰苦奋斗的民族精神,改革创新的时代精神,加深对社会主义中国和中国共产党的热爱之情,树立奋发图强的爱国志向。

2.精读教材,把握好逻辑链。教材是课程组成的重要部分,教材必然要遵循儿童生活的逻辑。教材作为特殊的文本,其教材逻辑直接影响教师的教学逻辑和学生的学习逻辑。因此,教学中,教师应力求使教材逻辑、生活逻辑有机融合,在面向儿童的整个生活世界的基础上,使课程的意义与价值得以体现下面列举三个例子。

(1)《自主选择课余生活》。

	课余生活我选择	课余生活助我成长	过好我们的课余生活
主题逻辑	自主选择	丰富的课余生活	兴趣爱好与课余生活
	合理选择	在课余生活中成长	课余生活的价值
观点逻辑	听取意见	合理规划课余生活	课余生活遵规守纪
选择→成长→更好地成长			

（2）《选举产生班委会》。

主题逻辑	班委会的职责	班委会选举有程序	班级建设人人有责
	班委日常工作	民主选举的方式	班委与班集体
	班委组成	民主选举的程序	个人与班集体
观点递进式思想逻辑	班委成员标准	珍惜民主权利	如何担起班级责任
		能力、态度、精神、品质	时间和精力，意志和毅力、勇气、能力
	职责→程序→参与		

（3）《我们的神圣国土》。

主题逻辑	辽阔的国土	好山好水好风光	一方水土一方生活
	位置与面积	地形概貌	区域自然差异
	海陆格局	名胜风景	尊重生活习俗差异
观点逻辑	行政区划	爱护生态环境	神圣国土不可侵犯
	概况→环境→生活		

3.设计好活动，突出素材的学习实践链。兴趣是学生获取知识、拓宽眼界、丰富心理活动最主要的推动力，它表现为一个人积极去探究某种事物或从事某种活动的认识或意识倾向，这种倾向是和一定的情感体验联系在一起的。教材中的"活动园"，就是提高学生学习和实践能力的金钥匙。因此，在设计中，我们要领悟好活动的精髓，有效地发挥素材的作用，使活动有效化。

如《课余生活我选择》第2页的活动园中"课余生活谁选择"的话题讨论。素材：A.高年级学生自主选。B.年纪还小父母定。C.征求父母老师同学意见。D.依据兴趣选。

第3页的活动园："李玉红的困惑"解答活动。素材：A.课余活动有冲突。（守约）B.课余活动多难选。（优序）C.与家人意见不一。（体谅）

活动的深加工：

（1）选择的特点：主体是自主的、告知是必要的、商量是特定的。（启发法）

（2）教育要旨：自主意识、量力而行、有商有量、符合规范。

（3）教育重点：兴趣班等选择要商量，游戏交往活动要征询。

（4）关键问题解决：与父母意见不一致的解决办法。（表演或现场演绎法）

再如《班级建设人人有责》第32页的活动园中"班级问题解决"大家谈活动。

素材：五种情形——秩序问题、学习问题、集体锻炼问题、班级卫生问题、监督管理问题。

第33页的活动园中"守门员"案例讨论。素材：负责教室关门、开门；由热情满满到有负担，消极延误开门。

活动的深加工：

（1）尽职尽责的态度与精神履职，有付出、服务和奉献精神，有克服困难的意志力和勇气。

（2）教育要旨：学会担当责任，培育班级荣誉感和责任感。

（3）教学重点：人人参与，共建良好班集体的奉献精神与责任意识。

（4）教学难点：尽职尽责中的获得感与奉献精神。（小辩论：班级事务与我无关 vs 班级事务人人有责）

（5）教学至上追求：尽职尽责中的精神品质培养。

又如《好山好水好风光》第49页的活动园活动——祖国山水欣赏记录。素材：摄影、绘画、记录……

第51页的活动园活动——感受大好河山与旅行。素材：旅游文明公约和主题研学旅行方案。

活动的深加工：

（1）教育要旨：多方法感受祖国山河之美，培育爱国情感。

（2）教学重点：认识祖国主要风景名胜，领略祖国山河之美。（好山好水歌曲联唱）

（3）教学难点：从爱美到护美。（我是祖国山河护美天使——落点在个人行为）

（4）方法：看地图认识大好河山多样的地形地貌；从风景名胜欣赏领略大好河山；寻找家乡山水之美；中国世界遗产网搜；感受大好河山（本省、本地世界遗产或中国遗产）——濒危世界遗产启示与讨论。

还如《古老优美的汉字》第63页的活动园——中国文字博物馆探秘。素材：古汉字（甲骨文）猜猜看——感知写意文字。

第65页的活动园——汉字演变历史。素材：甲骨文，钟鼎文，秦小篆，汉隶书，晋行书，唐楷书。

第66页的活动园——书法珍宝欣赏。素材：王羲之（东晋）、柳公权（唐朝）。

活动的深加工：

（1）教育要旨：从古代汉字的创造领略中华民族先祖的智慧，从书写艺术中领略汉字之美，培育中华民族文化自信，感受创造来自生活、来自意志品质的道理。

(2)教育重点：探秘古汉字由来与历史演进，领略中华文化创新发展魅力，培育珍爱中华文化的情感和自信。

(3)教学难点：古文字常识学习。

(4)方法：神话传说故事《仓颉造字》；甲骨文对照表探秘或试写古汉字；楔形文字消失之谜；书法欣赏与练习（书法老师同上）。

双峰县教研室道德与法治教研员　刘韶红

对小学四年级《道德与法治》教材的解读及教学建议

一、教材解读

1. 四年级教材的整体情况。四年级《道德与法治》教材在生活领域进行了扩展。教材所涉及的生活领域有"我的健康成长、我的家庭生活、我们的学校生活、我们的社区生活、我们的国家、我们共同的世界"。

2. 课文内容概述。课文内容包括图标、正文、范例。

图标：我们要正确把握教材中的图标的功能。如"交流园"图标表示需要学生纯语言交流、讨论的活动内容。"活动园"图标表示需要学生亲身实践、体验、动手动脑的内容。"故事屋""阅读角""美文欣赏"这类图标表示需要学生静心阅读，并思考相关问题的环节。"知识窗""小贴士"这类图标表示在具体情境中向学生传递某些知识的环节。

正文：学习活动的有机组成部分，主要功能是学习情境的引入，学习活动的导入，活动间的连接与转换，观点的自然生成，思想的总结提升。

范例：启发学生关注自己经验的活性因子。如四年级上册《少让父母为我操心》一课，通过范例让学生懂得爸爸妈妈要工作，还要为家庭操劳，他们很辛苦，应该少给父母添麻烦的道理。教师重点要引导学生说出自己如何管好自己，无论是在学校学习还是在家都少让父母为自己操心。

二、教学建议

1. 从学生生活实际出发设计教学。

我们应该以学生为中心，从学生生活实际出发进行教学设计。首先，理解教材的设计意图，用好教材的留白、省略号、主持人的话等，从本班的实际出发，从学生的经验出发，引领学生去补充自己的经验。其次，做好教材内容的转换，不要被教材禁锢，可以对其中的范例、故事等进行转化，寻找学生熟悉的事物或素材。最后要处理好教学预设与生成的关系，善于发现、挖掘课堂上的生成，充分的预设是课堂生成的基础。课堂设计可以是丰富多样的，但我们必须以教材为依据，以学生为主题来设计。

2. 情感价值观的教学目标及其实现。

教学要以学生天然的情感为切入点。比如四年级下册《我们的好朋友》以讲故事导入，引导学生说说我的好朋友，感受友谊的美好，通过回顾切入主题。关注理性思考对于情感、态度、价值观的影响。

重视教学中的体验活动。如《生活离不开他们》体验活动，可以开展角色扮演——厨师、快递员，体验他们工作的艰辛，激发学生内心对各行各业劳动者的感激。

3. 遵循价值性和知识性相统一的原则，在知识教学中传递道德价值。

一要转变知识学习的方式，重视探究式的知识教学。要注重启发性教育，引导学生发现问题、分析问题、思考问题。在四年级下册《这些东西哪里来》中，通过对比工业产品革新前后的不同，体会工业劳动给生活带来的舒适与方便，表达对劳动者的尊重。在不断探究中，让学生自然而然得出结论。二要寻求知识学习与价值认同的内在联系。知识是客观存在的，它与学生的哪一个价值认同更容易联系在一起，就从哪里入手。不要从这个知识派生出很多无关的价值，要找到与这个知识紧密联系的道德价值。一瓶水背后有成千上万人的劳动，这个知识的学习与尊重劳动、避免浪费的价值认同很容易联系，找到了这个联系，知识的学习就有利于价值的形成。三要重视个人的经验与知识学习之间的互动。知识的学习与生活经验比较远，学生可能会觉得事不关己，不感兴趣。反之，如果比较有经验，就会产生兴趣，比较兴奋，知识的学习就能有助于道德的提升。

4. 关于社会探究能力的培养。

了解家乡的设施。四年级下册《家乡的喜与忧》中通过家乡的发展，让学生了解家乡的教育事业，了解家乡的医疗发展。尽量放手让学生自己去调查，教师只提供一些可以借鉴的案例，给予方法指导，让学生能找到合适的角度，用合理的方法去开展调查活动。

5. 关于法治教育的开展。

《正确认识广告》《买东西的学问》这些知识在学生生活中很常见，那么老师可以在学生的生活情境中，从他们的真实需求出发去开展教学。在道德教育与法治教育的融合上，还要注意限度的问题。

总之，要教好这门课程，首先要加强教师队伍建设。道德与法治这门课程要想取得课堂教学实效,离不开一支政治思想素质高、业务能力强的师资队伍。为了提升业务能力,我们名师工作室以打造精品课、推广精品课为主,以课会友,多渠道进行赛课、研课,注重课堂中的经验总结与交流。名师工作室道德与法治这门课程的教学在全市起到了一个很好的引领与示范作用,在刘红霞校长的带动下,工作室正在打造一支道德与法治学科的专业型教师队伍。其次,要创新课堂教学方式。道德与法治与生活密切相关,我们的教学设计也要贴近学生生活,把学生生活恰如其分地引入课堂,真正从提高学生兴趣入手。在道德与法治课教学过程中,我们可以设计开放的课堂,让学生在情境中学习、感悟。在实践课中需要学生深入到社会实践中去实地调查,获得丰富的感性认识,为感性认识向理性认识的飞跃做好铺垫。总而言之,为了满足新课改理念的要求,教师在平日的教学过程中不仅要传授给学生相关知识点,还要注重培养学生的创造能力与创新能力。在平日的道德与法治教育课程中,教师充分尊重学生的主体地位,加强师生间的交流互动,为学生营造良好的学习氛围,使学生在相互合作探究的过程中,共同学习与进步。

冷水江市特教学校　李向红

对三年级下册《道德与法治》教材的初浅认识

杜威在《民主主义与教育》中指出,"首先我们要提出一个重要观念,那就是教材与教法连为一体,不可分割","如将学科教材与教法划分开来,那将是一个大错"。我国的小学德育课程多以兼职教师为主,本课程在整个课程体系中也处于弱势地位。如果我们的教材只是内容载体的话,那么教学就很容易变成死记硬背。因此,小学道德与法治统编教材在追求"学本"的同时,力求使教材具有"教本"的特性,从教材开始为教学打下基础。以下是我对三年级下册《道德与法治》教材的粗浅认识。

1.课文的结构,预设了引导生活建构的教学目的。在小学道德与法治统编教材中,课文的结构就预设了引导儿童生活建构的教学目的,体现在关注生活、反思生活和超越生活这三个紧密相连的板块。比如第一单元第一课《我是独特的》,从交往主体的自我独特性入手,引导出主题"我的独特性":外在的我、他人看我、未来的我、内在的我,进一步深入让学生谈谈怎样让自己变得更好。第一单元第三课《我很诚实》,先让学生通过与人交往的生活经验,举例说说诚实现象、说谎现象。接着从一个说谎事件(心理、体验、后果等),进一步引导学生在生活中做到诚实,辨别恶意说谎与善意说谎的区别。

2. 教育的空间，不能仅仅限于课堂教学。涂尔干就曾指出，"我们不能僵硬地把道德教育范围局限于教室中的课时：它不是某时某刻的事情，而是每时每刻的事情"。因此，儿童生活的建构绝不能仅仅限于课堂教学，而应注重教学与德育整体融合，利用教材的框架整合学校的日常德育活动，实现课堂与日常德育的良性互动。如第二单元的设计逻辑：社区生活，熟悉——深入了解——为社区服务；邻里交往，礼节——和睦相处；从社区到家乡，空间——物——人。第二单元第七课《请到我的家乡来》，就可以从学生感兴趣的人物入手，设定"我"是家乡小导游，向大家介绍家乡的地理位置带领大家参观我的家乡，学生的情感便不由自主地定格在家乡的特产，"我"的家乡人，家乡景美、物美、人更美等方面。

3. 法治教育，侧重法治意识的培养。本课程中的法治教育是一种公民素养教育，而非法律专业教育。因此法律观念与法律态度的培养是第一位的，法律知识的学习是第二位的。青少年法治教育大纲："侧重法治意识、遵法守法行为习惯的养成教育。"第三单元《大家的朋友》，通过公共生活中的"具象"——公共设施，拟人化的道德思考方式，激发学生认识新朋友的兴趣，使学生从正反面体会公共设施的作用，进一步深化善待"朋友"的意识，了解损害公共设施的现象及其后果，使其能做到爱护公共设施，有对公共设施爱护的自我反思。

4. 知识学习，转向生活道德。在新课改之前，德育课程中的道德是一种知识形态的道德。相应的，德行的发展就等同于道德知识的学习。基于这种道德观和德行形成观，德育教材中所预设的教学也就以道德知识学习为目的。

新型的教材要引领教学从知识学习到生活建构，这一转变的实质是从知识道德向生活道德的转变。因为，道德存在于生活，生活是道德存在的基本形态，或者说道德就是人所选择的生活方式。譬如第三单元《我们的公共生活》，这个单元的学习主题是公共生活，教材编排了公共生活意识、公共生活行为举止、社会性情感的主题学习，让学生能拥有如下生活道德：有公共意识、讲规则、认识并爱护公共设施、具有关爱他人的社会性情感。第三单元《生活离不开规则》讲述了公共生活中的"抽象"规则，包括生活中处处有规则，从正反面体会规则的意义，如何守规则则以具体的生活情景（熟人来插队、许多人不遵守规则、无人监督等）来呈现。

5. 课文的栏目，指示了以学生为中心的教学活动。在小学道德与法治统编教材中，课文的栏目多是针对学生的，需要他们去观察、操作和探究，这也使教师在教学中无法唱独角戏。统编教材还努力使课文的栏目富有童心和童趣。因为，只有当栏目的设计符合学生的心理特点，具有趣味性，才能吸引学生主动参与。譬如第四单元《多样的交通和通信》，本单元的逻辑为交通发展与交通人、辩证看待交通发展、通信发展与通信生活。学生作为交通参与者，通过体验交通出行，了解交通的多样性，进一步了解了交通人的贡献以及家乡交通在快速发展。儿童对交通深层次地了解后，想象未来交通的发展，面临的问题以及应对措施，知道讲文明、守法规的重要性。

6.课程的评价，把反思作为了解学生的重要途径。小学道德与法治课程有一个特殊的困境，那就是本门课程的评价问题。评价的难题要求我们从教学结果的评价转向教学过程的评价，即从评价学生的表现转向评价教师教学过程。每次教学过程中，随机生成的内容不仅包括了学生可能的道德需求或者道德困惑，也包括了这些需求或者困惑在教学这个特殊场域中的特殊表现，而这些都是教师了解学生的重要资源，也是教师未来教学的重要依据。

冷水江市中连乡诚意学校　李秀辉

对低段统编教材《道德与法治》的解读及教学建议

一、学习课标，把握方向

课程标准对教材、教学、评价具有重要的指导意义，是教材、教学和评价的出发点和归宿。道德与法治不是另起炉灶，而是为了突出法治教育，体现社会主义核心价值观，注重中华优秀传统文化教育的融入。例如，二年级上册第一单元《我们的节假日》的第一课《假期有收获》，对应的课标是：1.喜欢和同学、老师交往，高兴地学，愉快地玩。2.在成人帮助下能定出自己可行的目标，并努力去实现。教师要充分依据课程标准和法治大纲的指导，精心设定适合本班学生的教学目标，使教学活动做到有的放矢。

二、研读教材，深入体会

（一）低段教材的教育主题和价值内涵

	一年级下册 （我们/共在）	1.我们的节假日 2.我们的班级 3.我们在公共场所 4.我们生活的地方	二年级下册 （公共福祉/ 担当历史与未来）
1.我是小学生啦 2.校园生活真快乐 3.家中的安全与健康 4.天气虽冷有温暖			
适应新生活	养成好习惯	奠基公共意识	追求创造性生活

续上表

一年级上册（我）	1. 我的好习惯 2. 我和大自然 3. 我爱我家 4. 我们在一起	二年级上册（公共生活/共有共享）	1. 让我试试看 2. 我们好好玩 3. 绿色小卫士 4. 我会努力的

(二)低段教材的整体理念和教育方式

1. 低段教材的整体理念。

(1)是儿童的，不是成人的。(儿童语言、儿童主体、儿童生活、儿童困惑)

(2)是生活的，不是学科的。[儿童的生活语言、专注生活问题、改变生活状态、养成生活方式(公共)]

(3)是开放的，不是封闭的。(开放的空间、开放的时间、向学生开放、向教师开放)

(4)是融合的，不是割裂的。(多学科话题的融合，多元素质的深度融合，多元文化的融合，教、学、做的融合，人与世界的融合)

2. 低段教材的教学方式与主要栏目。

(1)教学方式：生活智慧隐含在生活中，向生活学习；在活动中领悟意义与智慧；向好的榜样与他人学习；批判反思。

(2)主要栏目：绘本故事、辨析、讨论、活动、儿歌童谣。

(三)二年级教材主要特色

特色一：进一步渗透《青少年法治教育大纲》的内容。

1. 统编《道德与法治》二年级法治内容图谱

序号	法治教育内容	年级分布
1	认知国家象征及标志，初步建立国家、国籍、公民的概念	二年级上册 《欢欢喜喜迎国庆》（国旗、国徽、国歌、国家意识）
2	初步建立对家庭关系的法律认识	
3	初步建立规则意识，初步理解遵守规则、公平竞争、规则公平的意义与要求	二年级上册 《大家排排队》 《嗨，别乱扔》 《这是大家的》 《嘘，小声点》

续上表

4	了解消防安全知识、基本交通规则，知晓常用公共服务电话	二年级下册《安全地玩》
5	初步了解自然，爱护动植物，为节约资源、保护环境做力所能及的事	二年级下册《小水滴的诉说》 《清新的空气》 《我是一张纸》 《我的环保小搭档》

2. 二年级落实法治教育篇目

《青少年法治教育大纲》指出"以宪法教育为核心，以权利义务教育为本位"，这是国家对青少年法治教育的工作要求之一。如二年级上册《欢欢喜喜迎国庆》《团团圆圆过中秋》《班级生活有规则》，二年级下册《安全地玩》等都有法治渗透。

特色二：自然渗透立德树人任务，弘扬社会主义核心价值观和中华优秀传统文化。

以《团团圆圆过中秋》为例，指向优秀传统文化的滋养——传统节日、经典古诗文。

1. 编写意图：反思生活经验，了解节日的习俗，感受节日氛围。以诗词的方式说明中秋节赏月思亲是中国人特有的一种文化情怀。在生活的细节处体会节日的文化与道德意义，懂得不同地区有不同的节日，同一节日在不同地区有不同的过法。

2. 教学重点：理解传统节日的含义，激发对中华优秀传统文化的热爱与传承之情。

3. 教学建议：在传统节日文化的教学中，教师要有"用儿童的视角过节"的理念。童年生活具有自己独特的需要和特点，以儿童生活逻辑观进行传统节日教学，引导儿童在体验自身生活和参与社会生活中，感悟传统节日文化，在探究与思辨中实现道德的主动建构，这样才能让学生乐于亲近传统节日，也才能让传统美德成为学生的内在素养。

特色三：帮助学生奠基公共意识，引导学生追求创造性生活。

奠基公共意识（二年级上册）	
单元	要点
第一单元 我们的节假日	1. 前两课讲假日，核心是如何过好闲暇时光，学会有计划地安排生活。 2. 后两课主要讲节日，重在领悟节日的历史与文化意义

续上表

第二单元 我们的班级	1. 理解班级是我们所有人的，大家共同生活在集体中 2. 萌发集体归属感和集体荣誉感 3. 树立集体生活中的规则意识 4. 理解集体生活中的岗位与义务的意义。 前三课是从集体感到集体规则再到集体责任，最后一课是实践课，也是总结课
第三单元 我们在公共场所	1. 养成公共场所所需要的文明行为习惯，提升公共意识 2. 聚焦"公共财物""公共卫生""公共秩序""公共文明修养"这四方面，养成自觉爱护公物的习惯，做到在公共场所讲文明、懂礼貌、有秩序、守规则、有公德
第四单元 我们生活的地方	1. 赞家乡，爱家乡，感恩家乡 2. 展望家乡的未来与发展 3. 树立爱家乡的自豪感和责任心

特色四：教材编写着力体现创新。

1. 教材在呈现内容上的创新。是"教材"，更是"学材"。帮助学生自主"学德"，对学生道德学习进行引导、辅助、支持。从学生成长中所遇到的种种道德问题出发，设计一个个他们"有感觉"的话题和领域，激发他们道德学习与探索的愿望，并引导这一探索过程。

2. 教材在教育理念上的创新。引导学生树立新的快乐观、新的学习观。

3. 教材在教育方法上的创新。倡导新的榜样学习观，向生活学习，在活动中领悟、批判、反思。

三、合理利用，有效实施

1. 注重教学的逻辑性。

充分使用教材，生成教学的层次感。如利用教材的话题及小标题，构建教学层次；利用教材图文间的联系，构建教学层次。可以分解全景图，找图文联系；揣摩注释语，找图文联系。

2. 注重教学的针对性。

合理超越材料，实现教学的针对性，如由图拓展，回归生活。教学以学生生活中的需要和问题为出发点，用正确的价值观引导他们在生活中发展，在发展中生活；依图设境，参与"实习"；拿图说"事"，有机渗透。引导在两难问题的辨析中渗透，在问题解决中使用法律法规。让学生感知生活中的法、身边的法，培育学生的规则意识，让他们养成自觉守法、遇事找法、解决问题靠法的思维习惯和行为方式。

涟源市实验学校　李湘军

如何让品德课堂回归儿童生活
——《道德与法治》教学的总体建议

教育源于生活，因为生活的存在，才形成了生动有趣的品德教育素材。帮助学生寻找生活中相关的教育主题与内容，注重学生对生活的感受和体验，对引导学生热爱生活，树立正确的人生观、道德观与价值观大有裨益。因此，如何让学生在生活化的课堂中，增强学习兴趣，有效地让课堂回归学生生活，是新课程比较关注的问题。2016年，我在娄底市第一小学听了徐玉青老师的《寒假生活交流会》后，深受启发，体会到她在备课时花尽了心思，让学生在快乐中回归生活，真正体现乐中学，学中乐。下面，结合徐老师的思想品德课，我谈谈如何让品德课堂回归儿童生活。

一、唤醒生活经验，激发学习兴趣

儿童品德的形成源于他们对生活的感受、体验和感悟，他们对生活过程体验得越充分、越细腻，感悟就会越到位、越深刻。在教学中，我们要重视学生已有的生活经验，找准教材内容与学生生活实际的联系，让学生充分联系自己的生活实际，在回顾生活的过程中，唤醒经验，激发学习兴趣。如，徐老师教学《寒假生活交流会》这一主题时，预先安排了和家人逛花街、说照片、为家人做事情、参加游戏等多种孩子们喜欢的活动。然后让学生在课堂上交流讨论，回忆和家人一起游玩、过新年、做家务等情景，以此引导学生感受寒假生活的快乐。学生通过回忆交流寒假生活的快乐与感动，感受生活化课堂的趣味，激发了学习兴趣。这不仅是一种道德生活的体验，更是一种养成过程，进一步深化了学生的道德认识。

二、联系生活实际，引发学习兴趣

品德教育的内容、形式只有贴近儿童的生活，反映儿童的需要，联系儿童生活的实际，才能让他们从自己的世界出发，用自己的眼睛观察社会，用自己的心灵感受社会，用自己的方式研究社会。在设计《寒假生活交流会》的活动时，徐老师从学生的生活实际出发,创设丰富的教学情境,注重学生的亲身体验,营造开放、宽松、和谐、平等的教学氛围,让学生在开放式活动中充分去体验、去感悟、去获取。徐老师设计了小记者采访活动,让学生回忆寒假做过的事情,把自己认为有趣、得意以及自豪的事一一道尽,大家畅所欲言。赞可夫说过:"掌握知识,与其说是靠多次重复,不如说靠理解,靠内部的诱因,靠学生情绪状态而达到的。"学生在课堂上明白的道理,还应回归到生活中,进行体验,从而使之真正成为学生内在的道德修养。小记者的采访激起学生把寒假经历过的事尽情与人分享的愿望和兴趣,不像老师直接问寒假发生的事那么枯燥,真是有创意的想法与做法。

三、创设生活情境,调动学习兴趣

道德存在于儿童生活的方方面面,没有能与生活分离的"纯道德"。因此在课堂教学中,教师要善于创设生活情境,尽量让学生在真实的生活场景中提高认识、指导行为、培养能力,从而调动学习兴趣。徐老师的《寒假生活交流会》这一课,设计的环节是让学生在小组里展示寒假所学的本领,在课前已经分组安排学生剪纸、背诗歌、唱歌、包饺子、弹琴、书法等,全都是在课堂上即兴展示,学生既能展示自己本领,还能学到别人的本领,真是一举两得。而且学生兴趣盎然,完全沉浸在其中。让学生带着自己的兴趣和学到的知识来到课堂上进行展示、交流,把有限的课堂扩展到无限丰富的大自然,把枯燥乏味的大道理蕴含在生活化的活动中,不仅使学生学到许多书本上没有的知识,而且培养了他们合作、谦让以及热爱生活的良好品质。

四、体验生活过程,强化学习兴趣

实践体验是促进良好心理品质养成的最佳途径。美国休斯敦的一家儿童博物馆里就有一句醒目的话:"我听过了,就忘了;我见过了,就记住了;我做过了,就理解了。"这句话告诉我们,实践对掌握知识是何其重要。在品德教学中重视学生的体验性实践活动,是强化学生学习兴趣的方法之一。

我在一本书里见鲁洁教授写过这样一段话:"道德存在于人的整体、整个生活之中,不会有脱离生活的道德。品德的培养应当遵循一种生活的逻辑,而不是一种纯学科的逻辑。"品德课程也提出,教育的活动内容来源于生活,又高于生活。因而,在教学中,教师应树立一种新的"教学即生活"和"生活即教学"的观念。一方面要让教学走进儿童的生活,另一方面要让生活走进成长中的儿童,通过课堂教学，把儿童与真实的社会生活紧密地联系起来。同时，根据儿童好新奇、专注时间短等特点，让儿童在生活化的活动中回归生活，激发学习兴趣，获得与生活密切相关的经验和真切体验，引导儿童在体验中提高认识，形成良好的品德行为。

娄底市教育科学研究所　何立新

附说课稿：

《我的环保小搭档》说课稿

一、说教材

我国环保部在《关于加快推动生活方式绿色化的实施意见》中明确提出，力争到2020年，基本养成公众绿色生活方式的习惯。《青少年法治教育大纲》提出，小学一二年级应学会为节约资源、保护环境做力所能及的事。《课程标准》也提出，应帮助学生养成"保护环境，爱惜资源"的行为习惯。

《我的环保小搭档》出自部编版小学《道德与法治》二年级下册第三单元《绿色小卫士》。本单元承接一年级下册的《我和大自然》单元及二年级上册《我们在公共场所》中的"我们不乱扔"主题，是《道德与法治》教材小学低年段对环保问题的集中关注。本课是本单元总结性活动课，在前三课并列环保主题学习的基础上，通过"寻找我的环保小搭档"的主题活动，引导学生学会利用资源、爱护环境，从小处着眼、细处着手，帮助学生在日常生活中切实落实绿色生活的观念与行为。教材编写体现了单元主题学习由点及面、螺旋上升的特点。

二、说学情

二年级学生的生活经验很有限，虽然有一定的环保意识和知识，但不系统、不全面，对绿色生活方式的了解也不多。一些同学环保意识淡薄，不良的生活和卫生习惯依然存在。课堂上，我发现学生容易理解节能产品、绿色用品是我们的环保搭档，但是寻找环保搭档的角度不够宽。本节课通过具体情境、相关范例、生活实例等帮助学生拓宽思维，提升学生的绿色生活能力，在动手动脑的活动中培育学生绿色环保的生活理念。

三、说教学目标

通过对教材和学情的分析,我制订了本课教学的三维目标:

1. 情感态度与价值观目标:培育学生绿色环保的生活理念,使环保生活成为学生自觉的行为,在日常生活中养成低碳环保的生活习惯。

2. 知识和能力目标:了解环保的意义,提升学生的绿色生活能力。

3. 过程与方法目标:在寻找和展示环保搭档的过程中,丰富学生的环保经验。

四、说重点难点

教学重点:在寻找和展示环保搭档的过程中,丰富学生的环保经验。

教学难点:培育学生绿色环保的生活理念,使环保生活成为学生自觉的行为,在日常生活中养成低碳环保的生活习惯。

五、说教法学法

本课教学我主要采用以下教学法:

1. 情境教学法:通过音乐创设情境,引导学生全身心投入,使他们在创设的特定课堂环境中获得情感体验,激发道德感悟。

2. 实践调查法:《课程标准》明确指出,教学应引导儿童通过观察、调查、讨论等多种方式进行学习,与环境互动,与同伴合作来获得对自然与社会的亲身体验和感受。所以本课通过课前调查"环保小搭档",让学生到家庭里调查,这样学生能获得初步的感性认识,再由感性认识到理性认识进行飞跃。

3. 自主探究法:在本课程中,儿童获取知识的主要途径是通过活动主动地进行建构,而不是依赖老师的直接传授。通过自主探究获得关于环保的知识或经验,有助于学生实践能力的发展。

4. 合作交流法:通过小组合作,积极思考,进行体验。

六、说教学过程

《课程标准》指出,道德与法治课程要以活动为教与学的基本形式,引导儿童主动参与各类活动来获得丰富的知识或经验,促进其创造性和实践能力的发展。因此,我设计了四个活动。

第二篇　探索常态研修和工作室的情境化路径

活动一：初识环保小搭档。

1. 激趣导入。

(1)歌曲导入：孩子们，今天我给大家带来了一位朋友。（出示图）你们知道它是谁吗？（地球爷爷）地球爷爷有一个小小的心愿。播放儿童公益歌曲《低碳贝贝》。

(2)了解地球爷爷的心愿，明白环保的意义——地球是我们的家园，我们要爱护地球，让它成为最美的地方。

(3)小结：要想让地球成为最美的地方，我们就要学会保护环境，养成勤俭节约、绿色低碳、文明健康的生活方式。让我们都能成为低碳贝贝，完成地球爷爷的心愿。

2. 认识环保。

(1)导入：通过前几节课的学习，我们认识了小水滴、空气和纸张，谁能告诉我什么是环保？

(2)学生交流汇报：爱护环境、不乱扔垃圾就是环保；随手关灯就是环保；节约用水就是环保，等等。

(3)老师小结：爱护环境、节约资源都是环保的意识和行为。要想做到环保，我们得找一位小帮手做我们的环保搭档。

【设计意图】引导学生多角度讨论，使环保教育生活化、具体化。通过具体事例，实现对"环保"这一抽象概念的理解。

【课堂效果】由于二年级的学生对环保这一抽象概念的理解有限，所以我让学生结合生活经验，在课堂中交流了各自切实可行的做法。他们大多谈到爱护环境、不乱扔垃圾就是环保，随手关灯就是环保，节约用水就是环保等。我根据学生的回答，让学生认识到环保就是爱护环境，节约资源。该环节培育了学生绿色环保的生活理念。

活动二：寻找环保小搭档。

1. 观察图1，从节约资源的角度寻找搭档。

(1)出示图1，引导学生思考：谁是我的环保搭档？为什么？

(2)学生回答：因为一次性水杯不耐用，而小水壶能够反复使用，所以小水壶是我的环保搭档。老师举起小水壶问，谁也带上了小水壶这个环保搭档呢？（学生纷纷举手）

(3)追问：生活中的一次性物品可以换成哪些环保搭档？（一次性碗可以换成自带餐具；纸巾换成小手绢；塑料袋换成环保袋等）

(4)小结：环保搭档可以是一种物品。环保其实并不难，只要我们改变一些生活习惯，就能做到绿色生活，低碳环保。

2. 观察图2，从绿化环境的角度寻找搭档。

(1)出示图2，引导学生思考：谁是我的环保搭档？为什么？

(2)学生回答：因为小铁锹可以帮我种树，爸爸帮助我一起植树，小树可以让环境更美，让空气更清新，所以小铁锹、爸爸、小树都是我的环保搭档。

(3)小结：植树造林可以美化环境，这种环保行为也是我们的环保搭档。

3. 播放视频：你们能找到视频中的环保搭档吗？

情景：(1)小男孩用大桶收集废纸盒；(2)小女孩不用一次性筷子，自带餐具；(3)小女孩使用环保铅笔；(4)小男孩不选电动玩具，选拼插玩具；(5)小女孩旅行时不用一次性洗漱物品，随身自带洗漱用品。(学生找出视频中的环保搭档)

4. 追问：同学们，你们知道身边还有哪些环保小搭档吗？(学生交流汇报)

5. 小结：净化环境、绿化环境、节约资源、循环利用资源、使用节能产品等都是环保行为，都是我们的环保搭档。

【设计意图】《课程标准》指出，动手动脑，有创意地生活是儿童个性发展的内在需要。教学中，要引导学生利用自己的知识和聪明才智去探究或解决问题。利用教材上的两组图，引导学生明白小水壶、小铁锹、小树等都是环保搭档。充分利用教材范例，帮助学生建立物与环保之间的关系。从美化环境、使用绿色节能产品等不同角度，帮助学生拓宽思维，提升学生的生活智慧。

【课堂效果】学生在相互交流的过程中，寻找到了身边的环保搭档，他们认识到环保搭档是一个具体的物，但是并没有意识到环保搭档也可以是一种行为习惯。教学中，我及时地发现这一课堂生成，并引导学生认识到植树造林、美化环境这样的环保行为也是环保搭档，拓宽了学生对环保搭档的理解，让学生更全面地认识绿色环保行为。所以在最后交流身边的环保搭档时，他们不仅谈到了自带餐具、小手绢、环保袋这些物品，而且还说到随手关灯关电扇、洗手后拧紧水龙头等行为。

活动三：秀出环保小搭档。

1. 导入：同学们的环保搭档真不少，老师也有环保搭档。你们猜猜它是什么呢？(出示骑自行车的照片)因为自行车既方便又低碳，所以它是我的环保搭档。不过，老师要提醒一下大家，未满12周岁的学生是不能骑单车上路的，因为不安全。同学们，你和家人的环保搭档是什么呢？

2. 学生拿出"低碳贝贝"课前环保搭档调查表，在组内进行交流。明确交流和展示的要求:(1)介绍你的环保搭档,并说清楚为什么它是你的环保搭档,你怎么使用它。(2)如果是你做的,你是怎么制作的。

3. 全班交流汇报(实物、照片、视频、图画等形式),引导学生评价展示成果,奖励"低碳贝贝"勋章,鼓励所有同学共同参与。

【设计意图】《课程标准》指出,课程应注意与家庭和社区合作,发掘和利用各方面的资源。因此,我让学生秀出他们自己及家人的环保小搭档。

4. 老师在学生汇报过程中,梳理学生及家长的环保搭档类型。

(1)废物利用:学生在课堂上用实物展示鞋盒改装成的收纳盒,洗衣液瓶子改成的花盆,矿泉水瓶剪成的笔筒,用废纸折成的小纸盒,等。

(2)低碳出行:照片展示自行车是爸爸的环保搭档。老师追问还有哪些低碳出行方式?(步行、跑步、坐公交车等)

(3)节约资源:视频展示家长用淘米水浇花、用洗澡水冲厕所、拧紧水龙头等行为。一个学生展示自制小笔帽,老师表扬他,并请他现场指导全班同学制作小笔帽。

(4)净化环境:照片展示打扫楼道卫生等。《课程标准》指出,只有源于儿童实际生活和真实道德冲突的教育活动才能引发他们内心的道德情感。于是我出示了学校门口垃圾桶旁满是垃圾的照片并问学生:同学们,你们觉得这样的环境美吗?我们应该怎样做呢?(要把垃圾丢进垃圾桶里)

老师追问:出示校园垃圾桶。通过小视频让学生辨析可回收垃圾和不可回收垃圾的分类,让学生现场进行实物垃圾分类。(现场准备:矿泉水瓶、玻璃瓶、废纸、果皮等)

老师继续追问:春节期间,为了净化我们的环境,柳州市人民政府发布了一条公告,你们还记得是什么吗?学生答:禁止燃放烟花爆竹。老师补充说明:自2019年1月1日起,在禁止燃放的区域和时间内燃放烟花爆竹的,由公安部门责令停止燃放,并处100元以上500元以下的罚款。违反本决定,构成违反治安管理行为的,由公安部门依法给予治安管理处罚;构成犯罪的,依法追究刑事责任。

5. 小结:同学们,正是这些环保搭档的帮助,让我们减少了对环境的破坏,节约了资源,开启了绿色生活,让我们离地球爷爷变美的心愿更近了一步。

【设计意图】在展示活动中,通过调查表、实物、照片、录像、图画等方式呈现学生及其家长的环保搭档,引导学生评价展示成果,让他们在相互学习中丰富生活体验与环保经验,从别的家庭的环保搭档中得到启发,进而思考自己的环保行为。学生真实的生活是最好的课程资源,学生在校门外吃完早餐后乱扔垃圾的现象，引发学生反思自己的不良行为，并引导学生学会垃圾分类。

【课堂效果】课堂上，学生轮流上台展示。开始时，学生还很有兴趣，渐渐地，他们的注意力就有些分散了。于是，我马上明确四人小组交流汇报的要求。在评价和追问中，学生分享了他们使用环保小搭档的故事和体验。教学中，我特别关注了课堂生成，当学生汇报打扫楼道卫生时，我让学生通过视频学习和实地操练学会了垃圾分类。禁止燃放烟花爆竹是净化环境的一项有效措施，通过我的追问，学生明白了禁止燃放烟花爆竹的重要意义，并受到了法治教育。教学重点得到了有效突破。

活动四：争做环保小卫士。

1. 导入：同学们，改变我们的生活方式，关爱我们赖以生存的地球家园，让地球成为最美的地方！我们一起努力实现地球爷爷的心愿吧。老师打快板，学生拍手读——

多坐大巴车少开，清洁能源来替代。节水节电来比赛，生活少用塑料袋。

垃圾分类习惯在，循环利用巧安排。多多植树拓绿带，空气清新好神采。

点滴节约阔不摆，留给后人青山在。如果地球都不爱，我们如何谈未来。

2. 实践作业：开展"低碳贝贝"评比活动，完成课后实践评价表，六一儿童节进行"低碳贝贝"表彰活动。

"低碳贝贝"课后实践评价表

环保搭档	认为做得好请画✓
我+（　　）	
我+（　　）	

【设计意图】通过说唱的形式，加深本节课的学习。开展"低碳贝贝"评比活动，完成课后实践评价表，让学生将环保理念落实到日常行为中，养成绿色生活的习惯。

七、说板书设计

八、说教学反思

1. 亮点。

（1）通过合理开发，有效利用家长资源、学生资源、班级资源、学校活动资源、公益广告资源和社会生活实践，提高教学的实效性，促进学生的发展。在秀出学生及其家长的环保搭档时，我注重调查结果呈现方式的多样化（有调查表、实物、照片、视频等形式），力图通过直观、形象、丰富的形式展现环保搭档。通过"低碳贝贝"的评比活动，努力创设学生乐于接受的学习情境，灵活多样地选用教学组织形式；指导学生从自己的生活出发，搜集学习资源，在活动探究中发现问题、解决问题，从而提高教学的针对性。

（2）聚焦学生真实的生活世界。回归生活是小学道德与法治课程的重要理念，让学生通过自主体验和自我反思进行道德学习，实现自主建构。本课的"低碳贝贝"课后实践评比活动，让学生在真实的生活体验中感受环保搭档带来的变化，将环保意识落实在行动上，养成良好的环保习惯。

2. 不足。

由于这个年龄段的学生对绿色生活方式的了解并不多，而教学时间有限，全部的绿色环保行为无法一一呈现，也无法对学生逐一进行指导。

3. 改进措施。

今后，我将在课内外开展环保活动，不断提高学生绿色生活的能力，使环保生活成为学生自觉的行为。

柳州市北站路小学　李佳文
（本文作者系首席名师刘红霞校长的学生）

第三篇 探索课题引领和工作室的学术化路径

著名教育学家苏霍姆林斯基说:"如果你想让教师的劳动能够给教师带来乐趣……那你就应当引导每一位教师走上从事研究的这条幸福的道路上来……"两年多来,工作室在湖南省教育科学规划办与省教育学会分别成功立项申报了"基于儿童本位的传统文化序列化创编研究"与"农村小学家校联动共创优良家风的实践研究",并在基地校进行湖南省第四届教育科研成果"基于童心校园背景下小学生养成教育童话化行动研究"的推广,同时,进行了道德与法治课程的构建与课例研究。

工作室就是这样一个学术化的场所,在这里,大家的科研意识与能力逐步增强与提升。

第一章 课题研究，扬工作室之"帆"

湖南省十三五规划办一般资助课题通过中期评估

2017年，名师工作室及基地校共同研究的湖南省十三五规划课题"基于儿童本位的传统文化序列化创编研究"在湖南省教育科学规划办成功立项。通过两年多的研究，本课题接受了中期检查与成果评估。

2018年10月17日，中期检查与成果评估会在冷水江市第二中学进行，专家组通过听汇报、查资料、观现场、集体评议，将我们的课题评定为中期检查成果评估一等奖。

在课题中期检查评估中，先由课题主持人就本课题研究的目标、内容，开展的主要研究活动，初步形成的重要研究观点，阶段性主要研究成果，经费使用情况及经费筹措使用情况，存在问题及下段打算，重要变更及预计结题时间等几个方面向专家组成员进行汇报；再由家组成员认真查阅了课题组准备的材料；由王献忠、童晓文、钟文革、苏辉等专家提问，课题主持人进行了现场答辩。通过评估，专家组形成了以下意见：

1. 本课题自开题以来，组织开展了丰富有效的研究工作，初步形成了整套基于儿童本位的小学传统文化序列化创编校本课程教材，并运用于教学实践中，取得了理想成效。学生传统文化教育活动成果丰硕。

2. 主持人与课题组成员齐心协力，研究工作扎实深入，初步形成了论文、专著，并得以推广运用。名师工作室平台活动常态化、系统化，成绩突出，研究团队分工合作，高效务实。

3. 建议：加强理论研究，深化研究成果；整理研究材料，并予以推广运用。

附：湖南省教育科学规划课题中期检查报告表

制表：湖南省教育科学规划办

第三篇 探索课题引领和工作室的学术化路径

时间：2018 年 10 月 13 日

课题名称	基于儿童本位的传统文化序列化创编研究	课题编号	XJK17BZXX022
主持人姓名	刘红霞	单位	湖南省冷水江市中连乡中心小学
主要研究人员名单	申大局、潘佩兰、姜荣华、李果、杨尊东、李基磊、童俊、周述齐、杨小平、唐丽江、刘杰峰、李虹、何小平、阳新向、黄镇波、杨玉峰		
本课题研究的目标、内容	一、研究目标 1. 通过研究，创编一套适合低、中、高三个学段小学生诵读并传承的传统文化序列化创编儿歌读本 2. 通过研究，构建和形成符合我校，辐射我市、我省乃至全国的以优秀传统文化为主要内容的儿童文学课程模式 3. 通过研究，不断激发全校师生对祖国优秀传统文化的传承意识，提升师生的文化底蕴、人文素养 二、研究内容 1. 传统文化序列化创编的内容研究，拟开发以下序列 ①基础类传统文化创编，帮助孩子打稳根基（打底子） ②结构类传统文化创编，帮助孩子架构文化（润底色） ③修饰类传统文化创编，帮助孩子提升修养（蓄底蕴） 2. 传统文化序列化创编的方法研究 ①原文采撷式。根据儿童的特点采撷优秀文化篇章或著作中有利于孩子学习的名言进行诠释 ②儿歌嵌入式。根据儿歌的特点把华夏百杰人物、优秀文学作品及现代新国学改编成儿歌的形式 ③古今结合式。根据传统古训的内涵赋予其现代的含义 3. 传统文化序列化创编的干预研究 ①以乡村少年宫为平台进行诵读 ②以课堂教学为载体进行渗透 ③以国旗下讲话为契机进行引导 ④以红领巾广播站为传声筒进行导读 ⑤以课前一支歌为常规进行约定 ⑥以各种比赛为激励进行奠基		

续上表

开展的主要研究活动	一、系列创编活动 1. 对地方传统文化进行儿歌创编。邀请冷水江市波月诗社部分诗人与课题组共同创编了冷水江地方传统文化儿歌。具体内容包括：①冷水江自然风光儿歌；②冷水江精英人物儿歌；③冷水江底层人物儿歌；④冷水江美丽传说儿歌；⑤冷水江快乐童谣；⑥冷水江优良家风儿歌；⑦冷水江器具忆旧儿歌；⑧冷水江工业赞歌儿歌；⑨冷水江乡土人情儿歌 2. 对普世的社会主义核心价值观进行创编，邀请外聘专家申大局先生共同创编了社会主义核心价值观儿歌。具体内容包括：①国家层面，"富强""民主""文明""和谐"儿歌45首；②社会层面，"自由""平等""公正""法治"儿歌42首；③个人层面，"爱国""敬业""诚信""友善"儿歌45首，共132首，使社会主义核心价值观更加直观化、具象化 3. 对中华经典诗文进行校本开发。利用娄底市刘红霞小学德育名师工作室的资源，共同创编了一至六年级的《经典诗文诵读》 4. 对适合儿童诵读的文学作品及新国学进行创编。课题组成员共同创编了九大系列创编儿歌。分别是童谣类、童诗类、诵读版中国四大名著、儿歌版世界四大童书、朗诵剧作品、课本剧作品，还有金融儿歌进校园创编儿歌（从货币的故事、亲近人民币、假币是个害人精、走进身边的银行、从小学理财、诚信伴我行等方面进行创编），法治知识进校园儿歌（从记住这些标志、了解这些常识、懂得这些知识、具备这些胆识、别干这些事等方面进行创编），华夏百杰创编儿歌（从至圣先师、政治英才、艺术大师、文学泰斗、科学英杰、军事将领、巾帼英贤等方面进行创编） 二、系列展示活动 1. 以乡村少年宫为平台进行诵读 学校开展多种形式的口才班、诵读班、国学班等对儿歌进行诵读与传唱，通过老师的引领与形象化的教学，丰富学生的课余生活，让学生在有效的干预中传承文化经典 2. 以课堂教学为载体进行渗透 教师在课堂中用已创编的儿歌导入课题，或在讲解课文中引入所创编的儿歌，或在课堂拓展延伸时介绍所创编的儿歌，抑或在师生互动与评价中运用创编儿歌。让学生在潜移默化中受到优秀传统文化的熏陶 3. 以国旗下讲话为契机进行引导 学校在每周一的周会课上以班级为单位学习华夏百杰儿歌，各班学生利用各种形式表达对创编儿歌的理解，如采用集体诵读、个人表演、现场解说、分享推荐、全场互动等形式，让经典传诵成为常态 4. 以红领巾广播站为传声筒进行导读 学校利用午诵时间，由午诵老师或红领巾广播站成员进行午间十分钟带读，用儿歌唱读的方式来缓解午间的疲劳，让学生更快进入学习状态。 5. 以课前一支歌为常规进行约定 学生在上课铃声响起时，由文娱委员起调传唱所创编的儿歌，在等待老师到来的同时修身养性 6. 以各种比赛为激励进行奠基 学校各部门利用每月一次大型活动的时间组织学生进行经典儿歌比赛，比如少先队组织的家校联动社会主义核心价值观儿歌比赛，教务部门组织的金融儿歌诵读比赛，政教部门组织的千字文武术操、花样跳绳操比赛，教研部门组织的儿歌创作比赛等。各部门搭建各种平台，再以比赛的形式对学生进行进一步的渗透与激励

续上表

初步形成的重要研究观点	传承——传承国粹是历史赋予我们的责任与使命 改造——将适合儿童的优秀传统文化嵌入到学生喜闻乐见的歌谣之中，以诵读传承，以游戏传诵，以生活浸润 超越——如何让传统文化走入现代儿童的视野，并在传承中内化和创新 倡导——倡导所有师生及全社会形成传承优秀传统文化的风气，培育民族精神，增强文化自信，唤起民族自信心和自豪感 扩大——通过一系列的活动推广成果、触碰心灵，感受和接受优秀传统文化的熏陶，扩大中华传统道德文化的内涵与外延，以道德精神引领主流 塑造——加深教师对优秀传统文化和新国学的重视程度，把自己塑造成为追根探源与适应社会发展的复合型人才
阶段性主要研究成果	一、认识性成果 1. 刘红霞校长出版的《一位乡村校长的行走方式》获得湖南省2017年度"双百工程"优秀著作一等奖。该书第一辑中节选的课题组创编的系列儿歌，旨在对乡村孩子进行阅读引领。这不仅能激发孩子们的阅读兴趣，而且能提高孩子们的阅读效果与创作激情。第二辑中的课改示范课例大多引用了传统文化创编儿歌，这样不仅在学科教学中自然地进行了中华优秀传统文化的传承，而且让课堂更加温润、富有内涵 2. 课题组进行了传统文化序列化创编。成果有"地方传统文化儿歌"等基础类传统文化创编作品，"经典诗文诵读"等结构类传统文化创编作品，"华夏百杰儿歌"等修饰类传统文化创编作品 3. 课题组成员段宇红老师撰写的家教论文《好家风如常青树》在《湖南教育》"家教课堂"板块发表；杨小平老师撰写的论文《创编新国学教材，做文化传承湘军》在《教育现代化》杂志发表；吴兆辉老师撰写的论文《小学语文情境朗读教学优化路径》在《教育现代化》杂志发表；唐丽江老师撰写的论文《在道德与法治教学中渗透国学经典》在《教育现代化》杂志发表 4. 课题研究成果在全省范围内产生很好的反响。课题主持人是湖南省中小学教育家孵化对象，本课题也成了华南师范大学承办的孵化班的重点干预指导课题，专家与同行一致认为：本课题符合培养核心素养的基本要求，创编的系列儿歌能成为儿童人文底蕴最好的滋养品

续上表

阶段性主要研究成果	本课题符合弘扬传统文化的本质要求。中华传统文化是一种理性的文化，内容博大精深，源远流长。用现代语言把中华传统文化的内涵表达出来，能更广泛地宣扬传统文化 本课题符合提升生命质量的实践要求。教育直面的是鲜活的人的生命，是为了不断提高人的生命质量而进行的社会实践活动，是以人为本的实现人文关怀的一种事业。本课题站在儿童的视角上，以儿童文学的方式对中华传统文化进行序列化创编，不仅能有效传承中华传统文化，更能夯实儿童的文化底蕴，构筑儿童的精神大厦，提升儿童的生命质量 本课题符合化解负面冲击的时代要求。目前，社会及网络上有一些灰色的文化，对心理处于不设防状态的儿童有着负面影响。如何化解、根除这些负面影响，必须倚仗中华优秀的传统文化。课题组认为，好的童谣是心灵鸡汤，能滋润孩子们的心灵，帮助他们健康成长，并且对儿童开朗乐观人格的塑造、思想品德的形成、美好情感的培养、行为习惯的养成有着潜移默化、不可替代的作用 因此，课题成果《一位乡村校长的行走方式》迅速在全省多校得到推广，各校纷纷组织相应的读书分享与推广活动 二、实践性成果 (一)形成了符合我校特色的以优秀传统文化为主要内容的"161561"儿童文学课程模式。"1"，每周1次乡村少年宫活动；"6"，每天6次课堂教学渗透；"1"，每周1次国旗下诵读；"5"，每周5次红领巾广播站导读；"6"，每天6次课前诵习等待；"1"，每期1次全员参与的大型活动 (二)学校的人文气息明显浓厚 1.学生人文气质明显改善 学生学习传统文化，增进了对传统文化价值的认识，激发了学习传统文化的兴趣，达成了弘扬中华优秀传统文化、共建中华民族精神家园的共识。传统文化进校园与学校的童心办学理念的巧妙结合，提高了学生的人文素养，增强了学生的成长自信心，例如：①在经典诗文的诵读中不仅领略了古代诗文的声韵之美、意蕴之美，而且还能利用其中经典的故事进行现代的对接与解读；②在冷水江地方传统文化儿歌中感受家乡的山水与风土人情，进一步激发了热爱家乡、热爱祖国的赤子之情；③在"华夏百杰儿歌"中进一步拓宽了阅读视野，领略历史名人的智慧和创造才能，不由自主地萌生敬畏与传继之情。于是，学生在平时的游戏中能自然融入，在日常的交流与人文表达中能信手拈来。久而久之，形成了中连学子那份独有的书香气质

续上表

阶段性主要研究成果	2. 教师的人文气场不断增强 在传统文化序列化创编儿歌的实践过程中，教师以传统文化为载体，采取了丰富多样的教学方法，让学生学得有兴趣、有效果。这样不仅内化了教师不一样的人文气场，同时，也为各个学科教学的有效渗透提供了良好的课程资源 ①趣味化的内容呈现。用游戏的精神激发学生的兴趣，例如用"对句""接龙""找宝藏""小老师"等多种形式，激发学生学习传统文化的积极性 ②多样化的组织教学。老师们或是利用创编儿歌导入，或是讲解时引用创编儿歌，或是用创编儿歌来进行课堂评价等，教学方式多种多样 ③交互化的课堂教学。课堂教学中，采取集体、小组、个人展示等相互交融的方式进行教学，让学生在相互学习中提升人文素养 ④直观化的多媒体应用。如将"华夏百杰儿歌"中的历史英雄人物的故事从百度引进课堂，让学生充分感知那个鲜活但未知的世界 ⑤常态化的经典背诵。只有能背诵下来的东西才能真正成为促进学生成长的养料，让日积月累常态化 ⑥多元化的评价方式。引导学生进行自主评价、相互评价、同级评价，引入家长评价、老师评价、校长评价等多种评价方式，并以此作为反馈，激励学生在日常生活中多诵读、多积累、多创作、多运用。以评促学，以导促读，形成传承中华优秀传统文化的良性循环 3. 学校德育实践效果显著 ①学校通过组织各项师生活动来提高师生学习优秀传统文化的兴趣，全面培养与个性发展相结合，让民族文化的精髓融入师生的血液中，强化传统文化在师生心灵中的内化。充分利用班级微信群、班级QQ群、家长会、家长学校等有效平台，促使教师与家长手拉手，协同一致地对学生进行美德教育 ②通过基地校的范本意识、天职理念、课题成果迅速向娄底市刘红霞小学德育名师工作室全体成员，及冷水江市"国培"计划项目县道德与法治课程培训团队、国学幼儿园进行引领与辐射。如娄底市第八小学的工作室成员陈爱莲老师组织该校全体师生把社会主义核心价值观具象化、舞台化，真正做到内化于心、外化于行，并被多家媒体报道；冷水江市城东学校黄波老师配合学校创编了国学课间操；冷水江市博雅学校童俊老师配合学校进一步完善了博雅文化；冷水江市毛易中心小学把课题组创编的社会主义核心价值观儿歌择优做成了学校的围墙文化；冷水江市六一国学院外聘专家邓大民院长与我市爱丁堡幼儿园谢静园长、金凯幼儿园陈园长多次到我校取经。这将为我市乃至我省的幼小阶段的新国学进园、进校树立样板 ③多家媒体进行采访报道。如《湖南教育》杂志在2017年9月1日A版的未来教育家"湖湘名校长"板块对课题主持人刘红霞进行了共七个版面的报道。郑州舜里传媒慕名来访，于2017年6月1日给我校送来了一份特殊的礼物——《童心教育课改专题片》，片中特别报道了我校儿歌化传诵经典的创新模式。该专题片被在"今日头条""腾讯""搜狐"等多家媒体转载

续上表

经费使用情况及经费筹措使用情况	一、经费使用情况 湖南省教育科学规划办资助的一万元全部用于传统文化创编活动。其中包含邀请申大局先生亲临学校指导的往返交通费、讲义费及波月诗社进校园的现场协调、推进、创作费用等，已大大超出省规划办资助经费 二、经费筹措情况 为了持续有效地开发与实践，课题主持人多方筹措资金进行课题研究。如在市宣传部与财政局分别筹措了两万元用以课题研究，还特别争取了冷水江市教育局的支持
存在问题及下段打算	一、存在的问题 1.中华传统文化博大精深，有很多优秀的资源值得我们进一步遴选与创编研究。怎么形成一个科学鲜明的序列，这需要高水平的专家的指导与引领 2.课题组参与成员的水平有限，对传统文化认识深度不够，创作思维受阻。如课题参与成员对搜集本土以外的传统文化存在地域问题、文化熏陶差异问题、地方文化特色理解问题等。如何创作有趣味性与科学性，又契合现代价值观的儿歌，是摆在我们面前的一个严峻课题 3.创编儿歌的效用是一个循序渐进的过程，它需要师生不断磨合，才能让学生领悟到传统文化的内涵和意义，并自觉地运用其指导现实的生活。自开展本课题研究以来，中连乡小学的全体师生共同吸取着中华传统文化的精髓，在潜移默化中不断完善自我，形成了良好的学习氛围，对学生良好品行的引导也打开了局面。但还存在不尽人意之处，如个别在农村生活长大的学生，还存在不尊敬长者、不孝敬父母等问题，还需要在今后的具体情景中进行有效的干预 4.传统文化教育与现代文化教育在学校教育中能否成为好的兼容模式 5.传统文化序列化创编过程中，能否把握好传统文化的精髓与创新的有效结合。如何进一步加深对中华优秀传统文化创编的理论构建和实践创新 二、课题后期研究安排 1.深入实施评价。课题后期的研究将继续以儿童的视角创编传统文化序列化作品，并将成果更具体、更深入地在学校实施和评价，如成果除了进学校、进教室、上墙壁外，还要进家庭、进社会……以此影响中华传统文化传承，激发学生广泛的学习兴趣，促进学校传统文化教育的无限发展 2.重建文化价值。有效地提升师生的人文素养，进一步凝练童化育人办学思想，提升学校的办学品位 3.分步有序实施。2018年11月至2019年6月，组织研究人员进行各项目或各专题的总结交流活动，组织课题组所有成员进行研究心得的撰写，汇总各专题资料，进行研究报告写作，编辑研究图文集，整理结题材料

续上表

重要变更及预计结题时间	本课题在实施的过程中，因为研究人员的工作异动与有些工作机构的成立（如：娄底市刘红霞名师工作室与娄底市刘红霞网络名师工作室的成立），所以主要研究人员也随之有所变化 本课题的结题时间：2019年6月			
专家评价意见	2018年10月17日，娄底市教科所组织相关专家对刘红霞小学德育名师工作室及冷水江市中连乡中心小学共同研究的湖南省十三五省级一般资助课题"基于儿童本位的传统文化序列化创编研究"进行了中期评估检查，专家组通过听汇报、查资料、观现场、集体评议，形成如下评估意见： 1. 本课题自开题以来，组织开展了丰富有效的研究工作，初步形成了整套基于儿童本位的小学传统文化序列化创编校本课程教材，并运用于教学实践中，取得了理想成效。学生传统文化教育活动成果丰硕 2. 主持人与课题组成员齐心协力，研究工作扎实深入，初步形成了论文、专著，并得以推广运用。名师工作室平台活动常态化、系统化，成绩突出，研究团队分工合作，高效务实 3. 建议：加强理论研究，深化研究成果；整理研究材料，并予以推广运用 <div align="right">执笔人：童晓文 专家组组长签名：王志海 2018年10月17日</div>			
参加中期论证人员	姓名	职称、职务	工作单位	签名
	王志海	所长	娄底市教科所	王志海
	童晓文	主任	娄星区教科所	童晓文
	王献忠	主任	娄底市教科所	王献忠
	钟文革	所长	冷水江市教科所	钟文革
	苏辉	教研员	冷水江市教科所	苏辉

湖南省十三五教育学会家长学校课题通过中期评审

本课题于2015年5月10日由工作室基地校政教副校长邓庆斌同志向湖南省家长学校研究会提出立项申请，但还未立项邓庆斌校长便调离。于是就由下任副校长潘佩兰同志接手，于2016年7月20日在湖南省家长学校研究会立项，当时的课题名称是"构建优良家风,弘扬传统美德"(课题批准号:SJY-1613007)。但又由于课题主持人潘佩兰同志响应二孩政策请产假,学校遂提出申请,更改课题主持人,就由工作室首席名师刘红霞校长亲自主持。刘红霞校长提出课题名称比较宽泛、不聚焦的问题,把课题名称更改为"农村小学家校联动共创优良家风的实践研究"。其间,正逢湖南省家长学校研究会的课题全部移交至省教育学会管理,因此,这项研究便成为湖南省教育学会的"一般课题"(课题编号依旧是:SJY-1613007)。2017年12月,省教育学会委托"市州关工委"专家组对该课题进行了会议方式的开题论证,2018年12月,省教育学会又对课题进行了中期检查与评审。

在课题中期检查评审中,主持人从课题立项与开题情况、课题阶段研究工作、课题阶段研究成果、课题研究的困难与困惑、课题后期研究安排等五个方面向专家组成员进行汇报。接着,专家组成员认真查阅了课题组准备的材料。通过评估,专家组成员一致认为本课题是此次中期评审课题中做得最好的一个,介于课题主持人的影响力,希望本课题的佐证材料做得更加精致、更有水准,并且更进一步发挥辐射引领作用。

附:"农村小学家校联动共创优良家风的实践研究"中期研究报告

一、本课题研究的目标与内容

(一)研究目标

1. 通过研究,探索家校联动的途径与方法。

2. 通过研究,构建优良家训、家规。

3. 通过研究,让孩子形成良好的品质。

(二)研究内容

1. 家校联动的途径、方法研究。

2. 优良家训、家规的内涵研究。

3. 孩子优秀品质、价值观研究。

二、开展的主要研究活动

(一)家校联动的途径、方法研究

1. 以调查为基础进行现状分析。

课题组已经对全校家长进行了纸质问卷调查,从问卷结果中,发现绝大部分家长不知道什么叫家风,更没有如何构建优良家风与传承优良家风的意识,而是片面地认为家风就是要把孩子的成绩提上去。所以,亟待课题组进行有效干预与指导。

2. 以培训为手段进行有效引领。

2015年至2018年,我校已多次利用家长学校对广大家长进行集体培训,并聘请专家来校进行巡回演讲,如"家长是孩子的第一任教师""家校联动共创优良家风"等。从政策层面、学校层面、家庭层面以及孩子个人层面提出优良家风与传统美德的重要性,家长们的思想观念在不断改变。

3. 以活动为载体进行合理干预。

(1)把课题研究融入学校常规管理工作之中。

学校教务处组织"家校联动社会主义核心价值观儿歌诵读比赛""家校联动金融儿歌诵读比赛""书声琅琅亲子诵读比赛"等一系列活动,让家长亲身参与,与孩子同台表演,既增进家长、学生与学校的感情,又能更好地发挥家校共育的作用。

学校少先队组织"家校师生在一起,健康快乐过新年""家校联动探索新国学""综合实践职业角色挑战赛""探寻古丝路,智在柏乐园"等一系列家校联动的实践活动,有效促进了家长与学生、学生与社会之间的联系,让学生在玩中学,在实践中寻真知。

学校政教处组织开展了每学年一次的"开学第一课",每学期一次的研学活动与家长学校上课活动,每周一次的国旗下讲话、班会活动课及乡村少年宫活动,在活动中催生好的家校联动机制,促进优良家风的形成。

(2)开展特色家校联动活动。

课题组策划假期亲子创意活动,如利用寒暑假开展亲子"六个一手工活动""树人文化建设活动",让亲子共同装扮校园,不仅更好地丰富了校园文化,更增进了家长们的责任意识。

课题组策划家长参与学校事务活动。如在2017年下学期家校联动期末检测工作中,家长通过参与监考,切实体会到了教师的辛劳,同时也更加了解孩子的在校表现。

课题组策划家校双向互访活动。全体教师分别走进学生家庭了解孩子在家表现,家长走进学校了解孩子在校的表现。走进家庭,其实更走进了家长与孩子们的心灵,为家校联动、合力育人奠定了坚实的基础。

(二)优良家训、家规的内涵研究

1. 开展了"美德教育"系列活动。

(1)创编"美德教育"儿歌。组织亲子搜集名人名言、名人美德故事,学习身边的美德故事,观看二十四孝图,讲二十四孝故事,创编二十四孝儿歌。

(2)开展"美德教育"结对。由家庭条件相对较好的家长来学校结对慰问留守儿童,让双方都心怀感恩。

(3)书写"美德教育"家书。组织学生给父母写一封信,结合期中考试,向父母汇报近期的学习生活情况,表达对父母的感激之情,并组织亲子互动。

(4)布置"美德教育"作业。在父母生日、父亲节、母亲节时送一个温馨的祝福;以自己的进步送给父母一个惊喜;给父母讲一个开心的故事;帮家里做四件家务:扫地、叠被、洗碗、洗衣物;开展"为父母节约一分钱、一粒米"活动,在学生中大力倡导节约之风,杜绝浪费、攀比现象,体贴父母,关心父母。

(5)倡导"美德教育"礼仪。开展向老师献真情活动,形成尊重知识、尊重老师的浓厚氛围。让学生以实际行动如写封信、谈谈心、自做贺卡、提个建议、送句温馨的祝福等,来表达对老师辛勤付出的尊重,报答老师厚重的爱。在全校开展"尊师敬师"活动,要求所有学生讲文明用语,遇到老师自觉向老师问好,并要求声音洪亮。

(6)召开"美德教育"班会。倡导每个星期为同学做一件有益的事、给班级做一件有益的事等活动,掀起同学之间互帮、互助、互学、互进、互谅的热潮,增进同学之间的友谊,化解矛盾与纠纷,共创和谐校园。

(7)学唱"美德教育"歌曲。推荐歌曲《懂你》《感恩的心》《说句心里话》《白发亲娘》《母亲》《儿行千里》《常回家看看》《爱的奉献》《烛光里的妈妈》《为了谁》《丹顶鹤的故事》《五星红旗》《春天的故事》《长大后我就成了你》等,并且每天中午在红领巾广播站播放。

2. 开展"最美家庭说好家训"活动。通过学校的引领与老师的指导,在全校掀起了本项活动的热潮,涌现出"百善孝为先""诚实守信""勤劳节俭""民主管理"等正能量满满的家庭,并因此产生了良好的社会辐射作用。

(三)孩子优秀品质、价值观研究

课题组以社会主义核心价值观为指导,把它创编成孩子们喜闻乐见的儿歌形式,使抽象的概念变得具象化、生活化。这对孩子优秀品质的形成与正确价值观的引领起到了非常好的作用。

三、初步形成的重要研究观点

（一）通过主题活动加强家校联动

从开学第一课到每学期、每学年的主题活动，学校都会请家长参与，同时通过网络平台与家访、校访等，搭建线上线下的交流平台，促进了家校的有效沟通。

（二）通过家校联动构建优良家风

学校教师承担指导家庭教育的责任，每个学期利用家长学校平台进行集中指导。同时对少数家庭进行重点帮扶与跟进，这样有利于家风的建设与家校和谐共生。

（三）通过优良家风改善校风与民风

优良家风是一个家庭的核心价值观，有这个核心价值观的引领就会聚集与传递社会正能量，正能量多了，校风、民风自然就好了，很多正能量聚集起来就会共同支撑起我们这个国家、这个民族的精神大厦。为此，课题组充分发挥了名师工作室所有成员的示范引领作用，用工作室成员的家风、家训指导与引领农村家庭的家风建设，从而影响整个民风的改善。

四、阶段性主要成果

（一）多篇论文获奖或发表

1. 2018年11月，课题主持人的论文《农村小学家校联动共创优良家风的实践研究》在全国中小学教师教育教学成果大赛中获得一等奖。

2. 2018年8月，课题组段宇红老师撰写的《好家风，常青树》在《湖南教育》"家教课堂"栏目发表。

3. 2017年10月，课题组刘红霞、李果、杨让梨、刘芙香、谢朝辉等老师的家教论文分别获娄底市一二三等奖。

（二）开发了家校联动的课程资源

我校已开发与创编了《二十四孝传统文化儿歌》24首、《华夏百杰儿歌》100首、《社会主义核心价值观儿歌》132首、《金融知识进校园儿歌》100首、《法治知识进校园儿歌》100首、《冷水江地方传统文化儿歌》100首。目前，正着手创编《中华优良家风儿歌》。

（三）产生了良好的社会效应

1. 2016年6月，课题主持人刘红霞与课题主要参与者潘佩兰的《孩子的劝廉家书》在冷水江党风廉政宣传报发表，树立了良好的范本意识与天职理念。

2. 2016年8月，学校打造了一条家风长廊，让所有师生家长在中华家训中随时汲取正能量。

3. 我校的优质空间课堂（其中设有家庭教育板块）在湖南省教师发展中心第二批优质空间课堂建设终期评审中获得优秀等次。

4. 课题主持人多次应湖南省人文科技学院邀请，为全省的资深教师做家庭教育方面的专题讲座。

5. 2018年11月，学校与家长学校集中指导家风建设在湖南民生网、湖南在线网等网络媒体宣传推广。

6. 我校践行的"天地人、新国学"的创新德育理念被教育部评选为全国优秀德育典型。国家核心党报《光明日报》以及《教育家》杂志还专门对课题主持人刘红霞校长进行了专访。

五、存在的问题及下段打算

（一）存在的问题

社会是个大染缸，不同的家庭有不同的思想格局。农村家庭大多思想比较保守，观念滞后，认为孩子学习成绩的好坏才是正道，根本就没意识到其身正不令而行，其身不正虽令不从，家长特别是父母可以影响孩子一生的道理，更不会有"天下之本在国，国之本在家"的大格局。因此总是有一批家长自身不加强学习，也不积极参与学校组织的活动。

（二）下段打算

1. 客观认识，正确对待不同家庭。

（1）做到雅俗共赏。

（2）把农村家庭的问题看成是一种社会现象。

（3）对部分问题家庭进行"精准扶贫"。

2. 多方联动，促进优良家风建设。

（1）培训好教师家长，再由这些教师家长去引领与感染一部分家长，再由这部分家长去带动一部分家庭。

（2）进行小手牵大手活动，最大限度发挥孩子的纽带与桥梁作用。

(3) 加强与社区的联系,形成优良家风建设的合力。

湖南省十二五规划课题成果推广会在多地举行

2016年7月,工作室基地校十二五规划办一般资助课题"基于童心校园背景下小学生养成教育童话化行动研究"成功结题并被评定为优秀等次。2019年4月该课题还荣获了湖南省第四届教育科学研究优秀成果奖二等奖。

为了推广十二五规划课题的成果,冷水江市在红日实验小学举行了一个专门的推广会。工作室首席名师刘红霞校长亲自讲了一堂课题推广课——《吟诵乡土童谣,传承中华经典》,赢得了省市领导与与会教师的一致好评。

后来,工作室的"第四次集中研修暨湖南省小学思政课名师工作室联盟"活动在株洲市茶陵县舲舫中心小学举行,刘红霞校长又以家国情怀为主题讲了一堂课题推广课——《小小童谣,大大世界》,又得到了来自全省几地(株洲、湘潭、娄底、永州)的教研部门与名师工作室的高度评价。其教学设计如下。

小小童谣,大大世界

【设计意图】根据习近平总书记两会期间在学校思政课教师座谈会上的讲话精神,思政课老师情怀要深,保持家国情怀,心里装着国家和民族,在党和人民的伟大实践中关注时代、关注社会,汲取养分、丰富思想;思维要新,学会辩证唯物主义和历史唯物主义,创新课堂教学,给学生深刻的学习体验,引导学生树立正确的理想信念、学会正确的思维方法。同时通过对家乡传统文化儿歌的展示,激发学生对家乡、对祖国、对人类文化遗产的热爱,唤醒他们的童心和文化自信心。

教学目标

1. 进一步感受、了解乡土文化儿歌的特点,培养学生的本土寻根意识。
2. 感受地方传统儿歌表达形式的丰富性、多样性,在小组活动中体会地方传统文化儿歌的趣味性与多元性。
3. 感受冷水江、茶陵乡土文化创编儿歌的风趣、机智、幽默,唤醒学生的传承意识,激发学生热爱传统文化、学习传统文化、继承传统文化和爱家乡、爱国家、爱人类文明遗产的热情。

教学重点

体会创编儿歌的特点，了解冷水江、茶陵乡土文化的内容与表现方法。

教学难点

让学生能主动参与展示活动，善于整合各种资源以充分展示地方传统文化的美，感受中华传统文化及人类文明遗产的博大精深。

教学准备

搜集有代表性的本地民间儿歌，创编冷水江、茶陵地方传统文化儿歌，制作PPT课件。

教学过程

教学环节	教师	学生	设计意图
一、热身	展示：图片 诵读："剪裁用尽春工意，浅蘸朝霞千万蕊。天然淡泞好精神，洗净严妆方见媚。" 演唱："日落西山红霞飞，战士打靶把营归。"	看看我在哪 猜猜我是谁 （诗歌、歌词等不仅能用来形容一个人，还能成为一个地方的名片）	通过歌曲、诗歌、图片猜猜老师所处的位置与名字，集中孩子的注意力，拉近师生之间的距离，也为下面的儿歌展示环节进行铺垫
二、导入	1. 出示冷水江地图与航拍图，介绍冷水江（冷水江的面积、人口、地理位置等，以及冷水江是梅山文化的主要分布地之一） 2. 讲述：一方水土一方人，每个地方都有自己的特色，正是这些特色才组成了我们多彩的民族，多彩的生活。我们的祖先在这片土地上生生不息，在劳动生活中创造了许多儿歌、童谣、民谣。通过口口相传，这些宝贵的文化遗产一代代地留了下来。	1. 说说茶陵的基本情况 茶陵是湖南省株洲市的下辖县，位于湖南省东部。在汉高祖五年（公元前202年）置县。茶陵县是中国历史上唯一一个以茶命名的行政县，因地处"茶山之阴"，而中华民族始祖炎帝神农氏"崩葬于茶乡之尾"而得名。又因南宋县令刘子迈铸铁犀镇河妖而有"犀城"之美誉 2. 与茶陵的区域图比较	了解两个县市的区域，知道冷水江市原本是新化县的一个区，由于经济发展，后来独立创市，有"世界锑都"的美誉。知道茶陵地处"茶山之阴"，有"犀城"之美誉 培养学生的寻根意识，激发学习的兴趣与热爱家乡的情感

续上表

教学环节	教师	学生	设计意图
三、感受本土民间儿歌	1. 播放《月光光，海光光》的视频 2. 出示新化版与茶陵版的童谣《月光光，海光光》，引导诵读吟唱 3. 出示民谣《二宝二》儿歌，请双峰的老师领读 4. 引导发现这几首本土儿歌的特点	1. 观看视频，说说哪些地方有趣 2. 读《月光光，海光光》，尝试拍手读、做动作读、合作读、方言读等多种表现形式 3. 学生用刚才学到的最喜欢的方式朗读 4. 总结本土儿歌特点	通过多种形式的朗读，感受本地民间儿歌的特点 （①浓浓方音；②生活情趣；③注意押韵；④朗朗上口）
四、引出冷水江乡土文化创编儿歌	1. 出示九大类冷水江地方传统文化儿歌 2. 分别出示部分创编儿歌，并说说透过它们你知道了什么 3. 播放《西游记》水帘洞与三打白骨精片段，引出儿歌《波月洞》 4. 引导比较《菜园歌》的原版与创编版，传递社会正能量 5. 及时评价	诵读冷水江地方传统文化儿歌： 工业赞歌儿歌：《煤矿工人》《锡矿山》 自然风光儿歌：《红日岭》《波月洞》 精英人物儿歌：《谢冰莹》 快乐童谣：《菜园歌》	通过视频引入、图文诵读、前后对比等形式进一步激发孩子的学习兴趣；运用学到的方法朗读，再次体会本土文化儿歌的特点及内涵
五、吟唱茶陵地方传统文化创编儿歌	1. 随机出示以下十首茶陵乡土文化创编儿歌——《茶陵茶》《茶陵水》《茶陵人》《云阳山》《茶陵三宝》《茶陵的蒜》《茶陵的矿》《茶陵有座石头城》《茶陵好风气》《迎驾》 2. 随机引导评价 3. 提升总结	1. 学生在小组内用自己喜欢的方式向同伴朗读 （提示：可以方言读、拍手读、说唱读、快板读、导游的形式介绍读等。用方言读的时候能读出那种乡土味就更好） 2. 各组选择最喜欢的方式向大家展示地方优秀传统文化	在小组分享中进一步了解本地儿歌的特点 在小组展示中加强团队意识、竞争意识、本土情愫的培养

续上表

教学环节	教师	学生	设计意图
六、走近冷水江的梅山文化，走进茶陵的红色、茶祖、东阳文化	1.出示茶陵红色文化、茶祖文化、东阳文化及冷水江梅山文化并做简要介绍 2.乡土文化源远流长，代代相传，整理成册后成为非物质文化遗产，希望我们继承并发扬它。传承乡土文化就是传承中华优秀传统文化	1.了解红色文化、茶祖文化、东阳文化与梅山文化 2.认识这些乡土文化是中华文化的一部分 3.感受到继承的重要性	了解梅山文化，茶陵红色文化、茶祖文化、东阳文化，激发热爱家乡、继承本土文化的情感 为孩子以后的人生规划播下一粒选择的种子
七、传承中华经典	1.出示中国地图 我们中国幅员辽阔，有着960万平方千米的土地，有着5000年的历史文明，中华文明源远流长，传统美德薪火相传。在5000年的历程中，沉淀和保留了诸多的文化经典。冷水江乡土文化、梅山文化与茶陵红色文化、茶祖文化、东阳文化虽只是中华优秀传统文化中的一个很小的部分，但是地方传统文化是中华优秀传统文化的根基。身为冷水江人，身为茶陵人，我们要爱家乡、爱祖国。那就让我们一同演唱这首《中华经典》，让经典永流传 2.教师演唱	1.诵读歌词 江河永不息，星移斗又转，蓝色地球东方风，见证沧海桑田。纵横八万里，上下五千年，中华民族的血脉，绵延到永远。是中华智慧之果，是民族的精神家园；博大精深，源远流长，唯我中华经典 阅古能知今，知根要溯源，渊博历史一页页，有多少华章遗篇。字字如珠玑，句句是箴言，老祖宗谆谆教诲，永驻我心田。是中华智慧之果，是民族的精神家园；博大精深，源远流长，唯我中华经典 2.配乐演唱	在歌曲的情境中感受中华优秀传统文化的博大精深 了解今天诵读的儿歌不仅是乡土文化的一部分，也是中华优秀传统文化的内容之一。地方优秀传统文化是中华优秀传统文化的根基，传承地方优秀传统文化就是传承中华优秀传统文化，也是爱家乡、爱祖国的表现

续上表

教学环节	教师	学生	设计意图
八、拓展延伸	1. 安排学生去搜集或创编本土儿歌，在家诵读 2. 提议下节课展示交流 3. 激情总结：地方乡土文化是中国传统文化的根基。进行冷水江、茶陵儿歌创编，对于保存和传承地方传统文化，有着非同一般的意义，它能打破时空阻力、界限，使我们对地方传统文化有全方位、全角度的感知。再通过音乐和图像，借助童声的纯真，童心的纯洁，打造当地经济和文化旅游事业发展的新名片，以此向全世界发出邀请，对推动地方经济社会发展起到重要作用	1. 搜集：有典型代表性的材料 2. 创编：冷水江的孩子从工业赞歌儿歌、自然风光儿歌、美丽传说儿歌、精英人物儿歌、器具忆旧儿歌、乡土人情儿歌、底层人物儿歌、冷水江快乐童谣等方面进行创作；茶陵的孩子可以从红色文化儿歌、东阳文化儿歌、茶祖文化儿歌等方面进行创作	课后拓展、薪火传承

附：十二五一般资助课题"基于童心校园背景下小学生养成教育童话化行动研究"主要研究成果

一、构建了养成教育童话化常规习惯行动模式

习惯是稳定的、自动化的行为倾向，它既是我校童心教育的起点，又是养成教育的最终成果。构建养成教育童话化创新德育模式是义务教育城乡统筹发展多

样化、学校教育发展特色化的有效途径。我校在观念上，树立"童话引路"的"一个理念"；在内容上，确定文明进校、物品摆放、环境卫生、两操集会、课间修整、文明就餐、午休阅读、有序放学的"八大常规习惯"；在实践上，坚持认知与活动结合、课内教学与课外教育结合、学校教育与家庭教育结合、童话陶冶与行为训练结合、自我教育与评价激励结合、过程引导与社会实践结合的"六条原则"；在流程上，要落实认知晓理、示范引导、榜样导向、行为内化、考评激励、反馈提升"六个环节"；在策略上，要采取全员育人、理念育人、管理育人、课程育人、活动育人、环境育人"六项举措"。按照"18666"行动模式推进习惯养成教育特色学校建设，必将探索出一条优质、独特、内涵式发展道路，在城乡众多义务教育学校中彰显出个性鲜明的办学特色和办学风格。

附：养成教育童话化行动模式表

模式结构要素	模式内容要素
一个理念	童话引路
八大常规习惯	文明进校、物品摆放、环境卫生、两操集会、课间修整、文明就餐、午休阅读、有序放学
六条原则	认知与活动结合、课内教学与课外教育结合、学校教育与家庭教育结合、童话陶冶与行为训练结合、自我教育与评价激励结合、过程引导与社会实践结合
六个环节	认知晓理、示范引导、榜样导向、行为内化、考评激励、反馈提升
六项举措	全员育人、理念育人、管理育人、课程育人、活动育人、环境育人

二、强化了六个影响孩子一生的好习惯

在八大常规习惯的基础上，我校又以一种契合童心的、活泼的方式，充分调动学校、家长、孩子三方，根据 21 天可以培养一个使孩子终身受益的好习惯的成长理念，遴选了促进孩子健康成长的 6 个好习惯进行强化训练。我们对每个训练内容分别提出训练要点，设计了 21 天训练方案与评估方案，使行动科学见证训练效果。每个训练内容后面还配有"主题延伸阅读"，是一篇篇与训练内容相匹配的童话故事或真实的故事，以此干预训练的过程与效果。如下图所示：

序列训练内容	训练要点	21天训练方案	目标测试	主题延伸阅读
干干净净迎接每一天	预防疾病 呵护心理 展示风貌	个人卫生方面 家庭卫生方面 公共卫生方面	□明确重要性 □做好个人卫生监督 □能坚持	《根本就不脏嘛》 《牙齿大街的新鲜事》
健健康康拥有好身体	增强体质 激活思维 磨炼意志 提高质量	重视体育游戏 活动多样化 克服懒惰 选择适合的形式	□有参与体育活动的兴趣 □有坚持到底的决心 □选择适合自己的运动 □有具体的计划和安排	《肚子里有个火车站》
认认真真写好每个字	艺术传承 字如其人 凝神静气 助人自信	树立书写意识 树立好的心态 明确基本要求	□了解和认识认真写字的重要性 □掌握正确的写字方法 □掌握正确的写字姿势 □整齐规范	《不学写字有坏处》 陈毅的故事《吃墨水》
安安静静倾听每句话	耐心倾听 谦虚面对 心灵沟通 拓展人际	专注 不随意打断 学会提问 注意细节	□明确重要性 □在学校耐心听老师教导 □在家耐心听父母教导 □社会生活中耐心听他人说话，注意细节	我的成长图画书系列之《倾听的美丽》
孝孝顺顺面对父母亲	学会感恩 关心体贴 学会理解 分担责任	有诚意 讲礼貌 节制欲望 勇于担当	□了解父母的辛劳 □要从小事做起 □关心父母，体贴父母 □多做力所能及的事 □反复练习，长期坚持	《小怪兽》 《跳舞》 《我爸爸》 《我妈妈》
和和美美露出小笑脸	美丽心情 愉悦心境 良好品质 展示名片	发自内心地笑 善于分享快乐 善于发现快乐	□真诚微笑 □发自内心地笑 □用微笑表达尊重、友善、谅解、自信等 □将微笑传递给别人 □在困境中微笑	《微笑的鱼》 《杰德爷爷的理发店》

三、形成了童心教育的办学特色

1. 确立了童心理念。理念是行动的指导。我们集思广益,提出了让孩子生动活泼发展的先进教育理念。童话引路,就要相信童话。因为童话故事中的人物很容易成为六岁至十二岁学龄儿童自我投射的目标,对孩子来说,与其面对没有感情色彩的道德说教,不如对童话形象进行投射。童话引路,最终服务于童心。对于"童心"在人类生命中的重要性,作家沈从文有着特别的关注。他说:"所有故事都是从同一土壤中培养成长的,这土壤别名'童心'。一个民族缺少童心时,即无宗教信仰,无文学艺术,无科学思想,无燃烧情感实证真理的勇气和诚心……"一所学校如果缺少童心,即儿童远离了游戏、远离了童话、远离了自然、远离了梦想、远离了诗意,也远离了人文性的人类精神。因此,根据我校的办学历史、独特的地域文化资源和当前孩子的现状及养成教育童话化的办学路径,我校确定了"童话引路、人性为本,办童心教育"的办学思想。此办学思想曾在北京师范大学与湖南省联合举办的国培计划首批"未来教育家"高端研修班进行分享。

2. 营造了童心环境。校园文化会潜移默化地影响学校的每一个人,包括教师、学生等。为营造本校特色的童话化童心环境,我们进行了如下实践:(1)重新命名教学楼,使新取的楼名具有童心元素。(2)重新设计校门,并撰写校门对联:"童心为动力助推雏凤迳长空,兴趣本良师引领虬龙游大海",用红木刻好镶嵌在校门上,校门的两边张贴办学口号与校园文化图谱等。(3)打造"历史大穿越",它是我校一条与众不同的历史文化长廊。(4)规划校园布局,让童心文化随处可见。(5)打造廊道文化,其中童心楼一楼设计成"习惯廊"。(6)开辟书虫小屋,以乡村少年宫建设为契机,在星心楼一楼门口和楼梯下开辟了一个书虫小屋,方便学生、家长和教师进行阅读。(7)巧塑办学理念墙与围墙上"做游戏",围墙体现办学理念的三个核心概念:童真、童心、童趣。无声的语言让学生们的精神得到引领,身心得到发展,习惯得以养成。(8)重新布局教室,营造浓厚的童心文化氛围。

3. 开发了童心课程。第一,开发童话课程《擦亮星星》一至六年级各一册。每册精心打造八个章节,用心选择八个作家的故事,潜心钻研一套成长手册,耐心搭建一个随想小展台。全套课程还细心构建了两个版本:一至三年级为一个版本,版式编排更加活泼生动;四至六年级为一个版本,版式编排更加自由严谨。第二,开发手工课程《"签"变万"画"》全一册。根据小学生好玩的心理,我们用牙签作画,极大地提高了学生的创作热情。第三,开发口语课程《快乐英语》全一册。考虑到英语口语是农村学生的弱项,为此,我们根据口语的情境开发了一册英语口语课程。第四,开发实验课程《植物画的制作与生物趣味实验》,贴近农村生活与实践。第五,编写一年级《养成教育童话化教案集》,对一年级小朋友行为习惯的养成有很好的示范性。

4. 构建了童心课堂。对课程进行了童话化,使得原本枯燥乏味的学科变得灵动、有趣。经过努力,我们打造了语文童话、数学童话、英语童话、品德童话、音美体童话,全面营造童话氛围,从而提升学生学习的积极性、主动性,培养学生的广泛兴趣与较强创造力。

5. 形成了童心文化。概括为"一训""三风""五观""六路""八支柱"。我校的物化形象是小星星,即小星星就是我校的校园小天使。每个孩子、每位教师都是一颗闪亮的星星。"一训"即校训,校训是学校的魂。我们的校训是"我闪亮,我闪光"。"三风"即校风、教风、学风。"校风"即崇真、乐善、好美、求新;"教风"即融入童心、教学相长;"学风"即乐学、勤思、践行、迁移。"五观"即儿童观(儿童就是儿童,不是缩小的成人)、教师观(集真、善、美为一体的反思实践者)、教育观(人人都有闪光点)、人生观(止于善,善即美)、课程观(满足儿童成长需求,享受成长)。"六路"即练一个身心俱佳的好身体、说一口标准流利的普通话、写一手规范漂亮的好书法、养一种形影不离的好习惯、交一个终身相伴的书中友、学一门得心应手的好技艺。"八支柱"即"童心童趣"环境文化、"无我无痕"的管理文化、"合作和谐"的团队文化、"星心心语"的班级文化、"育心育能"的课堂文化、"有趣有效"的活动文化、"正见正行"的教师文化、"乐学会学"的学生文化。

6. 开展了童心活动。为保证童心文化活动顺利有效进行,开展童话化的童心活动如下:(1)以年段主题式活动培养学生的童心责任;(2)以童心节式活动促进学生的个性发展;(3)以少先队活动维护学生童心发展。

四、促进了师生素养的全面提升

养成教育童话化的实施不仅提高了教师的专业素养,而且提升了学生的综合素质。童心校园背景下的师生关系更加融洽,家校联系更加和谐。

1. 提高了教师的专业素养。我校教师改变了分数至上、分数唯一的传统教学观念。承认儿童、尊重童心,让学生自由生活、健康成长,这些儿童教育的理念,已经成为广大教师的自觉行为。"融入童心,教学相长"成了我们共同的教育理念。特别是课题主持人通过课题研究,在湖南教育出版社出版了专著《童心缘》,记录了学校教师实施行动研究以来的发展变化以及为教育奉献的精神,以此为老师们鼓劲,为童心教育拓路。童心教师成了老师们不懈的追求,为孩子而教,让教师永远充满不老的童心。通过对童心文化的学习与实践,学校教师在专业素养、教育教学等方面取得了可喜的成绩。

2. 提升了学生的综合素质。第一,陶冶学生的道德品行。在童话的熏陶下,中连乡小学的学生们变得更纯洁、更善良。他们更加爱护环境,尊重师长,乐于助人,尊老爱幼,还能主动分担家里力所能及的事情。总之,促成学生各种良好行为习惯的养成,使校风、学风、班风面貌焕然一新,学生学习兴趣和学习成绩明显提高。第二,开发学生的自我意识。养成教育童话化开发和提升了学生的自我学习、自我教育、自我评价等自主能力。第三,培养了学生的创新精神。养成教育童话化极大地提高了学生的创新素养,学校以乡村少年宫为平台,开设了小星星文学社、月亮船剧场、小网虫俱乐部、快乐英语角、阳光体艺、小鸡啄米手工屋、小马良书画苑等社团活动,在这些社团活动中学生的创新素养得到进一步提升。学生们在充满童话的轻松环境下,获益颇多。

3. 产生了广泛的社会效益。该课题的研究得到了社会的认可和上级有关教育部门的肯定。中国家教周报《关爱》杂志刊登了我校养成教育童话化的做法;"开展人文化师生互动共生的童心教育"在北京师范大学与湖南省教育厅联合举办的综合改革项目、湖南省未来教育家培养高端研修项目中分享;国家级、省级刊物《当代教育理论与实践》在2015年第8期的封面2、封面3中宣传了我校的办学特色,课题主持人还成了基础教育的特约嘉宾主持;《娄底教育》2015年第3期中,课题主持人被确定为封面人物,杂志还对我校的养成教育童话化办学路径进行了专访,且整期杂志中安排了一个篇章展示我校师生的原创童话;《冷水江教育》连载了我校校长的《童心校园校长手记》。学校的养成教育童话化创新德育成果曾多次被娄底电视台、冷水江电视台报道。几年来,学校共开发系列校本教材4套,出版童心教育专著《童心缘》1本。学校被评为娄底市教科研先进单位,学校的创新德育成果"做擦亮星星的人"被评为冷水江市一等奖。还有多位老师的论文在《当代教育理论与实践》《湖南教育》《家教周报》等刊物发表,多篇师生的原创童话作品与读书心得在《作文世界》《中国少年儿童文学》等国家级刊物发表。我校的经验做法与童话课堂多次在苏浙沪儿童文学联盟会上展示,并与周边县市进行交流。

五、后续的研究方向

本课题主要以实践为主,以理论为辅;以行动为主,以思辨为辅;以合作为主，以体系为辅。这些特点使得本研究与以往研究形成区别，形成特色的优势，但是研究中仍存在一些缺点与不足，因此在后续研究中除继续加强实践、行动、合作外，还要特别重视理论、思辨与体系，以便从更高的角度、更宽的视角、更大的范围来看待童心教育的发展。具体来说，应当从以下几个方面努力：

1. 对养成教育童话化"18666"行动模式的进一步梳理、推广与应用。

真正的教育不在说教，而在训练。如果我们只重视成果的形成，而忽视行为的实践，不引导学生切实付诸行动，我们的养成教育童话化就没有生命力。为此，课题组将继续全面梳理与推广我校在教师、学生、家长三个层面采取的养成教育童话化策略，从教师好习惯带动学生好习惯、好习惯培养好学生、好活动强化好习惯、好习惯影响好家长、好家长带动好社区五个方面，展现我校教师快速成长、学生全面发展、家长积极配合、区域良好风气的办学新格局。并把"18666"模式在广大农村小学与城区小学中进行推广、应用。

2. 童话怎么与童话化对接？

"于农村而言，童心急需呵护""于教育而言，童话只是引路""于个人而言，童真意为成长"。既然童心教育不只是童话，那么，又该朝着哪些方向继续拓展呢？能否找到一个突破口，将童话与童话化对接，将童话化与传统文化进行对接？

课题主持人：刘红霞

第二章　课程构建，提工作室之"神"

紧紧扣住教材更名的理念，从小培养孩子的法治意识

2016年4月29日，教育部办公厅发布《关于2016年中小学教学用书有关事项的通知》，要求从2016年起，将义务教育小学和初中起始年级的《品德与生活》《思想品德》教材名称统一更改为《道德与法治》。根据这一部署，各版本《品德与生活》《思想品德》起始年级教材重新被修编，并于2017年秋季开始使用。此次教材更名是品德课程对以法治国战略的积极回应，体现了党的十八届四中全会关于"把法治教育纳入国民教育体系，在中小学设立法治知识课程"精神的贯彻。

关于课程更名背后的理念，刘红霞德育名师工作室顾问、湖南省教科院基础教育研究所副所长左梦飞老师进行了梯度指导。他从道德与法治的前世今生讲到了有效的思政课堂：

《思想品德》教材通过社会英雄、少年英雄等正面榜样人物与他者（多为虚构的同龄人物）进行对比，引导学生明白什么是好的、荣耀的，或应该受到表扬的；什么是坏的、令人厌恶的，或应受到批评的。再引导学生对照标准，比较自己与好的言行的相似性，与坏的言行的差异性。在左老师的引领下，工作室成员知道思想品德教材是在建构一种善恶标准，引导学生进行自我审查与自我承诺。这种教材最大的缺陷是价值判断与价值行为的分离。

《品德与生活（社会）》教材则是2012年南京师范大学道德研究所鲁洁教授接受教育部委托进行编写的，执行主编是高德胜、孙彩平教授。鲁洁教授的父亲在美国长期研究杜威的教育思想，鲁先生受其父亲的影响，反观当时德育教材脱离生活的现状，认为教材编写要走近儿童，要通过一套体现儿童立场的教材来改善

儿童的成长生态。因此，教材通过"我"的生活（情境、场景、事件、行动）让孩子回顾、体验、感受生活，引导其过好"我"的生活、过好当下的生活，指导学生学会生活。

为体现国家的意志，体现社会发展需要，《品德与生活（社会）》逐步更名为《道德与法治》。教材的统一使用和国家教材委员会的成立，使教材从内容到形式都达到高度统一，服务于法治中国的建设和中国梦的实现。

冷水江市教科所道德与法治教研员　李新强

准确把握课程变革的方向，让思政课变得"利学易教"

从核心素养的发布、品德课程的更名到《道德与法治》统编教材的使用，一系列的变革预示着教育改革的不断深入推进。变革的时代也是充满挑战的时代，作为一线教师，我们将怎样积极迎接挑战，准确把握核心素养时代思政课堂的变革方向，营造不一样的教育生态呢？

2018年5月，我有幸参与了教育部在成都举办的道德与法治教材国家级培训。

刚一培训回来就被邀担任娄底市"第二届小学道德与法治教书育人风采赛"的评委。毫无疑问，道德与法治课堂教学中，"教本"与"学本"关系的处理尤为关键。

一、是"教材"，更是"学材"

娄底市第一小学欧毓杰老师讲的教科版五年级下册《我对校园欺凌说"不"》，令我印象深刻。经过热身阶段后，欧老师出示了一段关于校园欺凌的视频，要求学生观看后谈感受，学生们有的说："这些被欺负的同学太可怜了。"有的说："这个副班长太过分了。"还有的学生说："我有不同的看法，那个副班长之所以那么嚣张，是因为那些喝尿同学的纵容。"另一名学生接着说："如果大家齐心协力，是不会造成这种后果的。"同时，还有几名学生这样说："副班长其实也在伤害自己，将来会走上犯罪道路的。""我觉得这些同学太软弱了，为什么不告诉老师和家长呢？""也许他觉得告诉老师和家长没什么用，如果是批评一下就算了，副班长会变本加厉伤害他们的！"根据学生的回答，老师引出了《未成年人保护法》，老师紧接着提问:"面对校园欺凌,我们要怎么做?"几乎全班的学生都异口同声地回答:"要反抗!"于是,老师顺势面对板书引读:"让我们面对校园欺凌勇敢地大声地说——不!"有学者称现代道德教育像是"拄着拐杖前进",学生习得的道德知识与自身的道德素养失衡,就是因为其"教"与"育"的分离。口号式的道德教育很难内化成学生的道德素养和道德行为,因此也就无法更好地促进学生德行的发展。

欧老师也许就是想通过视频来引入课题。结合后面设计的"帮一帮"环节,欧老师引出了三个案例(案例一,下午放学,一个高年级学生堵在路边要低年级学生交50元钱,不然就让他没好果子吃。案例二,一个学生不小心把同学的水杯弄倒了,那个同学得理不饶人。案例三:看到高年级的学生欺负低年级的小朋友该怎么办?),这三个案例都是师生一问一答式的浅尝辄止。这里,就有一个老师如何面对"教本"与"学本"的问题。欧老师为本节课选择了这些教学资源,那么这些资源就成为老师搭建在课标、教材与教学之间的通道和桥梁。老师就要在教与学中搭起一个支架,不仅是要唤醒学生的经验,还要引导他们整理、交流与提升,同时还要为学生提供面对校园欺凌时的应对方法的引导,以及应对路径的提示与参考。比如:校园欺凌有哪些方式?老师应在学生回答的基础上整理总结,引出施害者、被害者内部的原因,还有学校、家庭等外部的原因。对校园欺凌预防的策略,可以根据学生的回答顺势而导:个体层面、家庭层面、学校层面、政府层面等,为学生提供方法、策略与参考。这样才能为学生以后的社会参与打下根基。

二、是方法,也是内容

教材是一个公共产品,是全省、全国教师通用的。所以教师还有一个称号:公共知识分子。作为公共知识分子,就要思考教材如何进课堂,如何转化为高质量的教学过程,让孩子们生长出中国人的文化品格!这里就有一个教学方法的问题。娄底吉星学校孙俊林老师讲了教科版二年级下册《让爷爷奶奶开心》这一课。一上课,教师简单地组织教学后,就出示了一组爷爷奶奶旅游的图片,问:"你发现了什么?"估计老师是想通过图片引入课题。(通过这么一个开放式的提问,老师虽然绕到了课题,但终究不是一个很好的方法。)紧接着老师提问:"你的爷爷奶奶是怎么爱你的?"又是一个大问题,虽然也有一两个孩子应答,老师也分享了一个自己小时候被大黄狗追赶,爷爷是怎么护着他的故事,但大部分孩子还是没有积极回应。第三个环节:老师安排四人一小组分享与爷爷奶奶的小故事,并打出提示语:"有趣的——感人的——难忘的——"一开始,孩子们很怯生,也没有进入角色,但是在指名分享后,孩子们则都说起了爷爷奶奶关心自己的小故事。

如：我在沙发上睡着了，奶奶怕我冻着，就把毛衣全给我盖上，自己却着凉了；外公为给我买玩具，打雷下雨了也跑过马路帮我买来，衣服都湿了，我非常感谢外公。多么有生活气息的故事！为什么要等到冷场以后才有精彩的呈现呢？是因为老师一开始就没有把学生带进真实的生活世界。其实，面对这样的教材，老师就应该采取谈话式的交流：孩子们，你们家里分别有几口人呀？有与爷爷奶奶住在一起的吗？或者和谁住在一起呀？最疼你的家人是谁？说说你印象最深的一件事是什么？设计一个个他们"有感觉"的话题和领域，激发他们道德学习与探索的愿望，并引导这一探索过程。这样很快就能唤醒孩子的生活经验，并使他们在回顾交流中形成一定的道德认知，教师再在孩子的故事中挖掘典型的事迹进行引领，从而跳出故事的环境，站到人本身、站到整个家庭与社会的高度，让孩子懂得让爷爷奶奶开心的责任担当，这也是核心素养的主要内容。

三、是导演，更是对话者

小学道德与法治课程要注重引导学生进行道德的自主建构。学生良好道德品质的形成不能靠灌输和说教，"说教式和灌输式的德育课堂不尊重儿童，不重视儿童的生活经验与体验，必然会导致德育效果低下。"教师要注意引导学生进行道德的自主建构，以达到实现学生内心的高度认同的目的。因而在教学中教师要成为学生道德学习的引导者、辅助者、支持者，激发学生主动探索的兴趣和自主建构的愿望。涟源民主小学的肖灿琼老师讲的教科版《道德与法治》二年级下册《国旗国旗真美丽》，就反映了这个方面的问题。肖老师的个人素质与气场是不容否定的。教学设计也很有层次感：一、歌曲导入。二、活动探究，解读国旗的美。（活动一，喜观察，识国旗；活动二，近生活，亲国旗；活动三，做红旗，听经典。）三、升华与总结。在课堂中，老师激情满怀，教学资源丰富多彩（如：歌曲、导图、宪法、《战壕》片段、江姐片段、天安门庄严的升国旗视频、刘胡兰、王二小等等）。课堂一环扣一环，向所有在场的师生展现了国旗的美、诠释了国旗的意、表达了国旗的情。可就是没有蹲下来把孩子放在教室的正中央，回归儿童的生活。这一点，双峰洪山中心小学的刘思琪老师就把握得好多了。刘思琪老师也是以歌曲导入，其次是认识国旗，在认识国旗环节，又紧紧围绕儿童本位设计了三个有层次感的过程：一是国旗国旗多美丽（我来说一说），二是国旗国旗真神圣（我来听一听、我来看一看、我来辨一辨），三是国旗国旗我爱你（我来找一找、我来读一读、我来行队礼、我们来升旗、我爱国旗），最后是总结。刘思琪老师不仅在教学设计中体现了"我"是课堂教学的主角，而且在交流互动中，紧紧抓住学生可感可触的学校升国旗仪式来引导。而这正是肖灿琼老师所忽略的。当时有个学生心心念念地几次说到学校的升国旗仪式,肖老师甚至也用"心心念念"这个词来形容那个学生,可老师为了呈现精彩的预设,几次忽略了那个"心心念念"的学生。而心心念念的学校的升旗仪式原本就是学生的生活,抓住学生的生活、基于学生的生活,就是道德与法治课堂回归儿童生活的要求。所以,教师在教学中一定要淡化教师的角色意识,由独白者(自编自导学自演)到导演(自编自导学生演)再到对话者(参与者合作者)进行转变。

冷水江市中连乡中心小学　　刘红霞

着力加强有效课堂的构建,让道德与法治理念真正落地

任何理念最终都要在课堂落地。

要打造有效的思政课堂,第一是定准目标的问题。每节课的目标要小、明确、可达成。每节课的教学目标不必面面俱到,应简洁、清晰、具体,注意针对性和可操作性,尽可能根据本校和本班学生的实际状况和需求进行设计,避免大而空。不能高估了学生,也不能低估了学生。课堂教学目标,既显示了学生要学习的内容,也明确了通过什么样的活动落实学习要求。第二是联系生活的问题。如何联系生活,实施教学?首先,要了解学生,利用学生的生活经验。把了解学生作为教学的基础,教学的每一个环节都需要了解学生的实际生活和发展状况,掌握每个学生的特点和各不相同的需要,了解其所在的家庭和社区的状况等多方面因素。其次,要解决学生的问题和烦恼。找到切入生活的点,将生活中的话题、问题,变成课堂中的教学主题、课题。帮助学生解决生活中的问题,成长中的烦恼,这样的教育对学生来说才是有效的、有意义的。再次,要创设真实的生活情境,让学生们在课堂学习中学会生活。另外,还要提供多样化的生活体验和社会实践的机会,通过多样化的教学活动丰富和提升学生的生活经验。第三是转变角色的问题。本课程中,教师是学生学习的支持者、合作者、指导者。在教学中,教师不是单纯的知识传授者,不是"教"教科书的人,而是努力为学生创设适宜的活动环境与条件的支持者;与学生共同进行活动的合作者;在参与学生活动的过程中,引导活动向正确的方向发展,带领学生向着课程目标前进的指导者。本课

程中，学生获取知识的主要途径是通过活动主动地进行建构，而不是依赖教师的直接传授。教师应引导学生通过观察、调查、讨论、参观、访问、制作、种植、饲养等多种方式进行学习，通过与环境互动、与同伴合作，来获得对自然和社会的亲身体验和感受，获得丰富的知识或经验，获得创造力和实践能力的发展。第四是追求真实的问题。教学中要鼓励学生表达内心最真实的想法，说真话、表真意、动真情。将学生置于两难的境界，引发内心的价值冲突和情感的波澜，实施自我的教育。教师要学会倾听，做学生忠实的"听众"，并在倾听中发现他们困惑的焦点、理解的偏差、观点的创意和批评的价值，因势利导，进行教学。

要采取有效的活动策略，工作室需开展递进式的课堂构建。它由八个程序组成：前瞻式学课——体验式备课——实践式上课——双向式上课——集智式备课——推演式上课——沙龙式议课——反思式札记。工作室成员按区域分成六个小组，建立扁平式组织结构的教研团队，以区域为单位开展研训活动，由工作室确定研修主题，比如贯彻十九大精神，培养法治意识。这样，老师们选材与准备就有了方向，有了目标，有了抓手。首席名师随时可以在网上与各区域组长进行有效交流，加强过程性的帮助与指导。第一，前瞻式学课。工作室组织所有成员根据普遍存在的困惑或急需解决的问题，观看全国贯彻十九大和道德与法治的优秀案例，以此为参照进行自主构建，汲取相关知识与策略，使一开始就有坚实的资源做支撑。第二，体验式备课。根据观摩的心得，自己选择一个切入口进行模仿创新，根据各区域学生的特点与当地的实际情况选择有效的教学策略。第三，实践式上课。根据活动方案，在各自的课堂中实施与反思。第四，双向式上课。根据学员上课的情况，由工作室首席名师或工作室专家顾问进行同课异构。学员从内容的选择、呈现的方式、采取的策略等方面进行比较。第五，集智式备课。以各区域为单位，根据道德与法治课的特点进行集体备课。第六，推演式上课。集体备课后，再从区域中推荐一名工作室成员进行实战演练。第七，沙龙式议课。齐聚名师工作室基地校集体汇报，以交叉的方式在其他区域进行研讨，老师们就自己观察和记录的情况谈各自发现的教育现象，提出讨论的议题，达成共识后，代表本区域在全体成员交流环节分享所得或提出值得商榷的地方，并提出改进的意见或建议。第八，反思式札记。上课和观课议课的老师在活动结束后，都要进行反思，围绕"达成目标情况"，对"本次活动的评价""自己的收获与生成的新的问题"等及时回顾、梳理，为进一步的调整做好准备。比如，工作室成员的札记《聚是一团火，散是满天星》《法治教育的三个维度》《法治理念的渗透》等等。

涟源市师训中心道德与法治教研员　张朝晖

第三章 课例研究,把工作室之"脉"

品德与社会课例分析

对于《品德与社会》的更名,很多人有一个误区,认为课程更名了性质也变了。其实不然,《道德与法治》不是另起炉灶,而是为了突出法治教育,体现社会主义核心价值观。那么,如何在这个过渡阶段对品德与社会课程进行有效教学?2019年3月,名师工作室发起了以区域为单位的小学六年级《品德与社会》集体研课活动。首先,由基地校设计好初建课,然后分发给各个区域进行优质课打磨。以下就是其中几个打磨后的案例。

《对手也是朋友》教学案例

教学内容

六年级《品德与社会》下册第一单元《学会合作》第二个主题活动。

教材分析

本单元主要体现了《课程标准》中"知道每个人都生活在一定的集体中,明白一个集体只有团结协作,齐心协力才有力量。知道现代社会有竞争,更需要合作,竞争对手也是朋友。学会与人交流、合作,尊重他人,体验与人交流合作的快乐,分享成功的喜悦"等内容要求。本课教材内容的编排分为两个方面:其一是生活中离不开竞争,竞争促进发展;其二是生活中离不开合作,合作有利于取长补短,形成合力,使发展更健康、协调。教材以鳗鱼的启示作为切入点,通过故事、生活事例、游戏等给学生以启示,引导学生正确看待竞争与合作的关系,体验与同伴合作、竞争中的独特乐趣,从而懂得对手也是朋友的道理。

学情分析

通过六年的学习,学生们已初步具备了讨论交流、小组合作的能力,形成了相互评价的习惯。我们学校有较丰富的课程资源,课堂上,通过读绘本、看课件、听录音、读书、交流等学习活动,学生们完全能够完成课堂教学的期待。

教学目标

1. 让学生懂得竞争与合作的意义,正确理解"对手也是朋友",学会感恩对手、尊重对手。

2. 通过活动让学生懂得竞争与合作间的关系,知道现代社会有竞争,更需要合作。

教学重难点

重点:使学生了解竞争与合作的意义,并学会合作。

难点:通过活动让学生懂得竞争与合作的关系,知道现代社会有竞争,更需要合作。

教学准备

1. 学生准备:

(1)全班同学自主组队玩"两人三足跑"的游戏。

(2)查找有关名人与对手合作的图文资料。

2. 老师准备:

(1)利用课余时间,组织班上的学生开展"两人三足跑"的比赛,并录制实况录像。

(2)查找中国体操男队为备战 2020 年东京奥运会,2019 年 2 月 11 日赴日本训练的视频及图文资料,制作课件。

(3)为兰兰给对手的"感谢信"录制音频。

课前诵读

初建课的课前诵读都是名言谚语,我们将课前诵读改为绘本故事《你爱谁多一些》。

这个绘本故事讲述了两只泰迪熊从互相讨厌、处处竞争,到最后互相帮助的故事,孩子们可以从中体会"欣赏别人的好""接纳别人反而让自己更快乐""对手也可以是朋友"的道理。

【设计意图】绘本在小学已经走进课堂,深受学生喜爱,能拉近老师和学生之间的距离。通过绘本故事,学生能从中明白竞争与合作的关系。

教学过程

(一)比赛体验，导入新课

1. 播放本班学生课余"两人三足跑"的比赛视频。

2. 老师采访参与比赛的同学：这次比赛你们小队成绩如何？参加这个活动，你有什么感受？在活动中遇到困难了吗？是怎样解决的？

3. 老师小结引入板书课题。

【设计意图】老师播放学生课余玩游戏时的视频并采访学生，能激发学生浓厚的学习兴趣，引发学生的思考，为学生的新课学习做良好的认知铺垫。

(二)活动探究，深入感悟

故事明理——生活中离不开竞争，竞争促进发展。

1. 看一看故事。

播放《鳗鱼的故事》。

请同学们说说，你从故事中懂得了什么。

2. 想一想办法。

请你支招：动物园内养着美洲狮，管理员将它们放在一处山野之中，然后放进鹿、兔子这类小动物，没想到这些狮子依然一副萎靡不振的样子，你有什么办法能让美洲狮恢复百兽之王的雄风？

师生一起小结：有了对手，我们才会有危机感，才会有竞争意识。

3. 说一说感言。

先用课件出示兰兰给对手的"感谢信"，并播放录音。

老师：在我们的学习、生活中，你遇到过这样的对手吗？他(她)在哪些方面给了你激励和鞭策？讲讲你们之间的故事，并向他(她)表达你的感谢之情。

师生一起小结：有了对手，我们就会想方设法去超越，去夺得胜利。有了对手，我们才能奋发图强、锐意进取。在我们的生活中，竞争无处不在。竞争促进发展，竞争让我们进步，竞争让我们成长！我们要学会感恩对手、尊重对手。

现身说"法"——生活中离不开合作，合作有利于取长补短。

1. 猜一猜"秘密"。

老师讲述自己小时候的故事：我读五年级时，和班上另外三位女同学被大家称为"四朵金花"。我的成绩原来在班上是第一名，但我有好的学习方法总是深藏心底，从不跟其他同学分享，生怕别人超过了自己，另外三朵"金花"却经常在一起交流学习心得，后来的几次期中考试、期末考试，另外三朵"金花"的成绩都比我高出了一大截。我暗自神伤、悄悄落泪，班主任贺老师找我谈心，我才明白了我成绩落后的"秘密"！

同学们猜一猜，这"秘密"是什么呢？

2. 查一查资料。

老师检查学生课前准备资料的情况。（老师要求同学们早几天查找有关名人与对手合作的图文资料，请大家先在小组里交流，再请代表上台汇报）

老师补充资料：《郭台铭：把订单分给对手》。

师生一起小结：生活中离不开合作，与对手交朋友，有利于取长补短，共同进步，使发展更健康、协调。

3. 问一问自己。

我与对手交过朋友吗？如果以后遇到竞争对手，我会怎么做呢？

【设计意图】通过老师播放动物故事、学生讲自己的故事、名人故事、老师现身说法讲小时候的故事等，运用故事列举法、故事讨论法，以故事的趣味性激发学生兴趣，以故事良好的互动性让大家积极参与，让学生在潜移默化中获得知识、提升认知、启迪智慧。

（三）辩论明晰，认识升华

播放中国体操男队为备战2020年东京奥运会，2019年2月11日赴日本训练的视频。

1. 有人认为，合作比竞争更重要。你同意这个观点吗？学生分组展开辩论。

2. 有人说我们常常要与两个"对手"交朋友，一个是比赛对手，另一个是"隐形对手"，你认为这个"隐形对手"是谁呢？

3. 辩论后诗歌小结：

感谢你，我的隐形对手，

你的存在让我战胜自己、超越自己；

感谢你，不见不散的对手，

你的存在让我不言放弃；

感谢你，齐头并进的对手，

竞争让我热情涌动；

感谢你，技高一筹的对手，

你让更高更快更强成为我们永远的追求。

竞争虽然成为生活中不变的主题，

可彼此的友谊在竞争中更加深厚,

感谢你,永远的对手,永远的朋友。

【设计意图】学生通过辩论,加深对竞争与合作的认识,形成对手也是朋友的意识,具备处理竞争与合作关系的能力,进一步明确社会有竞争、更需要合作的道理。使学生形成正确的情感态度与价值观,同时融入心理健康教育,引导孩子战胜自我,自信满满面对生活的每一天。

板书设计

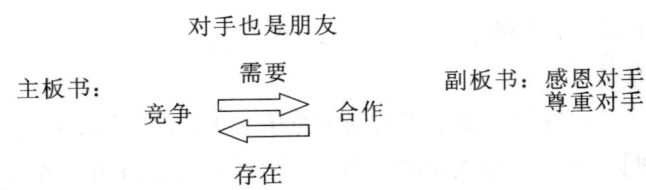

教学反思

本课旨在让学生明白"生活中离不开竞争,竞争促进发展,生活中离不开合作,合作利于取长补短,形成合力,使发展更健康、协调"的道理,从而正确理解"对手也是朋友"的道理。

教学中老师采用了活动体验、呈现故事、设疑启思、反省自我、交流探讨、辩论分析等方式,围绕"对手也是朋友"这一主题,从"是什么""为什么""怎样行"三个方面促进孩子知情意行的综合发展,有效达成教学目标。特别是最后一个环节引入时政内容,分组开展辩论,在"竞争与合作关系"的辨析、探究中达成价值认同,并且借此巧妙拓展"对手"的内涵与外延,融入心理健康教育、生命教育,引导学生学会战胜"自卑的我""软弱的我""退后的我",变得更加坚强!

合作者:新化组(杨彩霞　罗桂华　刘　飘)

《倾听和平的心声》教学案例

教学内容

教科版《品德与社会》六年级下册第三单元《放飞和平鸽》主题一"和平,我们共同的愿望"第一课时。

教材分析

"和平,我们共同的愿望"这个主题下设三部分活动内容:倾听和平的心声、和平使者、为和平服务的组织。三部分内容从不同的侧面帮助学生们了解和平的重要性，理解和平的意义，知道世界的持久和平需要所有人携起手来共同努力。"倾听和平的心声"又分为两部分，一是教材呈现的 7 张图片，让学生们了解世界各国人民表达对和平的向往的不同方式，初步感受和平的含义；二是教材呈现的 3 幅配文图，引导学生进一步感受各国人民的共同愿望，引起学生对"和平"这一主题的关注，为后续主题的学习做好铺垫。

学情分析

我们的孩子们生活在和平的环境里，难以深切体会世界各国人民对和平的渴望，对和平含义的理解也比较单一。

教学目标

1. 让学生倾听世界各地人民呼唤和平的心声，了解世界各地的人们表达向往和平的方式，感受各国人民的共同愿望。

2. 引导学生懂得和平的含义，体会和平的重要性。

教学重难点

理解和平的含义。

教学准备

1. 学生准备：

（1）预习课本第三单元。

（2）了解现在还有哪些地区或国家有战争，并查找相关的图文资料。

（3）查找世界各地的人们为维护世界和平付出努力的图文资料。

（4）关注时事，每天收看新闻联播，了解习近平总书记、李克强总理等国家领导人的外交活动。

2. 老师准备：

（1）四年级语文书。

（2）录制、编辑有关战争的视频和习总书记最近访问欧洲三国的视频。

（3）准备《和平之歌》的 MP3 及其他图文资料。

（4）制作 PPT 课件。

课前诵读

凉州词

[唐] 王翰

葡萄美酒夜光杯，欲饮琵琶马上催。

醉卧沙场君莫笑，古来征战几人回。

【设计意图】这是孩子们语文课上已经学过的古诗,是"老朋友",会"一见如故",孩子们很容易入情入境。自古男儿出征,有几人活着归来?让孩子们感受战争的残酷,为新课的学习做好认知、情感方面的准备。

教学过程

(一)视频引入

1. 播放一段叙利亚战争的残酷视频,请学生谈感受。

2. 引入,板书课题:倾听和平的心声。

【设计意图】上课伊始,播放不久前叙利亚战争的残酷视频,引学生进入战争情境,让学生从视频中真切感受到战争带来的深重灾难,激发学生热爱和平的情感,将学生的注意力吸引到和平的话题上。

(二)活动探究

1. 读一读

先请学生默读《一个中国孩子的呼声》(学生原来学过的课文——四年级下册语文第13课)。

老师再让学生朗读第7自然段。

提问:这个中国孩子叫雷利,他的爸爸在一次维和行动中英勇牺牲,他的呼声是什么?(要和平,不要战争)

在雷利的眼中,和平是什么?(停止战争,让世界成为充满阳光、鲜花和爱的人类家园)

他仅仅只代表自己的家庭在呼唤和平吗?

【设计意图】老师打破学科界限,巧用语文学科资源,初步让学生理解和平的含义,也为学生倾听世界各地人民呼唤和平的心声做好铺垫。

2. 查一查(了解课前预习情况)

我们是非常幸福的,生活在和平的环境里,但还有一些地区仍然战火纷飞,人们生活在水深火热之中。课前老师布置大家查找相关资料,你们知道现在还有哪些地区或国家有战争吗?先请同学们在小组里交流,再请代表汇报。

【设计意图】时政教学是品德与社会教学的重要组成部分,这样一方面培养学生的时政意识,培养学生查找资料、处理信息的能力;另一方面帮助学生了解国际形势,知道哪些地区、哪些国家的人们还处在战争的苦难中,让学生进一步理解和平的含义,也为学生倾听世界各地人民呼唤和平的心声做好更进一步的铺垫。

追问：如果你是这个战乱地区中的一分子，你是什么感受？在刚才我们温习的课文中，这位中国孩子用写信的方式表达自己心中对和平的渴望，你想用什么方式来表达你此时内心的感受？

及时评价，让各小组到班级评比栏奖励"优点"。

【设计意图】品德与社会课程标准指出，品德与社会课要引导学生从自己的世界出发，用自己的眼睛观察社会，用自己的心灵感受社会，此环节引导学生用自己的心灵感受战争的危害，进一步理解和平的含义，感悟和平的重要性，并学会用合适的方式表达对和平的感受。

3. 谈一谈

世界各地的人们和我们中国的孩子一样向往和平，他们表达向往和平的方式是怎样的呢？请学生先谈一谈，老师择要板书。师生一起阅读课本第49、50页。

再请学生谈谈对"世界和平日"的了解。

【设计意图】让学生了解世界各地的人们表达向往和平的方式，有了前面的铺垫，学生对各国人民渴望和平的心情就能感同身受。

4. 写一写（画一画）

在你的心中，和平是什么？请同学们写一写或画一画。

再请学生上台展示作品，师生一起点评并完善板书，及时奖励学生"优点"。

如果有学生提到和平鸽、橄榄枝，老师先请学生讲讲有关"和平鸽与橄榄枝"的故事，老师再出示"和平鸽与橄榄枝"故事的资料。

【设计意图】每个学生都是独特的个体，对和平的感受也不尽相同，通过写一写、画一画，让学生动脑、动手，尊重学生的个性，同时引入"和平鸽与橄榄枝"的故事，强化学生对和平含义的理解。

5. 议一议

小组讨论交流：世界要和平，这是各国人民的共同愿望，正像雷利说的那样，世界各国人民都希望我们的人类家园充满阳光、鲜花和仁爱，那需要大家怎么做呢？除了渴望和平，各国人民还渴望什么呢？

请各小组代表综合小组讨论的情况回答。

紧接着播放2019年3月21日至26日，习近平总书记应邀访问欧洲三国（意大利、摩纳哥、法国）的简短视频，提问：看了这段视频大家想到了什么？作为新时代的少年，我们能为和平做点什么？

继续小组交流、讨论。

请学生回答后，老师再小结：习爷爷访问欧洲三国，展现咱中国的大国风范、大国外交,也展示出中国人民是非常热爱和平的,习爷爷是一位伟大的和平使者,下节课我们还要了解更多的和平使者。

【设计意图】融入时政教学,增强学生的时政意识,不仅让学生深刻理解和平的含义,更让学生懂得世界要和平,需要各国加强交流与合作、各国人民做好朋友、互帮共助、共同发展、共创幸福生活,同时让学生了解到世界要和平、人民要合作、国家要发展、社会要进步,这是各国人民的共同愿望。

(三)总结全课

先让学生谈本节课的收获,然后师生共同唱《和平之歌》,结束本课。

【设计意图】古人在《乐记》中曾说:"诗,言其志也;歌,咏其声也;舞,动其容也。三者本于心,然后乐气从之。"上课开始是以古诗引入,再唱歌结尾,首尾呼应。课堂是思想的流淌,是心灵的倾诉,在课堂末尾师生齐唱《和平之歌》,让学生在歌声中领悟和平的含义,感受和平的可贵,唤醒学生心灵深处的情感共鸣,以期达到情感交融、知性共振、回味无穷的效果。

板书设计

教学反思

此课是咱们名师工作室开展网络研修优质课打磨活动时,我设计的重构课教案。"课前诵读"环节原来安排了三首古诗词《山坡羊·潼关怀古》(张养浩)、《塞下曲》(常建)、《晚次鄂州》(卢纶),我改成了王翰的《凉州词》,这首诗更加朗朗上口,通俗易懂,孩子们诵读后,一幅边塞盛宴的画面自然呈现:守边战士互相斟酌劝饮,乐而忘忧。让孩子们既感受到战士的豪迈气概,又体会到意境的悲凉,沙场敌我拼争的残酷。课前诵读经典,巧用中华传统文化资源,让孩子们从语言文字的意会、自悟中获得真切的情感体验,收到了意想不到的效果!

教材 51 页的图片内容已是"晚间新闻"了，我及时补充贴近时代、贴近生活的时政内容，更能激发孩子们的兴趣，也让孩子们了解咱中国的大国外交，感悟习总书记提出的"人类命运共同体"的含义，感受中华"和"文化，激发民族自豪感，引导孩子们将自我的人生目标与祖国、时代的命运以及世界的命运联系起来，树立远大理想，拓展、升华本课主题，又为下节课"和平使者"的学习做了铺垫，锦上添花，一举多得！

教学中注意要改进的：有时孩子回答问题后，我不自觉地重复了孩子的话语，这是大忌！还有我要下大功夫修炼课堂评价的艺术，做到既尊重孩子的独特体验与感受，又启迪心智。加油！

娄底市第八小学　陈爱莲

《地球，生命的摇篮》教学案例

教学内容

《品德与社会》六年级下册第四单元《只有一个地球》中第一个活动主题。

教材分析

环保问题已引起全世界人民的高度重视，环保这一话题沉重而深远。本课通过个性化的活动，结合文字、图片资料等引导学生从身边的一草一木、碧水蓝天中感受地球的美丽、慷慨，学会感激大自然，理解人与自然和谐共存的重要，了解环境恶化、资源匮乏是当今世界面临的共同问题，体会"人类只有一个地球"的含义。

学情分析

六年级学生学习态度积极，已经从多种渠道和其他学科（如六年级上册语文第四单元内容就是"只有一个地球"）积累了一些自然资源的知识，但查阅资料的能力，各学科整合的能力，都需要在现有的基础上进一步地提升。学生已经具有一定的资源观，认为资源并不是"取之不尽、用之不竭"的。学生也在反省当下人类的行为，觉得我们人类对资源的开发是过度的。但学生对于资源的现状和人类对资源的破坏状况并不是特别了解，有近一半的学生认为资源很丰富。生活中，因为资源短缺而造成的危害学生们也较少有体会。学生们虽然对于资源枯竭有危机感，但还是缺少理性的认识。

教学目标

情感态度与价值观：激发学生对地球妈妈深深的爱；培养学生的环保意识。

过程与方法：通过赏课件、合作、探究、体验、表达等方法，激发学生的学习兴趣。

知识与技能：加深对地球的了解与热爱，认识到地球是人类赖以生存的家园。

教学重难点

重点：认识地球，增强环保意识。

难点：激发学生对地球妈妈深深的爱。

教学准备

学生准备：查找有关地球的资料，准备彩笔、画纸。

老师准备：在生活中采集教学素材并拍摄视频、制作课件，打印表格，准备小卡片。

教学过程

（一）导入主题

1998年，《时代周刊》评选了一位非常特殊的年度新闻人物，当结果公布，所有人都大吃一惊，大家知道评选的是谁吗？（课件出示"地球"）

这节课，我们就一起走近这位新闻人物，来好好地了解她。老师板书"地球"。

地球，你觉得该怎样称呼她？（根据学生的回答，补充板书"地球，生命的摇篮"）

【设计意图】本环节的设计意在调动学生探究的兴趣，激发学生的好奇心和求知欲。

（二）开展活动

活动一：美丽大揭秘。

1. PPT欣赏地球图片，地球究竟美在哪儿？谈感悟。

2. 讨论交流，选代表汇报（美在自然风光，美在资源丰富，美在物种繁多，美在无私奉献……）

3. 你想对地球说些什么，来表达你对地球妈妈的爱？

【设计意图】本环节的设计意在通过赏课件、谈感悟，为学生创设情境，让他们真切地感受到地球的美丽壮观，激发学生对地球母亲的热爱。

活动二：地球知多少。（神奇的地球）

同学们：地球这么美丽，那你对地球又了解多少呢？

1. 知识抢答。

这就是我们的地球妈妈！她慷慨无私地养育着一个大家庭。每年，她给我们带来春天的雨露、夏天的骄阳、秋天的凉风、冬天的白雪。人们快快乐乐地在春天播种，高高兴兴地在秋天收获。（老师边说，边放课件）你们觉得地球妈妈还为我们带来了什么？

2. 拓展延伸：读诗体会地球妈妈的无私奉献精神。

地球把它的一切都给了我们，

它从来不懂得自私和吝啬，

总是倾其所有。

3. 小组讨论，完善表格。

空气	地球妈妈的皮肤
森林	
土地	
水	

4. 为大树高唱赞歌。

（1）课件出示不同地方的树。

（2）用喜欢的方式为自己喜欢的树高唱赞歌。

（写一写，画一画，唱一唱，演一演）

【设计意图】本环节的设计意在通过知识抢答、填表格等方式，激发学生的学习兴趣，通过写一写、画一画、唱一唱、演一演等形式，培养学生的多种能力，激发学生爱大自然、爱地球妈妈的情怀。

活动三：地球妈妈在哭泣。

1. 课件出示《小青蛙找新家》。

2. 学生谈感受。

3. 课件出示"地球太可爱了，又太容易破碎了"。

（老师边出示，边饱含深情地说）

4. 讨论对这句话的理解。

5. 汇报。

6. 老师小结，并放课件（森林被毁、大气污染、水源枯竭、土地沙漠化、伊拉克油井大火等画面）

7. 走进校园，了解身边破坏环境的行为。
（学生说，老师播放画面）

8. 争当环保小卫士。
（1）发放小卡片，学生写出自己的环保口号。
（2）齐读环保小诗。

【设计意图】通过多媒体向学生展示人类对地球母亲的摧残。真实的画面，触目惊心，富有感染力的解说，震撼了学生的心灵，激发了学生对人类的"暴行"的憎恨，对地球母亲的深切同情，环保意识在他们心中不知不觉地进一步增强了。

（三）歌曲结束新课

师生同唱《地球的孩子》结束本堂课。

板书设计

地球，生命的摇篮

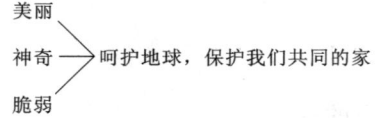

教学反思

因为我校这些孩子大多来自农村，本身的知识面比较狭窄，搜集信息的能力也不太强，再加上这篇课文所讲的内容在一定层面上比较抽象，如果光靠教师解说是不能很好地展现出来的。教学时，我充分利用多媒体课件，让学生能在多媒体的情境氛围中，明白地球是生命的摇篮，她无私地养育着人类；让学生认识到"只有一个地球"的事实，并能结合影像资料，联系实际思考问题；让学生学会关注身边的环境与地球的环境状况，加深对地球的了解和热爱，培养学生的环保意识。

本课的教学基本达到了预期的效果，但是也存在两点值得我们在今后的教学中注意的地方。一是应该重视逐步培养学生收看电视新闻，关注环境变化的良好习惯，这是学生获取相关学习资料的重要途径。二是要给学生充分展示和探讨交流的机会，让他们从自己搜集整理的资料中，充分获取情感体验，达到培养学生情感态度价值观的效果。

《战争，人类的灾难》教学案例

教学内容

教科版《品德与社会》六年级下册第三单元的活动主题二。

教材分析

本课主要是让学生通过感受战争的残酷、了解战争给人类带来的灾难来认识战争。当今世界仍然在不断发生战争与冲突，引导学生去关注处于战争中的人们，通过对比，体会战争中的儿童生活有多么困苦与艰辛，让学生产生热爱和平的情感。进而从战争所造成的人员伤亡和财产损失及战争后遗症等角度，让学生看到战争巨大的破坏力，体会战争给人类带来的巨大灾难和深远影响，懂得和平的美好。同时，在此过程中，培养学生搜集整理资料和探究性解决问题的能力。

学情分析

战争是一个离学生生活较远的话题。战争引发的多种灾难和影响，对于现在生活在和平时期的学生来说，不容易理解。

教学目标

情感态度与价值观：激发学生反对战争、热爱和平的情感和为"中国梦，强国梦"而读书的远大志向。

过程与方法：通过课前有目的地搜集、整理资料，培养学生探究、解决问题的能力；通过小调研活动、"童眼看战争"活动、对话式教学，突破本课重难点。

知识与技能：了解战争的巨大破坏力以及给人类带来的灾难，进一步体会和平的美好。

教学重点

引导学生了解战争的巨大破坏力，感悟战争带给人类的深重灾难。

教学难点

1. 拉近战争与学生的距离，让学生感受到战争带给人类的灾难。
2. 指导学生有目的地搜集、整理资料，探究性地解决问题。

教学准备

1. 学生准备：

搜集近百年来世界各地发生的战争，特别是有关战争中的儿童的资料；搜集战争后遗症的资料。

2. 教师准备：

（1）了解国际局势，制作多媒体课件。

(2)制作两次世界大战人员伤亡、财产损失等有关数据统计表格。

教学过程

(一)谈话导入、揭示课题

今天,老师和这么多聪明好学的同学一起上课,对老师来说是一件幸福的事情。那么生活中你觉得什么事情让你感到幸福?来,晒一晒你的幸福,与大家分享一下吧。

听了大家的交流,老师觉得你们真幸福啊!老师都羡慕你们。

可是,同在一片蓝天下,他们幸福吗?(出示视频)

是什么让他们失去了幸福的生活?

对!是战争!那战争到底给人类带来了什么?这节课我们就来共同学习。

(板书课题:战争,人类的灾难)

【设计意图】谈话导入,轻松入题。和平环境中学生们的幸福生活,与战火中的儿童的悲惨生活形成巨大的对比与反差,引发学生对国际局势的关注与强烈注意。

(二)实践体验,探究学习

活动一:战争小调研。

1. 我们的国家也曾经战火纷飞,老一辈革命家浴血奋战,换来今天的国泰民安。但世界并不太平,让我们放眼世界。(出示世界地图,并拉近至经常发生战争的中东地区和非洲)伊拉克、伊朗、阿富汗、利比亚、叙利亚、约旦这些地方,依然经常发生战争。

2. 看,1945年,美国向日本广岛投放原子弹。(播放视频)近年来,叙利亚又发生内战。(播放视频)来,说说你对战争的看法。(可怕、残酷、震撼等)

3. 世界看似和平,战争却时有发生,你知道近百年来世界上发生过哪些重大战争吗?课前,同学们都收集了资料,先在小组内交流一下,完善表格。

战争	爆发时间	波及人口	伤亡人数	财产损失	战争费用

出示表格，从表格中，你发现了什么？你想到了什么？请同学们分组讨论，再请代表汇报情况。老师重点从以下几个方面引导：

第一次世界大战给人类带来了哪些损失？

第二次世界大战给人类带来了哪些损失？

中国在抗日战争时期所遭受的损失大约是多少？（中国军民伤亡3500多万人，给我国造成直接经济损失5000多亿美元。中国是第二次世界大战亚洲主战场）

一次战争就意味着城市的毁灭，众多的百姓无家可归。前面的统计数据和历史图片资料，足以证明战争对财产的破坏是十分巨大的。（板书：财产的损失）

4万亿美元！如果这些经费不用于战争，还可以用于什么？（灾后重建、希望工程、捐建学校图书馆等）

【设计意图】让学生自己完成表格填写，既锻炼了学生整理信息的能力，又培养了孩子探究解决问题的能力。

4. 从表格中，你还有什么发现？

战争对财产所造成的巨大破坏让我们深感痛心，可战争对生命的摧残却更让人恐惧和震惊。仅仅两次世界大战，就有9000余万人在战争中失去了生命。

5. 刚才有位同学提到了南京大屠杀，那是二战前的1937年，日军疯狂侵略中国，占领南京后进行了长达6周的血腥屠杀。我们不能忘记这段历史，请看视频。

看了视频，你想说什么？是呀，帝国主义惨无人道，这是对30多万无辜生命的摧残！（板书：生命的摧残）

为此，国家将每年的12月13日设立为南京大屠杀死难者国家公祭日，你知道中国国耻日是哪一天吗？

6. 作为一个中国人，我们永远不能忘记这段历史——不忘国耻，振兴中华。（齐读）

7. 十九大报告明确指出：优先发展教育事业，建设教育强国，托起明天的希望。同学们，你们肩负着建设强大祖国的重任。（师生合作朗诵《少年中国说》）

【设计意图】以南京大屠杀为切入点，让学生理解战争对生命的摧残是无情的，这样的损失是无法弥补的。前事不忘，后事之师，趁此机会对学生进行爱国主义教育。

活动二：童眼看战争。

同学们，战火中的儿童有什么样的遭遇呢？下面让我们走进他们的世界。

1.（出示图一）这是一名痛失亲人的小男孩，同学们，看看这个扎着绷带，满身伤痕的孩子，你感受到什么？他为什么泪流满面？

2.（出示图二）猜一猜，发生了什么事？

这是一张震撼全世界的照片，叙利亚发生内战，一个三岁小男孩跟随爸爸妈妈和哥哥逃难，不幸途中遇难，海水把他的尸体推送到海滩上。

3.一辆辆坦克、一架架飞机、一枚枚导弹呼啸而来，就在爆炸声中，一个小女孩用颤抖的手写下了这样的日记，哪位同学来读一读？

从刚才这两位同学的朗读中，你感受到了什么？

请学生回答，并引导小结：战争带给人们巨大的心灵创伤。（板书：心灵的创伤）

老师：这些孩子的苦难都是源于战争，战争带给人们的灾难除了财产的损失、生命的摧残、心灵的创伤，还有哪些？请同学们畅所欲言。

小结：是啊，战争让人们失去家园、失去自由，带来贫穷、疾病、仇恨……真是后患无穷啊！（板书：后患无穷）

【设计意图】战火中的儿童的悲惨生活更容易拉近学生与战争的距离，使学生对战争带给人类的灾难感同身受。

（三）盘点收获，激情结课

1.这节课，我们了解到了战争所带给人类的永远都是无情的巨大灾难。此时此刻，假如你是战火中的儿童，你最想说的一句话是什么？（渴望和平，反对战争）是呀！你说出了我们大家共同的心声，让我们大声喊出来吧：渴望和平，反对战争！让洁白的和平鸽飞遍世界的每一个角落！让全世界的小朋友都和我们一样，过上幸福、快乐的生活！最后，让我们在《让世界充满爱》的歌声中结束今天的课程吧。

【设计意图】通过情境的渲染，让学生心中反对战争、热爱和平、维护世界和平的情感得以升华。

2.课后践行，深化感悟。

（1）搜集中国维和部队成员为维护世界和平做出了哪些贡献。

（2）举办"中国梦，我的梦"书画、手抄报和习作展。

板书设计

战争，人类的灾难
- 财产的损失
- 生命的摧残
- 心灵的创伤
- ……
- 后患无穷

渴望和平　反对战争

教学反思

对在和平环境中长大的学生来说，战争离他们很远，他们平时只能从电视、报刊中接触这类内容。为了解决这一难点，课前，我让学生通过各种方式（如：调查、访问、网上搜集等），有目的地搜集、整理有关战争的图片或文字资料。这一方面可以帮助学生感受战争的残酷，了解战争给人类带来的灾难；另一方面也培养了学生搜集、处理信息的能力，探究性地解决问题的能力。

本课教学我觉得有几点成功之处：

1. 课堂教学中，我能利用现代化信息工具创设情境，利用配乐渲染情境，为学生有感而发做好心理铺垫。分小组合作探究，以对话式教学在品德与社会课中有效激发了学生参与的积极性，突破了教学重点、难点，提高了教学效果。

2. 每个教学活动都做到：活动前有目标要求，活动中关注孩子生活体验，活动后有鼓励评价。活动一、活动二环环紧扣，一气呵成。课堂在激情中结束，本课的情感、态度、价值观目标得以落实。

娄底市第六中学小学部　　王灵芝

《平安走天下》教学案例

教学内容

教科版《品德与社会》四年级下册第四单元活动主题三《平安走天下》。

教材分析

本课是第四单元《交通连着千万家》的最后一个主题。本课以人物为线索，内容包括最常见的交通法规知识，学生要怎样去遵守交通规则，并用数据说明如果不遵守交通规则结果会如何等等，同时本课希望学生用自己的行为来影响他人。

课程通过探讨、分析自觉遵守交通法规对于社会生活的重要性,培养学生遵法守法的意识。将交通法规和学生的生活相融合,让学生能够学以致用、学有所感。让学生们真正做到"高高兴兴出门去,平平安安回家来"。

学情分析

四年级的学生,有了一定的生活经历,喜欢参加各种游戏,对交通知识有一些了解。但大部分学生也仅仅停留在简单的常识上,不够重视,对交通法规了解甚少。

教学目标

情感:激发学生热爱生活、珍爱生命的情感。

行为:学生能自觉遵守交通法规,注意交通安全。

认知:了解我国贴近学生自身生活实际的相关交通规则。

教学重难点

重点:学生懂得日常的交通规则和常识。

难点:学生能自觉遵守交通规则,从小树立交通安全意识。

教学准备

平安果卡片,交通安全标识卡。

教学过程

(一)创设情境,真实事例导入

以小头爸爸和大头儿子给孩子们带来一个故事的形式,引出视频。视频内容为一个小女孩因一场交通事故失去双腿的故事——"坐在篮球里的小女孩"。出示小资料。

同学们,看完这个故事,你想说点什么?

那么我们应该怎么做呢?(引出课题:平安走天下)

【设计意图】从现实生活中发生的案例出发,真实地呈现车祸给人带来的心理和生理上的伤害,创设情境,发散学生的思维,让学生说自己的真实感受,并引出课题。

(二)活动感悟:交通法规知识大闯关

以大头儿子不懂我国的交通法规,小头爸爸设置关卡考验大头儿子,大头儿子只有通过了小头爸爸的考验才能出门旅游为由,请全班学生帮助大头儿子一起闯关。

第一关:对错我能辨;

第二关：识记我最行；

第三关：我是小交警。

【设计意图】立足生活，从学生的日常生活中挖掘教材。以学生为主体，激发学生的积极性，活跃课堂气氛，使学生在活动中体验和感悟，同时学习并掌握我国基本的交通法规知识。

（三）由彼思己，深化感悟

反思自我，在平时的生活中，你有没有遵守交通规则？你是如何遵守的？（小组讨论）

【设计意图】贴近学生的生活，让学生从自己的世界出发，小组讨论，反思自己的行为，用自己的眼睛观察社会，用自己的心灵感受社会。

（四）课堂内外，实践延伸

除了自己，你还希望谁也和你一样，做一个自觉遵守交通安全的人呢？请把你要提醒的人和提醒的内容写在"平安果"上，写完后勇敢地贴到我们的平安树上！

学生写平安卡片。（配乐）

学生说一说自己写的内容，再贴平安果。

将今天学到的交通法规知识向社区和自己身边的亲人朋友们宣传。

【设计意图】帮助学生参与社会，培养学生对生活的积极态度和参与社会的能力，让学生成为一个有爱心、有责任心、有良好行为习惯和个性品质的人。同时激发学生的学习兴趣，培养学生的动手能力。

（五）宣誓大会，内化升华

学生和大头儿子一起向小头爸爸和自己的亲人朋友做出承诺。

内容：我们郑重宣誓，我愿意自觉遵守交通法规，注意交通安全，珍爱生命，做一名懂法的小学生。

【设计意图】让学生在特定的情境下有感而发，形成课堂的高潮。引导学生树立正确的"法治"观念，成为一名知法、懂法，并有能力宣传交通法规知识的小学生。

板书设计

教学反思

整堂课以大头儿子交通大闯关为主线,立足生活,给学生和大头儿子设计了三个活动关卡,从学生的日常生活中挖掘教材,以学生为主体,激发其积极性,活跃课堂气氛,使学生在活动中体验和感悟,同时学习并掌握我国基本的交通法规知识。

课堂延伸和内化升华部分,是整堂课的知识沉淀和情感深化。让学生在特定的情境下有感而发,形成课堂的高潮。引导学生树立正确的"法治"观念,并能将自己在课堂中学到的知识运用于社会生活中。不仅自己知法守法,还能影响他人。

新化县思源实验学校　　陶冶

道德与法治课例研讨

2016年4月29日,教育部办公厅发布《关于2016年中小学教学用书有关事项的通知》,要求从2016年起,将义务教育小学和初中起始年级的《品德与生活》《思想品德》教材名称统一更改为《道德与法治》。2019年秋季全部使用《道德与法治》统编教材。新教材的面世，意味着新旅程的起始。"法治"首次出现在义务教育阶段的教材之中，引发了一线德育工作者的关注和热议，也产生了很多困惑和思考：面对新课程，教师需要具备怎样的专业素养？在低年级的课堂，又该如何开展法治内容的教学活动？面对新课程新教材，相似的内容是否有变化？为什么有变化？面对新课程新教材，如何把握教材的内在逻辑？教材内呈现的如果只是几幅图、几句话，如何明确教学方向，即该教什么，怎么教？备课资源欠缺（没有相关的教案、课件），怎么进行教学设计？课堂上组织教学有点难，该怎样和孩子们有效互动？等等。作为娄底市首个以首席教师姓名和兼任学科命名的刘红霞小学德育名师工作室，又该怎样带领工作室全体成员做出积极的回应？我们觉得进行道德与法治课例分析，尤其是同课异构，是应对各种困惑的最好回应。

《远离烧烫伤》教学案例

教学内容

教科版小学三年级《道德与法治》上册第四单元第一课《远离烧烫伤》第一课时。

教材分析

教材第四单元是《平安每一天》，整个单元围绕着安全知识展开教学与讨论。三年级的学生对安全概念并不是很清晰，所以本单元的教学目标是使同学们认清生活中的危险，学会避免这些危险。本课时旨在引导学生发现生活中存在的烧烫伤隐患，认识其危害；并让学生学会防止烧烫伤的基本常识，提高安全意识；学习"治烫五部曲"，培养应对能力，掌握自救常识。

学情分析

三年级的孩子对生活中存在的烧烫伤隐患认识不深，用心留意生活中的危险、及时避免的能力较弱，而一旦出现烧烫伤事故则束手无策，毫无办法。

教学目标

1. 情感目标：

（1）结合生活实际，了解身边存在的烧烫伤隐患，养成良好的生活习惯，增强防患意识。

（2）珍爱生命，主动学习防烧防烫的有关知识，增强与同学之间的合作交流。

2. 能力目标：

（1）学会发现烧烫伤的安全隐患。

（2）提高预防烧烫伤的能力。

3.知识目标：

(1)了解生活中存在的烧烫伤安全隐患。

(2)认识烧烫伤事件发生的原因及危害。

(3)学习防止烧烫伤的安全标志，提高安全意识，远离烧烫伤。

教学重点

学会防烧、防烫的基本常识。

教学难点

掌握"治烫五部曲"，培养应对、自救能力。

教学准备

学生准备：课前了解身边存在的烧烫伤隐患，认识一些防烧烫伤的安全标志。

老师准备：多媒体课件、视频、小纸片等。

教学过程

(一)导入新课

1. 课件出示熨斗图片：这是什么？你想到了什么？观看视频，动画中的淘淘怎么啦？为什么会这样？

2. 老师：你有被烫伤的经历吗？你身边的人有过烫伤的经历吗？

小结：烫伤是谁都不愿意碰到的麻烦事，据卫计委统计，中国每年有2600万人发生不同程度的烧烫伤，每天大约7万人，其中30%以上是儿童。烧伤儿童中，49%出现残疾，8%是终身残疾。也许，仅仅是因为一杯热水的烫伤，就毁掉一个孩子的一生！也许，仅仅是因为一盆过热的洗脚水，就使老人双足溃烂，再也无法站立！也许，仅仅是因为一根老化的塑料管泄漏燃气，就导致爆炸，吞噬生命，一个家庭再也无法团聚！

每天都有数以万计的"也许"在重复上演！烧烫伤，轻则伤及皮肤，影响功能，毁掉容颜，重则危及生命。在意外导致死亡的人数中烧烫伤人数位居第二，仅次于交通事故。但烧烫伤与普通疾病又不同，除不可抗拒的雷电等自然灾害外，绝大多数烧烫伤是可以预防的。今天这节课我们就来学习一些预防、自护自救的常识，远离烧烫伤。

板书课题，学生齐读。

【设计意图】从学生熟悉的事物熨斗入手，让学生认识生活中被我们忽略的烧烫伤隐患，并通过数据让学生深刻认识烧烫伤的危害。

（二）活动探究

活动一：火眼金睛找隐患。

1. 要想远离烧烫伤，就得知道生活中哪些地方存在烧烫伤隐患。PPT出示四幅图。

2. 除此之外，哪些地方还存在烧烫伤安全隐患？从老师给出的这四个地点中去找一找隐患。

家里　学校　公共场所　户外

3. 小组交流，推选代表在全班分享活动成果。

小结：火焰、接触高温液体（热汤、热菜、热粥、开水、热油）、高温固体、热辐射、电流、化学物质、放射线等都是引起烧烫伤的原因。

【设计意图】引导学生从老师给出的关键词、图片中发散思维，去发现生活中存在的烧烫伤隐患。

活动二：我来支招，防烧防烫好建议。

1. 老师：我们找到了生活中容易引起烧烫伤的隐患，组内交流：你有哪些防烧防烫好建议？把好建议、金点子写在记录纸上，然后介绍给大家。

学生发言，老师补充：

淋浴时，先用手试试水温。

小儿盆浴时，先放冷水，再放热水，然后用手试试水温，水温合适再洗澡。

烤火时，不要靠得太近。

应保持地面干燥，以免拿热东西时滑倒。

端茶倒水时应招呼一声，以免烫着他人。

桌布不宜太长，以免扯翻桌上的东西挨烫。

不要把电源插座、电线作为玩具和捣蛋的目标，建议家庭使用安全插座。

2. 认识两个标志：注意高温、当心烫伤。

这是什么标志？你们在哪见过这些标志？见到这些标志后你们会怎么做？

这是两个预防烧烫伤的安全标志。我们可以把它贴在容易发生烧烫伤的地方，提醒我们。

3. 唱一唱：《水开了怎么办？》（音频播放）

小结：俗话说，小心驶得万年船。从小养成做事细心、不毛手毛脚的习惯，生活中就会少出一些差错，多一分安全。

【设计意图】此环节是教给学生预防烧烫伤的关键。让学生用心留意生活中的危险，养成良好习惯，提前预防，及时避免。

活动三：练一练，治烫五部曲。

如果不慎遭遇烧烫伤应该怎么办呢？我先来听听同学们的回答。

不慎烫伤，千万别慌。如属于轻度受伤，可利用自救常识及时进行救治。你知道"治烫五部曲"吗？今天我们就来练一练"治烫五部曲"，关键时候能派上大用场哦！

1. 课件出示"治烫五部曲"：冲、脱、泡、盖、送。
2. 组内轮流说（同桌互说互评）。
3. 推选代表上台演示。

【设计意图】当烧烫伤发生后，教给学生正确的应对措施，防烫自救。

（三）活动总结

1. 总结。这节课我们搜索了容易导致烧烫伤的安全隐患，学习了防烫烧的基本常识，掌握了"治烫五部曲"。希望同学们做事细心、谨慎，远离烧烫伤，平安健康快乐地成长。

【设计意图】和学生一起梳理本节课所开展的活动和收获，提高认识。

2. 延伸。

"远离烧烫小怪兽"爱心活动。

制作防烧防烫的标志，贴在容易发生烧伤烫伤事故的地方，同时，把我们学到的安全知识传递给身边的人，帮助大家远离烧烫伤，共创安全文明和谐的美好世界！

【设计意图】将课堂所学的内容拓展到课外，做到学以致用、帮助他人。

板书设计

远离烧烫伤

小心驶得万年船

治烫五部曲：冲、脱、泡、盖、送

教学反思

《远离烧烫伤》是教科版小学三年级《道德与法治》上册第四单元《平安每一天》第一课的教学内容，整个单元围绕着安全知识展开教学与讨论。三年级的学生对安全的概念并不是很清晰，所以通过本单元的教学，同学们可以认清生活中的危险，学会避免这些危险。本课时旨在引导学生发现生活中存在的烧烫伤隐患，认识其危害；并让学生学会防止烧烫伤的基本常识，提高安全意识；学习"治烫五部曲"，培养应对能力，掌握自救常识。纵观我的整个教学设计，还是紧扣了教学目标，主线较清晰，开展的"火眼金睛找隐患""我来支招，防烫防烧好建议""练一练，'治烫五部曲'"活动以及课后的拓展练习、"远离烧烫小怪兽"爱心活动，做到了一环扣一环，层层深入。我和学生课堂交流平等顺畅，我把亲身经历亲眼看到的烧烫伤故事充满情感地讲给学生听，学生的话匣子被打开了，他们有话说、愿意说，也愿意去搜索、思考、实践。这样一堂旨在教给学生生活安全常识的课，学生的收获是蛮大的。

教学完成后，我感觉这个主题教学提升的空间还很多。比如如何进一步联系学生的生活实际，给学生带来更强的现实感，如何合理开发与有效利用课程资源让学生的心灵产生强烈的共振，这些都是以后努力的方向。

娄底市第六小学　　李丽梅

《为环保，我们可以做这些》教学案例

教学内容

部编版二年级下册《道德与法治》第三单元第四课时。

教材分析

本节课是部编版二年级下册《道德与法治》第三单元《绿色小卫士》的最后一课，原标题是《我的环保小搭档》，我将课题改成《为环保，我们可以做这些》，我认为可以在学生了解环保搭档的基础上，进一步联系生活实际进行操作活动。这一课与之前三课《小水滴的诉说》《清新空气是个宝》《我是一张纸》是递进关系。这一课以活动课形式，创造性地用环保搭档代替一次性用品，让学生学会垃圾分类，在日常生活中落实绿色生活的观念和行为。教学内容的编排着眼于学生的生活，让他们知道自己在保护环境中能做什么，从而在生活中落实绿色生活的观念和行为。

学情分析

二年级的学生有了较为丰富的学习和生活经验。经过一年的学校学习，他们

对环保知识有了一定的了解，在生活中也能做一些与环保相关的力所能及的事情，如清理垃圾、简单的垃圾分类等。随着年龄的增大，他们动手能力逐步增强。所以在教学方法的选择上，应主要采用讨论和活动的形式，留给学生足够思考的时间，尊重学生的个性想法，鼓励学生的创造性，让学生在活动中体验学习的乐趣。同时二年级学生对抽象概念的理解还是有限的，比如环保的概念。在课上我会通过贴近学生生活的场景和具体操作加强学生对环保的理解，增强学生参与的广度和深度，让他们学会废物利用、垃圾分类。

教学目标

情感目标：培养学生的环保生活观念，养成绿色生活行为习惯。

能力目标：自觉使用绿色节能环保产品，拒绝或少用一次性用品，学习废物利用、垃圾分类。

认知目标：知道一次性用品对环保不利，认识可回收和不可回收标志，认识垃圾箱标志。

教学重难点

1. 让学生体验绿色环保，拒绝或少用一次性用品，知道废物利用，学会垃圾分类。

2. 让学生真正意识到我们现在生活的环境所存在的危机，养成低碳生活习惯。

3. 让学生发现身边的环保现象，并找到自己的环保搭档。

教学准备

学生准备：计划丢弃的小物品。

教师准备：课件、纸盒。

教学过程

（一）和一次性物品说 NO

活动一：摸一摸。

教师：同学们，今天老师带了好几个宝盒和大家做朋友。我的宝盒里有什么呢？现在我要请一名同学来摸一摸。（教师将装有一次性筷子的纸盒拿上）

教师：悄悄告诉你的同桌，是什么？（教师将一次性筷子拿出）

教师：谁能说说为什么叫一次性筷子？除了筷子外，你和你家里人还用过什么一次性的用品？请一名同学到讲台上找出他所说的物品图片，并贴在黑板上。

教师点击PPT，出现一次性用品图片，由学生说出它们的名字。

【设计意图】摸一摸,想一想,这个环节主要激起学生对课堂的兴趣。通过手的感知,使学生对一次性物品有了更形象的认识。

活动二:看一看。

教师点击一次性筷子,出现筷子视频,播放。

老师补充:

一株生长了20年的大树,仅能制成4000双筷子。中国每年为制造一次性筷子就要砍掉2000多万棵树。

【设计意图】看过这个视频,学生再摸到一次性筷子的时候,会感觉沉重很多。

活动三:替一替。

教师:仅仅是一次性筷子就造成了这么大的资源浪费,那么有没有什么东西可以替代这些一次性用品?小组讨论。

教师总结,并出示表格。

一次性筷子	专用筷子
纸巾	小手帕
纸杯	小水壶

教师:每天背着小水壶,带着小手帕,带着专用的碗和筷子上学的我们,就是在为地球的环保做贡献呢。

【设计意图】这个活动是对前一个活动的提升,特别是教师指出今天带了这些物品的同学应该站起来,接受大家的点赞的时候,他们特别高兴。

(二)废旧物品变变变

活动四:议一议。

教师:绿色生活,将废物再利用,你会吗?

出示百宝箱。(里面是一个用矿泉水瓶做的花瓶)

教师将花瓶拿出,在教室来回展示。

问:你们认为这是怎么做出来的?你还见过哪些物品能"变废为宝"?

PPT出示油桶、纸盒、废旧轮胎、易拉罐,说说它们可以变身成什么。(在学生讲完之后,教师再点击答案)

【设计意图】通过这个活动,培养学生的绿色生活理念。通过师生之间、学生之间的互动,在评价与互动中,将学习所得与生活创意相结合,深化了绿色环保的理念。

(三)垃圾宝宝要回家

活动五：认一认。

教师：日常生活中，我们要学习将垃圾分类，将迷途的垃圾宝宝送回家。

首先，我们来认一认。(出示可回收和不可回收标志)在生活中的哪些地方我们见过这些标志？这些标志出现在街道、学校、小区、医院的垃圾箱上。(PPT出示垃圾箱)

绿色：代表厨余垃圾，可回收成肥料。

蓝色：代表可回收再利用垃圾，包括塑料、纸类、金属等。

灰色：表示其他垃圾，如砖瓦、陶瓷、渣土等。

红色：代表有害物质，有时也用橙色标示，有害物质包括废电池、荧光灯管等。

黄色：代表医疗废物专用，医院的垃圾箱都是黄色，医疗垃圾也属于有害垃圾。(出示垃圾箱)

绿色和蓝色都是可回收垃圾，而红灰黄都是不可回收垃圾。

【设计意图】这一个环节主要是给学生直观的认识，并激起他们对生活中不同类型垃圾桶的兴趣。

活动六：说一说。

一起来认认这些垃圾桶：今天老师给大家带来了四位垃圾分类推广大使，一起去认识认识他们吧。(播放视频)

说一说你刚才看到的公益短片，小小大使们是怎样把垃圾分类的。出示PPT。

垃圾分类——

可回收：可乐瓶、旧报纸。

厨余垃圾：菜叶、果皮。

有害垃圾：废电池、过期药品。

其他垃圾：装修后的砖头、渣土。

教师总结：环卫工人把不同的垃圾分类，有的回收，再加工成有用的物品，有的运到垃圾站进行科学的处理。这样才能保护环境，让垃圾对我们无危害。小朋友看了视频，要学会给垃圾分类，让不同的垃圾回自己的"家"。

【设计意图】垃圾分类也是绿色生活的一种能力，公益短片比PPT图片给孩子留下的印象更深刻。

活动七：玩一玩。

请大家注意游戏规则：点击开始进入游戏，将图内所列垃圾分类拉进相应的垃圾箱内，所有垃圾归位完毕之后，点击提交。

全部归位正确的同学将获得5个积分。

在刚才的游戏中，可降解的一次性饭盒、报纸、纸文件夹、金属易拉罐是可回收垃圾。剩饭菜、果皮是厨余垃圾。电池和碳粉盒是有害垃圾。

【设计意图】这一个活动学生特别喜欢，因为是用鼠标拖曳，是他们喜欢的活动，是上一个教学环节的深化。

活动八：分一分。

现场操练垃圾分类，教师将事先准备的垃圾和不同颜色的垃圾箱展示出来。

讲台上有矿泉水瓶、写过的本子、废电池、果皮、用过的文具、破旧的玩具。（垃圾箱是用彩纸贴在纸盒上制成的，上面分别写着可回收、不可回收、有害等字样）

教师：同学们，讲台上有四个垃圾箱，这四个垃圾箱很特别哦，谁来找找它的特别之处？

学生上台，发现这些垃圾箱都是旧纸盒改装的。

【设计意图】通过这一个实践环节，将绿色生活理念落到了实处。

教师小结：通过这堂课的学习，我们知道了要少用一次性用品，学会变废为宝，将垃圾分类投放。在日常生活中每天都会产生垃圾，我们要学会把不同的垃圾分类，把垃圾送回家。最后，一起来唱一首《低碳贝贝》，让我们站起来，找一找你的抽屉、你的书包、我们的教室，把这里所有的垃圾宝宝都送回它们的家吧！

板书设计

为环保，我们可以做这些

和一次性用品说　　NO
废旧变宝　　　　　YES
垃圾分类　　　　　YES

教学反思

当前，对于低年级学生的环保教育还局限在以"自然"为主的环保知识介绍，和以"净化、绿化"为主的环保活动指导上。许多环保教育还停留在形式上、口号上。学生对于如何在生活中践行环保并没有清晰的认识，甚至还会出现认识上的偏差。如何将"环保"化作学生内在的生活态度，并外显于他们日常的生活行为，这就是我这一堂课的教学目的——一堂接地气的，贴近学生生活的环保教育内容。

活动是思政课的载体。要避免空洞的说教就要设计适宜的活动，让学生通过活动的体验，有所思、有所悟，才能真正有所得。因此，在将课时目标设定为精、准、细的情况下，要注意将活动设计得贴近学生生活。我设计了一个环节：我们的小搭档。从书包，从身边，分头将自己的环保小搭档找出来，然后比一比，看哪个小组的环保搭档最多，再大声说出来。生活化是道德与法治课程最大的特点，只有让学生真实体验到原来自己也一直在做着环保的事，他们才会更有自豪感，更有参与课堂的积极性。

本节课的教学，促进了低年级学生绿色环保生活理念的培育和行为技能的提升，关注了学生的已知经验，是一个不错的课堂体验。

双峰县青树坪镇中心小学　邓国辉

《奖励一下自己》同课异构（一）

教学内容

人教版《道德与法治》二年级下册第四单元《我会努力的》的最后一课。

教材分析

本课《奖励一下自己》既是一堂总结课，也是立足当下、指向未来的一课。旨在让学生看到自己的优点、进步，充分找到自信，同时也看到自身不足，并能够制订切实的发展计划。本课分为个人视角和群体视角两个层次，共有四个小部分——"我来发个奖""我们的奖励""特别的奖励""三年级的期待"。另外，教材下方有一个绘本故事——《小刺猬和小獾》，作为正文的补充，旨在提示学生称赞的重要性。在平时的学习和生活中，不要吝惜对他人的肯定与称赞。恰当的称赞能让被称赞的人变得自信，从而变得越来越优秀。

学情分析

二年级学生经过一年多的学习，已经基本端正了学习态度，掌握了正确的学习方法,但他们难免会在学习和生活中遇到挫折。通过本节课的学习,让学生能看到自己的优点、进步,找到自信。同时,让学生在认识到别人优点的同时也能提升自己。

教学目标

情感态度与价值观:学习他人的优点;找到自己的闪光点,对自己更加有信心。

过程与方法:通过观察图片、观看视频、调查讨论,肯定他人的优点,然后加以学习,并能找到自己的闪光点,获得自信。

知识与技能:能看到自己的优点,增强赏识自我的能力。

教学重点

能延续自己原有的好习惯,并且向他人学习。

培养进步的意识,主动要求进步。

教学难点

能看到自己的优点。

增强赏识自我的能力。

教学准备

老师准备:《小刺猬和小獾》的故事、课件、奖状。

学生准备:彩笔、卡纸,搜集自己刚入学时的作业和照片。

教学过程

活动一:夸夸我自己。

1. 老师表扬上课坐姿特别端正的学生:你的姿势那么端正,老师想给你发个奖,就发个"身姿挺拔奖"吧!怎么样?(出示小奖状)喜欢得奖吗?(面向全体学生)你们想不想也得奖?

2. 今天,老师给大家带来了一些小奖状,但是这个奖呢,想由大家自己来发。想一想,为什么要同学们自己来发呢?

学生回答。

3. 老师:这两年来,我们究竟有了哪些成长和进步呢?课前老师请大家找找自己的进步,找到了吗?学生展示。

4. 老师为参与展示的学生准备小奖状,并请学生工整地填好。

【设计意图】让学生能认识自己的优点,增强自信心,并找到自己身上的闪光点,不断要求自己进步。

活动二:夸夸小伙伴。

1. 老师:刚才同学们都找到了自己的进步,为自己发了奖,大家对自己更有信心了！其实，我们不仅要善于发现自己的进步和优点，还要善于发现别人的长处，"取人之长，补己之短"，同时也帮助别人找到自信。有一对小伙伴就在这方面做得很好，请大家听听《小刺猬和小獾》。

2. 得到别人的鼓励和夸奖真是一件让人愉快的事，能发现他人的优点和进步也会使人特别高兴。我们身边的同学就有很多的优点值得我们学习，现在，就让我们来夸夸自己的小伙伴吧。

3. 小组合作：先讨论，然后选出代表发言，你想给谁发个奖？发个什么奖？

4. 小组选代表发言。老师问被夸的小朋友的感受，鼓励其继续发扬优点。

5. 小结：我们学会了欣赏别人的优点和长处，如果还能恰当地赞美他人，我们一定能交到更多的好朋友。

【设计意图】让学生学会找他人的优点和长处，并学会赞美他人，然后取长补短，使自己身上的优点越来越多。

活动三：特别的奖励。

1. 刚才同学们都得了奖励，老师也给自己设了一个奖励，请看……（出示未来书法家奖状）

问：为什么老师给自己的奖是未来书法家呢？

学生讨论后发言。

2. 对了，老师总是觉得自己的字还写得不够好，所以想给自己设一个"未来书法家"奖来鼓励和提醒自己。为了以后能把"未来"二字去掉，我每天都坚持练字半小时，因为老师相信，假以时日，我一定能在书法方面大有进步。

3. "金无足赤，人无完人"，虽然我们都有了进步，但一定也还有需要努力的地方，同学，请仔细想一想，自己在哪些方面做得还不够好？

学生回答。

4. 你想为自己设个什么特别的奖励呢？

学生回答。

5. 让我们一起为了这个特别的奖励而努力奋斗吧！

【设计意图】通过为自己设个特别的奖励，让学生学会制订一个短期目标，并找出使目标能快速实现的途径。

活动四：三年级的期待。

1. 老师：马上就要进入三年级了，我们每个同学都对自己有一个更好的期待。让我们写下自己的愿望，并朝着自己的这个目标努力吧！

2. 学生制作自己的心愿卡。（提示：可以写自己在学习、纪律、生活、能力等

方面的心愿）

心愿卡示例：　　　　　　三年级新愿望

　　　　　　我希望语文数学都能有进步。

　　　　　　我希望有更多的朋友。

　　　　　　我希望能学会做饭。

　　　　　　我希望能……

3. 请同学们把这些心愿卡放进心愿瓶里，并标注好打开的日期。老师希望每位同学都能朝着自己的目标努力，在打开的那一天，都已经实现了自己的心愿。

【设计意图】让学生在制作心愿卡的过程中，树立自己的理想目标，并向着新目标努力。

总结拓展

1. 通过这节课的学习，你们有什么收获？

2. 推荐阅读一些关于鼓励和自信的绘本故事。列出书目。

3. 既然我们每个人都看到了自己的优点，并且为自己制订了新目标，那么就让我们朝着新目标努力吧！

【设计意图】学生畅所欲言谈收获，让学生在收获中成长。

板书设计

$$\text{奖励一下自己}\begin{cases}\text{夸夸我自己}\\\text{夸夸小伙伴}\\\text{三年级的期待}\end{cases}$$

教学反思

《奖励一下自己》是人教版《道德与法治》二年级下册的最后一课。这一课既是对低年级学习生活的总结，也是中年级学习生活的开启。讲这一课的目的是想让学生找到自己的成长与进步，变得更有自信，同时也让他们学会学习别人身上的优点，找出自己的不足并加以弥补。

在教学中，我注重从学生自身的生活与学习实际出发，让他们更好地融入，更有话可说，并以活动为载体，让学生找出刚入学的自己与现在的自己的差别，将成长与进步具体化。通过教师自身的事例，帮助学生以老师为镜子，看到自己的不足，为自己设置特别的奖励，以激励自己朝着自己设定的具体目标努力前进。

通过本节课的教学，学生找到了自信，学生生活得到整理，教学目标基本达成。我觉得以下问题需要更深入地思考：如何拓宽学生的视野与思路，让他们对优点的发现不仅仅局限于学习方面？如何让学生能更恰当地评价他人，并学会赞美他人?

(本课例在贝壳网在线集体备课大赛中荣获省二等奖)

合作者:新化组(伍艳林　曾浩　杨芳兰)

《奖励一下自己》同课异构(二)

教学内容

人教版《道德与法治》二年级下册最后一个单元的第四个主题《奖励一下自己》的第一课时。

教材分析

本课教材包含"我来发个奖""我们的奖励""特别的奖励""三年级的期待"这四个部分的内容,全课既是对孩子两年来学习生活的总结,又是对三年级美好学年的展望。本课是第一课时,主要是对"我来发个奖""我们的奖励"的教学,让学生不仅能发现自己、同学两年来的成长进步,同时发现自己小组团队的成长、进步。

学情分析

由于二年级学生年纪小,心理发展水平有限,学生更多的是关注眼前和近期一些具体、琐碎的事情。两年的学习时间跨度比较长,学生的总结概括能力还不够,要让学生来总结自己和同学两年来的成长进步比较难。

教学目标

1. 引导学生总结自己两年来的进步,并为自己的进步感到高兴和自豪,给自己颁奖。

2. 引导学生总结他人与团队的进步,并为他人与团队的进步感到高兴和自豪,学会奖励周围的同学、伙伴。

教学重难点

引导学生发现、总结自己和同学两年来的成长进步。

教学准备

1. 学生准备:

(1)搜集自己以前的和现在的作业本、试卷、手工作品、绘画作品、书法作品、荣誉证书等带来学校。

(2)每个小组的小组长准备1个小纸箱(用抽纸盒做一个,把外表包装一下),4张小纸条。

(3)采访老师、家长,让他们说说他们眼里的"我"。

2. 老师准备:

(1)把教材上的绘本故事《小刺猬和小獾》录制成动画。

(2)为《赞美的力量》故事录音。

(3)制作课件,准备金黄色、粉色爱心卡若干。

教学过程

(一)《我选我》引入

出示学生们已经学过的语文书上的课文《我选我》(人教版二年级上册),并播放老师的朗读录音。

老师:我们为王宁喝彩!大家掌声响起来!班主任林老师非常喜欢王宁,给他颁发了一个"热爱集体奖"鼓励他。如果请我们班的小朋友们来给王宁颁奖,大家觉得可以颁什么奖呢?

请孩子们回答,再引入板书课题:我来发个奖。

【设计意图】打破学科界限,从学生熟悉的课文导入新课,能激发学生们浓厚的兴趣,也为新课的学习做好铺垫。

(二)活动探究

活动一:夸夸我自己。

1. 比一比,大家看到了什么。

先出示两组图片,一组是学生一年级与二年级的作业对比图,一组是学生一年级和二年级洗的袜子对比图。

请同学们观察图片,比一比,你发现了什么?请学生发表意见。

小结并过渡:是啊,同学们从一年级到二年级,作业比以前工整、漂亮了,袜子洗得比以前干净了,这一两年来,同学们还有哪些进步呢?

2. 夸一夸我自己。

活动要求:

(1)先把自己的成长、进步说给小组伙伴听一听,(可以拿出课前老师让学生带来的作品)还说一说想给自己颁发什么奖,并拿出金黄色"奖励卡",写上颁奖的名称。

(2)再请小组推荐一位代表综合伙伴们的情况说一说。

(3)小结。

【设计意图】老师先以两组图片观察对比"抛砖引玉",再让学生比较自己的"宝贝作品",引导学生从具体的事物中发现自己的优点、进步,培养学生初步的概括能力,让他们体验到成长进步的喜悦和自豪。

3. 爸爸妈妈、老师给我们颁奖。

播放老师夸奖小宇、家长夸奖冬冬的视频。

猜一猜,老师会给小宇颁什么奖,爸爸会给冬冬颁什么奖。

请其他同学来说说自己采访老师、家长的情况,并把得到的奖项添加到黄色"奖励卡"上,贴到自己胸前。

活动小结并过渡。

【设计意图】老师特意录制家长、班主任老师对学生评价的短视频,引导学生们回望"过往生活",让学生们从爸爸妈妈、老师的鼓励性评价中,增强自信心,以此激励学生不断进步。

活动二:夸夸我的伙伴。

1. 看一看故事《小刺猬和小獾》。

播放动画故事,并思考:小獾为什么要感谢小刺猬?小刺猬又为什么说小獾帮助它消除了一天的疲劳?

请同学们自由发表意见,老师小结。

【设计意图】老师利用多媒体技术让教材中的绘本故事"活"起来,化静为动、化虚为实,将抽象的语言形象化、简单的画面丰富化、深奥的道理具体化,激发同学们的学习兴趣,也让同学们从中真切地体会到:得到别人的鼓励和夸奖真是一件让人愉快的事情,能发现他人的优点和进步会让人心里比吃蜜还甜,会让人更加自信、开朗!

2. 玩一玩游戏"我们夸、你们猜"。

小组游戏要求:

(1)先请同学们想一想,小组中每个小伙伴的优点和进步有哪些。

(2)把小伙伴的优点、进步写在纸条上(不写伙伴的名字),投放到小纸箱里,然后请小组长抽出纸条,让同学们猜一猜他(她)是谁?你打算给他(她)颁发什么奖?

老师采访同学代表:

刚才的游戏,谁被猜中了?

被同学夸奖,心情怎样?

想对夸奖你的同学说什么?

游戏小结并过渡。

【设计意图】游戏能使学生在紧张的脑力劳动之后，精神得到调节，同时开阔学生的视野，让他们发现小组及每个组员的进步和成长，培养了合作意识，让学生从中体验到团队的和谐与快乐。

3. 写一写"赞美卡"。

全班同学你最想夸奖、赞美谁？拿出粉色卡写上他（她）的优点、进步，并亲手把"赞美卡"送给他（她）。

赠送"赞美卡"的要求：先找到对方握手，看着对方的眼睛，说出赞美他（她）的话，并把爱心卡贴到他（她）的胸前。

活动小结。

【设计意图】前面的游戏是面对小组内的成员，让学生发现小组及每个组员的进步和成长，而这一环节的设计旨在引导学生从全班的角度去发现伙伴的进步与成长。通过亲手赠送"赞美卡"，增进与同伴的友谊，学会与同伴交往，体验与伙伴友好交往带来的积极情感。

4. 看一看、听一听：拓展小资料《赞美的力量》。

在非洲的巴贝姆巴族中，至今依然保持着一种古老的生活仪式。当族里某个人犯了错时，族长便会让犯错的人站在村落的中央，然后把信息传递出去，随后，整个部落的人都会放下手中的工作，从四面八方赶来，将这个犯错的人团团围住。围上来的人会自动分出长幼，然后从最年长的人开始发言，依次大声告诉这个犯错的人，他曾经为部落做过哪些善事。每个族人都必须将犯错人的优点和善行，用真诚的语言叙述一遍。叙述时既不能夸大事实，也不允许出言不逊，而且不能重复别人已经说过的赞美。这样帮助犯错的人改过自新，重新做人。

请学生说说感想，然后小结。

【设计意图】这个小故事是对本课教学目标的深化和拓展，这个新颖而富有哲理的故事十分引人入胜，能引导学生从中懂得：当别人犯了错时我们不要批评、埋怨，而要学会用赞美来激发他的自信、鼓起他的勇气，用赞美来帮助他改正缺点，学会与人友善交往。

（三）唱童谣结束全课

活动三：律动《夸一夸》。

师生一起边读儿歌边舞动：

对你笑一笑，好像阳光照；

把我夸一夸，心里乐开花；

学会赞美人，幸福伴我行！

幸福——伴——我——行！下课！

【设计意图】老师自己创编的儿歌，适合低年级学生的心理特点，能吸引学生的注意力，同时儿歌内容浅显且容易识记，便于学生平时传唱，促进课后的生活延伸，提高教学实效。

板书设计

我来发个奖

赞美别人

夸夸自己

教学反思

《道德与法治》课标指出："道德存在于儿童的生活中，德育离不开儿童的生活。"新课程的基本理念是回归生活，它是以生活为本、为了生活、通过生活而进行的。陶行知曾强调，没有生活做中心的教育是死教育。生活教育是给生活以教育，用生活来教育，为生活向前向上的需要而教育；从生活与教育的关系上说，是生活决定教育；从效力上说，教育要通过生活才能发生力量而成为真正的教育。这节课，我首先引导孩子们"回望"以前学过的课文，激发兴趣，设置悬念；接着引导孩子"回望"既往生活的点滴，感悟成长，树立自信；再"回望"心灵深处的感受，反思自我，展望未来。通过"回望"，从过去的生活获得当下的智慧，通过"回望"架起沟通过去与未来生活的桥梁，引领孩子品味过去、反思过去，从自己的世界出发来感受生活，让孩子们学会向生活学习，信心满满地展望未来，走向更加美好的明天！

我买的金黄色、粉色的爱心卡原本是顶端有粘胶的，有一个环节我让孩子们用来做"赞美卡"送给同学、贴在胸前，可没想到很多孩子的"赞美卡"贴上两秒钟就掉下来了，（可能是孩子们拿着放课桌上写"优点"时，粘过一次课桌了，胶的粘力就没那么好了）原本孩子们很兴奋的，见"赞美卡"掉下来了，脸上马上"晴转阴"。以后的课前准备、课堂各个教学环节都要考虑细致、周全。

（本课例在2018年湖南省教师志愿者"我为乡村孩子上堂课"竞赛中荣获一等奖）

娄底市第八小学　陈爱莲

研究性学习方式探究

新课程的改革必然引起学习方式的变革，仅仅沿用课堂上的"接受式学习方式"早已不能适应现代社会的发展。特别是道德与法治这门社会性、探究性、综合性很强的课程，应尽可能地采用"探究性学习"和"研究性学习"的学习方式。为此，工作室成员带领孩子们走出了教室，走入了农村，走向了社会。

我们的农村新发现
——道德与法治课中的研究性学习方式的探究与实践

五年级上册的道德与法治课，前面几个单元品德教育的内容，适合用情境教学、活动感悟、集体研讨、辩论等教学形式呈现；近日，道德与法治课进入《农村新发现》单元的学习，考虑到孩子们对农村的感性认识与了解不多，如果一味地随课本走，那么孩子们只能机械地学习，没有深度的感悟与思索。于是我决定采用研究性学习方式：和孩子们在课上商讨制订了调研提纲，请家长帮忙，周末带孩子们去农村调研考察采访，回到班上再以学习调研发布会、调研绘画图片展、调研报告等形式呈现研究成果。

一周后的调研成果汇报，孩子们都有精彩呈现，成果发布会上，一本本精美的调研小册子里装满了精练的文字、形象的绘画、优美的摄影，展示了农村的新人、新事、新风貌；十几个孩子分别上台侃侃而谈，聊起以前不曾了解的农村新鲜事，更有人给大伙抛出了新的课题："建设新农村、新城市、新中国，我们少年可以做些啥？"……有二十多个孩子被评为"优秀学员"，获得了我特别制作的奖状，我还通过班级群为他们高调点赞。之所以费心费力以这样的方式组织孩子们进行学习，我的目的并不止于让孩子们获得对农村的感性认识，我更希望在研究性学习活动的过程中,让自主学习、研究性学习的种子在孩子们心中萌芽壮大,同时想让他们知道学习不仅是死啃书本,还有实地考察、同伴互助、问题导引、网络资源共享等多种方式;我更想让孩子们知道,在计算机技术、人工智能高度发达的未来社会的学习,机械地记住多少知识与信息已经不重要了,重要的是信息的获取与信息的加工处理,要善于通过各种途径获取信息,要善于将获取的信息进行加工整理与创造。

道德与法治课中关于地理、历史、人文知识启蒙的内容,可能更适合用这种研究性学习的方式,让孩子们带着问题去实地调研考察,找寻解决问题的资源,或者利用同伴互助、家长引领、网络大搜索等方式,去获取信息,再加工整理,形成自己的研究结果,最后班级分享,他们学习兴趣一定会大增,效果也会特别棒。忽然想起,我在旅行时看到冰川地貌那一刻的震撼,脑海中冰河流动、动物大迁徙的画面一幕一幕地划过。那一刻,我好想有辆神奇的校车,带孩子们去感受、去经历,去开阔神奇的视野!因为种种条件的制约,老师能做的可能有限,但家长们可以做得更多!所以我在班级群为孩子们点赞,分享孩子们的作品,也是希望家长更加重视这种人文性课程的学习,陪伴孩子共同去探究,滋润孩子的心灵沃土!

娄底市第六小学　罗小玲

《残疾人不容易》课例研究报告

【摘要】我们有太多的理由需要强调生命教育!生命教育重在培植学生的生命情怀!我带着"怎样在小学道德与法治课中有效地融入生命教育"这一问题,以"三阶段两反思、一课三上"的思路进行研究,从中摸索解决问题的方法、策略:修炼课堂教学中评价语言的艺术,营造民主、和谐的师生关系,重视生活化教学,注意体验式教学策略、情感教学策略的运用等,让孩子们的生命在道德与法治课堂上灿烂绽放。

【关键词】小学　道德与法治课　有效　生命教育

一、研究背景

在物质文明高度发达的今天,人们在获得更多幸福和快乐的同时,也在追求生命存在的意义,但也越来越迷失生命本身的价值。长期以来,由于"应试"的束缚,学校的生命教育没有得到应有的重视。小学生因欠作业被老师批评一顿,他就要跳楼；中学生因与同学争吵吃了亏，就气急败坏拿水果刀捅人；大学生因失恋就寻短见等事例已屡见不鲜。据来自北京心理危机研究与干预中心的最新调查显示，自杀已成为我国青少年死亡的首位原因；还有调查表明，在我国，约1/5的儿童青少年都存在着不同程度的心理行为问题，如耐挫力差、攻击、退缩、焦虑、抑郁等。生命是教育的原点，又是教育的终极目标！因此，教育必须关注生命！真正的教育是心灵与心灵的沟通，是生命与生命的对话，其本质是对生命的关怀。《义务教育道德与法治课程标准》旨在培养具有良好品德和行为习惯、乐于探究、热爱生活的儿童。课程标准还指出健康、安全地生活是儿童教育的前提和基础，它旨在使儿童从小知道珍爱生命，养成良好的生活习惯，获得基本的健康意识和生活能力，初步了解人与环境的关系，为其一生身心健康发展打下良好的基础。由此可见，从小对儿童进行"生命教育"尤为重要！

二、研究的问题

通过道德与法治课生命教育的课例研究，探索道德与法治课中生命教育的方法和策略，帮助学生认识、理解生命的意义，进而敬畏生命、尊重生命、关爱生命、珍视生命，提高生命质量，促进学生身心健康发展。

三、研究的意义

1. 生命教育的内涵。

狭义的生命教育指的是对生命本身的关注，包括个人与他人的生命，进而扩展到一切自然生命。广义的生命教育是一种全人的教育，它不仅包括对生命的关注，而且包括对生存能力的培养和生命价值的提升。

美国"生命教育之父"华特士在阐述生命教育思想时指出："论及生命教育，我首先要指出仅仅从职业准备出发，正是现代教育的问题所在。职业不等于生命，它仅能向人们提供金钱，满足物质需要；生命教育的意义并不在于金钱的获得，任何仅教授职业技术和提供智力信息的教育体系都忽视了人的本质需求。"他认为教育首先应该关怀人的生命，关怀人性的价值和人格的完善，帮助生命正常发展，并实现生命的意义。

教育名家肖川教授认为，生命教育的宗旨就在于捍卫生命的尊严、激发生命的潜能、提升生命的品质、实现生命的价值。"关注生命，尊重生命，珍爱生命，欣赏生命，成全生命，敬畏生命"则构成了生命教育的目标。

综上所述，生命教育是对学生进行生命与健康、生命与安全、生命与成长、生命与价值、生命与关怀的教育，使学生学习并掌握必要的生存技能，认识、感悟生命的意义和价值，培养学生敬畏生命、尊重生命、珍惜生命的态度，学会欣赏和热爱自己的生命，进而学会对他人生命的尊重、关怀和欣赏，树立积极的人生观。

2.生命教育的理论意义。

生命教育是关于学生生命的茁壮与健硕、鲜活与灵动、纯净与高贵的教育。开展此项课例研究，有利于帮助学生认识生命、敬畏生命、感恩生命、享受生命、珍惜生命、尊重生命、热爱生命；有利于促进学生身心健康、和谐发展，引导他们愉快生活，快乐学习，从而有效地激发学生的学习兴趣，有助于全面提高教育教学质量。生命教育既是一种为学生快乐而成功地生活做准备的教育活动，也是一种以提升学生的自然生命和精神生命为目的的教育活动。生命教育对于学生而言，是让他们认识生命的意义，感悟生命的价值，懂得珍惜生命，挖掘生命潜力，提升生命质量，使有限的生命得到无限的发展；是让学生学会如何实现个人与他人、与社会、与自然的和谐相处，让学生形成科学的生命观，进而为学生树立正确的世界观、人生观和价值观奠定基础。

3.生命教育的现实意义。

让每一个学生都成为"我自己"，都能最终实现"我之为我"的生命价值，即把生命中的爱和亮点全部展现出来，为社会、为人间焕发出自己独有的美丽光彩，由此获得身心的和谐，事业成功，生活幸福，从而实现自我生命的最大价值。

四、研究的方法、思路

通过"一课三上"这种思路来研究，从而达到解决问题的目的。带着"怎样在小学道德与法治课中有效地融入生命教育"这一问题，进行第一次教学实践，并在此基础上进行总结、反思，然后进行第二次教学实践，开展第二次教学实践的总结、反思，最后再进行第三次教学实践，从中摸索解决问题的方法、策略等。

五、研究过程

第一次教学实践

教学目标

1.让学生了解残疾人的生活，体会到残疾人生活的艰辛。

2.让学生懂得尊重残疾人，学会设身处地地为残疾人着想，热情地帮助他们解决困难，同时学习残疾人自强不息、奋发向上的精神，学会尊重生命、善待生命、热爱生命。

教学重难点

让学生体验到残疾人生活、工作、学习的艰辛。

教学准备

学生准备：查找残奥会的有关资料，了解残疾人身残志坚的故事等。

老师准备：视频录制、课件PPT制作等。

教学过程

（一）做一做游戏《幸福拍手歌》，引入课题

刚才大家玩得很开心，我们的生活也很幸福，可是我们的身边却有一些人享受不到这份快乐、幸福，他们有耳却听不到美妙的音乐，有眼却看不到七彩的世界，有嘴却不能说出动听的话语，大家知道他们是什么人吗？

在生活中，你见到过哪些残疾人？

学生：盲人、聋哑人。

老师：盲人、聋哑人、肢体残缺的、智力发育有缺陷的，都是残疾人，我国十三亿人口中，有八千多万残疾人。

引入并板书课题。

（二）活动体验，感悟明理，指导行为

1. 演一演。

表演内容：请一名同学扮演盲人，到讲台上取指定的物件。

老师请了一位举手的男同学上台，用布条蒙住他的眼睛，让他在原地转了一圈，然后让他沿着教室的左侧走到教室后面，再从教室的右侧走上讲台取老师的黑色水笔。

老师请表演的同学谈感受，他说"我什么都看不见，到处是漆黑一片，像晚上一样"。

老师再请其他同学谈感受：

学生1：万一路边上有个湖，他会掉下去的。

老师：谢谢。

学生2：踩到小石子，他会走不稳，会掉进湖里。

老师：请坐。

老师小结：到讲台上取一支笔，对我们正常人来说，是一件非常容易的事情，但对残疾人来说却不容易！

2. 看一看。

点击课件，播放视频：坐轮椅的盛绍军为了生活，请人改装了一辆摩托车接送客人赚钱度日，回家还要照顾卧病在床的奶奶。

看完坐轮椅的盛绍军的生活视频，大家想说点什么？

学生们争相发言：

学生1：他们很可怜。

学生2：盛绍军不能好好走路。

学生3：他很孝顺。

学生4：还有一个办法，帮他买根拐杖来。

老师：可是他的双腿都不能走路。

学生5：他的双腿不方便，下床很困难，可能还会摔跤。

老师：你观察得很仔细。

学生6：他要照顾自己，还要照顾妈妈。

老师：不是妈妈啊！

立即有同学高声说：不对，是奶奶！

老师小结：残疾人本来照顾自己都有困难，可是他们还要照顾家人，还要外出工作，他们生活很不容易。

3. 想一想。

点击课件，出示图片资料：介绍"奥运冠军，奇迹轮椅女孩——胡丹丹""独腿女孩——王睿""当代保尔——张海迪"的故事。

老师一边出示图文资料，一边讲解。

她们取得成功容易吗？在她们成功的背后付出的是什么？大家有什么感想？

学生们自由发言：

学生1：要付出努力，才会取得成功！

学生2：不努力，她们就会越来越弱小。

老师：她们一直很努力啊！

学生2：她们总是努力，所以她们越来越坚强。

学生3：为了给祖国做贡献，她们咬牙切齿……

老师：咬牙切齿？应该是咬紧……

学生3立即说：错了，应该是咬紧牙关。

学生3：为了给祖国做贡献，她们咬紧牙关，越来越坚强，别人就不笑话她们了。

老师：是啊，就是要努力夺冠军奖杯回来给大伙看看！

你还知道哪些残疾人的故事？

小结：残疾人照顾自己的生活很困难，可是他们还要照顾家人，还要外出工作，有的残疾人还要努力拼搏，为祖国做贡献、争荣誉，他们是多么的不容易啊！

过渡：我们能为他们做点什么呢？

4.议一议。

出示幻灯片，小组讨论交流：残疾人生活很困难，我们能为他们做点什么？
请各个小组选代表汇报讨论情况——

学生1：帮残疾人洗碗、洗袜子。

学生2：帮残疾人洗菜、煮饭。

学生3：有盲人过马路，我们要去扶他。

学生4：扶腿脚不方便的人走路。

学生5：走路不方便的人，我们牵他的手，还送上拐杖。

老师：好的，谢谢同学们！

师生一起小结：残疾人生活很不容易，他们困难重重，我们真诚地关心、帮助他们，他们的生活才会越来越美好！

5.评一评。

帮助残疾人推车上夜校的几个同学受到表扬，《红领巾报》的小记者采访他们问："你们这样做，心里怎么想的？"冬冬说："班里要统计好人好事。"小宇说："我佩服残疾人克服困难的毅力，将心比心，我同情他们，想帮他们。"小梅说："有一个是我的邻居，她帮我织过手套，我就帮她。"

请同学们评议谁说得对、谁说得错，并说说理由。

学生1：冬冬说得不对，不能因为班上要统计好人好事而去帮助残疾人。

学生2：小梅说得也不对，不能因为邻居帮你织过手套你才去帮助她。

学生3：小宇说得对，他同情残疾人，很想帮帮他们。

师生一起点评、小结：残疾人生活不容易，我们要将心比心，主动去关心、帮助他们。

（三）读一读：诗歌《生命的凯歌》

生命就是拼搏，

人生就是奋斗，

你们是折翼的天使，

却身残志坚！
你们曾经有过无尽的痛苦，
你们曾经有过太多的苦衷，
可能曾经心灰意冷，
也可能曾经欲哭无泪。
可是——可是——
你们在奋斗中崛起，
你们在勉励中拼搏，
你们在顽强中勇进！
哪怕凄风冷雨，
哪怕荆棘如林，
你们用激情燃烧着梦想，
用意志挺起不屈的脊梁！
听！青山在深情歌唱，
歌唱不畏风雨的雄鹰！
听！人们在颂赞，
颂赞那不屈的人生！
我们用赞歌与诗句，
为你们喝彩！
我们用真诚与鲜花，
向你们致敬！
同在一片蓝天下，
我们手拉手、心相连，
同唱一首爱的奉献，
同唱一首生命的凯歌！

第一次教学实践反思

不足之处：

1.教学难点还没有突破，怎样更好地突破教学难点还需重新构思。

本课的教学难点是让学生体验到残疾人生活、工作、学习的艰辛，原本想通过演一演、看一看、想一想环节来突破这一难点，但实际效果很不理想。

2."演一演"环节设计不妥，容易分散学生的注意力。

老师请一名学生站到讲台上来，给他蒙上眼睛，让他原地转一圈，然后要"盲人"从教室左侧走到教室最后面,再从教室右侧走上讲台来取一支水笔,费时 4 分 50 秒,这名男生蒙住了眼睛看不见,分不清方向,到处"碰壁",其他同学见状大笑,老师示意学生们不要笑,可学生们还是忍俊不禁。学生只关注"盲人"跌跌撞撞的神态,没有去用心体会盲人的难处,从回答问题的情况来看,教学效果不理想。原本设计这一活动,不仅是想让学生们感受残疾人生活的不容易,同时也是想引导学生们学会"尊重生命""善待生命",为后面的教学做铺垫,但结果适得其反。

3."看一看"环节视频时间过长,没有语音,学生们看不太明白。

坐轮椅的盛绍军视频时长有 5 分 35 秒,没有画面同步配音,只有背景音乐和字幕,特别是前面的一段画面没配音,字幕上有的字学生们不认识,而且也播放得比较快,学生们看不明白。看完视频后,让学生们谈感受时,有的学生错把奶奶当妈妈。同时我们的学生生活面比较窄,生活中与残疾人的接触比较少,学生们对残疾人的生活不太了解,要体会残疾人生活的难处,突破这一教学难点,光看这个视频,还不能达到效果。视频没有触动学生们的心弦,学生们对残疾人生活的难处轻描淡写,没有感同身受,就难以落实生命教育的教学目标。

4."想一想"环节教学内容抽象,学生们难以领会、感悟。

出示课件图片,老师介绍"奥运冠军,奇迹轮椅女孩——胡丹丹""亚锦赛冠军,独腿女孩——王睿""当代保尔——张海迪"的故事,让学生们思考"他们取得成功容易吗""你还知道哪些残疾人的故事"。

这些故事主人公身残志坚的事迹光凭几张图片、一段文字来说明,这对二年级的学生来说,还是比较抽象的,学生不能理解他们的生活有哪些不容易,所以当要学生说"他们取得成功容易吗"时,学生们的回答很空洞,更不用说达到激励学生们珍惜生命、热爱生命的教学目标了。

5."评一评"环节内容空洞,不切合学生们的实际情况,且负面信息太多。

这一环节的设计原本是想要引导学生们明辨是非、体谅残疾人的难处,让学生设身处地去帮助、关心残疾人,端正学生帮助残疾人的思想动机,但是这其中负面信息比较多,削弱了正面引导的效果,对学生们进行"尊重生命""善待生命"教育的目标就大打折扣。

6.老师评价学生语言贫乏,缺少智慧。

课堂评价语言单调、乏味,不能激发学生的思维,也不能增强学生的自信,老师有时候还吝啬自己的表扬,没有及时鼓励学生,不善于发现学生回答问题时的一些"闪光点",对于学生的思考成果和独特感受没有敏锐的洞察力。比如在观看了《坐轮椅的盛绍军》视频后，学生们谈感受。学生4说："还有一个办法，帮他买根拐杖来。"老师却说："可是他的双腿都不能走路。"给孩子无情地"泼一盆冷水"。学生6说："他要照顾自己，还要照顾妈妈。"老师立即说："不是妈妈啊！"其他同学高声说："不对，是奶奶！"在老师的"否定"之后，其他同学也跟着来一个"否定"，答错的学生当时是多么的尴尬啊！

成功之处：

1. 开头"做一做"引入环节让学生们在轻松的游戏中感受到自己拥有健康、健全的身体是何等宝贵、幸福。

老师带领学生们在愉快的歌声中玩游戏，拍拍手、跺跺脚、拍拍肩，学生们感到轻松、开心，紧接着老师话锋一转，在我们的周围却有一些人享受不到这样的快乐和幸福，在对比中让学生们认识到拥有健康、健全的身体何等幸福、宝贵，同时也认识到同在一片蓝天下，还有一些弱势群体、一些残缺的生命。

2. 最后的"读一读"环节，师生声情并茂的朗诵达到了情感共鸣的效果。

感人心者，莫先乎情！老师和学生们一起声情并茂地朗读诗歌，老师读第一句，学生们读第二句，老师富有感情的领读，带领学生们进入情境，激起学生们的内心体验，让学生们在朗读中感悟残疾人顽强不屈的精神，进一步体会残疾人生活的不容易，唤起了学生们内心深处与身残志坚的残疾人的情感共鸣，将课堂推向了高潮。

第二次教学实践思路的调整

1. 教学难点的突破方式改进。

增加教学素材，由浅入深、层层深入地引导学生们体验、感受残疾人生活的不容易：难——很难——非常难——极其艰难。

2. "演一演"环节利用对比的方式，针对性强。

将原来的"扮演盲人取物"改为"扮演独臂人穿衣"，并且请两位同学上台穿相同的秋季校服外套，"独臂人"穿衣与正常人穿衣同时开始，让同学们在两人的对比中，体会残疾人生活的困难。

3. "看一看"环节补充教学内容，富有层次感。

（1）盛绍军的视频重新剪辑，将原来的5分35秒剪短，控制在3分钟左右，同时老师自己配音、录制音频，再与画面合成，引导学生们体会残疾人生活的艰难。

（2）在此基础上增加《高光毁容后》的视频，让学生们从中体会残疾人生活中那些我们从表面看不见的难处：内心的痛苦、孤独……体会残疾人的生活非常难。

4. 原来的"想一想"环节改为"听一听《独腿女孩王睿》的故事"。

引导学生们感悟残疾人的生活极其艰难。独腿女孩王睿不仅要面对前面我们所讲的那些难处，还要克服重重困难，顽强拼搏，努力夺金牌，为祖国争光。

5. 原来的"评一评"环节删除。

6. 课堂教学评价语言方面还要多加强学习和修炼。

"良言一句三冬暖"，学生的心理特点之一就是希望听到赞扬和鼓励自己的话，所以，老师要善于倾听学生的答问，捕捉"闪光点"及时表扬，有错误的地方，老师要巧妙地指出来，学生思维卡壳时，老师要试着"穿针引线"。

第二次教学实践的反思：

不足之处：

1. "看一看"环节还有一个很好的生命教育的关键点被老师忽略了。

在看完高光被重度烧伤、毁容的视频后谈感想时，有一个学生说："他身体残废了，生不如死。"老师接着说："他想到了要自杀，但是他最后自杀了吗？"学生齐声答："没有！"老师应该再追问："高光正要跳海自杀时，他听到了一个奇妙的声音，大家猜一猜，是什么声音？"这样会一石激起千层浪，让学生们展开想象，老师再引导学生明白"人最宝贵的是生命""人的生命只有一次"，认识到人生没有永远过不去的坎，过了坎，就会是平坦之道！不能在遇到磨难、痛苦、挫折时就想轻生，这是不理智的！对学生们进行耐挫教育，让他们学会珍爱生命。

2. "听一听"环节提问不具体。

听《独腿女孩王睿》的故事后，老师提问："听了这个故事，大家想到了什么？"此处的提问建议改成："王睿在一次又一次夺得金牌的背后，她会有哪些困难？她是怎样面对困难的？"这样学生们的思考更集中，也更能突出教学重点。

3. "议一议"环节选取本校双腿不方便学生的视频不恰当。

在原来的基础上增加了我们自己学校一位双腿不方便学生生活的视频，视频选材不是很恰当，就只拍摄了这个学生在教室外走廊上一瘸一拐走路的情景，不能给其他学生"残疾人生活不容易"的感觉，应该另取角度拍摄，拍摄的内容要体现他学习生活的不容易。同时，也出于时间的考虑，在观看了这个学生的视频后，只要求学生们思考该怎么去帮助他，却没有请同学回答问题，老师用一句"下节课我们还要更加具体地学习该怎样去帮助残疾人"带过，问题没有得到及时的反馈，不妥。

4. 老师的评价语言比第一次教学实践有进步，但还是有很多地方需要改进。

如在"听一听"环节，学生3说："只要努力，她什么事情都做得到。"学生4说："她没有放弃。"老师没有及时评价学生。当学生5说："只要你坚持，没有什么事做不到的。"老师立即追问"她这份坚持容易吗？"应该在追问前还加上一句对学生的评价。

成功之处：

1."演一演"环节，通过两位同学穿衣服的对比，学生们容易感受到残疾人的不容易。

请两位同学上台进行对比，让学生们直观地感受到残疾人生活的难处：穿一件外套对于普通人来说是非常容易的，很快就穿好了，而残疾人穿衣服，花了很长的时间，还是穿不好，穿一件外套这种看似很简单的事情，对残疾人来说是多么的困难！

2."看一看""听一听"环节在"演一演"的基础上由浅入深地引导，能让学生们体会到残疾人生活的艰难。

在原来看一看视频《坐轮椅的盛绍军》的基础上，增加了《高光被毁容后》的视频，另增加"听一听"环节，听《独腿女孩王睿》的故事，由浅入深、层层深入地引导孩子们体验、感受残疾人生活的不容易：难——很难——非常难——极其艰难……突破了教学难点，突出了教学重点，也让学生们懂得生命的可贵，在学生们的心田种下热爱生命、尊重生命、关爱生命、善待生命、珍惜生命的种子。

3."议一议"环节增加本校一个学生的视频资料，就地取材，更能激发学生们的关爱之情。

在原来的基础上增加我们自己学校一位双腿不方便学生生活的视频，他就生活在学生们身边，学生们看着很亲切。怎样去关心帮助他？学生们就能够设身处地地思考了。

第三次教学实践

教学目标

1.引导学生们了解残疾人的生活，懂得残疾人生活的艰辛。

2.引导学生们由浅入深地感受残疾人生活的不容易，学会尊重残疾人，关心残疾人，同时学习残疾人自强不息、奋发向上的精神。

3.融入生命教育，引导学生们认识生命、敬畏生命、尊重生命、善待生命、珍惜生命、热爱生命，培养学生们的健康人格，为学生们的生命健康奠基！

教学重难点

引导学生们体验、感受残疾人生活：不容易——很不容易——非常不容易——极其不容易！由浅入深，层层递进地引导。

教学准备

学生准备：查找资料，了解残疾人的生活，了解残疾人的一些感人事迹、励志故事等。

老师准备：录制视频、音频并用格式工厂、魔影工厂、视频编辑专家、音频编辑专家等软件进行合并、剪辑，制作PPT课件，准备同样的两件外套（学生秋季校服）。

教学过程

（一）做一做游戏《幸福拍手歌》，引入课题

老师播放《幸福拍手歌》的视频，带领学生们拍拍手、跺跺脚、拍拍肩。

刚才大家玩得很开心，我们的生活也很幸福，可是我们的身边却有一些人享受不到这份快乐、幸福，他们有耳却听不到美妙的音乐，有眼却看不到七彩的世界，有嘴却不能说出动听的话语，有手脚却不能跳出优美的舞蹈，大家知道他们是什么人吗？（残疾人）

眼睛看不见的、耳朵听不见的、不能说话的、肢体残缺的、智力发育有缺陷的，都是残疾人。

（引入板书课题：残疾人不容易）

（二）活动体验，感悟明理，指导行为

1. 演一演：扮演独臂人。

要求：请两名同学上台，请其中的一名同学右手夹紧身子，单靠左手来穿外套，右手不准帮忙，同时请另一名同学用双手穿外套。其他同学仔细观察，不准出声，用心体会。两人做好准备，老师喊"开始"两人动手穿衣。

请同学们谈感想：

扮演"独臂人"的学生：唉，这拉链老拉不上啊！陈蒙恩一下子就穿好了，我老穿不好！

另一个学生：我穿得非常快，很容易！

老师：其他同学想说什么？

学生1：残疾人穿衣服真的很困难！

学生2：如果有朋友来叫他出去玩，他穿衣服老半天都穿不好，朋友就会跟

别人去玩了。

老师：残疾人穿衣服都困难，那他们每天还要吃饭、洗脸……

学生齐答：做什么都难。

小结：残疾人每天的生活起居都很不方便，他们不容易！

2. 看一看视频，大家有什么感受？

视频1：坐轮椅的盛绍军为了生活，请人改装一辆摩托车接送客人赚钱度日，还要照顾年迈、卧病在床的奶奶。

请同学谈感受：

学生1：盛绍军叔叔真伟大！他手脚不利索，还要照顾奶奶。

老师：你看得真仔细，看到了他的手也不好使。

学生2：他很惨！不能像正常人那样可以站着走路，只能坐到三轮车上。

老师：他开三轮摩托车是为了什么？

学生齐答：赚钱！

学生3：他开三轮摩托车只能赚一点点钱，还要照顾自己的奶奶，生活很困难！

老师：你的体会很独特！

学生4：他买菜的时候不方便，买好菜，还要别人递给他。

老师：你观察得真仔细！

老师：刚才老师请同学上台体验独臂人穿衣服，只体验一次，而残疾人在实际生活中，他们天天、月月、年年都要这样，大家觉得他们的生活……

学生：他们的生活太难了。

小结：残疾人要照顾好自己的生活本来就有难处，可是他们还要工作，还要照顾家人，他们很不容易！

视频2：一位有名气的音乐人高光身体99%的部位被大火烧伤，成了"妖怪"，他极度地孤独、痛苦。

视频播放戛然而止，老师提问：高光叔叔跳海自杀了吗？（没有，如果他自杀了，今天就不会坐在电视机前给我们讲他的故事了）

他说他想跳海时，突然有一个声音在说不能死，大家猜一猜是什么声音？

学生1：奇妙的声音。

老师：什么奇妙的声音？

学生2：他儿子的声音。

学生3：他的妻子在喊他。

学生4：他的父母在喊他。

老师：怎么喊的？

学生4：儿子，别死！

学生5：不能死！

老师：人最宝贵的是什么？

生齐：生命！

老师：人最宝贵的是生命！每个人的生命只有一次！人死了，就什么都没有了！人死不能复生！这样奇妙的声音把高光从死亡的边缘拉了回来，他开始了新的生活！

同学们，刚才我们讲的残疾人的难处是我们看得见的，还有一些难处是我们看不见的，大家知道是什么吗？

学生1：别人觉得他像鬼一样，不敢与他接触。

学生2：他只能一个人在家里，孤独寂寞。

老师：你的体会很深刻！

学生3：他的妻子、儿子离开了他，他感受不到亲情。

学生4：他动了十几次手术才被救活。

学生5：他失业了，赚不到钱，以后的日子怎么过啊！

学生4补充：他不能自己调节体温。

老师：是啊，天气稍微热一点，他全身就会很难受。

小结：残疾人有些生活、工作方面的困难是我们看得见的，但是，还有一些难处是我们看不见的，比如内心的痛苦、恐惧、孤独等等，他们要忍受这些，非常不容易！

3.听一听独腿女孩王睿的故事，并思考：

独腿女孩王睿在一次又一次夺得金牌过程中，她会遇到哪些困难？她是怎样面对困难的？

展示独腿女孩王睿的图片资料，并播放画外音。请同学们回答。

学生1：王睿的假肢有三百多斤……

学生2：不对，是十六斤多。

学生3：六斤多。

老师：六斤多。

学生1：她的假肢有六斤多重，还要加倍地训练，她会很难受。

老师：你在用心体会。

学生4：假肢是直的，上楼梯非常不方便。（图片和语音里都没有王睿上楼的信息）

老师：你看得很仔细，也在认真思考。

学生5：假肢是直的，练习乒乓球很不方便。

学生6：练球时，假肢那里会痛。

学生7：上学时她要承受书包的重量，还要承受假肢的重量，很难啊！

学生8：她随身携带消毒药水擦洗伤口，又坚持练球，很疼很疼的。

老师：你的体会很独特。

学生9：她的右腿是假肢，不能正常走路，平常走路就很困难，更别说练习乒乓球了，要是我，接球都接不稳。

老师：真棒，还拿自己与王睿比。

老师：王睿白天练习乒乓球，晚上别人睡觉了，她还在练习乒乓球，夏天烈日炎炎，她要练习乒乓球，冬天，寒风凛冽，她还要练习乒乓球。假肢连接处都磨破流血了，别练球了吧！

学生1：不，她继续坚持着。

学生2：她不放弃，她不怕困难。

学生3：她很刻苦。

学生4：她很坚强。

老师：她腿很痛，但还是坚持，她为的是什么？

学生齐答：夺金牌。

老师：王睿一次又一次夺得金牌，为祖国争光！

小结：残疾人照顾好自己的生活本来就有难处，可是他们还要承受家庭、工作、生活的重担，还要忍受心灵上的痛苦，有的残疾人还要努力为祖国争光，在许多的困难面前，他们没有退缩、没有放弃，而是勇敢面对、坚强不屈，他们极其不容易！

残疾人的生活除了我们刚才讲到的这些困难，还有没有其他的困难呢？还有许多许多，怎样用一个词语来形容？（板书：困难重重）

4. 议一议。

小组讨论、交流：残疾人生活困难重重，极其不容易，我们能为他们做点什么呢？

请代表发言。

刚刚我们看到的这些残疾人都离我们比较远，我们来看看自己学校的同学吧,我们可以为他做点什么呢?

播放娄底市第八小学一个残疾同学的视频,请同学们说一说怎样帮助他。

这位同学的双腿先天就有残疾,但有的残疾人是因为后天发生重大事故而致残的,我国13亿多人口中,有8000多万是残疾人。身体健康第一重要!我们要保护自己不受伤害,也不去伤害别人,同时要主动去关心帮助残疾人,这样他们的生活才会更美好!

老师小结,完善板书。

下节课我们还要更加具体地学习怎么去帮助残疾人。

我们班上的同学都是很有爱心的孩子,我们的社会也在积极关心残疾人,如有许多的公共设施都是为残疾人设立的,人行道就专门设有盲道,我们学校的新教学楼也设立了盲道,还设有专门的残疾人厕所。

过渡:亲爱的同学们,残疾人的生活极其艰难,但他们顽强不屈、身残志坚,他们多么了不起啊!我们把赞歌献给他们!

(三)读一读:《生命的凯歌》

配乐深情朗诵,老师读一句,同学们读一句,然后下课。

六、课例研究的成效与反思

(一)通过"三阶段两反思"的课例研究,在小学道德与法治课中有效融入生命教育的策略、方法及注意事项有:

1. 首先老师要对自己高标准、严要求。

老师自己要做一个热爱生活、乐观向上的人,做一个珍爱每一个学生,珍视与学生相处的时光的人,做一个把生命教育当作自己重要工作职责的人!这就要求老师自己多学习、善于学习,占领生命教育理论的制高点,这样自己才能更具人格魅力,才能率先垂范,才能在教育教学实践中站得更高、看得更远!通过这次课例研究,我们教研组的全体老师在这方面达成了共识,同时老师们的教育教学理论水平、实践能力、课件制作技巧、教学软件的应用能力等得了切实的提高。

2. 深挖教材,因材施教。

老师们常说,教师要做到手中有书、目中有人、心中有教书育人的大目标。我们在备课的时候,要深入钻研教材,不仅要把握某一章某一节教学内容的精髓,还要清楚这一节内容在整本教材,乃至全套教材体系中处于何等地位,它的设计意图是什么,等等。然后要分析我们的教育对象——学生的认知特点、生活背景，设身处地地站在学生的角度，围绕教学目标去思考怎样以学定教，同时我们也要清楚地认识到教材只是一个范例，我们在确定教学思路时，要根据实际情况科学地处理教材。我在《残疾人不容易》第二次教学实践时，考虑到学生们的生活背景，他们很少接触残疾人，对于残疾人生活是怎样的不容易，很难理解、明白，这也是本节课的教学难点，我就对教材进行了适当的处理，对课本上的个别内容进行了删减，又另外增加了教材以外的内容，通过视频、音频、图片等具体形象的教学素材，让学生们的多种感官参与学习活动，学生们就能很容易地感悟到残疾人生活的艰难，这样就化难为易，很好地突破了教学难点，学生们学得轻松愉快。

3. 精心选材，优化教学。

为了取得良好的教育教学效果，我们还要根据关键点精选教学素材，优化教学设计。在《残疾人不容易》第二次教学实践中，我为了突破教学难点、突出教学重点，在业余时间搜集了大量残疾人生活的有关资料，特别是一个接一个地观看残疾人生活的视频，为的就是能从中选出具有代表性的资料，为教育教学目标服务。这一次，我精选了《坐轮椅的盛绍军》《高光被毁容后》《独腿女孩王睿》的视频、音频、图片资料，让教学过程一环套一环，层层递进，让学生们由浅入深地理解残疾人生活的困难重重，同时残疾人不向命运低头、做生活的强者的拼搏精神也潜移默化地影响着我们的学生。

4. 修炼课堂教学评价语言的艺术。

德国教育家第斯多惠说："教学的艺术不在于传授本领，而在于激励、唤醒和鼓舞。"当学生出错或答非所问时，老师要用智慧、幽默的话语来化解学生的尴尬，让学生能"体面"地坐下；表扬学生时要适度，不能任意夸大优点，同时注意表扬学生时要真诚、具体，让学生越来越自信；有时还要准确客观地指出学生需要改进的地方，让学生明白是非，在以后的学习中注意扬长避短。学生需要教师的激励、鼓舞！情真意切的评价，富有智慧的评价，会让学生们如沐春风，倍感温暖、自信！这样富有智慧、温情评价的课堂也将成为学生们生命健康成长的沃土。在这次课例研究实践中，我在努力这样做，但是还有很多需要改进的地方。冰冻三尺，非一日之寒，我还要不断地学习，修炼教学语言艺术。

5. 营造民主、和谐的师生关系。

科学与实践证明，6岁至12岁，是一个人一生发展最关键的时期，也是在德智体美劳方面打基础的重要时期。处于这个时期的学生，在个性、人格发展方面表现出来的突出特点就是模仿性强、可塑性大、意志力薄弱。民主、和谐的师生关系，能使小学生形成情绪稳定、自信心强、乐观向上等优良的人格特征；民主、和谐的师生关系，能让学生以愉悦的心情去主动地、生动地、快乐地学习，从而使课堂充满生机与活力。华特士说："我最尊敬的是那些公正、没有偏爱，出于一种更加全面的善意而爱所有儿童的教师，他将对每个儿童个性的珍爱与关怀同客观公正相平衡，以便同每一个儿童建立和谐的关系。"卢梭也曾说："我认为，教师应该是年轻的，而且，一个聪慧的人能够多么年轻就多么年轻，如果可能的话，我希望他本人就是一个孩子，希望他成为学生的伙伴。"课堂上我让学生们自己上台表演、亲身体验，让学生们谈观看视频的感受，让他们小组讨论可以为残疾人做点什么等。给学生们充足的时间与空间，让师生之间、学生之间平等对话、交流，共同参与、积极交往，同时老师真心实意地俯下身子来倾听每一个孩子的发言，充分相信学生们的能力，尊重他们的想法、观点，善于发现和充分肯定他们的闪光点，让学生们享受快乐课堂。

6. 重视生活化教学。

《道德与法治》课程标准指出："本课程遵循儿童生活的逻辑，以儿童的现实生活为课程内容的主要源泉，以密切联系儿童生活的主题活动或游戏为载体，以正确的价值观引导儿童在生活中发展，在发展中生活。"在《残疾人不容易》这一课中，我设计"演一演""看一看""听一听"这些"生活化"的教学内容，"做一做游戏""议一议该怎样帮助残疾人"等"生活化"的教学活动，并将课堂延伸到学生们实际的生活空间，从而建构"生活化"的课堂，引领学生们健康、积极、快乐、有爱心地生活。

7. 适当运用体验式教学策略。

体验式教学是一种符合时代精神和儿童身心发展特点的教学方式，让学生们在实践活动中，通过观察、实践、练习，对情感、行为、事物的内省体察，最终认识到某些可以言说的知识，掌握某些技能，养成某些行为习惯，乃至形成某些情感、态度、观念。美国休斯敦的一家儿童博物馆里有一句醒目的话：我听过了，就忘了；我见过了，就记住了；我做过了，就理解了。在《残疾人不容易》这一课中，我合理利用多媒体创设教学情境，设计"做一做游戏""演一演独臂人穿衣"，让学生们真实感受、体验残疾人的生活，吸引学生们积极主动地参与到学习中，融入情境中，激发了学生们的情感体验，深化了学生们的道德认知，培养了学生们的道德情感，从而影响学生们的道德行为。

8. 注意情感教学策略的运用。

在著名教育家李镇西老师看来，素质教育首先应是充满感情的教育；一个受孩子衷心爱戴的老师，也一定是一位最富有人情味的老师。而离开了情感，一切教育都无从谈起。

《残疾人不容易》这一课，除了营造和谐的师生关系、以爱生情，创设适当的教学情境、以境引情以外，在课堂结尾还引入了诗歌朗诵，达到了"随风潜入夜，润物细无声"的情感教育效果。让学生们在朗诵中感悟到生命的可敬可畏，培育学生们积极进取的人生观。我从这次课例研究中认识到，我们老师要发展自己的多种兴趣爱好，并用自己的专长为教育教学增色。比如，可以将书法、绘画、唱歌、戏剧表演、舞蹈、演讲、朗诵等艺术形式巧妙地用于道德与法治课教学，以便更好地融情于教、以情促学，升华学生们的情感，滋养学生们的内心世界！

（二）下次研究还应注意：

1. 重视研究老师教学语言艺术修养与生命教育的关系。

苏霍姆林斯基曾说："语言是一种最精细、最锐利的工具，我们的教师应当善于利用它去启迪学生的心扉。"老师的语言艺术修养与生命教育的成败息息相关，这方面我们在本次课例研究中还没有足够重视起来。

2. 重视研究老师课堂的应变、调控能力与生命教育的关系。

在"听一听"环节末尾，老师在进行小结时，适当地运用了煽情，"夏天烈日炎炎，王睿要练习乒乓球……"老师正讲到动情处，一个男孩突然插一句"晚上还有蚊子咬"，当时老师想在自己讲完这几句煽情的话后再来处理这个男孩的"多嘴"，可是老师讲完又马上进入了下一个环节的教学，后面就忘记了。这是对学生的漠视，是不尊重学生的表现，老师应该及时智慧地处理课堂的突发事件。

3. 应重视课堂多元评价。

在课堂上，不能仅仅是老师评价学生，还要科学有效地引入多元化评价策略，如学生自评、互评、小组集体评议等方式。适当引导学生自评，让学生学会自我反省，明白自己的优点与不足；在互评或小组集体评议时，要引导学生学会用欣赏的眼光看待同伴，多看别人的长处，找到自己的不足，从而激励学生们共同发展。

娄底市第八小学　陈爱莲

才气是长期的坚持，才气是翻山越岭的征服

六月的童话校园，层层绿叶展开怀，无数鲜花尽芬芳。喜逢高考吉祥日，在这个特殊的日子里，中连乡中心小学校长、小学品德与社会（道德与法治）名师工作室首席名师刘红霞，以敲砖的方式进行名师工作室课例研讨活动，来自冷水江

组的十多名工作室成员和中连乡中心小学的老师们纷纷赶来观摩学习。

刘校长为大家示范的课例为五年级《品德与社会》之《中国制造》。《中国制造》是第五单元《商品带你看世界》第三课的内容,从中国商品对全球经济的影响的角度,帮助学生认识中国经济的发展情况,让学生懂得中国经济是世界经济链上的重要一环,从而唤起学生的自豪感和责任感。

非常抽象的课程内容,遇上见识较少的农村孩子,这是对上课教师的一种高难度挑战。然而,才气就是长期的坚持不懈,才气就是翻山越岭的征服,有才气的刘校长完成了这次挑战。

一、才气尽在课堂教学中

（一）美化自己

1. 形象美；2. 语言美；3. 板书美；4. 思维美。

（二）趣为学生

找到激发学生学习兴趣的兴奋点,把课堂变成师生平等的互动舞台,而不是把老师和观课教师视为高高在上的存在。学生的心情放松了,课堂气氛自然亲切了,学习效果更不用说。例如,提问观课教师的车是什么品牌等。

（三）活备课堂

1. 活备课前。

多媒体课件制作精美实用,说服力、感染力极强；课前让学生在家里完成"寻找中国制造品牌"任务；在网上搜集世界品牌排名表。例如,把冷水江锑都中路品牌店店门照片请进课件。

2. 活备教材。

深研教材,走出思维定式,把自己置身于学生的生活实际,思学生所想,行学生所为,把抽象的课程拉到了学生的现实身边,并以身试教,博得了学生的信任,化难为易,让学生掌握了本堂课的精髓。例如,向学生出示中国制造的包、衣服等。

（四）法现灵魂

法是教学方法,法是"道德与法治"。在教学中,刘校长将教学方法寓于活动之中,努力使教学走进生活、贴近学生,创设开放、互动、活泼的教学情景,营造自由、民主、愉悦的课堂氛围,给学生充分参与的机会,并且通过山寨产品的展现让课堂和"道德与法治"紧密而巧妙地相融，引导他感受中国对世界经济做出的贡献，培养法治观念，增强爱国主义热情。

刘校长的课例研讨课如一缕清风，吹拂着我们的心田，触动着我们的神经，让我们收获颇丰，感慨良多。

课后，名师工作室冷水江组全体成员进行了火热的研讨，达成了心与心的交流。组员们发言积极，人人有见地，个个有设想。最后，我们将问题落在如何站在农村教育的起点，蹲下来与农村孩子对话，如何将道德与法治的课堂有效地与农村孩子的生活对接上。我想，这就是我们工作室下一个需要研讨的大课题。

研讨如山涧涌出的股股清泉，流进了研讨者的心田，滋润着新生的力量，是那样的自然和舒坦，饱满和营养。

二、工作室成员如是说（纪要）

王黎明：这是一堂原生态的课，这堂课让我们感受到了传统文化与学科的融合，感受到了道德与法治与其他学科的整合。整堂课体现了思品课的特点：从生活中来又到生活中去，用平实的事实激发学生的情感。

李果：本堂课的设计，有三个问题值得商榷——课堂上能否把中国制造的商品凸显出来？如何让孩子在课堂上有视觉的冲击感？课堂环节中的"怪事件"能否进行更充分的引领？

杨鸣鸣：刘校长的课值得我们学习，尤其是情感态度、价值观方面的教育引导很到位。但五百强的东西讨论得有些多，可以删减一部分，这样，课堂就更完美了。

李秀辉：课堂容量太大，学生有点赶不上老师的思路。另外，小组合作要给学生留足时间。

罗雄：我个人认为，可以把老师生活经验的交流环节插入课堂教学中，比如：我们冷水江市老百姓亲手制作的特产麻辣，因为口味好，已经销往全国各地。

周述齐：刘校长的课，我最喜欢的是导入，她设计的是从家里的吃、穿、住、行引出中国制造这个课题，这非常恰当，因为，对于见识少的农村孩子来说，最熟悉的身边事物最能引起他们的学习兴趣。

刘巧妹：以前，我只会根据教材按部就班地上课，今天，听了刘校长的课，让我学了一招——要有资源意识！我们要注重积累生活和学习中的教育教学资源，只有不断地积累资源，才能丰富我们的课堂教学。

潘红：刘校长的课令我很震撼，让我明白了上好一堂思品课并不是一件容易的事情，需要平时的观察与思考、总结与提升。

黄波：搜集资料很重要。我昨天上了一节课，由于没有做好充分准备，结果上不下去了！所以，要向刘校长学习，合理地开发资源，多渠道、有效利用资源来为教学目标服务。

潘佩兰：刘校长的精神感染了我，整堂课可总结为四个字："美""活""法""味"。"美"，板书美，人美，语言美；"活"，教材死，上活了，刘校长的课紧密联系生活实际，让学生感受到品牌就在我们身边，课后，学生就会不由自主地去关注课上的内容了；"法"，方法与法治，本堂课设计得非常到位，法治意识强，起到了很好的法治教育的作用；"味"，师生互动自然，恰到好处，活跃了课堂气氛，增强了师生情感交流。

唐丽江：今天我迟到了，但从我听的大半节课来看，真是受益匪浅。我最喜欢的是，刘校长在课堂上的肢体语言优雅到位，语言的表现具有很强的感染力。

黄小柳：建议增设一个环节——猜品牌的游戏。

杨尊东：刘校长制作课件的技术水平越来越高了。整堂课以学生与学生、学生与教师之间的"对话""讨论"为出发点，以互助合作为手段，以解决问题为目的，让学生在一个比较宽松的环境中自主选择获得成功的途径，发现自我价值，很不错。

吴兆辉：建议从学生生活中接触到的商标来了解什么是品牌，和学生一起认识商标，再进一步认识品牌。

三、刘校长精彩总结

最后，刘校长对大家的集思广益表达了感谢，并整合了大家的意见与建议：课堂容量不宜太大，课程辅助资料要精选，进行资源的合理取舍；要联系生活，从学生生活实际入手；可以融入家乡特产的创造；课堂的互动可以有师师互动、师生互动和生生互动；巧妙地将法治知识融入课堂；上示范课如何选材，重点是找一个点来进行拓展教学等。这对我们以后如何上好一堂道德与法治课有很大帮助。

四、沐着红霞一路奔跑

名师工作室的成员每次相聚，都是这样地笑靥如花，散发着由内而外的美！因为，他们的每一次相聚都是怀着期望而来，带着收获而归！

才气就是长期的坚持，才气就是翻山越岭的征服。此次课例研讨活动，不仅让我们感受到了工作室首席名师刘红霞的和气、朝气、才气……更让我们感受到

思政教育在路上

了上好一堂道德与法治课的重要性和挑战性!

　　亲爱的小伙伴们,迎着朝阳、沐着阳光,让我们一路奔跑,翻山越岭,向最美的地平线出发!

冷水江市中连乡中心小学　潘佩兰

第四篇 探索项目驱动和工作室的社会化路径

《荀子·君道篇第十二》中载："法者，治之端也；君子者，法之原也。"统编教材《道德与法治》以培育和践行社会主义核心价值观为主线，以宪法教育为核心，融入国家意志、中国基因、儿童立场、世界眼光，以良法善治引领正确的价值导向，立德树人。中华传统文化源远流长、博大精深，是社会主义核心价值观教育用之不竭的教学资源宝库。基于此，我们工作室开展了"基于儿童本位的传统文化序列化创编研究"，以项目驱动的方式把与孩子们生活息息相关的法治知识、社会主义核心价值观内容及金融知识等创编成儿歌，拓展延伸了道德与法治教材中的中华优秀传统文化教育内容，让孩子们轻松愉悦地诵读吟唱，在属于自己的文化世界中敞开心胸，自由自在地发展！

第一章 项目驱动，助工作室之"力"

童谣是什么？童谣就像压缩饼干，融合了中国传统文化的优秀成果和世界优秀文化的传统因子，它的文化含量和道德含量都非常高。而且童谣浅显生动、韵律响亮、诙谐风趣的表现特点，贴近儿童心理与兴趣点。所以传唱好童谣有利于将中华优秀传统文化、正确的价值观念悄然根植于孩子们的内心，引导孩子们形成健康、积极的认知。基于此儿童立场，工作室在国家一级编剧申大局先生的指导下，将抽象的法治知识、社会主义核心价值观及金融知识等创编成孩子们喜闻乐见的童谣样式，拓展延伸了道德与法治教材中的中华优秀传统文化教育内容，让孩子轻松愉悦地诵读吟唱，在属于自己的文化世界中敞开心胸、自由自在地发展，有效地接受教育。

法治知识进校园创编儿歌

（一）记住这些标志

1. 党徽：一把小锤头，一柄小镰刀，交叉在一起，金光在闪耀；缀在红旗上，党旗飘啊飘。

2. 国徽：红绸舞，齿轮转，金色谷穗绕一圈。天安门，在里面，五颗金星缀中间。红底色，金图案，中国国徽真好看。

3. 法徽：小小法徽圆又圆，法官佩戴在胸前。齿轮圆，谷穗弯，华表矗立正中间。一只天平双臂展，公平公正执法严。

4. 检徽：检徽像个大盾牌，五颗金星放光彩。万里长城当底座，一束橄榄两分开。检察官，胸前戴，承担监督执法来。

5. 公安局：公安局，挂国徽，震慑邪恶扬国威。保护一方安和乐，打击违法和犯罪。

6. 法院：人民法院秤一杆，公正行使执法权。罪大恶极遭审判，民事纠纷调解圆。

7. 检察院：检察院，把关严，司法监督铁门槛；不叫坏人脱法网，不让好人受屈冤。

8. 纪检委：纪检委，违纪检，党内监督执法严；管住党员不违规，为党插牢铁门闩。

9. 法官：法官法官，依法判案；法袍一穿，罪犯软瘫。

10. 检察官：检察官，检察官，监督法院和公安；双手捧着橄榄枝，盾牌挡住邪和偏。

11. 律师：律师律师懂法律，不叫法律有偏激；法庭帮人打官司，免得人犯坐冤狱。

12. 法袍：大法官，穿法袍，黑的袍子红领条；黑色是张包公的脸，红色是法心不动摇。

13. 法槌：法槌一声敲，罪犯吓一跳；魔鬼头低下，正义拍手笑。

14. 监狱：大高墙，铁丝网，专把罪犯往里装；丢进监狱没自由，谁犯国法谁遭殃。

15. 警服：警察服，藏青色，要对邪恶有震慑；警察服，挂盾牌，护卫百姓平安来；警察服，大盖帽，盖住罪犯跑不掉。

16. 警车："嘀儿嘀儿"喇叭鸣，警车开过走匆匆；蓝字白车一溜风，风雨无阻去出警。

17. 警衔：警察叔叔扛盾牌，盾牌上边警花开；警监警督和警员，警衔都从花中来。

18. 消防车：消防车，穿红袍，好像一团红火苗；防火救火打冲锋，哪里有灾哪里跑。

19. 信号灯：十字街头横杆上，卧着一只猫头鹰。猫头鹰，眨眼睛，一会儿绿来一会儿红。绿眼眨，人车行，红眼眨，人车停。为啥都听猫头鹰？因为那是信号灯。

20. 斑马线：斑马线，一道道，横在街头像小桥。乱穿马路不安全，小桥才是人行道。

21. 交通标线：进城去，用目瞧，路上画满白线条。白线条，一道道，指示行走的交通标——机动车道的给车跑，斑马线条的给人行；马路中心一道线，划出上下行车道。

22. 警告标志：惊叹号，一出现，人行车走要放慢；危险路段事故多，小心谨慎四下看。

23. 禁令标志：禁令标志打个叉，人车看见快停下；不许转弯和调头，更不许逆行把车驾。

24. 指路标志：行路标志看路牌，大街小巷标明白；顺着箭头方向走，好比向导把路带。

（二）了解这些常识

25. 首都：人身上，有心脏，心脏天天在跳动；心在跳，人在长，生命放光明。咱中国，有心脏，心脏就是北京城；北京城，是首都，爱在咱心中。

26. 国旗：大红旗，红彤彤，五颗金星放光明；国旗国旗我爱你，把你升到半空中。

27. 爱护国旗：国旗国旗我爱你，天天向你行队礼；风吹你，雨浸你，我用目光温暖你；云飘你，雾遮你，我用歌声萦绕你；绳牵你，手托你，我用心儿爱着你。

28. 国歌：东方红，太阳升，国旗迎风扬；义勇军，进行曲，我们天天唱；国歌啊萦绕国旗飞，国旗啊伴着国歌扬。

29. 国籍：我有名，我有姓，我有国籍我有宗；我们的国籍是中国，三皇五帝是祖宗。

30. 民族：我们的国很大，名字叫华夏；国土九百六十万，泱泱大中华。我们的家很大，谁也大不过咱；五十六个民族姐妹，五十六朵花。

31. 领土：中国的领土广，中国的领土大，九百六十万平方公里好大的一个家——北疆到漠河，南疆到三沙，东到台湾岛，西到喜马拉雅。长江黄河两道水，流过咱的家。

32. 姓名：生个娃，添个丁，要有自己的名和姓；户籍册上要上户，许多部门要服务；有了姓，有了名，你和社会才相融；姓名权，很神圣，名字都要用一生。

33. 报警电话：消防车，快快走——火警电话119；救护车，快快行——急救电话120；出警车，急匆匆——匪警电话110；这些电话全天通，随时拨打有人应。

34. 防地震：地震来，快躲避，跑向户外开阔地；跑不及，躲床底，被褥裹身头朝里；卫生间里也可去，暂时避过危险期。

35. 防火：蜡烛蚊香别靠窗帘，室内电线别乱牵；家用电器要严管，插头开关要规范；灯泡别挨可燃物，找东西最好用手电。

36. 火灾自救：关门窗，断火路，湿毛巾，把嘴捂；蹲下身，避烟雾，匍匐爬，到门口。电梯不许乘，床下不可入，别从窗口往外跳，人为造成大事故。

37. 防盗：出家门，关门窗，走路不走偏僻巷；乘车看好钱和物，兜里带钱要分装；不在车上打瞌睡，最好坐在前车厢。

38. 防骗：走散了，找警察，陌生人，别搭话，记住父母的手机号，不认识的车辆不要搭。

39. 食品安全：吃零食，坏习惯，中毒发病概率高；三无食品不可食，过期食品快扔掉；变质食品易致癌，腌制食品也不好；烧烤冷饮要节制，伤胃害牙是根苗。

40. 爱护小鸟：小麻雀，喳喳喳，小黄鹂，恰恰恰，小布谷，咕咕咕，小乌鸦，哇哇哇——小鸟小鸟真可爱，唱起歌来美佳佳；好娃娃，爱小鸟，常让小鸟来咱家。

41. 系好安全带：小轿车，跑起来，人在座上晃又摆；自觉系好安全带，旅途平稳又愉快。

42. 不闯红灯：十字街头有法眼，红眼瞪得大又圆；谁敢大胆闯过来，记过扣分又罚款。

43. 骑自行车的年龄：十二岁前别骑车，骑上车子危险多；遇到险情避不过，手忙脚乱出车祸。

44. 四季交通安全：春季里，多下雨，细雨绵绵道路泥，车轮容易打滑溜，横过马路要仔细；夏天容易下暴雨，都为躲雨奔忙急，横穿马路要注意，别让车辆碰着你；秋季到来天凉爽，放飞风筝好时光，要放去到旷野上，千万别在路上放；冬天来了雪花飘，要戴帽子和口罩，别让口罩遮住眼，预防路滑和摔跤。

45. 排队上车：上车要排队，不要挤和推；遇着老年人，主动让个位；礼貌上下车，文明不违规。

46. 不吃垃圾食品：路边小摊，食品摆满；色彩鲜艳，包装简单；垃圾食品，缺少监管；小商小贩，推销赚钱；小孩小孩，不要嘴馋。

47. 安全走路：走路要走人行道，不在路上追打闹；走路应该靠右行，不看手机不飞跑；不骑快车不抢道，转弯慢行看信号；乘车坐稳手扶好，不在车内蹦又跳。

48. 汽车上的眼睛：汽车上，多眼睛，它们各有各的用——前头两只大眼睛，放出远光照路程；还有两只小眼睛，为照近处放光明；车尾也有俩眼睛，一闪一闪红通通，这是两盏刹车灯，眼睛一睁车要停；还有两只白眼睛，它给车子发命令："倒车，请注意！"原来是两只倒车灯。

49. 酒后别驾车：劝阻爸爸和妈妈，酒后驾车是犯法；他们谁若不听话，拔掉钥匙不给他。

50. 维护权益：买来一支笔，下笔不流利；赶快去商店，要求换或退；不要忍着气，干吃哑巴亏；从小会维权，利益不被损。

（三）懂得这些知识

51. 宪法：什么大？天地大。它把天地来管理。什么大？国家大。它把国家能装下。是什么？是宪法。管天管地管国家。大宪法，宪法大，治理国家全靠它。

52. 公民：公民，就是社会的每一个人；公民就是大家，大家就是公民；别看我年纪小，也是小公民；公民的权益我有份，公民的义务我要尽；国家法律要遵守，做个守法的好公民。

53. 公民的义务：作为国家公民，义务牢记心里——搞好民族团结，维护祖国统一；遵守法律法规，保守国家机密；爱护公共财物，遵守劳动纪律；尊重社会公德，遵守公共秩序；依法交税纳税，义务照服兵役。

54. 未成年人：不满十八未成年，法律保护生存权。生命医疗和保健，包括生活各方面；衣食住行够条件，人身财产不许侵犯。

55. 生命权：草结籽，蛾产卵，树木开花果结满。生生不息延生命，一辈一辈往下传。儿在娘肚里，已有生命权，必须受保护，不许受摧残。

56. 肖像权：圆圆小脸蛋，黑黑小发辫，长得真好看，人人都爱见。但是要拍照，就有肖像权。

57. 生活保障权：生活保障权，包括吃住穿——食物要充足，住房要温暖，穿着要好看。

58. 隐私权：小小孩，未成年，依法也有隐私权。记日记，写观感，别人不许随便看。

59. 受教育权：小燕子，学衔泥；小鸡雏，学啄米；小猫咪，学捕鼠；小牛犊，学拉犁；小孩也要受教育，六岁入校去学习。通过学习长本领，受教育权属于我和你。

60. 选举权：举拳头，画圆圈，我想选谁我说了算；打对勾，打叉号，我愿选谁我当家。这是我的选举权，信任谁我就把谁选。

61. 被选举权：班里定班干，老师让海选；全班四十人，都有被选权；大家来投票，计票表心愿；唱票画"正"字，写了一黑板；团员王小燕，票多当了选。

62. 监护权：监护权，不一般，义务监护未成年。既管吃喝拉撒睡，也管上学把书念。还管医疗和保健，管到十八才算完。

63. 财产权：谁出钱，谁得物，谁盖房，归谁住。谁的财产谁拥有，全权使用或处置。甲写了一本书，乙画了一幅画，就有了著作权，一辈子拥有它。你设计了一款车，他发现了一种花，就有了发明权，谁也别占用它。著作权，发明权，知识产权是一家；谁拥有，谁占有，谁才有权处置它。

64. 非婚子女：非婚生子女，不得遭遗弃，同样也是宝，大家都爱你。不管小妹妹，还是小弟弟，都有生命权，法律保护你。

65. 后爸后妈：夏花和秋花，一样都是花；虽没春天开，同样放光华。后爸和后妈，一样是爸妈；只要爱宝宝，宝宝也爱他。

66. 孤儿：失去爸爸和妈妈，照样可以有个家——爷爷奶奶可抚养，也可去哥哥姐姐家；外祖父母也有义务，还有叔伯舅姑姨妈妈。

67. 压岁钱：过春节，度新年，宝宝挣来压岁钱。压岁钱，不乱花，宝宝藏进储钱罐；自己的钱财自做主，花钱宝宝说了算。

(四)具备这些胆识

68. 反对校园暴力：大同学，耍蛮横，恶鼻瞪眼逞威风；当老师，不文明，随便体罚小学生。校园暴力得消除，教学才有好环境。

69. 抵制家暴：爸爸爱喝酒，酒后就发飙；不是打妈妈，就是打宝宝。爸爸施家暴，强大欺弱小；告到居委会，让他做检讨。

70. 保护残疾儿童：瘸弟弟，盲妹妹，身有缺陷心自卑。常常遭白眼，暗暗掉眼泪。老师多鼓励，同学多安慰，残疾小弟妹，再也不伤悲。

71. 远离邪教：邪教是女巫，教人走邪路；什么全能神，全是糊弄人。哈哩噜,哈哩噜,别听它瞎胡诌!砸了多少锅,倒了多少灶,要是着了魔,家庭都不要。噜哩哈,噜哩哈,再别听它讲鬼话!

72.拒绝毒品:毒品是个马蜂窝,谁沾惹它谁肇祸。毒品是个老虎口,它叼住谁别想走。毒品是条大毒蛇,大家千万别招惹。一不尝,二不瞅,不和瘾君子交朋友。

73.尊重自己:人活脸,树活皮,人人都要爱自己;爱劳动,爱学习,才有好的评价你;爱帮人,爱集体,你爱人人爱你;先要学得尊重人,别人才会尊重你。

(五)别干这些事

74.旷课:旷工不是好工人,旷课不是好学生。父母送你把学上,旷课缺课万不能。

75.夜不归宿:夜不归宿坏习惯,搅得大家睡不安——家长找,老师寻,一人丢失惊四邻;民警叔叔更艰辛,歌厅网吧挨门进。

76.打架斗殴:打架斗殴,大打出手;鼻青脸肿,头破血流。影响了团结,记下了冤仇;住进了医院,伤心了父母;耽误了学业,还把人丢。

77.勒索财物:大同学,不讲理,欺负妹妹和弟弟;讨用的,讨吃的,不给就要恐吓你。别人东西归了己,厚颜无耻笑眯眯。

78.小偷小摸:人有两只手,吃穿样样有。有个大懒虫,多出一只手。文具不去买,得来全靠偷。人人唾弃他,防着"三只手"。三只手,三只手,多了一只手,失掉了好朋友。

79.毁坏公物:桌椅板凳墙壁树,都是公共财和物,刻画伤毁不应该,公共财产要爱护。

80.赌博:赌博是个无底洞,掉进洞里要人命。越赌心越贪,越赌手越空,不

第四篇 探索项目驱动和工作室的社会化路径

想输,只想赢,最后亏个大窟窿。大窟窿,谁来补?还得父母来填平。

81. 传销:传销是条拴狗链,拴到链上逃不窜。小娃娃,躲远点,千万千万别去沾。回家劝阻爸和妈,有钱也别上狗链。竹篮打水一场空,上当受骗喊老天。

82. 看黄色读物:黄色读物太肮脏,就像一个垃圾箱。乌七八糟不忍看,看了身心都受伤。眼会瞎,头会懵,走路就会迷方向。腿没力,脚踩空,跌下悬崖把命丧。

83. 进歌厅:歌舞厅,有禁忌,未成年人不许去。灯红红,酒绿绿,氤氲一股脂粉气。小娃娃,长身体,身心需要添活力。歌舞厅里泡下去,只能泡成个大虾米。

84. 网瘾:不学习,恋网吧,三天三夜不回家。不知饥,不觉乏,浑身上下直发麻。头脑一片白,眼睛冒金花,扑通身倒下,脸色像乌鸦。忙叫救护车,快往医院拉。

85. 早恋:花开早了不鲜,果摘早了不甜,月出早了不亮,人恋早了不健。娃娃十二三,读书正当年;千万别早恋,白白误时间。

86. 哥们义气:同学间,真友谊,团结互助在一起;你帮我,我帮你,共同进步促学习。铁哥们,银闺蜜,比吃比喝比穿衣;讲侠义,犯纪律,江湖义气要不得。

87. 离家出走:小娃娃,心太憨,一怄气,把脸翻。嘴一噘,身一转,离家出走再不见。其实这样很危险,不知到处是深渊。许多小孩被拐卖,再想回来难上难。

88. 起绰号:爱给同学起绰号,别当只是开玩笑,是对他人不尊重,侵犯人权失礼貌。

89. 嘲笑同学:同学身体有缺陷,自尊已经受摧残,你偏拿他当笑料,当众嘲弄胡调侃。起外号，学语言，拿人痛苦当笑谈。不知自己也残疾，身体不残心儿残。

90. 偷看别人日记：日记日记，个人信息；不能公开，只许保密。偷看人日记，自己找乐趣；侵犯人权，违法乱纪。

91. 生日宴：小娃娃，不挣钱，还给大人添麻烦；过生日，也摆阔，饭店里头请几桌；同学们，都叫来，都得父母出钱财；你请我，我请你，全给饭店创效益。

92. 赶时髦：染怪发，穿名牌，千元买得一双鞋；抹口红，搽香粉，高价去买化妆品；只要自己能装酷，不管父母多辛苦。

93. 不爱劳动：不刷碗，不洗筷，不抹桌子不买菜；不拖地板不洗衣，吃饭等人喂进来；四体不勤当少爷，气得大人鼻子歪。

94. 家庭小皇帝：好吃的，给我吃；好穿的，给我穿；空调机，对我吹；电视机，我霸占。我是家里的宝贝蛋，一切由我说了算。爷奶爸妈靠边站，统统都得围我转。

95. 不懂礼貌：坐公交，抢位子，对长辈，喊名字，见人不知打招呼，人都说他是傻子。

96. 乱写乱画：好好课桌上，刻下许多印；白白光墙壁，画写小小人。公物受损害，让人好痛心；破坏环境美，行为实在蠢。

97. 横行霸道飙飞车：比输赢，大街小巷胡横行；见红灯，也敢闯，交警拦阻也不停；嘻嘻呵呵一窝蜂，堵塞车辆走不成。

98. 偷瓜摘枣：果有树，瓜有园，都是农民责任田；一年辛苦一把汗，换来瓜熟果子鲜。小娃娃，嘴儿馋，月下钻进瓜果园；偷摘瓜果几箩筐，不劳而获味不甜。

99. 考试舞弊：平时不努力，考试靠舞弊；学个三只眼，偷偷看邻居。做夹带，扔钱币，答案写了一胳臂。南郭先生显了形，看你着急不着急？

社会主义核心价值观创编儿歌

(一)富强(11 首)

1. 祖国在腾飞

"神舟号",上太空,"和谐号",插翅膀,"蛟龙号",下大海,"辽宁号",去巡洋。我们的祖国在腾飞,一天更比一天强!

2. 中国彻底变了样

风儿舞,鸟儿唱,新天新地新气象。大江南北看一看,到处都是大楼房。土墙瓦屋再不见,中国彻底变了样。

3. 追赶强国梦

轰隆隆,轰隆隆,高铁飞驰一阵风。还没来得及眨眼睛,转瞬南京到北京。穿戈壁,跨雪峰,列车开进拉萨城。中国高铁联成网,快步追赶强国梦。

4. 两条龙

大海上,两条龙;水底跑,水上行。一条大隧道,一条长桥孔;连通港珠澳,牵手中国梦。

5. 高速公路

高速路,像蛛网,运输车,在奔忙。载着祖国大步跑,一日千里奔前方。

6. 立交桥

立交桥,像旋风,把城市旋到半空中。立交桥,像彩虹,车在天上看风景。立交桥,像个梦,把我带进童话中。

7. 中国在领跑

北京有个大鸟巢,聚来八方大鹏鸟。体育托起强国梦,大鹏展翅逞英豪。鸟儿飞,谁领跑?中国站在第一道。

8. 网络时代

人人有手机,家家有电脑;说话用微信,搜索用鼠标。沟通发短信,购物网上淘;网络真奇妙,架起幸福桥。

9. 小康生活

住的别墅楼,穿的羽绒袄,坐的小轿车,吃的肉奶糕。冷了供暖气,热了开空调,电视一打开,天下全知道。乐了去唱歌,兴了跳舞蹈,小康生活好,日子乐陶陶。

10. 天堂是家乡

星光光,月光光,星月光光在天上。上天上,看月亮,祖祖辈辈是梦想。神舟号,本领强,一鼓作气冲天上。会嫦娥,拜吴刚,天空成了咱家乡。

11. 小鼠标

小鼠标,本领大,电脑忒听它的话。点击一下门开了,点击两下出图画,点击三下看电影,点击四下看天下。你想看啥就点啥,点啥电脑都应答。

(二)民主(11首)

12. 民主是个宝

民主是个宝,处处少不了。有她团结好,没她乱糟糟。

13. 人民代表

人民代表,光荣称号;通过选举,才能当了。当了代表,责任不小;不能学坏,只能当好。

14. 人民大会堂

北京人民大会堂,五星红旗迎风扬。人民代表开大会,国家大事细商量。大家的事情大家办,人民当家做主人。发扬民主好传统,人民江山万年长。

15. 选举权

十八岁，人成年，成人就有了选举权。也和爸妈一个样，能够自主来发言。

16. 选票

小选票，四方方，拿在手里千斤重。画叉号，打对号，一笔一画不轻松。

17. 选举日

选举日，办大事；举拳头，画圈子。自己的事情自做主，一点一滴不马虎。

18. 选班长

小拳头，举起来，大家举手来表态：选他的，请举手，不选的，手别抬。小巴掌，拍起来，大家鼓掌来表态：同意的，拍拍手，反对的，手别拍。

19. 爱问"好不好？"

班主任，赵小桃，总是爱问"好不好？"去春游，去秋游，她问："都去好不好？"小组长，课代表，她说："海选好不好？"她越问："好不好？"我们越觉老师好！

20. 快乐的森林

小鹿你来跳，小兔你来跑，动物运动会，不论低和高。小熊献才艺，小猪抖笑料，森林演唱会，都来唱和跳。

21. 猴子落选

山中无老虎，猴子逞霸道，森林演唱会，他要当编导。唱又不会唱，跳也不会跳，大家一投票，把他选掉了。编导谁来当？小小百灵鸟。

22. 爸爸下台

爸爸生来脾气暴，人送外号"冲天炮"。对错自己说了算，把家领得乱糟糟。养鸡不下蛋，栽树不长苗，全家眼看要倒灶。奶奶怨，爷爷恼，弹劾爸爸呼声高。妈妈召开家庭会，勒令爸爸作检讨。"冲天炮"，认错了，低头变成了"哑眼炮"。爸爸转身哪去了？咦！偷偷跑去学电脑。

(三)文明(13首)

23. 弯弯腰

小树抚我弯弯腰,我和小树一样高;妈妈抱我弯弯腰,我和妈妈一样高。我抱小狗弯弯腰,小狗和我一样高;我向小草弯弯腰,小草和我一样高。只要都肯弯弯腰,大家都是一样高;只要人人讲礼貌,社会变得更美好。

24. 不上树

一棵树,三个杈,娃娃上树掏老鸹。舅舅骂,妗妗打,姥姥过来拉一把:"小鸟也有它的家,不许上去扰害它!"

25. 爱心车

公交车上乘客多,座位不够大家坐。小朋友,站起来:"爷爷您请坐!"大哥哥,站起来,座位让给瞎婆婆。车上的乘客笑呵呵,都说这是爱心车。

26. 红云彩

小红帽,戴起来,红马甲,穿起来,红袖标,别起来,小旗子,摇起来,街头一片红云彩。又值岗,又指路,疏交通,车不塞。红云彩,哪里来?退休的,老奶奶,来做义工走上街。

27. 垃圾分类

垃圾箱,排排放,箱子颜色不一样。垃圾袋,不乱扔,绿箱盛厨余,蓝箱放纸张。垃圾分类来投放,变废为宝有用场。

28. 文明靠大家

要爱树,要爱花,不涂抹,不乱画;车子不乱放,口不讲脏话,烟头不乱扔,遇事不吵架。城市是咱的家,文明靠大家。

29. 养成节俭好作风

旧衣服,洗干净,旧鞋子,不乱扔。穿在身上照样暖,穿在脚上照样行。不图虚荣不摆谱,养成节俭好作风。

30. 好仪容

辫子梳光光，衣服穿净净，见人微微笑，走路挺起胸。脸上不搽粉，也是好仪容。

31. 广场舞

王阿姨，李奶奶，退休在家不痛快，一起去跳广场舞，觉得越活越精彩。

32. 文化大院

文化大院里乐呵呵，又舞狮子又唱歌，幸福没有双休日，一年四季都快活。

33. 爸爸别抽烟

爸爸别抽烟，抽烟讨人烦。小狗不爱闻，小猫不爱见。猫狗都走了，宝宝跟谁玩？爸爸别抽烟，抽烟惹人厌，不倒翁熏倒了，布娃娃合上了眼，玩具们都不理我，宝宝好孤单！

34. 家风

住的单元楼，吃的精粉面，蔬菜超市供，兜里不缺钱，爷爷为什么，依然种农田？穿的品牌服，用的名家电，衣食靠网购，省时又方便，奶奶为什么，依然做针线？我去问爷爷，爷爷乐颠颠；我去问奶奶，奶奶笑满眼。这是咱的家风，俺们早习惯！

35. 远离毒品

什么毒？毒蛇毒。毒品比毒蛇还要毒。吸毒把全家都榨干，把自己吸成个病骷髅。

(四)和谐(10首)

36. 荷蟹图

水中一片大荷叶，叶上一只小黄蟹。小蟹像朵小雏菊，荷叶像只大绿碟。黄花开在绿碟里，荷蟹荷蟹真和谐。

37. 和谐好

和谐好，和谐娇，红掌、清波、白羽毛；和谐好，和谐妙，流水、人家、小石桥；和谐好，和谐俏，秋草、长空、鸿雁叫；和谐好，和谐嫽，青天、翠柳、黄鹂鸟。

38. 好邻居

兔子和鼹鼠，两家作邻居；从来不吵架，相处很甜蜜。鼹鼠会打洞，挖穴不惜力；兔子力气大，重活全扛起。找到好吃的，互相传过去。鼹鼠爱唱歌，兔子会吹笛。同演一支歌，比赛得第一。大家都夸赞：一对好邻居。

39. 沙尘暴不见了

天变亮，地变绿，河变满，林变密。沙尘暴，暴不起，躲进山洞无声息。

40. 烟囱变成喜鹊窝

花喜鹊，创意多，想选高枝儿做个窝。选古槐，住腻了；选杨树，怕枝折。选来选去不中意，见根烟囱好巍峨。治理环保早废弃，顶上做窝真不错。忙捡树枝把窝做，烟囱变成了喜鹊窝。

41. 山水相依

山中水，水中山，山水相依真好看。山中有水才灵动，水中有山才丰满。山水做成一幅画，挂在青山绿水间。山下水，水上山，山水依托紧相连。山根扎在水底下，水托青山向蓝天。山水一对好伙伴，友谊长存天地间。

42. 农家小院

白的墙，碧的瓦，两层小楼一院花。三只鹅，四只鸭，五只小鸡叫喳喳。六月桃，七月瓜，八月石榴枝头压；九月玉米铺满地，丰衣足食小康家。

43. 地球村

我们村真大，横在蓝天下——五洲四大洋，开满遍地花。人口七十亿，组成千万家；蓝绿黑白黄，作成一幅画。蓝的是海水，绿的是山崖，黑白黄是我，地球的小娃娃。

44. 两颗蛋

鸡妈妈下了两颗蛋：一颗叫海南，一颗叫台湾。海南已在妈妈怀抱里，台湾还在海那边。妈妈天天望大海，一遍一遍把儿喊："台湾台湾快回来，妈妈等着大团圆！"

45. 一幅美丽的画

白鸽飞翔在蓝天上，和谐是一支动听的歌，鸾凤和鸣轻轻地唱，和谐是一套得体的婚纱装，让年轻的情侣更漂亮；和谐是个美好的新年愿望，让枪炮都变作礼花绽放。

（五）自由（8首）

46. 自由什么样

圈里的小猪哭哼哼，笼中的小鸟不歌唱；栏里的小羊喊妈妈，缸里的鱼儿头乱撞。因为它们没自由，情绪低落好心伤。天上的白云走四方，林中的鸟儿闹嚷嚷；海里的鱼儿摇尾巴，草原上的马儿蹄飞扬。因为它们很自由，无拘无束心欢畅。自由什么样？自由是件花衣裳。自由什么样？自由是根大魔杖。穿谁身上谁漂亮，谁拥有它谁阳光。

47. 自由是朵七色花

自由是朵七色花，人人都该拥有它——红色是自信，橙色是强大，黄色是自主，绿色是文雅，青色是自立，蓝色是挺拔，紫色是愿望，理想放光华。

48. 自由谣

鸟有自由爱唱歌，鱼有自由游江河，花有自由香满坡，树有自由结硕果。人有自由胸怀阔，家有自由幸福多，社有自由百事和，国有自由变强者。

49. 月亮和地球

月亮圆，月亮转，绕着地球转圆圈；地球圆，地球转，绕着太阳转圆圈。虽然它们都在转，转的轨道不能偏；偏离轨道转不圆，互相撞击惹麻烦。

50. 小小孩

小小孩，不痛快——作业堆成山，书包把头压歪；上学忙课堂，下学忙课外；盼来个双休日，也难歇礼拜；不是去补课，就是去参赛。身子不由己，老是被安排。真真烦死人，实实不痛快！

51. 自由戒

小猪爱胡蹿，关进木栅栏；小牛不服管，鼻上套个圈。小猫守规矩，顿顿吃好饭；小狗尽职守，跟在人后边。

52. 自由也得守纪律

凤凰落架不如鸡，虎落平川被狗欺，鱼儿离水难活命，羊儿离群咩咩啼。散漫本是坏习气，自由也得守纪律。

53. 后悔的小麻雀

小麻雀，出鸟巢，妈妈带它上学校。它嫌学校不自由，拍翅飞上大树梢。树上也有一群鸟，请它一起唱歌谣。小麻雀，心烦恼，翅膀一拍上云霄。天空飘来几朵云，请它一起跳舞蹈。麻雀仍嫌不自由，继续拍翅去寻找。一头飞到太空里，想再返回回不了。

（六）平等(11 首)

54. 小公民

我是一个小小人，我是国家小公民，我也有张身份证，我也有个户口本。宪法一样保护我，公民权利不可侵。现在上学受教育，将来长大为人民。

55. 地球娃娃

白娃黑娃黄种娃，同在一个蓝天下。拉起手来跳个舞，肤色不同那怕啥？越跳越舞越团结，地球娃娃是一家。

56. 家

家里有爸爸，家里有妈妈，父母给予我，爱心一样大。我也爱爸爸，我也爱妈妈，报答父母恩，我也一样大。

第四篇 探索项目驱动和工作室的社会化路径

57. 傻哥哥

我家有个傻哥哥,整天张嘴乐呵呵。我问哥哥为啥乐?哥哥说:"大家都不嫌弃我。"

58. 男人和女人

世上人,两种人;男和女,不可分。男人和女人,结成一家人。生儿女,育子孙,繁衍血脉乐天伦。

59. 麻雀和孔雀

麻雀和孔雀,穿戴比不了:孔雀穿的七彩衣,麻雀穿的麻布条。再来比飞高,孔雀比不了:麻雀一飞到云霄,孔雀难飞到树梢。孔雀和麻雀,优长都不少。都别自满耍骄傲,互相尊重很重要。

60. 别踩小蚂蚁

小蚂蚁,小又小,走在地上静悄悄。又觅食,又筑巢,忙忙碌碌很辛劳。小花狗,小花猫,走路仔细瞧一瞧。踩坏了小蚂蚁,谁给它来治疗?

61. 小蚂蚁

小蚂蚁真小,走路屁股摇摇。屁股一丁点儿大,打针肯定吃不消。万一生了病,咋搞?

62. 不称霸

有个大国家,总想称老大,开上大轮船,横行满天下。中国也强大,从来不称霸,平等对小国,朋友遍天下。

63. 自信

枝繁叶成荫。人怕有自信,充满精气神。道路自信有方向,理论自信树雄心,制度自信聚活力,文化自信铸灵魂。撸起袖子奔小康,我们都是追梦人。

64. 聪明的狐狸

大老虎,想称王,王字写在额头上。还问小狗像不像?小狗忙喊:"王王王!"小狐狸,不买账,偏说自己是大王。拉着老虎去林中,野兽看见都逃光。大老虎,上了当,甘拜狐狸坐上方。小小动物大智商,狐狸成了林中王。

(七)公正(9首)

65. 公正是什么

公正是根绳,绳子两头等;哪头也不少,哪头也不赢。公正是碗水,水面最平衡;端歪水要洒,端正水才平。公正是杆秤,藏在人心中;公正不公正,谁都分得清。

66. 天平

天平秤,称天平,哪头多点都不行。天平秤,就是灵,轻重一样秤才平。秤上做手脚,根本不可能。想用天平秤,先把心放正。

67. 两只肩

左肩膀,右肩膀,脑袋长在肩当中。两肩膀,一样高,脑袋才能拿端正。

68. 爸爸是个执法官

爸爸是个执法官,两只天平扛在肩。国徽戴在头顶上,一身警服好威严。不贪腐,无私念,公正执法不差偏。网上点赞一大片,都夸他是好警官。

69. 身子和影子

身子和影子,一对好伙伴,时刻不分离,紧随在身边。身动影也动,身站影也站。身挺直,头拿端,影子一定不会弯。身子,是影子的好模特,影子,是身子的复制件。

70. 公正花

公正花,开两瓣,一瓣是心形,一瓣是方圆。公正花,并蒂莲,一朵火艳艳,一朵海蓝蓝。

71. 奶奶是个"和事佬"

社区李奶奶,一头银发飘。退休闲不住,义务搞民调。东家去劝和,西家解烦恼。态度很和蔼,处事很公道。人都夸奖她,是个"和事佬"。和事佬,事和了，社区越来越美好。

72. 公正歌

公正，正公。什么公？心公。心儿放公平，行为才端正。正公，公正。什么正，身正。身子站端庄，办事才会公。

73. 森林足球赛

森林足球赛，一点儿不精彩——主队是老虎，猴子做主帅；客队是狮子，狐狸挎头牌。大象做裁判，头都懒得抬。老虎把球带，狮子断过来；两家不相让，互相用脚踹。裁判吹黑哨，客队吃红牌。狐狸不服气，就把象鼻拽。当下乱了套，双方打起来。动物都逃走，下次再不来。

（八）法治（14 首）

74. 天网

有张网，在天上，看不见，网在张。懂规矩，守法令，大网不会对你张；越法规，胡张狂，大网准落你头上。要问这是什么网？法网恢恢保安康。

75. 头顶有根高压线

头顶有根高压线，党纪国法不容宽；触犯法律要中电，身败名裂全玩完。

76. 宪法

宪法是国法，保护你我他；好像两扇门，把严咱的家；好像一把剑，凶恶它斩杀；好像一把伞，风雨遮住咱；好像一块石，安稳咱国家。

77. 法院

法院法院，打官司审判。有理说理，有冤鸣冤。好人回家，坏人收监。

78. 法庭

法庭法庭，审案判刑。庭上有条，法律准绳。律师辩护，证人出庭。好人不冤枉，罪犯被唤醒。

79. 法官

法官法官，吓死罪犯；头顶国徽，盾牌在肩；一身正气，两只法眼；罪犯看见，浑身发软。

80. 法袍

法袍法袍，黑衣红条。庄严威武，不可动摇。穿起法袍，执行律条。火眼金睛，罪犯难逃。

81. 法槌

小法槌，沉甸甸，法官一敲做宣判。受害人，申了冤，罪犯一听心发颤。

82. 律师

法律他全知；为人写诉状，帮人打官司。

83. 法治是轨道

人有人行道，车有车行道。汽车走公路，火车走轨道。动车"和谐号"，走的高铁道；中国大飞跃，法治是轨道。

84. 斑马线

小小斑马线，千万别小看；帮你过马路，安全到对岸。小小斑马线，过时仔细看；绿灯让你行，红灯让你站。

85. 爸爸服罪

小娃娃，不听话，爷爷训斥奶奶骂，爸爸过来用"家法"——打屁股，跪荆笆，太阳地里晒蛤蟆。屁股肿得馒头大，膝盖跪得血模糊，娃娃晒成了盐水鸭。警察叔叔闯进家，他们把爸爸带走啦。

86. 二度梅

张大爷，李大妈，两人都已六十八。老伴去世守孤寡，二人重组成一家。儿女乐，邻居夸，社区主任来讲话："老年再婚正合法，祝贺梅开二度花！"

87. 非法传销

不出力,不流汗,只凭公式来推算。不劳动,想赚钱,只凭圈圈捏得圆。扯上线,拉下线,总有一天线要断。断了线,受了骗,非法传销终玩完。

(九)爱国(13首)

88. 画祖国

祖国是我家,我的家很大;拿起五彩笔,我把家来画——昆仑是屋脊,森林是碧瓦;长城是院墙,五岳是房厦。草原是绿地,开满遍地花;门外两条河,清黄分两岔。门上插红旗,五星放光华;五十六个民族,同住这个家。

89. 叫妈妈

小青蛙叫妈妈:"呱呱!呱呱!"小喜鹊叫妈妈:"喳喳!喳喳!"小布谷叫妈妈:"咕咕!咕咕!"小娃娃叫妈妈:"中国!中国!"

90. 国旗

国旗国旗我爱你,我们向你敬个礼。你和太阳同升起,五颗金星照大地。

91. 国徽

五星麦穗铁齿轮,铸就国徽嵌国门。五星红旗耀中华,轮穗代表工农心。国徽佩在我身上,我是骄傲的中国人!

92. 国歌

国歌奏,国歌响,唱起国歌气昂昂。国歌让我爱国家,国歌让我有力量。前进前进向前进,国歌伴着我成长。

93. 升旗

星期一,升国旗,衣服鞋子穿整齐。手儿洗干净,旗绳徐徐起。今天我是升旗手,大家都行注目礼。

94. 党旗

一柄小锤头,一把小镰刀,组合在一起,掀起大风暴。砸碎旧中国,建立新世道,托出好江山,栽上幸福苗。没有共产党,就没有新中国;没有党旗扬,就没有国旗飘。

95. 天安门

天安门,高又高,全国人民都看到。天安门上挂画像,开国领袖不能忘。天安门上挂红灯,照得天地红彤彤。天安门前大广场,英雄碑碣人瞻仰。天安门前国旗扬,祖国越变越富强。

96. 长城

长城长,长城宽,长城是咱祖先建。东连山海关,西牵嘉峪关,舞起一条大长练。刮不倒,压不烂,守着中华好河山。

97. 不忘国耻

好儿童,爱国家,国家的伤疤要记下——辛丑年,铁蹄踏,八国联军侵中华。圆明园,烧没了,香港澳门被强霸。七月七,九一八,日寇又闯进咱的家。卢沟桥,遭轰炸,南京城,大屠杀。"三光政策"好毒辣,多年抗战苦挣扎。记着耻辱和伤疤,长大好好报国家。

98. 家

小燕子的家是个泥碗,小蜜蜂的家是个吊篮,小兔子的家是个洞洞,小羊儿的家是个栅栏。家,只是个小小的港湾,有爱的地方就有温暖。

99. 奶奶视频

大水库,在村旁,映着家乡的好风景——家家二层楼,路路花木丛;园园果满枝,棚棚菜青青。奶奶望着库水笑,久久不肯眨眼睛。我问奶奶干什么?奶奶说她在视频。

100. 我的红领巾

我的红领巾,是红旗的一个角。我们小娃娃,是祖国的一个宝。领巾戴胸前,国旗在心头飘;长大报国家,好好立功劳。

(十)敬业(14 首)

101. 吉祥三宝

保安、保洁、保姆。守门、打扫、呵护。尽责、尽心、尽力。

102. 快递小哥

快递小哥真辛苦,邮件送达家家屋。从早忙到日头落,脚步不停车轮舞。一心想的是客户,他把辛苦当幸福。

103. 妈妈是个保洁员

妈妈是个保洁员,擦得小区亮闪闪。座上没有一丝土,地上不见废纸片。叔叔阿姨齐称赞,妈妈乐得笑开颜。

104. 送水工

嘟嘟嘟,摩托声,门前来了送水工。送山泉,水清凌,送条小溪到心中。

105. 环卫工人手儿巧

嚓嚓嚓,扫帚响,阳光下,谁在忙?天扫蓝,地扫净,树扫绿,花扫香。环卫工人手儿巧,扫得人心亮堂堂。

106. 洒水车

夜未央,天未亮,嘀嘀嘀,喇叭响。沿大街,过小巷,洒水车,哗哗扬。大街小巷洗干净,人们上班多清爽。

107. 我家的大盖帽

爸爸的大盖帽,像座立交桥,天天送平安,司机们乐陶陶。妈妈的大盖帽,像座小山包,四季送温暖,小区里春色好。哥哥的大盖帽,像个大鸟巢,放飞吉祥鸟,浪子回家了。我的大盖帽,戴上瞧一瞧,长大去当兵,要把祖国保。

108. 我是小队长

我是小队长,臂上一道杠。大家选举我,我为大家忙。校外学雷锋,校内跳又唱;快乐少先队,火炬放光芒。

109. 今天我是值日生

今天我是值日生，到校我是第一名。黑板擦明亮，地板拖干净，花盆浇浇水，讲台整一整。教室里有个好环境，老师同学都高兴。

110. 白蝴蝶

护士阿姨你最忙，打针输液在病房。好像只只白蝴蝶，这床飞到那张床。病人笑成了花朵朵，朵朵向你吐芬芳。

111. 妈妈是个孩子王

妈妈是个孩子王，长年累月在学堂。教出的学生比星多，天南海北遍四方。要问妈妈什么岗？幼儿园里小园长。

112. 火龙衣

一身火龙衣，一支喷水枪，火苗是对手，火场是战场。火龙飞，水枪响，火苗乖乖来投降，叔叔又打大胜仗。

113. 姐姐支教去西藏

姐姐支教去西藏，妈妈送她到村旁。给她一棵小树苗，让她扎根在边疆。送她一盒五彩笔，让她讲台写理想。

114. 牧羊犬

牧羊犬，去放羊，赶着羊群上山岗。不贪玩，不打盹，时刻守在羊身旁。老远站着一只狼，口水流下三尺长。

(十一)诚信(10首)

115. 诚心谣

大树讲诚心，千年不挪根；大山讲诚心，千年不藏身；大河讲诚心，千年流不尽；做人讲诚心，一诺值千金。

116. 说谎不是好娃娃

对人应当讲真话，对事应当讲实话，背后不要讲坏话，坏话伤人结怨家。千万不要说谎话，说谎不是好娃娃。

117. 信用卡
信用卡里有信息，卡片插进取款机；再把密码输进去，机子才会吐钱币。

118. 最诚信
桃园结义永不分；千里单骑寻大哥，护送皇嫂没二心；身陷曹营十二年，心怀汉室十二春；华容道上放曹操，报还曹公知遇恩。

119. 我帮妈妈来卖菜
小小菜摊摆起来，我帮妈妈来卖菜。不带泥巴不掺水，残次蔬菜不外卖。叔叔阿姨点头笑，争着来买我的菜。

120. 失信的老虎
大老虎，去学徒，拜了花猫做师傅。花猫教它找食物，花猫教它抓老鼠。许多本领都学会，老虎却要吃师傅。多亏花猫逃得快，哧溜一下上了树。花猫树上骂老虎，再也不教你学本事。

121. "狼来了！"
孩子喊："狼来了！"村里人，出来了。看看没有狼，孩子嘿嘿笑。孩子又喊："狼来了！"村里人，又出来了。看看还没狼，心里很气恼。孩子再喊："狼来了！"再也没人出来了。这次真的狼来了，羊都被狼吃掉了。

122. 诚心的燕子
小燕子，最诚心，年年春天回家门。认准咱家不挪窝，和咱成了一家人。

123. 狗和猫
狗狗最诚心，跟定狗主人；富贵紧相随，贫穷也不分。猫咪心不真，随富不随贫；这家倒了灶，另投新主人。

124. 假货的烦恼
爸爸买鼠药，老鼠吃了笑；妈妈买肥皂，污渍洗不掉。假货害死人，次品不能要。

(十二)友善(8首)

125. 小麻雀
小麻雀,光脚丫,站在雪地你冷吗?我有许多鞋和袜,送你一双穿上吧。

126. 鸡狐狸
橡皮泥,捏小鸡,捏只小鸡穿花衣。再添一条小尾巴,变成一只鸡狐狸。鸡狐狸,狐狸鸡,狐狸小鸡不分离。

127. 痒痒挠
爷爷年纪老,手脚不灵巧。背上挠痒痒,自己够不着。我把小手伸进袄,十个手指比赛跑。挠得爷爷咧嘴笑,说我是他的痒痒挠。

128. 雷锋永远是榜样
遇到乞丐给块馍,遇到患者给碗汤,遇到老人让个座,遇到盲人导个盲。总是有人需要帮,雷锋永远是榜样。

129. 做个好人
做个奇人没条件,做个名人资历浅,做个达人有点难,做个好人最简单:不犯法,不偷懒,多把爱心献一点。

130. 小蘑菇
小蘑菇,圆又圆,撑着一把小雨伞。谁要避雨伞下来,谁要遮阳伞下站。没阳没雨是阴天,小伞陪你一起玩。

131. 崖娃娃
对面有个崖娃娃,老爱学着我说话。我问:"你叫啥?"他问:"你叫啥?"我说:"你是个坏娃娃!"他说:"你是个坏娃娃!"讨厌的崖娃娃,我再也不理他!妈妈说:"好娃娃,不吵架,道个歉,给人家!"我说:"我错了!"他也说:"我错了!"我说:"交个朋友吧!"他也说:"交个朋友吧!"挺好的崖娃娃,我俩真的和好啦。

132. 扶一把

扶一把瞎姐姐把马路过，扶一把老奶奶上公交车；扶一把跌倒的老爷爷，扶一把摔伤的小哥哥；扶一把需要帮助的人，扶一把碰到的落难者。举手之劳都来做，自己会变得更快乐。

金融知识进校园创编儿歌

（一）货币的故事

1. 货币是什么

货币是什么？货币就是钱。吃喝拉撒睡，都和钱相干。世界五大洲，没钱玩不转。上下五千年，货币相陪伴。远古用实物，上古用铸件。后来用纸钞，今日用卡片。一部货币史，绵延几千年。

2. 实物货币

古时候，做交易，多用实物当货币：斐济人用鲸鱼牙，法兰西人用兽皮。阿兹特克人用可可豆，危地马拉人用玉米。巴比伦人用大麦，美国人用烟草和威士忌。印度人用杏仁，中国人用海贝、龟壳和布帛。

3. 货币之祖

小小海贝，质地坚硬；不易磨损，携带方便。夏商周朝，当钱使唤；海贝小小，货币祖先。

4. 金属币

贵金属，铸钱币，伴随商周青铜器。冶炼技术在发展，有了铸钱的工艺。铸刀币，铸铲币，铸成平板叫布币。环币圆币蚁鼻币，朝代不同形状异。秦朝通用方孔钱，汉朝改铸五铢币。唐朝开元铸通宝，宋元明清相延续。光绪年后才改铜元，民国用银元来代替。

5. 纸币

蔡伦造纸是个宝,活字印刷不得了。纸钱取代金属币,谁家也没中国早:唐代叫"飞钱",宋代叫"交子";元明时期叫"宝钞",清代以后叫"钞票"。

6. "交子"骄

"交子"好,"交子"妙,"交子"本是纸钞票;"交子"骄,"交子"傲,"交子"本是中国造。北宋时期就流行,开创纸币新通道。

7. 中国纸币传欧洲

元朝京都忒繁华,引来各国旅行家。马可·波罗来转悠,看到纸币眼睛大。不买丝,不买茶,买张"交子"带回家。才把纸币欧洲传,整整迟了六百年。

8. 各国的货币

树有花,果有篮,葫芦有藤馍有盘;国家不同币不同,各国都有各国的钱:英国叫"英镑",美国叫"美元",德国叫"马克",日本叫"日元",俄罗斯叫"卢布",韩国叫"韩元",法国叫"法郎",澳大利亚叫"澳元";中国就叫"人民币",人民的国家人民的钱。

9. 主币和辅币

币值有大小,面额各不同;纸币分主辅,搭配来组成;主辅有分工,各有各的用;主币作支付,辅币作找零。主辅怎么分,举例说分明——"美元"是主币,辅币是"美分";"英镑"是主币,辅币是"先令";人民币,也同样:"元"就是主币,辅币是"角"和"分"。

10. 中国钱

中国钱,几千年,朝朝代代往下传。币形变不断,币值也在变——金银论斤、两,铜钱论串、贯,纸币论元、角、分,早已成习惯。

11. 电子货币

电子货币不见钱,全靠网络电波传。只要坐在电脑前,鼠标一点就做完。买东西,存取款,异地汇兑都能转。

12. 货币的用场

妈妈发工资,全家都高兴;工资是什么?货币到手中。爸爸开门面,月月付租金;租金是什么?货币给别人。钱进和钱出,货币在流通;挣钱和花钱,货币显功能。

13. 货物会说话了

超市里,商品多,货架子上堆满货。每件物品上,都标有价格;价值是多少?都用货币说:有的几百几,有的元几角。物品不同价不同,一分价钱一分货。

14. 衣服是怎么变成钱的?

妈妈摆摊卖衣衫,一件衣衫一百元;只有把货卖出去,才能把物变成钱。看似买卖很简单,双方同意两情愿;没有货币来搭桥,衣物怎能把钱变?

15. 货币"十八变"

想出国,不作难,货币兑换外国钱——想去英国换"英镑",想去美国换"美元";想去泰国换"泰铢",想去欧洲换"欧元"。货币摇身"十八变",通行五洲都方便。

16. 货币"四部曲"

汉代人,去购物,背着一个大包袱;包着一包"五铢钱",买来几升麦和谷。唐朝人,做买卖,一张"飞钱"身上带;一跑跑出千里外,兑换货物运回来。现代人,进商场,几张钞票身上装;一手交钱一手货,快捷省时又便当。当代人,不出户,坐在家里能购物;鼠标一点啥都有,网络架起高速路。

(二)亲近人民币

17. 人民币的来历

人民币,是国币,小小纸币有来历——四八年,十二月一,中国人民银行成立。同日发行新货币,取名就叫人民币。

18. 人民币上的行名

人民币,好模样,设计考究又大方。五种文字写行名:汉、蒙、藏、维、壮,代表民族大团结,五湖四海都通畅。

19. 人民币上的文字

马文蔚，老先生，铺宣纸，捻笔颖，应邀写下字几行——"中国人民银行、伍、拾、圆、角、分。"毛主席夸他好笔形，赐予银行作行名。

20. 五套人民币

爸爸给我压岁钱，年年都给五十元；为啥长相不一样？爸爸笑笑对我言：人民币，在改版，币面不断变容颜。一九四八年到今天，已经改过五次版。五个版，五套钱，历经沧桑七十年。四套五套仍流行，一二三套已不见。

21. 大钱和小钱

小朋友，来认钱，大钱小钱都认全。小钱上写的角和分，大钱上写的百拾圆。拾分加起来是壹角，拾角加起来是壹圆。别看小钱面值少，积少成多成大钱；大钱小钱搭配用，有整有零才方便。

22. 纪念币

纪念币，有意义，都有一个好主题：或是国家大事情，或是名胜和古迹。有纸钞，有硬币，也有用金银铸造的。有的也能当钱花，有的只为了留记忆。要想得到纪念币，用钱兑换就可以。

23. 爱惜人民币

人民币，国法定，准入市场去流通；谁想私造和仿造，国家法律绝不容。人民币，有尊严，她是国家大名片。吃喝拉撒都靠她，她为家家当总管。人民币，是脸面，保持清洁才好看。不乱涂抹不弄脏，人人爱惜这张脸。

24. 人民币的防伪特征

人民币，不一般，防止伪造最关键。各方面，用手段，防伪措施很过关——凹凸版，增手感，雕刻头像很庄严；变光油墨印数额，隐形数字不易见；白水印，更高端，外加磁性安全线。采用先进高科技，千方百计保安全。

25. 这些行为要不得

人民币，要爱惜，这些行为要不得——用纸币，叠东西；在币上，做标记，用钱钞，做广告；拿钞票，做工艺，真钱用作鬼钱烧，让死人带到棺材里——这些都是坏习气，损伤钞票不利己；小朋友们多宣传，首先管好你自己。

26. 残币怎么办

洗衣机，哗哗转，妈妈忘掏兜里的钱。洗完衣服才发现，钱已成了好几片。急忙对，急忙粘，对来对去对不全。残钱拿到银行去，阿姨耐心做兑换——四分之三的兑全张，二分之一的兑一半，还有张伍分的小票面，照样兑付了贰分钱。残缺币，别乱扔。

27. 奶奶的教训

奶奶攒了一包钱，舍不得拿去买吃穿。把钱藏进老鼠洞，防备老了把病看。过了几天再去看，钱被咬成了碎纸片。奶奶哭得泪涟涟，存储不当后悔晚。

（三）假币是个害人精

28. 假币

花果山，水帘洞，出了两个孙悟空；真悟空是美猴王，假悟空是老妖精。自从货币进市场，假币伴着也出生。看着模样也很像，坑了许多老百姓。假币是个害人精，扰乱市场罪不轻。小朋友们要警惕，真假一定要分清。

29. 假币什么样？

假币什么样？假币有两种：一种是伪造，一种靠变整——伪币机器制，变造靠手工：拿真币，掏个洞，或涂改，或揭层，改变真币原形状，小钞变成大钞用。

30. 仿真钱币不能花

假币贩子李二嘎，为造假币动脑瓜。机制造，复印刷，哪道工序都不落。印出假币顶呱呱，拿到市场不能花。

31. 加工再好难过卡

王三小，手艺巧，挖空心思动歪脑。拿些钱币来拼接，真钱假钱粘贴好。用它到超市去购物，验钞机上过不了。

32. 收藏假币也犯法

孟发财，想发财，一叠假币捡回来。想瞅机会慢慢花，放进罐里地下埋。谁想警察到门外，手铐铐走了孟发财。

33. 爸爸妈妈真糊涂
爸爸卖果运气疲，找回拾元是假币。妈妈把钱交给我，要我用它买文具。我说爸妈好糊涂，假钱怎能买东西？消费假币也犯法，这比骗子更可气。

34. 偷运假币要招祸
假币没长腿，运输靠黑鬼。黑车拉，黑船运，为运黑货操碎心。遇着警察真活该，乖乖就把监狱进。

35. 假币是怎样流通的
广场码头和车站，这些地方最混乱。人来人往在流动，各种叫卖声连天。卖的都是小物件，故意叫你来受骗。你用大钱买瓶水，找回一把是假钱。转身去找人不见，骗子早已收了摊。

36. 辨别假币的妙招
识别假币，方法多多：一看二摸，三听四测。只要留心，没有差错，记住要领，容易掌握。如何来做，仔细来说——

37. 妙招之一：看
接到纸币，着急不得，先用肉眼，仔细看过：看钞票水印，立体效果；看安全线，与纸黏合；看有没有，防伪标记；看票面图，偏不偏色。

38. 妙招之二：摸
纸币看过，再用手摸：触摸票面，凹凸感觉；凹凸感强，才是真币；凹凸感弱，定是假的。

39. 妙招之三：听
用手摸过，再用耳朵；抖动钱币，听声如何：声音清脆，真的没错；声音发闷，假的居多。

40. 妙招之四：测

看摸听过，仍不明确，验钞机上，拿去检测。钱的尺寸，色彩亮浊，磁性条码，统统验过；真货假货，俱显本色。

41. 发现假币怎么办

假币不能运，运输要坐牢；假币不能买，买来花不掉。假币不能沾，沾惹把祸招。那该怎么办？立即去举报。或者去银行，或去派出所。人人擦亮眼，假币无处逃。

（四）走进身边的银行

42. 银行的历史银行叫 bank，bank 是储钱柜；翻译成中文名，通常叫银行。魏晋南北朝，已经有名堂。隋唐叫"质库"，业务是典当。真正成气候，功劳在晋商。晋商创票号，汇通与钱庄。财源达四海，天下美名扬。

43. 世界上的大银行

查一查，银行史，谁最早？威尼斯。理一理，股份制，谁为先？英格兰。排一排，谁为大？欧央行，巨无霸。数一数，谁最牛？美联储，拔头筹。想一想，谁最亲？中国人行为人民。

44. 中国人民银行

中国人民银行，发展历史绵长——江西瑞金初创，苏维埃国家银行；建国前夕重组，成立国家银行；四九年二月入京，成为中央银行。

45. 中国人民银行的行标

古布币，写个"人"，三币牵手"人"一群；一群人儿是"人民"，当作行标挂上门。

46. 银行是只大口袋

银行是只大口袋，两只手儿忙起来——左手把钱接，就往袋里塞；越塞钱越多，钱多鼓满袋。右手来掏钱，伸进大口袋。钱济有难人，口袋瘪下来。钱进来，钱出来，进出不离大口袋。进钱叫存储，出钱叫放贷；银行就干两件事：提着口袋做买卖。

47. 商业银行

牧羊人，挥羊鞭，赶着羊群上了山。央行好比牧羊人，管着银行一大串——有工行，有农行，还有中、邮、交、招、建，这些都是业务行，服务百姓行方便。组成金融大家族，共为国家聚财源。

48. 你认识这些行标吗？

去储蓄，去贷款；找银行，很方便；认行标，到门前——工商银行写个"工"，交通银行像只眼，农业银行有麦穗，中国银行像块钱，邮政银行像飞雁，招商银行像座山，建设银行钱一串，民生银行钱叠钱；银行都为百姓建，想进哪行自己选。

49. 银行网点

银行网点，四处可见；方便群众，就近办款。营业大厅，窗口有限；来者排队，按号进前。人多易乱，进出频繁；提醒大家，注意安全。

50. 电子银行

电子银行，更加方便：建个网站，开个热线，发个短信，就能转款；打个电话，就把事办。

51. 网上银行

网上银行，更多优点：电脑操作，程序简单——登录账户，对证查验；鼠标点击，业务办完。

52. 手机银行

手机银行，时尚轻便；随手操作，不分地点。一个软件，全国互联；网银交易，随时按键。

53. 自助银行

自助银行，人儿不见；几台设备，坚持上班。自动取款，自动存款；自动登折，外币兑换。白天黑夜，不把门关；所有业务，随到随办。

54. 存储谣

有余钱，找老管，存到银行最保险。活期活，定期定，只要顾客心高兴。零着存，整着取，哪种方式都由你。一天一根线，十年织成缎；要想钱上串，就得天天攒。

55. 借贷谣

有困难，找银钱；有了钱，万事圆。一文钱难倒英雄汉，银行为咱撑起天；贷一百，帮一千，扶咱走过火焰山。分分都是爱心钱，钱能还完情不完。

56. 本金和利息

钱让银行管，死钱变活钱；钱还能生利，钱还能生钱。就像养母鸡，母鸡再生蛋——本金是母鸡，利息是鸡蛋，银行是鸡舍，喂鸡来下蛋。不怕下得少，就怕慢慢攒；一天下一颗，十天下一篮。

57. 学会这些字

壹、贰、叁、肆、伍、陆、柒、捌、玖、拾，大写数目字，外加佰、仟、亿。认得又会写，才是好孩子。因为能用它，银行去服务；帮助老奶奶，代笔填票据。

58. 钱的符号

银行有行标，钱也有代号。就像一只羊，长着两只角；一根长尾巴，从头通到脚；就是三根肋，偏偏少一道。试着画一画，仔细瞧一瞧；残缺的这个羊，就是钱的符号。

59. 填写票据的规矩

写拼音，要守线；写作文，要空格。填写票据也有规定，坚决不能书写错——数字必须要大写，一笔一画要准确；开头要加钱的符号，末尾要用"整"字落。首尾都不留空白，以防有人做手脚。

60. 银行卡

银行卡，肚量大，千钱万钱能装下。银行卡，本领大，全国到处都能刷。银行卡，神通大，怀揣卡片走天下。

61. 密码

　　密码密码，大锁一把；用它看门，用它办卡。密码密码，钥匙一把；没有密码，无法刷卡。密码密码，安全的电闸；防伪防盗，切莫出岔。

62. 自动柜员机

　　自动柜员机，使用真方便。身小肚量大，替你把钱管。用卡刷一刷，它就会吐钱。吐完就闭嘴，快捷又安全。

63. 教你选择银行卡

　　选择银行卡，先要了解它。卡的种类多，作用都是啥？有信用卡、借记卡、国币、外币、多币卡，还有磁卡、智能卡、金卡、银卡、商务卡，看看自己干啥用，搞清利率有多大；读懂《领用合约书》，然后申请再办卡。

64. 刷卡

　　柜员机，不说话；张着嘴，像哑巴。小磁卡，有办法，插进嘴里刷一刷，钞票哗哗出来啦。

65. 安全用卡小常识

　　银行卡，很方便，安全用卡头一件。教你一些小常识，保证不出错和乱——密码设置要特殊，最好不要用生日；不要在卡上瞎鼓捣，以免造成卡失效；输密码时要警惕，别给外人透信息；自己的卡自保存，不要随便借他人。

66. 密码忘了怎么办？

　　老年人，多忘事，卡号密码没记住。别着急，先挂失，可以重新再设置。

67. 补办银行卡

　　银行卡，保管好，丢了也没啥大不了。持证件，去挂失，补办新卡不误事。

（五）从小学理财

　　68. 零花钱 奶奶给我五毛钱，让我买糖甜一甜；爷爷给我八角钱，让我买把手枪玩；妈妈给我一元钱，让我把削笔刀儿换；爸爸给我两元钱，让我去逛动物园。五毛钱，八角钱，块儿八毛不起眼；都是我的零花钱，我就有了支配权。

69. 压岁钱

小孩子，盼过年，过年能挣压岁钱。过一年，加一岁，长辈都会把钱给。有拾元，有一百，都到咱的口袋来。压岁钱，也不少，务必可要使用好。

70. 奖学金

好娃娃，求上进，学习成绩日日新；品学兼优当模范，年终得到奖学金。奖学金，奖学金，拿给爸妈报喜讯；爸妈不要我的钱，一人奖我一个吻。

71. 储钱罐

储钱罐，肚儿圆，我用罐儿攒零钱。天天积，日日攒，零钱塞进窟窿眼，总有一天会攒满。有零钱，不乱花，养成节约好习惯。

72. 不吃零食

吃零食，坏习惯，又不卫生又花钱。许多都是膨化物，会给肠胃惹麻烦。小朋友，听我劝，管住小嘴巴，远离小卖店，别当馋嘴猴，养成好习惯；再不吃零食，省下零花钱。

73. 不上网吧

网吧网吧，长大嘴巴；像个虎口，要吃娃娃——先用游戏，把你捉拿；再用时间，把你拖垮；让你迷恋，把你钱花；误你学业，变成傻瓜。网吧网吧，实在可怕；小朋友们，快远离它！

74. 不摆阔

一双鞋，三百几；几百元，买件衣；留怪发，把油焗；穿名牌，摆阔气——家长挣钱不容易，不能只顾你自己。不要和人比穿戴，要和别人比学习。

75. 不摆生日宴

小孩子，过生日，记住那是母难时。养育恩，要牢记，将来回报给父母。别办生日宴，大喝又大吃，自己图痛快，父母添辛苦。

76. 不买玩具

小学生，不贪玩，努力学习把书念。别再出入玩具店，心思绕着玩具转。和玩具，说再见，别给爸妈添负担。

77. 别听诱惑

手机里，短信多：百万奖，等着我；买彩票，更诱惑：两块钱，得轿车。这些当上不得，天上哪会把馅饼落？小朋友们快上学，别听到处瞎呵呵。

78. 远离黄赌毒

社会大步走，阴沟到处有；尤其小娃娃，发育不成熟；不要拿上钱，到处栽跟头——黄片别去看，赌场别去凑；毒品别进口，远离黄赌毒。

79. 买书看

攒下钱，买书看，一本好书一片天。好书让你心头亮，好书让你眼界宽。好书帮你解疑惑，树立正确价值观。

80. 捐助别人

同桌王小波，孤儿独一个；买个文具盒，送给我同桌。乡下李小河，没钱难搭车；给他两块钱，去把公交坐。虽然钱不多，很不值得说；资助困难者，心里很快乐。

81. 不欠别人钱

借了同学钱，最好当日还；当日还不了，也不推很远。好朋友，账勤算，欠钱总是心不安，还清才觉没负担。

82. 不要昧心钱

路上捡到钱，不要怕麻烦；耐心等失主，当面把钱还。失主等不来，赶快去报案；把钱拿给谁？警察手里边。捡钱不能昧，偷钱更不对；取财要有道，人品最珍贵。

83. 不花冤枉钱

家离学校没多远，养成步行好习惯，多走路，多锻炼，身体越走越强健；不要出门就打车，白白花去许多钱。

84.不用奢侈品

女儿家,自来美——唇红红,眉黑黑,小小酒窝一对对。不涂脂,不抹粉,不用高等化妆品,再在脸上胡臭美。

85.抵制乱收费

教育法,有明规,义务教育全免费。有的学校相违背,巧立名目一大堆。订资料,办晚会,开讲座,搞培训,有偿服务巧要钱,各项收费都很贵。怎么办?都不给,坚决抵制乱收费。

86.不去乱补课

如今校外怪事多,课后继续去上课。妈妈对我很自信,叫我练武带唱歌;妈妈对我又失望,补了英语补数学;也叫我学钢琴,也叫我练写作。搞得我像机器人,只听妈妈瞎吆喝。妈妈妈妈求求你,不要把我再折磨。宝宝不是孙悟空,七十二变本领多。作业已经够我做,哪有精力再补课?五花八门的辅导班,哪个是为白张罗?不要投资乱花钱,最后落个傻子哥。

87.有钱存银行

压岁钱,零花钱,储钱罐,都存满。接下来,怎么办?存银行,最安全。活定期,两方便;钱多少,都不限。利生利,钱生钱,天天增,日日赚。存几年,翻了番,已把大学学费攒。储蓄还能为国家,做出一点儿小贡献。

88.消费理念

先储蓄,后消费,理财观念很珍贵。美国股神巴菲特,开始储蓄才六岁。每月存储三十美元,十二岁存到整三千。买了人生第一股,一直坚持到今天。八十岁登上富豪榜,占据榜首许多年。

(六)诚信伴我行

89.诚信的桥梁

一元钱,买棵菜,诚信才能成买卖。你也无心要,他也不想卖,钱还是一元钱,菜还是一棵菜,俩人说拜拜,你东我西两分开。

90. 考试作弊

考试考试，考量知识；必须诚信，才能真实。考试作了弊，成绩不实际，别看分数高，全部是假的。假分有啥用？骗人骗自己。

91. 照抄作业

做作业，要用心，独立思考动脑筋，知识才能变黄金。不动脑，抄别人，抄得再好白费劲。羊毛安不到猪身上，柿子树下长不出红薯根。

92. 诚信考场

新模式，新教育，把诚信考场来设立。同学们，走进去，诚实守信不作弊；检一检，验一验，留下优异的成绩：强化诚信心理，巩固诚信教育，增强诚信观念，学会约束自己。

93. 珍惜信用卡

信用卡，卡信誉，装满自己的信息：姓名、住址、身份证，银行信贷记详细，水、电、话费、燃气费，还有各种公共事宜。一张信用卡一张脸，洗白抹黑都由你；要想脸上没污点，坚守诚信是第一。

94. 爱护身份证

一个人，有名姓，出生年月各不同。谁证明？身份证。小小一张卡，分量可不轻。身份证，最神圣，千万带好别乱扔。

95. 别上黑名单

黑名单，很可怕，不良信息记录下。飞机不许坐，高铁不能搭，贷款受限制，求知设关卡。一切要等七年后，认真改过才通达。

96. 尊重契约

乘公交，要买票；上医院，先挂号；有贷款，及时还；手机费，按时交。看似小事并不小，尊重契约很重要。如果人人都做好，社会诚信根基牢。

97. 捧空花盆的青年

有个国王选驸马，跑来五个年轻娃。国王拿出五个盆，五粒花种分发下。他要大家去种花,见到花朵把女嫁。转眼到了花开季,四只花盆开了花。只有一只是空盆,国王偏偏选中了他。因为花种早煮熟,根本不会再发芽。诚实的人儿福气大,小伙子做了大驸马。

98. 假货害死人

鼠药不毒鼠,蚊药不灭蚊,肉里注满水,石灰充面粉。人被法绳捆,店被封了门。谁对社会不诚信,监狱让谁成罪人。

99. 垃圾食品吃不得

苏丹红,增味剂,烤进各种面包里;漂白粉,绿色素,做成食品往外售。垃圾食品骗小孩,把人吃成痴和呆;垃圾食品不清除,害了一代又一代。

100. 缺斤短两为什么

一斤菜,三两泥,一颗南瓜二斤皮。秤杆高,秤锤低,台秤底下垫东西。又缺斤,又短两,坑蒙拐骗占市场。你变脸,他失色,公平买卖没法做。缺斤短两为什么?诚信失衡缺了德。

第二章 跨界生长，问工作室之"道"

跨学科联盟

在新一轮的课改实践中，"跨学科"一词是相当的火爆。在长期以来的应试教育的驱动下，各学科课程逐渐走向分科和专门化，各学科间缺乏必要的联系和有效的整合，这既使学生的智商发展具有片面性，不能综合运用所学知识解决问题，也不利于学生的多元智能发展。从学生学习过程中就可观察到：如果学科过于割裂，学生通常难以理解各个学科之间是如何联系的。比如教科版小学科学四年级上册的教材有四个单元，第一单元：溶解；第二单元：声音；第三单元：天气；第四单元：我们的身体。它们是初中阶段化学、物理、地理及生物几门学科的知识，同时也蕴含着诸多情感目标，如呵护我们的身体，保护我们的听力等。这些短期内看不到实际意义的知识，显得抽象难以理解，会明显降低学生的兴趣。此时，跨学科学习的优势就显示出来。教育部《关于全面深化课程改革 落实立德树人根本任务的意见》中明确指出：要在发挥各学科独特育人功能的基础上，充分发挥学科间综合育人功能，开展跨学科主题教育教学活动，将相关学科的教育内容有机整合，提高学生综合分析问题、解决问题的能力。在我们这个名师团队里，有身兼多门学科的教师，我们这个跨学科联盟，要将学科教学内容有机整合，把学科间综合育人功能发挥到最大化。

何为"跨学科"？

我们可以从跨学科概念的几大要素来理解：跨学科要以现实问题的研究和解决为依托；跨学科要以学科为依托，但要超出单学科研究的视野，关注复杂问题或课题的全面认识与解决；跨学科要有明确的、整合的研究方法与思维模式；跨学科还旨在推动新认知、新产品的出现，鼓励在跨学科基础上完成创新与创造。

"跨学科"所注重的方向：1. 主题聚焦现实生活里实际问题的突破。2. 内容上围绕学科核心素养及学科间的大概念。3. 设计上执着于学科思维能力的培养。

比如，品德与社会在教材编写体例上采用主题统整、单元编排的方式，每个单元由若干课组成。而语文学科也是采用主题编排的方式，无论是主题还是内容，与品德与社会学科都有一定的重合，同时语文学科蕴含的人文性、思想性、文以载道之观念，与品德与社会学科也有着内在的一致性和融通性。老师要尝试打破语文与品德与社会学科的界限，开展"语文＋品德与社会"跨学科主题教学。语文学科可以从品德与社会学科中汲取营养，提升语文教学的内涵；同时奠定语文教学的知识资源，提高语文理解、思考能力的广度与深度。同样，来自语文学科的营养也有利于品德与社会学科的教学，两者统整后的价值远远超过单一学科。现呈现"跨学科"课例或课后记，体验学科间综合育人功能，希望能对读者有所启发。

案例一：语文课与品德教育的即兴整合

课例呈现者：娄底市第六小学　罗小玲　　　　　所教科目：语文

今天的语文课是回顾整理第三单元，第三单元的主题是学习革命先烈的优秀事迹，回顾完后赏析朗诵诗歌《囚歌》。为了让孩子们深入体会诗歌要表达的思想感情，我先给孩子们分享了叶挺将军的生平与事迹，重庆白公馆、渣滓洞中国民党反动派的残酷刑罚等故事背景，再和孩子们一起赏析诗歌、朗诵诗歌。应该说，在我用心的朗诵指导与示范下，孩子们朗诵得有模有样，一遍、两遍、三遍，反动派的狂妄叫嚣、叶挺将军的深情倾诉与坚定铿锵表现得越来越到位，下课铃响了，大家仿佛意犹未尽。正好下一节课也是我任教的品德课，我灵机一动，将品德教材中一个爱国爱党教育的篇章进行了提前教学。在书本主旨内容教学完的基础上，我们又回到了《囚歌》，并出示了《自白书》，加上江苏卫视《信仰之光》中《雨花台》的短剧里，恽代英等身着褴褛、血迹斑斑的囚衣的表演，又把孩子们带入了那段浴血奋战的历史——"这是我们做得最正确的事情，为了我们的子孙后代，我们可以献出青春、热血、一切力量，甚至生命。我们是为将来的人，创造美满的生活的人。"当最后激昂雄壮的国际歌响起时，我和孩子们不禁热泪盈眶，心潮澎湃，此时《我和我的祖国》快闪视频中嘹亮的歌声是我们最好的心声："我和我的祖国，一刻也不能分割……"

我在黑板上写下了几个大字"我将无我，不负人民"。然后又和孩子们分享起了习近平主席在意大利访问期间的精彩演讲。共产党人为民服务的一腔赤诚、真挚情怀明了于心。我想，这堂课既体现了品德课教学主旨，也是第三单元语文教学主题的拓展衍生。

案例二：《中华优秀传统文化融入中小学数学教学的路径初探》

论文呈现者：冷水江市中连乡中心小学　周述齐　　　所教科目：数学

摘要：数学是一门客观、精确，具有高度的抽象性、严密的逻辑性、丰富的思想性及实际的运用性的学科。中华优秀传统文化博大精深、源远流长，如何将中华优秀传统文化融入中小学数学教学中，充分发挥优秀传统文化独特而强大的教育功能，引导学生感受、感悟我们民族丰富的数学文化遗产的魅力所在？笔者从挖掘数学教材中的传统文化内容，在有效开发与利用中增强文化自信；找寻数学活动中的教育形态文化，在合理选择与制作中激发学习兴趣；探索数学教育中的现代文化视角，在科学架构与实施中涵养人文情怀等方面做了一点粗浅的路径探索。

关键词：优秀传统文化　数学教学　路径

一、挖掘数学教材中的传统文化内容，在有效开发与利用中增强文化自信

中小学数学教材中有很多优秀传统文化教育的内容，充分挖掘其教育价值并与教学实践紧密联系起来，不断探索培养学生数学素养的途径和方法，培养学生的民族自豪感和文化自信，是我们广大数学教师任务。

在新课程版数学教材中，包含了大量科学家的数学研究成果，有着丰富的优秀传统文化素材，我们可以在教学中充分地开发与利用。如数学研究方面，古代的刘徽、祖冲之、杨辉、沈括等，给后世留下了不朽的数学理论和成果，杨辉三角的发现先于其他国家四百多年，祖冲之关于圆周率值的计算、负数的使用、方程组的解法都比欧洲早一千多年；而现代的华罗庚、陈景润等在优选法、哥德巴赫猜想研究方面，也有重大突破，为现代数学的发展做出了积极贡献。

笔者在教学数学教材《圆》这一单元时，首先向学生展示了铜镜、铜钱、玉璧、花瓣状门洞、福建土楼等一些古代物品图案，然后把全班同学分成五个小组，要求以小组为单位进行合作探究：每幅图案的出处、年代以及代表的含义或者所蕴含的数学思想。学生在欣赏变幻无穷、淳朴浑厚的传统图案的同时，感受到了祖国灿烂的文化艺术，感受到了数学中的美。

另外，也可通过结合教学内容，把学生日常生活中有意义的事例编写成相应的习题,特别是可以在函数应用题中,通过设计人口、土地和住房的增长率问题,自然地对学生进行国情教育,让学生认识到我国取得的辉煌成就,从而激发学生的自豪感和危机感,增强学生的使命感,激励学生为富国强民而努力攀登数学高峰,进而对学生进行爱国主义教育。

二、找寻数学活动中的教育形态文化,在合理选择与制作中激发学习兴趣

童心为动力助推雏凤迓长空,兴趣本良师引领虬龙游大海。如何激发孩子的学习兴趣是我们基础教育工作者必须思考的问题。教育形态的数学文化是运用教育学的方式加工了的数学文化,是易被学生体验、感悟和接受的数学文化,是活化了的数学文化。学生处于教育形态的数学文化之中,能充分感受和体验到数学的魅力和博大精深;能自觉地接受数学文化的感染和熏陶,产生文化的共鸣,体会到数学文化的品位和数学的人文精神。"数学是人创造的,必须打上社会的烙印。"在课堂教学中,制作学具的数学活动能让孩子在玩中无痕迹地达成这样的教育功效。而作为教师就要全面地把握教材,明确哪一节的内容可以,而且有必要进行学具的制作,从而使学生的学具制作具有目的性,然后学生制作学具才有方向。对于学生来说,当他们把学具拿到课堂上,向他人展示时,无论自己的制作有多简单,对他们而言都是自己的劳动成果,都会由衷地感到自豪。学生可以走进自己的学具,在教师的指导下去研究问题。

例如在教学"有理数"这一节时,以前的教学中只需教师制作一些简单的教具,使教学内容具有直观性即可,学生不必去制作。笔者思考,能否让学生自己在制作过程中去体会数学文化呢?答案是肯定的。于是,笔者就让学生去制作简单的温度计模型。在制作过程中,他们发现在标记刻度时除自然数外,还需要一些比零小的单位,那该怎样去表示呢?为了解决这个问题,他们必须从生活实践中去寻求答案。后来,学生经过思考发现,在《天气预报》节目中有类似的数。零下5^0C可表示为-5^0C,那么"$-$"又表示什么呢?这样,学生就提出了"为什么会有负数"等问题。由于是一个全新的概念,因此学生间不可能经过讨论就掌握负数的概念。笔者就根据学生的好奇点、重难点进行教学。由于学生的思维不一致,侧重点也会不同,一个学生的难点可能是另一个学生的易点,课上可以让学生互相帮助解决问题,从而使课堂上的学习变为互助性、研究性学习。而且由于学生早有准备,所以此时的教学就有较好的学习效果。同时,也使学生增加了对数学学习的兴趣。

再如在学习"全等三角形的判定"这一节时,笔者让学生去制作一对全等三角

形。由于制作过程非常简单，因此制作前笔者先给出一些类似"你制作全等三角形的依据是什么""你怎样确定你所做的三角形是全等的"的问题，让学生在制作过程中去思考问题、解决问题。这样，在教学全等三角形的判定中，当学生拿出自己制作的全等三角形时，笔者就先让学生展示自己的作品，并说出制作时的一些想法和做法，让学生间互相修改、互相借鉴，这样学生就通过互助学习来掌握全等三角形的判定方法。然后笔者再对学生所得出的方法归类，并使之系统化，从而解决实际问题。

其实，对于几何中的平移、旋转、轴对称等变换，都可以通过制作各种学具来理解其性质，让学生说出制作时的想法，然后学生之间互相探讨来学习。学具的自制过程，既为课堂教学提供了必要的素材，使教师的教学更具灵活性、针对性，还改变了数学的抽象化面貌，使得学生们发现数学不再晦涩难懂，进一步激发了学生学习数学的兴趣，培养了其互助式、合作式的学习方式，使他们主动地探究，更好地去理解和掌握所学的知识。同时，在自制学具的过程中，孩子们的数学涵养与人文素养也自然而然地提升了。

三、探索数学教育中的现代文化视角，在科学架构与实施中涵养人文情怀

早在20世纪80年代后期，顾明远教授曾主持的国家哲学社会科学八五规划课题，就引发了教育界对"民族文化传统"与教育现代化联系在一起的关注。"中国实现教育现代化，必须注重保持和发展中华民族传统文化教育的特色和优势，并使之更新而富有现代性和世界性。"笔者从现代文化的视角来探索数学教育现代化，并做了一些尝试。

1. 课前渗透，将数学故事文化融入教学设计的架构之中。笔者把我国有名的科学家创编成孩子们喜闻乐见的儿歌形式，形成"华夏百杰"中的科学英杰篇，在数学课前，让孩子们诵读，在诵读中，潜移默化地提升孩子们的人文素养。如我们把南北朝时期杰出的数学家和天文学家祖冲之创编成一首这样的儿歌："$\pi\pi\pi$，拍拍手，小竹棍，作数筹。祖冲之，算圆周。加减乘除开平方，3.1415926……"类似的还有《蔡伦》："中国造纸术，蔡伦是鼻祖。起始汉和帝，世界都瞩目。树皮渔网破麻布，都是造纸必需物。捣碎化浆加沤煮，定型风干成了纸。有了纸，能写字，推动社会大进步。"儿歌《张衡》："有个小孩叫张衡，天天晚上数星星。数着星星长大了，入朝做了太史令。太史令，有悟性，爱动脑子爱发明。发明候风地动仪，预测地震早报警。"儿歌《徐霞客》："徐霞客，爱旅游，三十四年外边走。走时二十二，回来白了头。大半中国都走遍，一部日记世间留。《徐霞客游记》，传遍五大洲；游圣徐霞客，人生乐悠悠。"儿歌《詹天佑》："詹天佑，修铁路；凿隧道，减坡度。折返线，人字路。火车上了八达岭，铁路史上破纪录。"儿歌《邓稼先》："邓稼先，邓稼先，敢为国家挑重担。与世隔绝搞科研，个人名利放一边。原子弹，上了天，氢子弹，冒了烟。中国科技领了先，美国不敢再小看。"所创编的科学英杰儿歌不仅能作为孩子课前诵读的资源，而且能作为数学教学的素材，在诵读与运用中传承祖国优秀传统文化。

2.过程贯穿，将数学文化融入学科实施的过程之中。学科实施是整个数学活动的"抓手"，是有效推进中华优秀传统文化的关键点。教学目标的达成程度，教学内容的落实情况，教学评价的反馈意见等都依赖于恰切的学科实施过程。因此，要以教师的指导为抓手，以融入学生的体验为根本。

3.评价反推，将数学文化融入学科评价的反馈之中。数学教学的评价在学生的数学能力中起到了非常重要的作用，一方面教师要具备有效指导、改进和发展学校优秀传统文化教育的能力，同时，要具备切实保障中华优秀传统文化教育的落实和质量提升的能力。对其融入数学教学的评价可以从小组活动，师生互动，学生学习方式、经验、综合能力和反思过程等方面进行评价，避免只注重结果不注重过程的现象。应根据传统文化教育的需要或主题特点，灵活选用多种评价方法。

案例三：《He is kind to children》中对学生个性品质的塑造

课例呈现者：冷水江市第二中学　杨丽琼　　　　所教科目：英语

这是参与娄底市教学比武的一堂授新课。教学内容是跟人物性格品质相关的几个词汇，询问与表达人物性格品质的基本句型。这是个性品质塑造的英语听说课及英语和道德与法治学科整合课程，我欲达成的教学目标是：

1.掌握与性格相关的词汇：serious　friendly　smart　active　kind

2.使用句型交流：How is he/she？　He/She is kind/…

3.渗透优秀性格品质教育：待人友好善良、努力学习、积极面对生活，那就是聪明的孩子！

所采用的教学策略：通过为孩子们创设真实的语言环境，让孩子们合作完成词汇句型的操练，在真实案例中感知与模仿正面的人物品质。所以，在教学过程中，我巧妙使用三个关键环节：

1.精选孩子们喜闻乐见的童话故事《白雪公主与七个小矮人》中几个具有代表性的片段，让孩子们体会白雪公主的kind（善良）与friendly（友好），七个小矮人的 active（活跃）、serious（严肃）和 smart（聪明）的不同品质。这是一种潜移默化的渗透教育，让孩子们在欢声笑语中领悟。

2. 在操练部分，是直接以孩子们身边的同学为例，因为身边的榜样更具有说服力。

3. 在孩子们玩完有趣的"变脸王"游戏后，教师在音乐声中带着孩子们大声朗读与体会下面这段文字：

Kind and friendly to everyone.
对每个人都友好。
Serious to your study.
努力学习。
Active to your life.
积极面对生活。
You are smart children.
你们就是聪明的孩子。

当上完课时，孩子们意犹未尽，眼里闪烁着干净又充满正能量的光芒，让执教者领悟到：谁说英语就只是一种语言工具？

笔者在加入这个名师工作室时，持的是"空杯心态"。现在很多学校喜欢把以往的学科办公室整合为年级组办公室，这虽不能代表就是跨学科的整合或联盟，但至少我们需要更新教学观念，加深跨学科合作与提升跨学科能力，打造教师专业发展共同体。"空杯心态"正是我们在全新的理念面前，静心且精心与不同学科教师合作设计课堂的前提。

案例四：《基于立德树人的班主任创新管理策略研究》

论文呈现者：娄底市双峰县荷叶镇中心小学　曾碧波

摘要：立德树人是教育的根本任务。立德，就是坚持德育为先，通过正面教育来引导人、感化人、激励人；树人，就是坚持以人为本，通过合适的教育来塑造人、改变人、发展人。关于立德树人的班主任创新管理策略，我将从以制度束人、以课堂服人、以严待人、以爱动人、用书香润人、用课程助人六个方面来阐述，鼓励广大教师群体认识了解班主任创新管理策略研究，在班主任工作中，从立德树人出发进行班级管理，以德育为先，帮助学生养成良好的品德、品质。

第四篇　探索项目驱动和工作室的社会化路径

正文：

3月18日，中共中央总书记、国家主席、中央军委主席习近平主持召开学校思想政治理论课教师座谈会，鼓励广大教师用新时代中国特色社会主义思想铸魂育人，贯彻党的教育方针，落实立德和树人根本任务。"思政课教师要给学生心灵埋下真善美的种子，引导学生扣好人生第一粒扣子""理直气壮地上好思政课"……这些话语已深深地烙进了每个教师的骨子里，更深深地烙进了每个班主任的心灵深处。因为我们虽然是天底下最小的主任，却干着天底下最大的事业——立德树人！我们是立德树人的主力军，我们身上肩负着责任与使命。下面我就班主任创新管理策略浅谈自己的几点见解。

一、以课堂服人

著名学者朱永新说过："一个好教师不在于他教了多少年书，而在于他用心教了多少年书。"确实，你若能精心打造自己的课堂，你就能使课堂成为我们工作、生活旅途中的幸福驿站，成为传递正能量的主要渠道。同时，你征服了课堂，也树立了威信，征服了人心。要知道，学生都对老师有仰望之心。曾记得，我教六年级时，一个同学在作文中这样写道："听说我们班新的班主任是曾老师，这下我得小心驶得万年船啦！她呀，可是如来佛呀，哪怕你是七十二变的孙悟空，也别想翻过她的五指山。不过，听说她上课还有两把刷子，我还是拭目以待吧！一天、两天、三天，时间悄然而过。嘿，也没见这老师有啥动静呀！我还以为她会天天拿着那戒尺，对着我们凶巴巴的呢！这么多天过去了，讲台上那戒尺除了在黑板上指指点点，也没见有棒打调皮王的架势呀！难道她是纸老虎？不过，说老实话，也不知怎么的，我们班的学生似乎都无形中老实了，连那孙悟空头头也好像变成了文明人。难道是曾老师给调皮王施了魔法？我带着好奇心去问，调皮王竟说：'我爱上曾老师的课，她的话让我不想违抗。她是我的偶像。'一细想，曾老师的课着实让人如痴如醉，听她的课，真的就是一种享受，一节课天南地北，海阔天空，无拘无束，不知不觉一下就下课了。她也确实让我们从心底里佩服。我终于见识了传说中曾老师的厉害，挺美的！"现在这个孩子已经参加工作了，但每年他回来看我，我们聊及此事时，他还是那句话："老师，您的课确实让我折服。"说实在的，我没有学生说的那么会上课，但我一定会用心经营自己的每一堂课，很简单，因为我是老师，我更是班主任，我得依靠课堂来树立自己的威信。

二、用书香润人

赫尔岑说:"不去读书就没有真正的教养,同时也不可能有什么鉴别力。""一日无书,百事荒芜""书中自有黄金屋,书中自有颜如玉"……这些关于读书的名言如雷贯耳。前段时间,一个奔驰女车主维权的事件成了热点新闻。为什么这件事情会如此火?因为大家都看到了读书的力量。老师们,书能开启人的智慧,书能播下文明的种子,相信一个满腹经纶、饱读诗书的老师,教出来的一定会是举止文明、出口成章的孩子,因为学生就是老师的一面镜子。读书的精神,没有就是有,不留就是留。读书是我们代代相传、子孙延绵、兴国安邦的法宝。所以为了我们的学生,读书吧!前行吧!

三、用课程助人

思政课是立德树人的主阵地,班主任是立德树人的主力军。所以把"思政课与立德树人高度融合"是我们工作室的研究方向。我相信,思政课这门课程,尤其是体验式教学的实施,一定会让立德树人落地开花。

记得那一次,因为连续下雨,孩子们有几周都没去户外上体育课了,所以他们对自己站的位置记忆有点模糊,尤其是男生,半天都没找到位置。于是我发布命令:女生去打球,男生重新集合,一分钟内能安静地站好就可以玩。第一次解散,再集合时,有男生玩得过了头,没听到集合的哨声,我说:"不行,重来。"第二次解散,再集合,有男生跑得过快,撞到了别人,误了时间,我说:"不行,重来。"第三次解散,再集合,有个男生鞋带松了,挂在了网上,又没赶到。我说:"不行,重来。"第四次解散的口哨声吹响,全体男生居然不约而同地一动不动。我问:"为啥?"一个男生说:"老师,我们不解散,这总不会出错了吧!"真的,当时我挺想哈哈大笑的,但我控制住了。我说:"同学们,你们从今天的集合中悟出了什么?""我们要长记性。""我们不能没有责任心。""我们要有时间意识。""我们要有安全意识。"孩子们各抒己见,观点众多。老师们,这就是体验式教学,说一百,道一千,不如做一次。

还有一次,我上思政课,讲到《讲卫生》这一课时,我突然灵机一动,想抓住这个好机会改变一个学生乱放书包的坏习惯。因为我们午读课规定书包要统一挂起来,我们班有个孩子因为书包没扎绳子,老挂不稳,每天弯腰捡书包的动作都要高达十来次。不管我怎么苦口婆心,叫他扎绳子,他就是屡教不改,哪怕是我说"下次再这样,我就让你的书包到垃圾堆里去洗个澡",他也"面不改色"。这下机会来了,我先把他的书包和另一个同学的书包同时摆在讲台上,然后让他描述一下两个人的书包。他的脸一下红了,挺不好意思的。接下来,我给他绳子、剪刀,让他想办法解决书包挂不稳的问题。他走上了讲台,三下五除二,两分钟搞定,书包带做好了,书包好好地挂在了桌子角上。我问:"你懂得了什么?"他傻笑了一下,说:"我不能太懒,不能拖拉,不能老想着依赖别人,更不能那么不讲卫生。"

看,这就是体验式教学的力量,这就是利用课程落实立德树人。只要我们善于发现,善于思考,相信很多学生的"疑难杂症"也会通过你的灵丹妙药得到有效解决。

世界也许很小很小,心的领域却很大很大。愿我们所有的班主任顶着最小却最美的光环,以专业的态度,在神圣的岗位上,把属于我们的那片园地管理得天清日朗,以使我们无愧于自己的学生,以使我们的学生无愧于生命长河中的这段时光!

跨学段联盟

因为多方面原因,比如学校结构特点、教师编制、教师交流等,尤其道德与法治课程的特殊性,教师"跨学段教学"现象一直存在。而我们工作室的成员有担任小学低中高阶段课程教学的,也有担任初中学段教学的。成员们分别面对不同的教学对象、教学内容,定会采用不同的教学方法与手段。工作室进行了勇敢的大尝试,进行跨学段的联盟,如在我们进行各项教学研讨活动的交流中,教师们的教学风格和教学思路等主观因素与跨学段教学活动的客观体验发生碰撞,产生火花,进而知道"从何处来,往哪里去",帮助彼此加深理解教学内容,进一步明确教学目标,更准确地把握教学重难点,从而提高理解教材和设计教学的能力。更有意思的是,在体验不同学段的教学过程中,教师的教学语言、教态、亲和力、营造课堂氛围的能力,孩子们兴趣的激发、保持等都能得到提高。整个学段联盟的过程能促使教师进行主动反思和求变,恰好达到促进教师快速、全面成长的教育科研目的。

案例一：几位跨学段教师的教学心得

教师一：道德与法治课程教学，主要在于塑造学生美好的心灵，起到立德树人的作用。在初中阶段，上道德与法治课的教师要注意做到教育、启发，帮助学生树立正确的人生观、价值观。在教育教学过程中，我们可以充分运用现代化的视听手段，以激发学生的求知欲和兴趣。不过，我认为这不能解决根本问题，要真正培养起学生学习道德与法治课的兴趣，还是要从课堂教学内容本身入手，要提高教师自身素养。

教师的素质主要包括两个方面，一是自身的专业知识要不断扎实、更新，业务能力要提高；二是教师的自身道德修养不断提高。这是素质教育的重要部分。要提高教师素质，必须做到下面几点：不断学习道德与法治学科的专业知识，了解本学科的发展脉络，学习相关学科的思维方式与方法，学高为师，身正为范。在言论上，要对国家、对社会、对学生负责，对社会有不同看法，不能在学生中大发议论，误导学生。在举止上，处处以身作则，树立道德榜样，教授学生做人做事的道理和原则。

教师二：无论面对的是初中生还是小学生，我们始终都坚持启发式教学。

在道德与法治课堂上应坚持启发式教学，启发式教学作为思想政治课教学的总方法，是思想政治课教学改革要达到的目标中的一部分，也是思想政治新课程的教学改革取得成功的必然要求。在日常教育教学活动中，教师的首要任务就是研究教材，发掘教学内容中的启发因素，并且设计富有启发性的问题。问题不宜太难，要体现这节课的重难点，并且适应中小学生现有的知识发展水平，而后在教师的指导下，能够使学生达到最近发展区，引起学生对课堂的兴趣和求知欲，并且能够锻炼学生的语言表达能力。

教师三：以时政促进课堂教学。初中道德与法治课程的知识与高中接轨，内容对初中生来说很枯燥，并且在中考形势下，道德与法治所占分值较小，处于青春期的学生对这个科目兴趣不大，部分学生出现抵触心理。为了使课堂更加活跃，学生积极性更高，我们倡导将时政引进课堂，通过时政教学促进学生的思想品德学习，活跃课堂氛围，拓展学生的视野，让他们学会用正确的观点看待世界，面对生活。为此，笔者尝试运用时政教学，让学生在体验、实践与探究的过程中，了解世界局势、国家大事，做热心、负责的小公民。

教师四：将德育融入课堂教学中。初中道德与法治这门学科不仅承担着传授知识的责任，还担负着对学生进行德育的使命。在基础教育阶段，学校德育是学生接受道德教育的重要途径，新课程对基础教育阶段的德育工作也提出了明确的要求。因此，在教学中应坚持德育在先的原则，以渗透德育提高学生道德素质，发挥课堂教学的重要性作用。例如，在讲到法律部分的知识时，单纯地向学生讲述相关法律知识，只会让学生对思政课程更厌烦。教师可通过播放关于青少年违法犯罪的视频导入课程，在学生观看后，让他们就如何看待视频中青少年的行为发表个人意见，例如，他做了哪些违法的事，可能是什么理由导致他走上违法的道路……通过教师提问，来一步步引导学生深思，在其中不断渗透"知法、懂法、守法"的法律意识。这样，通过课堂教学，一方面让学生掌握了一定的法律专业知识，另一方面潜移默化地对学生进行了良好的道德教育，提高了学生的综合素质，充分发挥了课堂教学的重要作用。

案例二：两名跨学段教师的深切感悟

破茧成蝶，我也将拥有自己的天空

2018年3月22日，晨曦微露，薄雾如纱，清新的空气中弥漫着三月花开的馨香。我安排好手头的工作，和小伙伴们匆匆赶往冷江二中，去履行一个约定，去赴一场思想与灵魂的盛宴。

陌生的校园，却让人感到熟悉和亲切。工作室的伙伴们真诚而热情的笑脸，犹如兄弟姐妹一样的热忱，早已消除了我心中任何不适。与第一次研修相比，彼此之间熟络了许多，共同话题也多了许多，这样的感觉真好。

工作室的活动不但安排得丰富且紧凑，而且让人感到愉快和难忘。一天半的时间，大家基本上是坐着，一边听课，一边做笔记，但一点儿都不会感觉时间冗长和难挨，相反，只觉得时间流逝得太快，只感觉特别充实，收获多多。听课之余，让人从心底里佩服首席名师刘红霞校长的筹划与智慧，跟着这样一位秀外慧中的校长，必须时刻策马扬鞭，不敢有半点松懈与懒惰。

言归正传，说回此次研修。

六节研讨课的展示，只能用精彩纷呈来概括了。上课的六位女老师，犹如六位衣袂飘飘的仙女，带领孩子们在广阔的知识殿堂里驻足、流连、撷英采蜜。她们活泼、亲切，对待孩子们热情而又循循善诱，感染了每一位听课的学生和老师。虽也有个别地方不尽如人意，但都展示了她们各自的聪慧与魅力，欣赏学习的同时，也带给我们深深的思索。课堂教学是一门艺术，值得我们穷尽一生去摸索，去探讨。

最令人难忘，最能给人以启迪的是湖南省教科院左梦飞老师的同课异构与专业引领。左老师前一天和我们一起听完老师们的六节特色展示课，第二天一早他的同课异构就出来了，并且还不止同课异构，他对所听的每堂课都做出了精要的专业引领。帅气的外表，富有磁性和穿透力的声音，活泼、轻松、幽默、俏皮的话语，丰富多彩的课堂教学设计，不仅让孩子们流连忘返，如痴如醉，所有听课的老师也"无不伸颈、侧目、微笑、默叹，以为妙绝"。听完课，我不由得在心里暗自感叹，加入这个工作室是多么幸运啊，让我有机会当面聆听教育专家的指导。

22号晚上在冷水江84号书城举行的读书会，把此次活动推向又一个高潮。不必说琴行的孩子们不辞辛苦地给我们带来高雅的钢琴演奏，也不必说各地老师精心准备的诵读活动给我们带来的视听享受，单是刘红霞校长的关于国学研究的分享《事精致，从而终》，以及冷水江中连乡中心小学的孩子们朗诵的创编儿歌表演，就带给了我们深深的震撼。刘校长对于国学研究的侃侃而谈，让我们感受到了一位有思想、有情怀、有行动的教育工作者的执着而有意义的追求。孩子们带着朴实的乡土气息的创编儿歌朗诵，让我们意识到了一个一直以来被我们忽略的问题——本土优秀传统文化的传承与发扬该引起人们的重视了，否则，我担心，我们美丽的中国梦将无所依托！

刘红霞校长说她自己"是一位普通的小学教师，虽做不了惊天动地的大事，但是可以把手头的事做得更精致些。一事精致，便能动人；从一而终，便是深邃"，这句话更引起了我的强烈共鸣。一直以来，我就在自己平凡普通的岗位上做着琐碎而自认为有点儿意义的工作，把学校交给我的事情做好，不给学校添麻烦，不让领导担心，也不为名，不为利，只求内心的充实与淡定从容。

前行的路上，头顶有阳光，前方有目标，心中有榜样。栉风沐雨，一路播种，我也将一路收获。到那时，我相信，破茧成蝶，我也终将拥有自己的天空。

向青草更青处漫溯

带着梦想出发，去赴一场春天里的盛宴。

——题记

一次思想的洗礼，一种观念的蜕变，一次灵魂的荡涤，一场内心的震撼。

杏花微雨的江南，春风和煦，芳菲似锦，春意正浓。4月17日，我怀揣梦想，从新化出发，赶赴株洲茶陵，去参加湖南省德育名师工作室联盟成立活动，去赴一场春天里的盛宴。

我们来到活动地点——株洲市茶陵县舲舫中心小学。我对它的第一印象很一般：它与很多乡村小学一样，满是黄色尘土的操场，透出浓浓的乡土味。三栋教

第四篇　探索项目驱动和工作室的社会化路径

学楼，每栋三层，外墙已经有些斑驳。正值下课期间，操场上一群一群的孩子，正在玩着游戏。花花绿绿的衣服，红扑扑的脸蛋，有点凌乱的头发，无一不显示出这就是一所极普通的乡村小学。没想到，两天之后，就是在这样一所乡村学校，来自三湘四水的专家、老师，共同书写了一部教育的传奇。

我们听了两天的课，每天一坐就是十来个小时，可一点儿都不觉得累。专家、名师、教坛后起之秀，一场场讲座、一堂堂精彩生动的德育课令人眼花缭乱，叹为观止。以下，我将从四个方面分享我的感受：

这是一群不知疲倦、向光而行的追梦人。

众所周知，老师的交际圈子很狭小，如果再囿于狭小的校园，我们将会日益变得孤陋寡闻，慢慢与时代脱节。很幸运，因为刘校长的垂青，我加入了我们的名师工作室；又因为三地名师工作室的联盟，我认识了一群不知疲倦、乐观向上的追梦者。来自湘潭的石灵芝老师满怀深情地分享了她的感受：就在不久前的3月18日，她参加了由习近平总书记主持召开的全国思政教师座谈会，并受到习总书记的亲切接见。她的分享让我们也体会到了她所体会到的春天里的幸福；株洲市谭自云名师工作室首席名师谭自云校长对乡村留守儿童的持续关注、关心让人心生温暖；娄底刘红霞小学德育名师工作室首席名师刘红霞校长坚持用童谣的方式传承与发扬乡土文化的创举，令人敬佩和赞叹。

谭校长和刘校长都是各自地方德育名师工作室的首席名师，都是扎根乡土、扎根一线的拥有教育情怀、向光而行的追梦者。与这样可敬可亲的名师一起，你会不由自主地受到感染，陷入沉思，静心对照自己，剔除倦怠，剔除慵懒，逐梦而行。

这是一群充满教育智慧的思想引领者。

名师们的课例分享，处处闪现着教育智慧的火花。谭自云校长功力雄厚，睿智有爱。他的课深入浅出，思想教育的线索与跌宕起伏的情感线索并列而行，真正做到了育德与育心相结合，实现了学校与家庭共担当。他的课堂，有如行云流水，美不胜收。刘红霞校长开朗大方、温柔可亲，她的课堂严谨细致而又多姿多彩，充满激情而又张弛有度，尽显深厚的教育教学底蕴。周纯老师告诉我们，凝练优良的家风是多么重要；黄卓齐老师撕纸条的活动，给了孩子们直观而深刻的珍惜生命的教育——我们不能延展生命的长度，但我们可以拓宽生命的厚度，时不我待，努力学习，努力工作；张敏老师的火灾现场逃生模拟演练让人耳目一新、会心一笑的同时，唤醒了学生对生命的尊重与敬畏。

总之，每一堂课都充满着教育的智慧，让学生，也让听课的老师有了满满的收获。思路决定出路,眼界决定境界,学习、反思、突破自己,让自己的课堂也闪现出更多智慧的火花,值得我们好好思索。

这是一群忧怀国事,胸中有乾坤,心中有情怀的国之脊梁。

习总书记在 2019 年 3 月 18 日召开的全国思政课教师座谈会上说道:2050 年,即 31 年之后,我国的第二个百年计划要实现,五千年历史的泱泱大国交到谁的手里我们才放心啊?石灵芝老师给我们这群思政人带来了总书记的忧虑与期望,培养合格的接班人的任务落在了我们这代人的身上。我们的三位名师校长及石灵芝老师、彭育红老师、左梦飞老师等不正以自己的行动自觉肩负起了这一使命吗?他们成立名师工作室,成立名师工作室联盟,整合优质师资,引领、督促、发挥老师们的积极性、主动性、创造性,给学生心灵埋下真善美的种子,引导学生扣好人生第一粒扣子,培养为中华民族伟大复兴而奋斗的接班人。这不正是鲁迅先生笔下的"中国的脊梁"吗?

陆游说:"位卑未敢忘忧国。"听课之余,我也在思考,作为一线教师,我们应该把爱国情、强国志的教育落实到自己的教学行动中去,教育学生将个人前途与国家前途命运紧密结合,这样的人生才是有意义和价值的。

这是一群以把国家、民族文化传承与发扬光大为己任的担当者。

如果说,有家国情怀、有忧患意识的人,是令人赞叹的,那么,能把国家、民族文化传承与发扬光大作为自己责任的有担当精神的人,则更是令人敬佩的!三地名师工作室的首席名师以及工作室的老师们,就是这样的一群人。

无论是专家的讲座,还是一线老师的课例分享和经验介绍,无不彰显出这种责任与担当。刘红霞校长的《小小童谣,大大世界》令人感受尤为深刻,从新化冷水江接地气的童谣诵读,到茶陵的风土人情童谣的介绍与创编,课程激发了孩子们对民族传统文化的浓浓兴趣,用一种喜闻乐见的方式达到传承与发扬光大的目的。株洲市教科院的丁院长认为,马克思主义学说依然闪耀着耀眼的光芒,国之信仰依然要坚定不移地传承与发扬,拳拳赤子之心令人叹服。传统的就是民族的,民族的就是世界的,有了这样一群人的坚持与坚守,我们的优秀传统文化必将与世界同步,与人类发展的脚步同步。

经师易得,人师难求,我们的专家、名师在文化传承的理论与实践之间架起了一道沟通的桥梁。听他们的课、听他们的讲座,不仅是知识素养的提升,更是一种精神的指引。石灵芝老师告诉我们说:脚步到不了的地方,眼光要到;眼光到不了的地方,思想要到。这样,我们便能不断进步。

研修结束,坐在桌前写下这些文字,是回味,是反思,是自警。努力追赶,向青草更青处漫溯，这场春天里的盛宴必将继续引领我前行的脚步！

新化县上梅中学　　伍伟英

案例三：两名跨学段教师的教学设计

《加强宪法监督》教学设计

教材内容

人教版《道德与法治》八年级下册第 2 课第二课时

教材分析

本课是第一单元最后一个课时，其承接上一课时的内容，主要讲述全国人大及其常委会行使监督宪法实施、监督权力行使的职责与权力，广大公民包括青少年，要学习宪法、认同宪法、践行宪法，从而实现课程标准中对于树立法治观念、增强宪法意识的要求。

学情分析

八年级学生求知欲强，思维活跃，通过前面的学习有了一定的宪法知识基础与思考能力。但本课内容理论性较强，和学生的生活、学习实际较远，因此教师必须充分挖掘学生的生活、学习实际，让学生在活动中感受宪法监督的重要性，在活动中自觉树立宪法意识。

教学目标

情感态度与价值观：认识宪法在国家治理中的基础性作用，积极树立宪法意识，维护宪法权威。

过程与方法：通过系列探究活动，引导学生在活动探究的过程中达到了解知识、掌握知识的目标。

知识与能力：知道宪法监督需要国家机关履行职权，需要完备的宪法监督制度；了解健全宪法实施和监督制度的具体内容；明确增强宪法意识对我们每个人的要求，能够自觉增强宪法意识。

教学重难点

重点：监督宪法实施的重要性，如何实施宪法监督。只有明确监督宪法实施的重要性，才能有针对性地去加强宪法的监督；如何实施宪法监督必须要对宪法监督的主体及内容有清晰的认识。

难点：增强宪法意识的具体做法。学生对于本课知识的学习最大的难点就在于，他们学完之后是否认为宪法与自己有关？因此必须结合身边实例，真正引导学生做到将宪法内化于心、外化于行。

教学策略选择与设计

教学思路：通过十九大报告摘选引出课题，以监督权力行使和增强宪法意识两个环节展开教学活动，中间合理设置漫画思考、视频播放、图片展示、模拟宣誓等系列合作探究小环节，强调发挥学生主体作用，引导学生在活动探究的过程中达到了解知识、掌握知识的效果。

教学方法：合作探究法、师生讨论法、多媒体辅助教学法。

教学准备

学生准备：课前预习教材，查阅宪法相关知识，搜集资料；以学习小组为单位，组织宪法宣誓模拟活动。

教师准备：理解大纲，明确任务，专研教材，搜集资料，书写教案，利用多媒体设备制作课件。

教学过程

（一）主题导入

阅读摘要，引发思考。

"全面依法治国是中国特色社会主义的本质要求和重要保障。宪法是国家的根本法，坚持依法治国首先要坚持依宪治国，坚持依法执政首先要坚持依宪执政。要加强宪法实施和监督，推进合宪性审查工作，落实国家宪法日和宪法宣誓制度，把全面贯彻实施宪法提高到新水平。"——摘选自十九大报告

【设计意图】以报告摘录的形式导入，既结合时政，又可以自然地引出本节课的主题。

（二）活动交流

活动一：看漫画。

引导学生看漫画并思考《将制度关在笼子里》，老师提问：公章表示什么？笼子表示什么？阳光表示什么？漫画的寓意是什么？

【设计意图】讨论得出公章表示权力，笼子表示制度或制约机制，阳光表示公开透明和接受监督，漫画的寓意：权力的行使要受到制度约束并接受监督。

归纳总结：权力的行使为什么需要监督？因为监督是权力正确行使的根本保证，不受监督的权力将导致腐败。为了保证国家机关严格按照宪法和法律行使权力，需要建立完备的监督权力行使的制度体系，在这一监督体系中，宪法监督制度具有基础性意义。

活动二：看图片。

进行图片展示并探究。

【设计意图】通过图片展示，有助于增强学生的分析归纳能力；进一步引导学生了解保障宪法实施、加强宪法监督需要完善宪法监督制度。

归纳总结：宪法对全国人大及其常委会行使监督权的规定有哪些？全国人大及其常委会行使监督宪法实施的职权，全国人大常委会有权解释宪法和法律；地方各级人大在本行政区域内负有保证宪法和法律实施的职责。宪法监督内容：合宪性审查和监督。

活动三：看教材。

指导学生看教材第 25 页"探究与分享"。找出本案中全国人大常委会行使了什么职权：监督宪法实施的职权。

【设计意图】联系生活实际，学以致用。

归纳总结：健全宪法监督制度的要求有哪些？全面依法治国需要我们健全宪法实施和监督制度，不断加强宪法监督工作。要完善全国人大及其常委会宪法监督制度，健全监督机制和程序。健全宪法解释程序机制，推进合宪性审查工作，加强备案审查制度和能力建设，加强对宪法实施情况的监督检查，维护宪法权威。对于各种违宪的行为，都必须予以追究和纠正。随堂演练，讨论思考，得出答案。

活动四：看视频。

播放《宪法宣传日》视频，请学生认真观看并思考：视频中，国家在公职人员就职方面建立了什么制度？这一制度的建立有何意义？

【设计意图】体会宪法宣誓的严肃性，以此了解国家公职人员增强宪法意识的重要性。

归纳总结：为什么要增强宪法意识？加强宪法监督，既需要完备的制度措施，也需要增强宪法意识。增强宪法意识对国家公职人员来说尤为重要。

措施：设立国家宪法日、建立宪法宣誓制度的目的是强化国家公职人员的宪法意识，让他们珍惜宪法赋予的权力，自觉规范自己的行为。播放的视频指出国家还通过很多其他的方式来增强公民的宪法意识。

活动五：看文本。

对照宪法文本，根据实际情况，填充内容。你能得出什么结论？

姥姥信基督教，宪法第三十六条，中华人民共和国公民有宗教信仰自由。爸爸每周休息两天，宪法第四十三条，中华人民共和国劳动者有休息的权利。隔壁邻居奶奶每月领低保生活，宪法第四十五条，中华人民共和国公民在年老、疾病或者丧失劳动能力的情况下，有从国家和社会获得物质帮助的权利。宪法与我们每个人息息相关，我们的一生都离不开宪法的保护。我们要增强宪法意识，热爱宪法，捍卫宪法。

【设计意图】引导学生知晓，增强宪法意识不仅是国家公职人员的事，更与我们每个公民息息相关。引导学生从知、情的层面上升到行的层面。

归纳总结：如何增强宪法意识？学习宪法，认同宪法，践行宪法。推动宪法实施的意义是什么？宪法的生命在于实施，宪法的权威也在于实施。建设社会主义法治国家，需要我们坚持宪法至上，自觉践行宪法精神，积极推动宪法实施。

（三）情感升华

宪法宣誓模拟活动——今天我是宣誓人，我宣誓，拥护中华人民共和国宪法，维护宪法权威，履行宪法职责，恪尽职守、廉洁奉公，忠于祖国、忠于人民，自觉接受监督，为中国特色社会主义伟大事业努力奋斗！

【设计意图】情感升华，将课堂气氛推向高潮。

板书设计

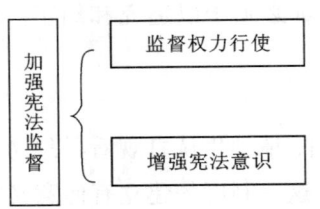

教学反思

本节课利用时政热点导入新课，激发学生的学习兴趣；让学生自己组织宣誓模拟活动，充分调动学生在学习中的主导地位，更好地落实内化于心、外化于行这一目标；精心选材，事例贴近学生的生活，做到理论联系实际，学以致用。本课需改进之处在于时间安排要细化，对学生发表的见解要及时精准地点评。

新化县上梅中学　刘飘

城乡直通车（城乡印象，城乡差异）

教学内容

人教版《道德与法治》八年级下册第 7 课

教材分析

第 7 课由"城乡印象""城乡差异""城乡差距""城乡统筹"4 部分组成。以城市学生刘怡和农村学生崔娟的对话为引子导入课文，引出无论是城市还是乡村都各有所长与不足的结论。几部分之间采用的是由外及内再整合的结构。第一部分"城乡印象"主要谈城乡的外观及自然景色；第二部分"城乡差异"进一步谈城乡的内在差异和特点。

学情分析

由于学生个性差异和生活经历的不同，有些学生盲目地羡慕和渴望城市（或乡村）生活而厌倦自己所在的乡村（或城市）生活；有些城市学生存在着歧视农村学生，瞧不起农村和农村生活方式的心理和行为；有些农村学生自卑，城市学生自高自大。所以，如何帮助他们真正树立平等意识、做到彼此尊重是学习该内容时可能遇到的困难。

教学目标

1. 感悟城乡各自独特的魅力。

2. 了解城乡间的差异。

3. 理解面对差异，农村人和城里人的正确做法。

4. 努力学习，为改造和优化自己的生活环境而奋斗。

教学重点

城乡差异的表现。

教学难点

正确认识城乡差异。

教学过程

（一）导入新课

老师介绍城里学生去乡下玩时开心快乐的情形。

学生分角色（刘怡、崔娟）朗读对话。

她们到底谁说得对呢？是农村好还是城市好呢？让我们一起走进城市和乡村，看看它们各自的精彩之处吧！

【设计意图】通过多媒体创设情境,目的是调动学习的积极性,提高学习的兴趣,引发学生思考。

(二)课堂交流

1. 城乡印象。

(1)描述城乡。

老师为同学们准备了几组乡村与城市的照片。看完一组就请一位同学描述一下,好吗?

先看看乡村。(绿油油的农田、宁静的小山村、学习条件艰苦、交通不方便……)

再来看看城市吧。(高耸的居民楼、气派的商业大厦、拥挤的人群、繁忙的交通……)

(2)活动:小辩论:是城市好,还是农村好。

准备3分钟,学生分男女两组,主题分别就"城市好还是农村好"进行辩论。辩论要连贯,自由辩论中老师不去打扰。学生可能出现如下观点:

城市好!高楼大厦,威武气派……

农村好!山清水秀,景色宜人……

(3)小结:无论是农村还是城市,都各有所长和不足,城市和乡村各有其独特的魅力。

再来看一张图片,农村个别地方,个别家庭还很贫困。党和政府高度重视,采取了精准扶贫的政策。

2016年,我国全面推进脱贫攻坚,全国财政专项扶贫资金投入超过1000亿元,为1700多万困难和重度残疾人发放生活或护理补贴。全年资助各类学校家庭困难学生8400多万人次。2017年,农村贫困人口减少1000万以上,完成易地扶贫搬迁340万人,中央财政专项扶贫资金增长30%以上。

思考:请你为国家打赢脱贫攻坚战出谋划策。

①资金扶贫,加大财政扶持力度;②科技扶贫,掌握脱贫致富的技术;③教育扶贫,提高贫困人口的素质;④卫生扶贫,保障贫困人口的身体健康;⑤先富带动后富,走共同富裕的道路。

城乡印象是指城乡的外观和自然景色,城乡差异是指城乡的内在差异和特点。

【设计意图】孔子说,知之者不如好之者,好之者不如乐之者。课堂上我紧紧抓住导入这一环节,采用多媒体辅助教学的手段创设情境,通过两组反差极大的画面,给学生以强烈的视觉冲击。随后提出的问题,犹如一石激起千层浪,充分调动了学生学习的积极性,吸引了学生的注意力。

2. 城乡差异。

(1)阅读。

让我们先来看篇短文:

追忆故乡

在我的故乡,家家户户几乎天天开着门,端起饭碗可以到邻居家串门子,吃别人家的菜,喝别人家的茶。有时候锅里的菜都快烧熟了,才发现缺盐少醋,于是不慌不忙地到隔壁人家去取,那从容如同拿自家的一样。谁家有个事情,无须主人说,乡亲们都会自发地来帮忙。即使张家有长,李家护短,一时口舌,却总能冰释前嫌,和好如初。

(2)讨论。

城乡差别除了人际交往的差异外,还表现在人的观念、生活习惯等方面。

讨论:城里人、农村人的观念有什么差异?可以从生育观念、消费观念、卫生观念、审美观念、教育观念等方面讨论。每小组主要讨论一个方面,由老师给小组分工。

(3)填表。

城乡之间还有生活习惯上的差异,生活包括衣食住行等方面。

	差异	城市	乡村
1	节庆		除夕夜,一家人围坐着包饺子,守夜;春节街坊邻里间相互拜年……
2	衣着	时尚、新潮……	
3	住房		松散、开阔,住房面积相对宽敞
4	饮食	加工过的食品多,相对精细……	
5	出行		摩托车、班车

(4)建议。

城里人也好,农村人也罢,其实都各有所长,亦各有所短,让我们都为对方提个醒吧!

(5)看小品。

观看朱军、冯巩的小品《跟着媳妇当保姆》片段2分钟,"城里是乡下人的梦想,乡下有城里人的爹娘"这句台词对于城里人和农村人如何理解包容一定有所启示。

【设计意图】设计多个活动,在合作探究中培养团队精神和独立思考的能力。多媒体呈现的画面大多取材于本地,学生们感到亲切自然,这样也有利于培养他们热爱家乡的情感。结合时政热点"精准扶贫"进行分析思考,拓宽了学生的视野。

(三)课堂小结

城里人、农村人都各有所长、各有不足,在这个社会上都是平等的。

【设计意图】温故而知新,归纳整理有利于深化理解,构建知识的网络,有利于学生形成正确的价值取向。

(四)达标检测

1.选择。

(1)作为一名中学生,无论我们是生活在农村还是城市,我们在促进城乡交流方面可以( )

①努力学习,不断提高自身素质。②积极宣传党的富民政策。③相互交流,实现信息沟通。④互相学习,取长补短。⑤创造条件,成为一个准城里人。

A.①②③④⑤   B.②③④⑤   C.①③④⑤   D.①②③④

(2)城市和农村存在着差异,对这些差异的说法中不正确的是(   )

A.城里人居住的密度要远远大于农村。

B.农村人和城里人在生活方式上存在差异。

C.城里人和农村人在观念上存在差异。

D.农村人和城里人在社会上是不平等的。

2.简答。

2015年9月,来自农村大山深处的小东随进城务工的父母转学到一所城里中学读书。开学后的第二周,学校召开八年级家长座谈会。小东拿着学校召开家长会的通知条犹豫不决:他既害怕一身泥土气息的父母会被其他家长瞧不起,又害怕家长不到会招来老师的批评。小东真的不知道怎么做才好……

阅读上述材料，思考并回答下列问题：

（1）城市有城市的生活规则，如果你是小东，你觉得自己应该注意什么？

自尊自信，要求父母不迟到，注意仪表，语言文明，常微笑，说谢谢，讲究卫生等。

（2）你觉得城里人对农村人的哪些看法应该克服？

对农村人的偏见、冷漠等。

【设计意图】达标检测，可以查漏补缺，发现不足，培养学生独立思考的习惯，提高运用知识解决问题的能力。

板书设计

差距比较——主要体现在消费水平上

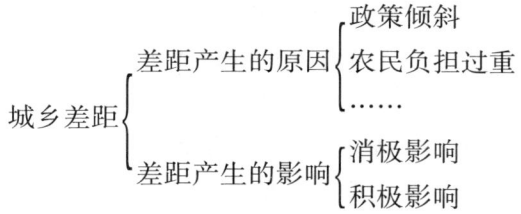

教学反思

1. 紧贴生活实际。在描述城乡印象时，介绍双峰本地的锁石油菜花基地、甘棠芍药花基地、水府庙水库、娄星广场、永丰中学，学生感到很亲切，同时进行了热爱家乡的教育。

2. 紧贴时事热点。在学完城乡印象后，结合农村现状，引出"精准扶贫"的时政知识，让学生明白党和政府对民生问题的关心，并深度思考改变农村现状的办法，增强学生的使命感。

3. 在活动中学习。进行城市好还是农村好的辩论赛，用城乡观念的差异的小组讨论、观看小品等方式，丰富了课堂表现的形式，提高了学生学习的兴趣。

4. 结构完整。从城乡印象到城乡差异，由表及里，从感性到理性，符合学生认知规律。

双峰县永丰中学　贺中元

案例四：一位跨学段教师的坚强执着

家人助我战胜病魔

我，于70年代初，出生在炉观镇一个偏僻落后的小山村。父母都是地地道道的农民，他们没有多少文化，但我的家庭特别温暖和谐。母亲从小教育我，家庭是每个人拥有的最珍贵的东西，只要一家人相亲相爱，没有什么困难是克服不了的。

我和老公分别于1999年和2000年调入新化县上梅中学，小日子过得快乐又幸福，买了房，也买了车，女儿也考上了她心仪的大学。一转眼就到了2017年年底，我在人民医院做了扁桃体切除手术，按手术流程，医院对切除物做了病理检查。手术顺利，复查时医生说恢复得很好。日子就像往常一样风平浪静，但在这一派风平浪静的景象下实则暗涛汹涌。3月26号的晚上，主治医生打电话告知我，我的病理结果有点疑问，建议我去省肿瘤医院确诊一下。我当时就被吓蒙了：肿瘤医院？肿瘤？癌症？一个小小的扁桃体切除手术怎么和这些陌生的名词联系在了一起？我脑子里一片空白……老公一个劲地安慰我："没事的，不怕，有我呢。"我们按照医生的叮嘱将病理标本送至省肿瘤医院。等待的日子，我备受煎熬……出结果的那天，我和老公驱车早早地来到医院，可我的心怦怦直跳，特别特别害怕。老公取来结果，我俩一起去咨询教授。教授告诉我们，结果倾向淋巴瘤，要最后确诊，还得去北京呢。我无论如何都不相信这个结果，因为医生说的发烧、皮肤发紫、全身瘙痒、出冷汗……这些症状，我都没有。这之前，我身体棒棒的，很少感冒过。教授帮我们把标本直接送到了北京。我一直在心里祈祷：这肯定是误诊，误诊，我没事的，一定没事的。在北京，经过PTCT检查，专家诊断结果为——非霍奇金外周T细胞淋巴瘤，我依然没能逃脱淋巴瘤的魔爪，只能面对残酷的现实——开始难熬的化疗之旅。我选择在湘雅三医院做化疗。

老公努力工作：经济后盾

当时确诊费用已达5万，还不包括往返车费。医生告诉我，按照我病情的评估情况，至少需要6次化疗，费用大概需要20多万；每个月还需要1万多元的靶向治疗费用。虽然能报销一部分，但我们还是需要支付大部分。这对于上有老下有小的我们来说，经济压力巨大。去做化疗的前一天晚上，老公在我耳边说："老婆，我好想请假陪你去医院，可这高昂的医疗费，我必须努力赚钱啊！""是，你努力赚钱，我呢，好好治病！"已经担任学校行政领导职务以及两个班语文教学工作的老公，因为工作量巨大，本想辞去班主任工作，但为了负担我高昂的医疗费用，还是咬着牙坚持了下来。每次化疗回家，我都觉得他比以前憔悴了很多，艰辛的工作像一把刀子，将他脸上的皱纹越刻越深。有一次中午吃饭时，连上四节语文课的他，竟然困倒在了沙发上。我看着熟睡中的他，心疼地用手抚摸着他的头发。突然，他头发中刺眼的白映入了我的眼中。原本他乌黑浓密的头发间，只有几根稀疏的白发，而如今，白发竟然一簇簇地出现。到底是多大的工作压力，才会将我眼中一直是少年郎的老公，变成了如今这般模样？我开始回想起我患病之后他的变化：他的背好像没有以前那么挺拔了，他的嗓音没有以前那么洪亮了，他的步伐不像以前那么矫健了……我不禁泪流满面，耳边传来了老公细微的梦话声："老婆，别担心，我一定挣够钱给你看病！"

女儿细心呵护：有力保障

因老公教两个班的语文，又担任班主任，实在抽不出时间；而父母年迈，腿脚不便。我朋友和堂嫂照顾了我3次，另外3次是闺女请假回来照顾的。闺女大三了，学业繁忙。她成绩优异，正值保研期间，她恨不得每分每秒都用来复习专业知识。我没患病之前就经常叮嘱她既要努力学习，也要注意身体。由于化疗药物刺激，我身体越来越虚弱。躺在病床上，浑身没力气，闻到一点儿气味，就想吐。闺女忙前忙后：早上给我买早餐，中午和晚上给我去她舅妈家拿饭；有时东西刚吃下，我就吐了。她怕我没吃东西，身体受不了，就按医生的嘱咐又给我去弄东西吃。好不容易等我打完针，她才有时间写作业。有天中午，我一觉醒来，发现女儿趴在病房的床头柜上睡着了，旁边是摊开的专业书和作业本。我轻轻地摇醒她，她揉了揉通红的双眼，一脸茫然地看着我："妈，是不是饿了，想吃啥？我给你去买。"我看着她憔悴的小脸，心疼地说："满恩，你真的太辛苦了，好好睡一觉吧。"闺女虽然很累，但功课从没落下。病房里的病友和家属，都说我生了一个乖巧懂事的女儿，是八辈子修来的福气！

父母精心膳食：康复良方

化疗的药物，强烈刺激着肠胃，我的胃口一直不好。每次化疗，我得在家休息半个月，我妈妈和公公负责我的饮食。特别是我妈，她听说肿瘤病人吃本地的土鸭子对身体好，每天都留意哪里有土鸭子的购买途径，换着花样给我蒸鸭子、煮鸭子，生怕我吃腻。60多岁的老人每天在菜市场为我精心挑选最新鲜的蔬菜和水果，连苹果都给我削好皮送到嘴里。妈妈这么好，我不多吃点儿，都觉得对不住她老人家。有了他们的精心照顾，化疗期间，我的体重没有下降多少，但是妈妈，却瘦得脸颊都凹陷了下去。本来化疗后，免疫力低，病人很容易感冒发烧，可我从没感冒过。我现在病情已得到缓解，恢复得还不错。

自己乐观坚强：精神支柱

医生说，化疗后绝大多数人头发都会掉光的。我已有了足够的心理准备，等待这一天的到来。第二次化疗后的一天早上，我用梳子轻轻一梳，头发竟然大把大把地掉。那一刻，我彻底崩溃了：我的披肩秀发，就这样没了，我怎么去面对我的同事，朋友……我赶紧拨通了我那个患多发性骨髓瘤的朋友的电话："亲爱的，我头发大把大把地掉，怎么办？""老欧，你别怕，化疗结束后，头发还会长出来的，保证以前的白头发都没有啦！你看，我新长出来的头发多好呀！"有了朋友的安慰，我心里舒畅多了。

那天上午，在朋友的陪伴下，我把头发剃了，戴上了朋友送给我的假发。虽然出门时戴着比较热，但在家里我可以戴个舒适的小帽子。免疫力下降后，我咽喉部大面积溃疡，就是喝水都钻心地疼。每天的饮食，要花费我很多的时间。有时候好不容易吃一点儿下去，因胃不舒服，又吐了出来。严重时，把喝的水都吐出来了。有一次，我实在吃不了，想要医生给我输点营养液。医生拒绝了我，说是担心那营养会被肿瘤吸收，那就麻烦了。为了活命，我只能吃，哪怕刚吃下，就吐了……我自己安慰自己：千万不能放弃，我还年轻，我必须好好活着……退一万步讲，就算不为了自己，我也得为我亲爱的家人活下去，他们为了我，付出了多大的精力，投注了多大的关爱啊！我实在舍不得我亲爱的家人啊。为了增强免疫力，我每天坚持散步，一般是 5000 步以上。就是化疗期间，有时打针要从上午 9 点打到晚上 10 点，我也会在病房外的走廊上，散步 40 分钟左右。我从没把自己当病人，而是好好吃饭，好好散步，好好休息。亲戚朋友来看我，都说我精神状态好，棒棒的！化疗 6 次以后，我的病情就得到了抑制，医生说这大大超出了她的预期，我乐观的心态铸造了这次奇迹，我以后只要不复发，就可以像正常人一样生活啦！

经历了这次磨难，我更加明白了家的含义。家就是一个人心灵的归宿，就是相互关心、爱护，就是有了困难共同承担。老公努力赚钱，女儿乖巧懂事，父母精心呵护，是你们，帮我战胜了病魔！是家人的爱，替我挺过难关。谢谢你们，如果有来生，我们还要做相亲相爱的一家人！

新化县上梅中学　　欧清华

案例五：一位跨学段教师的演讲

做一块高效能的蓄电池

尊敬的各位老师、各位朋友：

大家好！

我叫李基磊，来自冷水江市第二中学。现代人才学中有一个理论，叫"蓄电池理论"，意思就是说，现代的人才当中，一辈子只充一次电的时代已经过去了，我们必须要做一块高效能的蓄电池，不间断地、持续地充电，才能够不断地释放能量。所以今天我演讲的题目就是：做一块高效能的蓄电池。

我，是一名刚刚加入教师队伍的年轻教师。我酷爱音乐和体育，多年的热爱和执着的追求，让我在音乐的殿堂里频频过关，在体育的赛事中屡屡胜出。怀揣着对教育的追求与梦想，在工作中我尝试着各种新的体验。年轻的我，如汪洋中的一叶扁舟，寻找着未来的方向；求进的我，如一块等待蓄电的电池，渴求知识的充实。在喧嚣的世界里，我多么想静下心来学习，很多时候，却又不知道该学什么，从何学起。

直到有一天，我很荣幸地加入了刘红霞小学德育名师工作室，在学习研读习总书记的一系列讲话精神后才豁然开朗。我认为，习总书记寄语广大青年的讲话给我们年轻人充电提供了三个参考方向：

把牢定盘星，锤炼金刚钻，守护传家宝。

所谓定盘星，指的是我们每个人都要有理想信念。作为一名新时代的体育教师，我的理想信念就是把体育的精神贯彻并传承下去。我告诉学生，体育是热血运动，是其他学科教育达不到的；体育是高峰体验，如果不亲身经历是无法感受的；体育是文化，是一群人有目标、有组织的活动，大家要真诚协作，承担职责，共同登上进步的阶梯。我带领着他们共享阳光，沐浴风雨，在各种体育竞赛中顽强拼搏、战胜自我，让孩子们体验到了体育艺术的神奇。学生们都说："李老师，您是我们心中的偶像！我最喜欢上您的体育课了！"

说起金刚钻，让我想到陆游的诗句："书到用时方恨少，事非经过不知难。"是啊，没有金刚钻，不揽瓷器活。那么如果要揽瓷器活，就必须得拥有金刚钻。例如本年度的教育系统篮球大赛，一些能力超群的球员凭自己的不凡身手创造了太多的比赛奇迹。冷办中心小学的谢长炼老师，红日实验小学的李凌文老师，我们二中的谭春恒老师，特别是六中的艾智敏老师、郭伟老师等，他们的运动技能、突围方式、节奏把控、精准投篮都给很多人留下了深刻的印象。在他们身上我看到了黑曼巴精神。试想，如果没有训练场上的千锤百炼，哪有比赛场上的游刃有余？如果没有那刻骨铭心的痛，哪有这酣畅淋漓的甜！

　　至于传家宝，要读经典、读原著，中华民族的优秀传统文化是我们不竭的精神食粮。我们的总书记习近平同志非常重视优秀传统文化的弘扬，并常常以之来激励我们青年一代。他用"志当存高远"来激励我们胸怀理想；他用"道不可坐论，德不能空谈"告诫我们要诚信做人；他用"非学无以广才，非志无以成学"来勉励我们要勤于学习、敏于求知，担当社会责任。一句"不要人夸颜色好，只留清气满乾坤"，彰显的是大国大党的自信，体现的是从容清醒的淡定，表现的是埋头苦干的决心；一句"乘风好去，长空万里，直下看山河"，描画的是广大青年乘社会主义建设长风，在祖国放飞青春梦想的鸿鹄壮志。是啊，每一次信手拈来的从容，都是厚积薄发的沉淀。作为青年教师，我们要做祖国优秀传统文化的传播者。

　　把牢定盘星，要有理想信念；锤炼金刚钻，要有扎实学识；守护传家宝，要有仁爱之心、道德涵养。今天，我们处在一个伟大的新时代，我们的青年要上进，我们的教师要上进，我们各行各业的人要上进，我们的国家、民族要上进，就必须大兴学习之风。

　　我，年轻人，要做一块高效能的蓄电池；我们，新时代的奋斗者，都来做一块高效能的蓄电池吧！

　　谢谢！

冷水江市第二中学　李基磊

跨地域联盟

　　21世纪是一个充满挑战的时代，是开放性和合作性的时代，合作与竞争成为这个时代的主旋律。随着我们经济发展步入新常态，各校跨区域联盟发展日渐成为学校发展的重要选择。它与当前教育背景相适应，推动着教育的改革与发展，可以在一定程度上创造性地解决教育资源不足的问题。学科名师工作室旨在引导推动教师专业的发展，跨越区域的名师工作室联盟，必将引领教育教学的高效提升。我们利用已有和上级部门为我们提供的优秀资源，定期带领本市名师工作室与本省优秀的名师工作室进行联盟活动，通过交流起到文明互鉴、共存超越的效果！

薪火相传　弦歌不辍　春诵夏弦　砥砺前行
——有感于娄底市刘红霞小学德育名师工作室跨区域主题研修活动

一次研修，一次自我愿望的完善，一次自我能力的提升，一次寻找幸福开关的旅程。我们追求幸福，为了那座属于我们的生命花园。在这个播种的季节，2019年4月17日，30多名刘红霞德育名师工作室的学员，带着初心不改的教育情怀，带着求知的渴望，带着提升的目的，相聚在有"犀城"美誉的茶陵县。大家来自不同的地方，不同的学校，为了同一份事业，同一份追求，同一份期盼，共襄教育盛事，而丰富的学习内容也让美好在大家心间慢慢苏醒了。

"省直谭自云道德与法治名师工作室""湘潭雨湖区彭育红名师工作坊""娄底市刘红霞德育名师工作室"联盟成立暨观摩研讨活动宛若一座桥，让大家从四面八方走到了一起。这是一座友谊之桥，通过这里我们把友谊的种子播向三湘四水，学员们在此相识、相知、相学，终身同志、同道、同行，让彼此的距离不再遥远；这是一座合作之桥，通过这里我们共同研讨，唤醒激情，提升品质，共襄教育盛事；这是一座未来之桥，通过这里我们取人所长，补己之短，华丽转身，携手前行，共同迎接更加美好的明天。

让人尊敬的丁文平副院长、左梦飞副所长，任劳任怨的三位首席，尽职尽责的三地教研员、东道主，以及安静的环境，悉心的关怀，可口的饭菜，那一点点动人的细节，一脉脉心底的真情，让宾至如归的感觉悄悄地渗入学员们的心间，大家感到和谐温暖。朝气蓬勃的管理团队，才情飞扬的导师们，一个个智慧的策略，一句句肺腑的感慨，让大家亲切共鸣。同行们的经验分享，一页页坦诚的交流，一次次冷静的思索，让大家豁然开朗。

"问渠那得清如许，为有源头活水来。"本次研修活动虽然只有二天，但专家和导师们的报告、讲座都是源头活水，给大家带来了心灵的启迪、情感的熏陶、精神的享受。能参加这次"提升盛宴"，乃学员们一大幸事。

大道无形，大音希声，大智之人，不耽于形。枯燥的思想品德，如天马行空，不着边际，但风趣幽默的谭自云老师，才情斐然的周纯老师，睿智大方的刘红霞老师，他们出语不凡、字字珠玑、句句经典，让它变得有声有色，所有的学员聚精会神。谭自云老师执教的《家的记忆》，通过情景对话的方式，感动了所有的学生，并引领孩子们要从小家走向大家。家庭是人生的第一课堂，良好的家风是培育美好的种子，把这颗种子带到更广阔的领域，能影响到更多的人，从而营造出一股更和谐、更美好的社会风气。湘潭的周老师通过聊天的方式，告诉孩子们良好家风的重要性。饮水思源不忘本，刘红霞老师用儿歌的形式，在轻松愉快的情景下，教育孩子们阅古能知今，知根要溯源，不忘历史，爱我中华。尊敬的丁文平副院长温文尔雅，慈眉目善，德才兼备，慷慨大气，他高屋建瓴，既有理论的高度，又有接地气的佐证。帅气率性的左梦飞副所长从容大气，看似天马行空的话语，却妙语连珠、段段警醒，把顶层设计解读得淋漓尽致，入木三分。先进地区的经验，一个个典型的案例，拓展了我们的视野，提升了我们的素养。

石灵芝老师带领大家把时间拉回到了2019年3月18日，与大家一起分享了她在北京参加全国学校思政课教师座谈会的经历和习近平总书记在学校思政课教师座谈会上重要讲话精神。习近平总书记说：教师是立教之本、兴教之源。办好思政课，离不开一支政治素质过硬、业务能力精湛、育人水平高超的高素质专业化思政课教师队伍。

"办好思想政治理论课关键在教师，关键在发挥教师的积极性、主动性、创造性。"在学校思想政治理论课教师座谈会上，习近平总书记着眼培养社会主义建设者和接班人，高度评价思政课教师队伍在铸魂育人、立德树人方面的重大作用，深情嘱托广大思政课教师要给学生心灵埋下真善美的种子、引导学生扣好人生第一粒扣子，对加强思政课教师队伍建设提出了明确要求。青少年阶段是人生的拔节孕育期，最需要精心引导和栽培，蒙以养正，圣功也。习近平总书记的重要讲话，立意高远、情真意切，令人鼓舞、催人奋进。

"经师易求，人师难得。"党的十八大以来，以习近平同志为核心的党中央高度重视学校思想政治工作，注重加强思政课教师队伍建设并做出了重大决策部署，各地区各部门和各级各类学校采取切实有效办法认真贯彻落实，思政课教师队伍持续壮大、结构不断优化、整体素质进一步提升，形成了一支可信、可敬、可靠，乐为、敢为、有为的思政课教师队伍。广大思政课教师兢兢业业、甘于奉献、奋发有为，因事而化、因时而进、因势而新，为我国教育事业发展做出了重要贡献。

落实立德树人根本任务、培养担当民族复兴大任的时代新人，思政课教师队伍使命光荣，责任重大。加强思政课教师队伍建设，就要按照习近平总书记提出的六个方面的要求，坚持政治要强、情怀要深、思维要新、视野要广、自律要严、人格要正。这六个方面的要求，是思政课教师队伍建设的重要标准，也是思政课教师提升素质和水平的努力方向。

让人感佩的刘红霞老师，她是引领大家驶向大海深处的舵手，带领大家探索求知，让大家走得更快、更高、更远。作为校长，千斤万斤压肩头，但对担任小学德育名师工作室的首席名师的任务依然无怨无悔。虽然地处乡村，但她依然是那么执着与坚守，时刻播种善良的种子，这是为什么？这就是她对教育事业的一种专业、专注、专心的情怀与韧劲，这是一种初心不改的教育情怀。她的笑容总是挂在脸上，对学生、教师、学校总是那么关心、关注、关爱，她有为、敢为、乐为，真正做到了不亵黉门，不辱西席，担负起了责任。她的善良、感恩、智慧和创新，成了我们前行的路标！

感谢刘红霞名师工作室的核心成员和所有的学员，一切为了孩子们的未来，你们以实际行动真正做到了以梦为马，不负韶华。

美国有个著名学者曾说过这样的话：一个国家，一个社会，什么人都可以坏，但有三种人不能坏——教师、医生、法官。其他人怎么坏，都可治他，包括总统，弄不好会被弹劾，但教师坏了误人子弟，医生坏了草菅人命，法官坏了失去公平公正。这三种人坏了，社会基本就乱了。习总书记在2018年全国教育大会中讲到，作为教师，必须是一个高尚的人，一个纯粹的人，一个有道德的人，一个脱离了低级趣味的人，一个有益于人民的人。

相聚茶陵城，其趣也无穷；共修名师业，其乐也融融。"莫愁前路无知己，名师工作室是我家"。相逢是一种缘，相聚是一种爱。如今，虽然培训结束了，但是我们建立的学习之家还在；幕虽谢但戏未完，人虽散但情未了，愿我们的学习和友情永远在路上。

尼采说：每一个不曾起舞的日子，都是对生命的辜负！名师成长，会有教育教学难以突破某种瓶颈的困惑，会有繁重冗杂的工作和猜意鹓雏的社会舆论带来的种种压力，也会有教学中智慧火花碰撞的快乐，但无论如何，我们应甘之如饴，怀揣实现教育梦想的情怀，学用结合，实践创新，共同成长。为了不辜负学生的期盼，为了心中那抹纯净的粉笔白，让我们携手同行，守望相助，撸起袖子加油干，不忘初心，砥砺前行！

书不尽言，言不尽意，最后用一首诗表达我的全部感想。

谁有博学气自华？研修会上见名家。
谭言汩汩涌泉水，丁论滔滔卷浪花。
育红为人堪钦哉，灵芝分享暖人怀。
左帅引领主沉浮，刘首紧随竞风流。
才高方能薪火传，覃思可与彩云娉。
今朝喜获新观念，华丽转身谱明天。

娄底市师资培训中心书记　邹兆林

思政教育在路上

谈笑一室皆鸿儒，理直气壮上思政
——记湖南省小学德育名师工作室联盟成立暨观摩研讨活动

4月18日，为深入落实习总书记在全国思政课教师座谈会上强调"思政课教师要给学生心灵埋下真善美的种子，引导学生扣好人生第一粒扣子"的重要讲话精神，为了整合省内优质培训资源，加强省内优秀名师工作室经验分享，促进跨区域名师工作室的交流互动，促进小学思政课及教师队伍建设，湖南省小学德育名师工作室联盟成立暨观摩研讨活动在茶陵县舲舫中心小学隆重举行。

上午8点，我们一行来到美丽的舲舫中心小学。株洲、湘潭、娄底、永州几地名师工作室一百余名成员参加了此次活动，茶陵县教育局党委书记、局长费学文，娄底市师资培训中心书记邹兆林，株洲市教育科学研究院副院长丁文平，娄底市教育科学研究所工会主席何立新，株洲市教育科学研究院道德与法治教研员余民，茶陵县教育局教研室主任肖文，茶陵县教育局原教研室副主任沈国荣应邀出席了这次活动。

活动开幕式上，成立了湖南省小学思政名师工作室联盟，茶陵县教育局局长费学文，娄底市师资培训中心书记邹兆林，株洲市教育科学研究院副院长丁文平为株洲市小学道德与法治名师工作室、湘潭市中小学德育名师工作室和娄底市小学品德与社会名师工作室授牌。

湖南省小学思政名师工作室联盟代表，娄底市小学品德与社会名师工作室主持人刘红霞老师上台发言：一是表达感谢——感谢茶陵县教育局领导的高度重视；感谢省教科院、株洲教科院的倾情指导；感谢舲舫中心学校提供学习的现场；感谢三地师训部门、教研部门搭建的学习的平台。二是来学习。希望我们抱着学习的态度，认真笔记，好好领悟，内化于心外化于行！学习工作室先进的做法，学习名师先进的理念，且带回去引领辐射到学校、区域。三是表达祝愿。刘校说因为一个人，爱上一座城。（因为，谭自云校长是她在湖南省首批小学未来教育家班的同学）我们工作室又何尝不是因为刘校长，因她带动了整个团队，让我们都爱上了思政课呢？

来自湘潭市的全国优秀班主任、语文特级老师石灵芝，分享了课程《春天里的幸福》，讲述了她在北京参加全国学校思想政治理论课教师座谈会期间的所见、所闻、所感、所悟，使大家对思想政治理论课有了更深的认识；对上好思政课有了更大的信心。

接下来是三位名师的同台献艺——观之，所以游目骋怀；听之，足以极视听之娱。第一位上课的是株洲市小学道德与法治名师工作室主持人谭自云老师,举重若轻的话语,风趣幽默的点评,润物无声的教育,真是一位温文尔雅的谦谦君子。第二位上课的是娄底市小学品德与社会名师工作室主持人,睿智而充满激情的刘红霞老师,她用冷水江童谣与新编茶陵童谣为引子,将地方传统文化整合到一节课之中,课堂上尊重孩子的主体地位,为孩子的表达欲望提供充足的展示空间,让孩子在充分的交流分享中感受家乡底蕴,传承中华经典。第三位上课的是来自湘潭市彭育红德育名师工作坊的骨干教师周纯老师,她在课上聊家风、传国风,德法相融,清纯不失本真。

三地教研员何立新老师、余民老师、彭育红老师分别进行现场点评,他们的点评精彩纷呈,妙语连珠,可以说给我们上了一堂不一样的培训课,让在座的各位老师更能感受到名师们的独具匠心,同时为我们的专业成长指明了方向与路径。

下午,三地名师工作室骨干分别做经验分享。谭彭坤老师分享的《红色舫舴、善行人生》,说出了我们每一个乡村教师的"初心"——用自己的微弱烛光照亮每一位学生前进的道路,文化育人,让乡村孩子享受城市教育;秦惠娟老师分享的《互联网+小学道德与法治名师工作室》,将互联网与名师工作室相融合,在"互联网+"时代,名师工作室的信息组合与整合、教育教学研究成果的转化等都应通过互联网获得共享;刘娟老师分享的《打造上接天线、下接地气的名师工作室》高端、大气、上档次,赢得阵阵掌声;陈爱莲老师分享的《将社会主义核心价值观内化于心,外化于行》可操作性强,情趣盎然;王丹老师分享的《工作坊研修与学科教研》从三方面来讲教师研修工作坊,表明大家走到一起就是因为共同的目标、共同的教育梦想,也缘于事业的热烈召唤;黄慧老师分享了《上学生喜欢的道德与法治课》,黄老师说,上就要上一堂真实、创新、有思想的课,这正是我们思政人一直以来所践行的理念。

紧接着,株洲教科院丁文平副院长进行了《马克思主义对学校教育的指导意义》讲座,为我们提供了进一步夯实理论的基础,实践的动力!

省教科院副所长、省道德与法治教研员左梦飞老师带来了振奋人心的顶层设计,让在场的思政教师们挺起胸膛,理直气壮地上好思政课!这是场智慧的碰撞、思想的盛宴,研修活动在一次次掌声和赞叹声中再次被推向高潮。

18号的活动一直进行到下午五点半,一天的活动容量很大,虽然中午都没有休息,但大家一点儿也不觉得累,并且意犹未尽。在返程的车上,大家还在兴致勃勃地谈论着各自的心得与收获。作为思政人,我们收获满满,乐在其中!

4月19日上午八点，我们再次来到茶陵县舲舫中心小学，旁听株洲市的四位青年教师上展示课。黄老师执教的《生命最可贵》通过反背书包体验孕妈妈的艰辛，用带有刻度的纸条模拟自己的生命，带孩子们丈量生命的长度，懂得生命的宝贵。张老师执教的《厉害了，我的国》，让学生在课堂上谈谈从学校到家庭生活方式的改变，再到国家日新月异的进步，不得不说，"厉害了，我的国"！张老师执教的《119在心中》给孩子带来了一次别开生面的消防模拟。李老师执教的《坚持才会有收获》，让坚持不懈的种子在孩子们的心头生根发芽。上午的展示课让我们对小学思政课的特点与教学方法又有了更深的认识。与此同时，我们的首席名师刘红霞校长还参加了茶陵县舲舫中心小学的乡村青年教师专业成长俱乐部调研，旨在寻找方法提高本校及当地青年教师的专业素养，并发挥更大的辐射引领作用。

下午，伴着骄阳，我们一行人参观了毛泽东缔造的第一个红色政权——茶陵县工农兵政府历史陈列馆。青砖白墙灰瓦，圆柱方檩飞檐，来到这有一种特别的感受，仿佛那振臂一呼、应者云集的激情岁月，那赤胆雄心、满腔热血的战士们仍在眼前。饮水思源不忘本，传承经典扬国威，我们应时刻记住自己是一名思政人！

满载收获，我们踏上返程的路。此次活动虽已结束，但大家纷纷表示：落实立德树人的根本任务，培养担当民族复兴大任的时代新人，思政课教师队伍使命光荣，责任重大。加强思政课教师队伍建设，就要按照习近平总书记提出的六个方面的要求，坚持政治要强、情怀要深、思维要新、视野要广、自律要严、人格要正。这六个方面的要求，是思政课教师队伍建设的重要标准，也是思政课教师提升素质和水平的努力方向。我们应当深刻认识到，广大思政课教师只有在大是大非面前保持政治清醒，在党和人民的伟大实践中关注时代、关注社会，汲取养分、丰富思想，善于引导学生树立正确的理想信念、学会正确的思维方法，以宽广的知识视野、国际视野、历史视野把一些道理讲明白、讲清楚，做到课上课下一致、网上网下一致，自觉作学为人师的表率，成为让学生喜爱的人，才能适应新时代发展需要，更好担负起时代赋予的重任。

双峰县花门中心小学   陈翰颖

六地教师齐聚中连参加第二次集中研修活动培训简报

（总第二期：2018年3月21日至3月23日）

【培训概述】

根据《关于建设学习贯彻党的十九大精神"示范课堂"的通知》（湘教工委通〔2018〕3号）的文件精神，按照娄底市刘红霞小学德育名师工作室三年发展规划的实施安排，为了切实提高工作室成员的师德修养、学习能力、专业素养，努力培养名师骨干教学特长、实践能力和创新精神，娄底市小学品德与社会名师工作室研究决定，于2018年3月举办第二次集中研修活动。

【基本情况】

娄底市刘红霞小学德育名师工作室成员51人，项目周期为3年。本轮培训从2018年3月21日至3月23日，共计3天。本阶段通过学习共同体建设、集中主题研修、特色课堂、观课议课、同课异构、专家讲座、教育思想提炼、专家示范引领、传统文化读书活动展示等模块的培养活动，促进工作室成员对教育教学实践工作的反思，在反思中改进教学模式，打造高效品德课堂。

【培训动态】

22日上午，第二次集中研修活动在冷水江市第二中学多功能厅隆重开幕。湖南省教科院左梦飞老师、娄底市教科所何立新老师、冷水江市教育局苏新喜副局长、冷水江市教师工作科欧阳平科长、冷水江市第二中学宁靖华校长以及工作室50多名成员与基地校部分教师参加了活动。活动由工作室核心成员杨丽琼老师主持。

冷水江市第二中学的宁靖华校长致欢迎词。苏新喜副局长对刘红霞工作室的努力和付出给予了充分的肯定和支持，并希望在座的全体成员积极上进、特色发展，让更多的老师来名师工作室开展活动，在教育之路上与名师为友，促成长，共提高。苏局长对此次活动给予了高度的评价，对名师工作室寄予了莫大的期望。

【学习情况】

本次培训课程，经过系统规划，构建了专家引领下的互动研修模式，在3天内积极开展了多项互动研修活动。

一、高水平专家团队开展讲座，学习效果斐然

三个专题讲座，授课专家为本工作室主管领导、顾问与首席名师。

肖四萍：娄底师资培训中心主任。

邹兆林：娄底师资培训中心书记，与工作室首席名师刘红霞共做专题讲座。

刘红霞：高级教师，湖南省首批"国培"计划专家库人选，湖南省首批"小学未来教育家"培养对象，湖南省首批中小学教育家孵化对象，湖南省十三五教育科学规划课题评审专家。著有教育专著《童心缘》《一位乡村校长的行走方式》，现任冷水江市中连乡中心小学校长。她的教育格言：朴素最美、关注人性、做真教育，幸福至上、享受童心、当好老师。

左梦飞：湖南省教科院品德教研员，教育硕士。1993年参加工作以来，一直从事教学教研工作，所执教的课多次获国家级、省级一等奖，执教的录像课由湖南教育音像出版社出版发行。近年来，重点参与新课程小学德育教材的研究与开发，参编教科版《品德与生活》《品德与社会》课标教材，任分册主编；参编教科版《道德与法治》教材，任副主编；参编湖南省地方课程实验教材《生命与健康常识》，任分册主编；作为核心作者参编澳门教材《品德与公民》；主编《争当四好少年活动手册》《中小学安全教育》《中小学礼仪教育》《国防教育》及配套的教师教学用书、教学设计100万字以上。编著有《品德与社会（生活）课程标准解读》《教育有道，耕心为上》《直击品德与社会（生活）教学疑难》三本专著，分别由湖北教育出版社、湖南科技出版社、教育科学出版社出版发行。先后被多家单位聘为培训专家、讲师团成员，赴澳门、广西、福建、河南、河北、青海、云南等全国十几个省、市、自治区做专场培训达200多场。左梦飞老师带来的《打造高效的品德课堂》讲座，进一步为大家阐述了高效品德课堂的构建必须定准目标、联系生活、转变角色、追求真实的理念。

二、专家引领，学习共同体建设贯穿培训整个过程

活动1：特色课堂，精彩纷呈。

本次活动共有六堂研讨课的展示，冷水江市红日实验学校潘红执教的是四年级下册《我们的大中国》，娄底第六小学李丽梅老师给我们带来了五年级下册的《安居有保障》，双峰青树坪镇中心小学邓国辉老师为大家上了一堂《振兴中华，我们的责任》，新化铁牛小学伍艳林老师带来的是《听听他们的呼唤》，娄底第六小学罗小玲老师带来的是五年级下册《红色解密，通关2049》，涟源蓝田双江小学李涛老师上的是五年级下册《一带一路新丝绸之路》。这些课让观课者一饱眼福、耳福，每堂课都充分体现了刘红霞小学德育名师工作室的课堂特色：以德为魂，以法育心。更巧妙的是，他们都将十九大精神融入了课堂教学中，起到了良好的政治方向引领作用。

活动2：课堂点评，火花飞溅。

有人说"课堂研究从公开课开始"。没错，课堂虽小，却可以折射出无数关于教育教学的话题；课堂虽小，却可以微观地反映教改发展的方向和其中存在的各种问题。为了更好地总结这次活动并指导今后的课堂教学，名师工作室还本着"共同进步、共同提高"的原则设计了评课议课活动。

议课：不仅研讨课展示精彩纷呈，议课也是相当热烈和到位。课后，观课者均参与了评课，畅谈听课感想，并给上课教师提出了建议和想法，尤其是何立新、王灵芝、李伟、肖灿琼、刘娟和曾浩等老师给观课者带来了议课品课精神大餐。点评的老师从教师的基本功、教材的取舍和升华、课堂教学目标的落实、师生互动等方面进行了点评。点评老师妙语连珠，会场火花四溅，气氛热烈而精彩。上课教师不仅在磨课过程中受益匪浅，学到了很多东西，更是通过评课交流收获了很多。而观课教师通过观课、议课后，对小学道德与法治课程的教学有了全新的认识、了解和诠释，对今后的教学大有帮助。例如：一堂好的道德与法治课，要抓住"立德树人"这个中心，以德为魂，以法育心；时刻坚持正确的政治方向，树立正确的价值导向，满足"生活性""开放性""活动性"三个标准，在课堂设计中还应该体现法治化、儿童化、趣味化。

议课中，左梦飞老师肯定了本次研讨课教学实践所取得的成绩和教学亮点，同时实事求是地提出了展示课中存在的问题，例如在课堂中如何激发学生的学习情感，如何动真情、表实意等问题，并指导老师们展示课选材要贴近生活，避免选大题材，勉励各位教师要多相互学习和交流，不断提高驾驭课堂、提升课堂教学实效的能力。

刘娟老师表示"在今后的教育教学中，我们将学习、学习、再学习，在以后的个人成长之路上，我们会努力、努力、再努力"。肖灿琼老师的"一事精致，便能动人，从一而终，便是深邃。在这条教学艺术之路上，我与大家同行互学，倍珍惜"道出了名师工作室所有成员的心声。

活动3："传承中华经典，践行十九大精神"读书会。

22日晚上，在冷水江市最大的84号书城，各位工作室成员满怀深情地进行了"传承中华经典，践行十九大精神"的读书活动，活动由首席名师刘红霞和工作室成员陈爱莲、彭灿主持。首席名师刘红霞老师分享的《事精致，从而终——我与国学研究的那些事》深深打动了工作室所有成员的心，大家发誓跟着名师，将中华传统文化发扬光大。当基地校冷水江中连乡中心小学的学生朗诵冷水江传统文化创编儿歌时，会场响起了经久不衰的掌声。名师工作室旗下各小组分别表演了《我骄傲，我是中国人》《我的梦，中国梦》《梅兰竹菊》《桂林山水歌》等节目。特别是冷水江组的《苔花如米小，也学牡丹开》将整个读书会活动推向高潮。连左梦飞专家、何立新所长也受到感染，上台吟诵诗歌助兴。

活动4：同课异构，专家引领。

23日上午，依然在冷水江市第二中学多功能厅，由湖南省教科院左梦飞老师对《我们的大中国》进行了同课异构，左老师用他的课向我们诠释了很多的教学理念，并解答了我们教学中遇到的诸多难题，让我们受益匪浅。他站在教材编写者的角度、上课老师的角度，更是站在孩子们的角度去分析与解决问题，对于我们都有实际的帮助，并能影响到我们对教育教学很多方面的思考！左梦飞老师用真实的课堂给了工作室成员最深刻的启示：生活就是教育，只有生活化的教育才是最动人、最能激起学生情感共鸣的教育。左梦飞专家的课堂破解了时下合作学习实效性低下的难题，为工作室成员进行了专业的引领。左梦飞老师带来的《打造高效的品德课堂》讲座，进一步为大家阐述了高效品德课堂的构建必须定准目标、联系生活、转变角色、追求真实的理念。

活动5：首席名师刘红霞校长总结、颁奖与布置接下来的工作。

活动最后，首席名师刘红霞就为期两天的研讨活动做了全面的总结，为参与本次研讨课展示的老师们举行了隆重的颁奖仪式，并对工作室下阶段的工作做了具体安排。活动在首席名师刘红霞的美好祝福声中落下帷幕，全体工作室成员恋恋不舍地离开了二中研讨会场，合影留念。

【活动总结】

本次集中研修，工作室成员在教学设计中充分挖掘课程思想内涵，联系学生生活实际，注重学生情感体验和道德实践，将党的十九大精神全面落实到课堂教学与读书活动当中；在教学实践和教育科研中发挥示范、带头、辐射作用；在专业成长的道路上，更进一步；在教书育人的光辉事业上，描绘出更精彩绚丽的一笔。

娄底市第六中学小学部　王灵芝

第三章 立德树人,固工作室之"本"

德育叙事

中小学德育在落实立德树人根本任务和培育学生发展核心素养的过程中,应当承担和实际发挥的都应该是"导向""首位""为先"的角色定位和功能。然而在中小学德育实践中,这一功能定位的落实始终不太理想。工作室以期通过德育叙事的方式,引领所有成员对学校德育进行深层次的价值引导与内化。很欣喜的是工作室的小伙伴让德育走进了师生的心里,进而引导了师生心灵的成长。

将舞蹈融入大课间操,孩子们玩得太开心了!

我有一群孩子,
向阳而生。
在这里,
我灵魂得安。

她用了十二年时间,不停地对阳光大课间操进行修修剪剪,带着对美和善的追求,把一套正儿八经的课间操,变成了一套灵动飞舞的体操舞,她自己上台与孩子一同舞蹈。好的艺术作品,都是为了孩子的本真表达。

她叫彭灿,80后,娄底市刘红霞小学德育名师工作室骨干成员,现任娄底市第二小学副校长，分管德育。她看上去是一个有文艺气息的姑娘，说话软萌而清甜，每当说出自己的观点时，语气总是温柔而坚定。一开始，她并没有想到会走上这条将舞蹈融入大课间操的道路。

被评为湖南省青年精英教师后，她在北京师范大学进修。我在微信上问她，累吗？她敲过来一行文字：我很快乐。那一刻，我觉得娇小的她比看上去要坚强。她说，其实这一切都源于喜欢。

与大课间操相识，是在2008年的春天，来到娄底市第二小学的第三个年头，她被学校汇报室里那一张张漂亮的队形图吸引住了。这样的场景，真了不起。梦想的种子，也在此刻悄然种下。

没想到，学校第五代大课间操骤然启动。酷爱舞蹈的她，被列入编排小组内，这一刻，她兴奋了。当然，《小白船》是教育部发行的一套校园集体舞，在构思和创编上，并没有给她出难题，学动作、教动作、集体练习，最后呈现出的是男孩们的彬彬有礼，女孩们的文静雅致。伴随在校园的两年时光，她也完成了与大课间操的第一次亲密接触。

2011年，第六代大课间操启动。此时，身为少先队辅导员的她，成了这项任务的主持者。当时的她，脑海瞬间出现了两个字——原创。要把自己的编排理念和创意哲学付诸行动，要让它从想法一点一点变为现实。

构思、选曲、构图、创编动作、歌舞教学、集体排练。在这个磨合的过程中，不断有同事会发问：这么多的孩子，这么多的道具，在有限的空间里变幻出各种造型，要让孩子感受至情至美的同时，还要确保孩子安全，这实在是太难了！

后来才发现，这真是一项高难度的工作。但她坚持下来了，慢慢地摸着石头过河，队形图画了一张又一张，人数算了一遍又一遍，四十多个班级，两千两百多名学生，唯恐出现一点儿小纰漏。最让人头疼的是，一个操场空间有限，要精算到每个年级、每个班、每个人的方阵范围。而每个班级的跑向、位置、人数分配、颜色划分，也都必须做到一清二楚，排练起来，指令清晰，老师和学生们才不会乱了方阵。这些费脑筋的事，在彭灿的眼里，都成了快乐的小插曲。

从空中俯瞰，有时候看不到人，你看到的是道具在飞舞。道具的创新，是她一直在突破的一个方向。课间操里，孩子们有呼啦圈，有飘带，还有七彩毽子。

要有流水行云般变幻的美感，要有生命的奔腾释放，要有让人耳目一新的创意，工序、设计、排练，每一个环节都要精准到位。最终，在同事的协助下，大课间操逐渐成形。待大课间操《阳光乐章》排练完毕，拍摄录制好……最终，她站到了北京的领奖台上。这是她和大课间操的第二次约会，此刻的她，是幸福的。将艺术和体育结合起来，将健和美结合起来，将德育与团队凝聚力结合起来，让孩子在大课间操中享受运动带来的快乐，也能在快乐的运动中感受韵律美。

有人问她，孩子们打打闹闹，你难道不心烦吗？她说，一切还是缘于喜欢。她喜欢音乐，喜欢红领巾，更喜欢孩子。她喜欢和孩子们聊天、做游戏，一起蹦蹦跳跳。在与孩子的相处过程中，她慢慢领悟到，最好的创作，就是每个人内心最本真的表达。

舞蹈之于成人的世界，已是接近回归本真，更不用说孩子了。当他们放开身段去专注地表达时，他们就暂别了外在的标签，浑然忘我，在手舞足蹈中做最真最美的自己。

快乐、艺术、纯粹，用舞蹈释放童真，是彭灿做这件事的初心。我们用符合孩子世界的音乐和舞姿，来展示本真。童真是上天赐予我们感受世界的力量。在彭灿编排的大课间操上，你也能感受到这种力量。

丰子恺曾说，"我的心为四事所占据了：天上的神明与星辰，人间的艺术与儿童。"红领巾，寓意活力、朝气、向上。彭灿也是把初心印在了大课间操这种舞蹈体操艺术上。一缕阳光、一曲音乐、一处造型、一窝笑容，她都觉得这是一幅画，一种生命的美，并不需要刻意去山水之间找寻。

看过《阳光乐章》的人，都被它恢宏的气势和精美的造型所震撼和吸引。看到孩子们快乐地蹦蹦跳跳，那一刻她忽然觉得，所有的付出和努力都值得。

后来，对于第七代课间操，她反复画图，五角星、雏鹰、圆圈，最后敲定了《红领巾飘起来》。但是新的思考又来了，以往的课间操，我们勾画的都是对称图形，没有太大的变化，能否做一次大胆尝试，将造型做成不规则的呢？星星火炬、红领巾、向日葵在她的脑海里开始成形。

挑战，也是缘于喜欢。创编动作，教唱歌曲，在舞蹈室里和老师孩子们载歌载舞，集体练习舞蹈，师生一起一遍又一遍地进行方阵排练，在烈日下整整七天，三千学生最终将队形完整呈现。

拍摄那天，从空中俯瞰，一个个道具在飞舞，如同一个个小精灵，在欢快地雀跃。当视频在微信上发出，老师和同学们、家长们都兴奋激动起来，转发着，赞美着，感慨着，被震撼着，这些声音一同被淹没在那句"时刻准备着，为共产主义事业而奋斗"的呐喊和宣誓里。我想之所以彭灿这么爱教师这份事业，是因为她眼中有孩子，心中有纯真，有一些我们到达不了的地方。从德育辅导员到分管德育的副校长，到如今目睹《红领巾飘起来》像孩子一般出生成长，她满是感动。当老师有梦想，有童真，带给孩子的是不可估量的未来。2014年毕业季的时候，我们班的孩子和彭老师说,让我们多跳几次大课间操吧,毕业了就没有机会了。

彭灿被评为全国特色教育先进工作者,全国素质教育先进工作者,荣获全国大课间活动创新奖

  娄底市第二小学的大课间操,已成为娄底教育界的一个品牌。2019年,彭灿受冷水江市教育局之邀,为娄底市刘红霞小学德育名师工作室基地校中连乡中心小学创编新一套大课间操。她研读了中连乡中心小学校长的童心育人办学思想,倾听了很多儿童歌曲,最终选取《江南》作为大课间操主题音乐。这是一首根据汉乐府诗词改编的新学堂歌曲,描写的是热火朝天的采莲情景,活泼有趣,意境清朗。而歌中的"莲",和中连乡中心小学的"连"也正有相通之意,寓意巧妙。

  为凸显中连乡特色,她又将基地校校本儿歌《跳花绳歌》穿插于乐曲间奏中,舞蹈的创编则结合童谣内容和花绳的动作特点,使孩子们在流动的队形变化中唱跳结合,得到艺术与文化的双重熏陶。对于造型创意,彭灿采用荷花、莲叶的图案元素体现《江南》主题,其间变换出中连乡中心小学的物化形象:五角星。

  《莲戏童心》大课间操,是彭灿走出校门的第一次尝试,最终呈现给我们的是这样的画面:伴随"莲叶何田田"的美妙音乐,孩子们手捧五色莲叶,诵读本土特色童谣《跳花绳歌》,在行云流水的"莲池"中舞动诗词文化,童心"莲"动。

  2016年,在北师大学习时,彭灿在微信上这样写道:"北师大第一天学习,张教授告诉我们,要学会回归儿童本位,万教授说要过感性的生活。于是,课间十

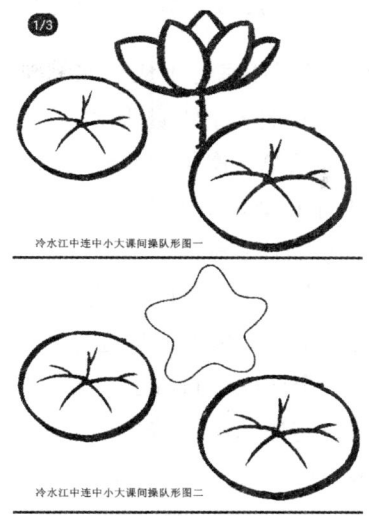

分钟,我们在校园里感性了一番。而这里面的最后一张照片,就作为回归儿童本位纯真的作业吧。"是的,她永远是这样的文艺而感性,即便有时带点野性的味道。泰戈尔说:神的清晨,在他自己看来,也是新奇的。很好奇,在未来,她还会带给孩子们什么不一样的想象!

娄底市综合频道《清风娄底》栏目副主任　　曾振华

苔花如米小,也学牡丹开
——小学德育名师工作室的期初思考与实践

"白日不到处,青春恰自来。苔花如米小,也学牡丹开。"每次读到这首小诗,心里总有一种莫名的感动,感觉自己就是那小小的苔花,在阳光照耀不到的潮湿角落里寂然绽放。娄底市首批名师工作室的成立时,我有了以自己名字命名的工作室,虽然工作室来得晚了些,但是,我们找到了生命的价值,看到了教育的清新与本真、平凡与卓越。所以工作室一起步就有了这样的景象:50名来自娄底市各县市兼任小学品德与社会、道德与法治教学的寻梦者,基于课堂与自我蜕变的虔诚梦想,凝聚成一个学习型的梦想团队,确立起"师德铸魂,从经师走向仁师;专业固本,从研修走向研究;发展添翼,从共营走向共赢"的团队愿景,描绘出团队发展的方向。

一、双手扶持千木茂，慈怀灌注万花稠——寒假期间的引导

"共红霞，与山水灿。"这是工作室骨干成员双峰县青树坪镇中心小学邓国辉老师参与工作室开班仪式与第一次集中研修活动的感悟。去年的最后一天，名师工作室举行了隆重的开班仪式与第一次集中研修。当时，湖南省中小学教师发展中心师德师风建设与名师工作科龚明斌科长莅临我校，为全体工作室成员做了《师德修养与专业发展》的通识讲座；湖南省教科院品德教研员左梦飞老师为大家做了《道德与法治课程教材的前世今生》的专题指导。其间，为了发挥首席名师的范本意识与天职理念，我也给全体工作室成员进行了以"古老的丝绸之路"为主题的说课。活动后，我给工作室全体成员布置了一个小作业：撰写研修体会。大家都积极响应，一篇篇满怀感恩与激情的研修体会陆续发到了工作室的指定邮箱。面对不同的"湘中心声"，我逐一学习、批阅与修改，再进行分享。这样，一来可以了解工作室成员的专业水准；二来可以以此为契机，进行第一轮的有效引领。当老师们看到自己那些被分享到群空间里的漂亮文字时，一种被关注、被肯定、被提升的幸福感油然而生。

"聚是一团火，散是满天星。"引用工作室骨干成员娄底市第六小学罗小玲书记的这句话是想有这样的表达：工作室成员需要以向下扎根的意趣，做有扎实内功、底气与勇气的专业"职业人"，这不仅是工作室成员的基本修为，同时也是工作室成员的终身修为。因为只有这样，方能拔节成长。教育无空档，寒假里，我携同工作室三位核心成员（双峰城南学校的刘娟老师、娄底市第六小学的李丽梅老师、冷水江二中的杨丽琼老师），为每位老师制作了一份自主研修菜单。这份菜单由工作室助理杨尊东老师以清新的模式推出："江水转暖气飘香，杨柳扶风影清扬。幸有知音三五个，携手相伴寻春阳。各位亲：从第一次寒冬的相逢到拥抱已然到来的春天，不知不觉我们又走到了一年的岁末年尾。也许您正在享受难得的寒假时光，也许您正在准备年货，策划红红火火的大年，但我想您一定也在想着咱们工作室的那些事儿。为了使大家在自主研修上的目标更清楚、效率更高，恰逢小年当天，工作室特意制作了一份自主研修精神菜单，让我们且休且学，请各位伙伴们积极参与、战胜自我、挑战优越。菜单一：读书活动；菜单二：特色课堂教案、PPT、微课赛；菜单三：课题研究；菜单四：课例设计。"紧接着，工作室上传了3个通识类PDF文档（叶澜主编的《教育学原理》、张楚廷著的《课程与教学哲学》、泰勒著的《课程与教学原理》）以及51篇有关德育、道德、法治、品德方面的论文供大家学习借鉴参考。最后是从内容提要、时间节点、字体格式等方

面表明对寒假作业的要求。

就这样,工作室所有成员的假期变得紧张而丰富。寒假,是时间老人给教育人的一个温馨提示,提醒我们要给自己的成长增设一些重要节点,使其富有延展的动感和希望的意义,使其保持着省思的敏感与灵魂相拥的能力。因此,工作室就利用这个重要节点赋予所有成员美好的愿景与期待。

最是书香能致远,唐声宋韵谱华章。这是寒假里以工作室基地校中连乡中心小学为主发出的最有力的铿锵声。我们都知道,中国是一个诗的国度,中国五千年的文明之宗是诗。要培养新时期的社会主义接班人,就必须引导孩子接受经典诗文的熏陶。当那些历久弥新的中华经典能滚瓜烂熟地背诵下来,就会成为他们智慧的一部分,我想,孩子们的文化底蕴、人文素养、人格魅力就会自然而然地提升上去。于是我们组织工作室做了一件非常有意义的事情:进行《经典诗文诵读》的选编工作。一个假期,除了工作室每个成员都有的那些规定性工作外,部分工作室成员还齐聚基地校集思广益,根据一至六年级学生的年龄特点、认知水平,从唐声宋韵、童蒙养正、地方诗选、冷江剪影等几方面选文,很快,六册《经典诗文诵读》付梓。

风正扬帆当有为,勇做时代传承人。地方传统文化是中华优秀传统文化的根基,为了传承地方优秀传统文化,推进工作室在湖南省教育科学规划办成功立项的十三五一般资助课题"基于儿童本位的传统文化序列化创编研究"的发展,刘红霞小学德育名师工作室本着"童化育人,借力发展"的宗旨,寒假期间还组织社会力量——冷水江市波月诗社的诗人,从冷水江市精英人物儿歌、冷水江市自然风光儿歌、冷水江市乡土人情儿歌、冷水江市工业赞歌儿歌、冷水江市美丽传说儿歌、冷水江市优良家风儿歌、冷水江市器具忆旧儿歌等几个方面进行了冷水江市地方传统文化儿歌创编,这对于保存和传承地方传统文化有着非同一般的意义,它能打破时空阻力,使地方传统文化得到全方位、全角度的感知与传承。感谢波月诗社的诗人们,他们不仅不计报酬,还拉着我的手亲切地说:"刘校长,谢谢你,你牵头做了一件功德无量的事啊!不然的话,地方文化在孩子这一代就要矢传了!"是啊,谁说咱们工作室不能拓展工作的外延,正确地做正确的事呢!

"这边风景独好!"这是我们名师工作室的核心成员之一,娄底市第六小学的教务主任李丽梅老师的感慨。寒假里,她将调研撰写的《工作室平台下小学品德教师现状与发展研究》发到了我的邮箱,并留言:"辛苦刘校长审阅、指导、修改。"面对工作室所有成员个人的成长自觉,我甚是欢喜,欣然面对。很快,一篇从表述上、格式上、材料充实上进行了修改的稿件转发给了丽梅。"太感谢了,姐。"这声"姐"不仅拉近了我们的心理距离，还呈现出一股团队愿景与个体诉求激扬相生的教师成长原动力，一种基于"学为主体、法为主轴、德为主线"的"三主"创新型课堂实践路径，唤起团队和成员成长的觉醒。

二、诗家清景在新苑，百般红紫斗芳菲——开学期间的展现

教育归根到底是人与人之间的连接、共享与同构。无论采取怎样高效的技术与方法，都不如发自内心的亲近、喜欢、尊重、关爱与欣赏带给人的感动，后者所引燃的力量更强大。

一次指导，点亮一盏心灯。

"刘校长，经过您的指导，感觉我的研修手记一下子提升了几个档次！"这是工作室年轻的小妹妹果果老师的心语。

工作室班长陈爱莲老师由衷地感慨："名师之'明'，起于高尚的师德人品；名师之'明'，贵在坚持不懈的实践；名师之'明'，成于自成体系的思想。"

"我想说，遇见红霞老师，我是幸运的，积累岁月，见道弥深。参与名师工作室，我是幸福的，守望麦田，静待花开。与名师对话，洗涤我的心灵。与成员对话，碰撞我的智慧。"工作室骨干成员、湖南省未来教育家培养对象、娄底市第二小学的副校长彭灿说。

工作室的区域小组长，涟源双江小学的李涛则在"做经师，更做人师"里聆听最美的声音。

娄底经济开发区的工作室成员李俐的视角在和乐融融的班集体，在大将风范的领路人，在睿智风趣的专家们，更在自己撸起袖子加油干的初心里。

……

一次引领，带来一片春风。

李泽厚认为，要避免研究中的低水平过度竞争，就必须通过对大师的经典著作的研读，在范式中受到潜移默化的思维锻炼，获得"支援意识"，这样才有可能提出正确的、有意义的新问题，从而推动学术的发展。换句话说，所谓"支援意识"就是通过对经典的学习、研究以获取学术底蕴与学术眼光的制高点。

"刘校长，工作室上传的资源我们都一一拜读，受益不少，同时我们都找到了自己的差距，成长的空间原来还有这么大！"区域小组长王黎明把组员的感受反馈给了我。

"我们工作室的寒假菜单丰富、美味且营养，请大家持续关注哦！"还在休产假的区域小组长潘佩兰在微信相册留言。

名师工作室基地校把"优秀传统文化进校园"作为本年度的工作重心,少先队把"与经典同行,以圣贤为师"作为开学第一课的主题,德育处把"做有根的人"作为讲话的内容,教务处把"以琢玉之心施教,以成器之心求学"作为对师生的期待。

名师工作室成员校也纷纷以开学第一课为契机,结合工作室的指导思想与本校的实际确定不同的主题。如李爱所在的双峰曾国藩学校的"幸福都是奋斗出来的",罗小玲当时所在的娄底市第八小学的"播种新希望,沐浴春风成长",李丽梅所在的娄底市第六小学的"与春天一起耕耘"等。

其实,真正的幸福是来自内心的,来自内心的正知、正念、正见,同时也来自工作室成员在各个学校、各个岗位的精进状态与满足之情。

一次开发,温暖一个人生。

在经典诗文开发中,我们力求做到:形式各样的题材、科学分配的栏目、精心安排的陪读、自主学习的空间、审美情趣的表达。这套读本汇集唐诗、宋词、《诗经》、元曲、《三字经》《论语》《老子》《孟子》、格言警句、儿歌、地方诗文、冷江剪影等,犹如美味的自助大餐,让孩子尽情品尝中华文明的精华,在潜移默化中提升孩子的人文素养与人格魅力。

开学初,刘红霞小学德育名师工作室出品的《经典诗文诵读》读本一至六册新鲜出炉。冷水江市教育局党组书记、局长刘论文深情地说:"娄底市刘红霞小学德育名师工作室基地学校——冷水江市中连乡中心小学能把经典诵读有机地融入教学改革中,传承祖国博大精深的文化精髓,做得非常有意义,富有成效。工作室精心编写了这套《经典诗文诵读》读本,我感到选文精当、插图优美、版式编排活泼,具有了较高的水平,完全可以成为提高孩子们审美情趣的精神食粮。相信这套读本能温暖孩子的一生。"

一次创编,呈现满园春色。

3月3日,波月诗社一行齐聚名师工作室,把创编的地方传统文化儿歌根据童趣性、生活性、思想性的原则进行了甄别与遴选。比如波月诗社社长李谟高老先生负责器具忆旧篇的创编,他是这样创作《石磨》的:"石磨圆圆弟与哥,各有一面牙齿多。终生相抱不松手,弟兄合作把粉磨,轻轻哼着一支歌。虽然弟弟身不动,哥哥飞快转陀螺。转呀转,磨呀磨,上边吞吃下边屙。米麦如山哪里去,化成白粉满筐箩。"读着,读着,一种对过去器具的感恩与从中体现出的相互合作的意识就跃然纸上。再如:波月诗社社员李典铮老师负责的是冷水江精英人物儿歌,他多次探访我市谢冰莹故居,并阅读其书籍,于是创编了《女将军谢冰莹》:

"谢铎山，龙潭村。守园奇女子，大号谢冰莹。国难当头，投笔从戎。前线红枪打冲锋，战地救伤献爱心。膝上写文章，鬼子梦中惊。巾帼雄风展，衔晋将军名。多才多艺，能武能文。"还有国家一级编剧、儿童文学家申大局先生创作的《波月洞》："波月洞，在中连，万年古洞开芙蓉。洞中有奇景，地下大迷宫。金塔高，翠屏耸，鹅管满山洞。石帘石花石葡萄，石幔石挂石槽横。《西游记》首拍地，拍过《三打白骨精》，熔岩博物馆，天下都有名。"

相信通过儿歌传承地方传统文化，再通过音画，借助童声的纯真，童心的纯洁，还能打造当地经济和文化旅游事业发展的新名片，以此向全世界发出邀请，对地方经济社会发展提速也将发挥重要作用。而这，不正是我们品德与社会教师应有的责任吗？

看来，我们在做一件非常有意义的事情。

三、喜看稻菽千重浪，遍地英雄傲夕烟——来年发展的规划

未来一年，刘红霞小学德育名师工作室及基地校将以传统文化进校园为主题，从以下八个方面着手推进。一是在课时计划中落实经典诗文诵读；二是在国旗下传诵中华经典；三是午诵十分钟强化经典；四是千字文的武术操与传统文化跳花绳大课间活动；五是教师例会请学校行政与名师工作室成员围绕优秀传统文化政策篇、理念篇、基础篇、内容篇、益处篇、依据篇、任务篇、原则篇、意义篇、管理篇、方法篇、教学篇、习惯篇、人格篇等进行引领；六是全年的教研活动围绕传统文化进校园构建"三环·六步"童化教育模式；七是艺体课以中华经典歌曲、剪纸、千字文武术操、传统文化跳花绳为主要内容；八是全年的班级主题活动围绕"以孝为先、以雅为标、以信为本"进行传统文化熏陶教育。总之，做到学校教育全程、全方位渗透中华优秀传统文化。

浇花先浇根，育人先育心。人的心灵是有磁场效应的，"爱出者爱返，福往者福来"。我们感恩，就会顺利；我们承担责任，就会成长；我们付出，就会得到；我们有爱心，就有吸引力。做最好的自己，吸引最好的别人。故，越努力，越幸运；越幸运，越更努力！2018，让阳光照射我们的美，让我们各美其美，美美与共！不为别人的欣赏，只为心中的芬芳。我想，那些因工作室成员努力而温暖起来的孩子，定会记起我们的模样。

冷水江市中连乡中心小学　刘红霞

第四篇　探索项目驱动和工作室的社会化路径

让爱永恒

　　清晨，当东方泛出第一道鱼肚白时，我全然没了睡意，一骨碌从床上爬起，匆匆来到学校。一进校门，隔老远就看见昨天下午搭建的舞台依旧安静地立在那里，巨大背景墙上"肩负责任，快乐成长"几个大字清晰可见，看着早早来校在台上欢呼雀跃的孩子们，一幕幕往事浮上心头。

片段一：舞蹈室传来的卡壳声

　　舞蹈室，这间位于教学楼顶端的陈旧房间在 5 月也成了人流量最大的场所。没有木地板，领导买来绿绒地毯，平整地铺满全屋，孩子们在上面侧翻、前翻、跳跃、踏步……练习着各式各样的动作；没有投影仪，小朋友们利用墙角那台旧电视机和 VCD 就跳了起来，正当跳得热火朝天时，突然，光碟卡壳了，孩子们只好跑到办公室来叫老师。我三步并作两步跑向后栋四楼，只见影碟机旁围满了人。"老师，怎么办呀？20 分钟后轮到五（2）班排练了，我们才刚来。"我不停地安慰着那一颗颗焦急的心。要知道在这样老式的机器面前，一个不懂维修的门外汉又能做什么？我只能耐心、静心，仔细排查可能出现的各种原因。"老师，要不你先摁'倒带'，再摁'播放'键试试？""老师，你先摁'快进'，再摁'播放'键吧！""呃，有了！"机器故障排除，一切恢复正常，大家迅速散开了，各就各位，随着音乐扭动了起来，孩子们笑了，我也笑了。正当我转身离去时，只听见影碟机"噗——"的一声，"唉，又停了！"我调转身子立刻赶到影碟机旁，"倒带——播放——快进"等各个按键循环往复地操作着，机器还是不动。这下同学们的情绪坏到了极点，有抱怨学校条件太差的，有甩手说不跳的，有生气想走的，你一言我一语搅得我也心烦意乱了，我习惯性地拍了拍机器，随着我拍影碟机的动作，"嘭——"的一声巨响，机器又运转了。在我的劝说下，孩子们打起精神练了当天的最后一遍。为了以防万一，后来的班级训练时，我抽空守候在机器旁，帮他们渡过了一个又一个难关。"久病成良医"，我帮这群孩子找到了解决问题的诀窍，他们也用同样的办法帮助他们后面的班级排忧解难，以至于后来一出现问题，所有舞蹈演员都会拨弄那玩意了。

片段二：教室传来的歌声

　　"我心中有个太阳，我心中有个月亮，我眼前是一片红花绿草，我听到小鸽子的歌唱……"伴随着稚嫩的童声，三（4）班的《沐浴在爱的阳光下》情景剧开始了。该剧以三（4）班的一双孤儿为原型创作。冷首毛、冷三毛从小因身体上的残疾（唇腭裂）被父母遗弃在民政局办事大厅，好心的爷爷收留了兄弟俩，供他们吃

思政教育在路上

穿，供他们读书，为他们洗衣，护送他们上学，每天风里来雨里去。记得入学的第一天，爷爷带着兄弟俩找到学校，吴校长还没等爷爷开口就心领神会，他特意找来狠抓班级管理、且最有耐心的李玉霞老师，语重心长地说："玉霞老师，这对孩子我打算放在你们班，他们的情况你也看见了，你可得多费点儿心啊！"李老师频频点头，二话不说就牵着孩子们认识教室去了。在接下来的学习生活中，老师和学校从来没忘记校园里还有这么两个可怜的孩子，每隔几天大队部总会对他们嘘寒问暖，每周总有高年级的哥哥姐姐会给他们送吃的、送玩具。谁说"没妈的孩子像根草"，首毛、三毛是幸福的，因为他们生活在温暖的世界，周围被浓浓的爱笼罩着。

感人的话语太多，感动的场面不少，每年的艺术节，是我校教师的誓师会，老师在艺术节上立下誓言，种下愿望，期待未来硕果累累、桃李满天下；它也是孩子们的感恩节、狂欢节，孩子们心存感激，在艺术节上载歌载舞，用歌声唱出他们的理想，用舞姿挥洒着他们的热情。是啊！只要心中有爱，每个人的生命定会绽放出夺目的光彩。

冷水江市冷办中心学校　李红

"为什么大家都嫌弃我？"

一天，我收到这样一封来信：

知心姐姐：您好！

我是五年级（2）班的涛涛（化名），我为什么被人看不起，难道是我家里穷？还是因为我成绩差，我爸爸是盲人而看不起我？一到五年级，同学们都不和我玩，都嫌弃我，老师也总是骂我，为什么大家都嫌弃我呢？

看了这封来信，我的心被揪得紧紧的，我立即找涛涛的班主任了解孩子的基本情况，找他班上的同学侧面了解涛涛在班上的表现，还去他的家里探访，了解他的家庭情况。

一、个案介绍

涛涛出生在一个特殊的家庭：爸爸年轻的时候因视网膜脱落致盲，妈妈再婚找爸爸组建家庭，生了姐姐和涛涛。爸爸学了盲人按摩技术养家糊口，妈妈在家里照顾爸爸的饮食起居，照顾两个孩子的生活，有按摩生意时还要当爸爸的助手，每天很忙碌。爸妈文化水平不高，两个人的脾气都比较暴躁，妈妈更是言语粗俗,在孩子们面前也没有遮拦,还得理不饶人,经常在班级家长群里骂别的家长,还骂老师。爸妈都是近四十岁才生育了这双儿女,而且涛涛是"满崽",被视为心肝宝贝,加之爸妈也不懂得怎样教育儿女,涛涛没有养成良好的行为习惯。爸妈看到他顽皮,心情不好的时候就暴打一顿,心情好的时候,就什么都不管。涛涛上课不认真,喜欢玩东西,讲小话,学习基础很差,经常不交作业(不过大部分作业题也不会做),老师一批评他,他就发脾气逃课。如果看到有"好机会",涛涛还会私拿别人的文具、零钱、玩具等,如果在别的同学抽屉里拿了零钱,肯定第一时间就去小卖部买麻辣零食吃。老师找他谈话,问他钱哪里来的,如果老师没有抓个正着,他是无论如何也不会承认的。他还喜欢打人、骂人,因此班上的同学不太喜欢和他交朋友。

二、个案分析

有果必有因,涛涛现在这样的境况主要根源在家庭。

其一,涛涛的自卑。涛涛爸爸因为双目失明,行动受限制,不能看到自身行为的结果,也不能用体态语言与人沟通,这严重影响了他与别人的正常交往,有时候还要听涛涛妈妈的数落,爸爸长年待在家里,常常自己一个人抽闷烟,内心的孤独、自卑是显而易见的,这也会潜移默化地影响孩子。同时,爸爸也不能像别的同学的爸爸那样陪涛涛去公园玩、去购物、去逛街,买时尚新颖的玩具、买美味的零食、玩刺激的娱乐项目等,就算是爸爸愿意带他出去,涛涛也会害怕同学们笑话他有一个盲人爸爸、怕同学看不起他,孩子因此有了强烈的自卑感,并且随着年龄的增长自卑感日益强烈。

其二,父母的护短助长涛涛的坏习惯。由于爸爸残疾,涛涛爸妈生怕涛涛在学校被人欺负、吃了亏,就有比较强烈的"护短"心理。老师跟家长反映涛涛在学校打了同学,妈妈总是音量升高八度,说肯定是别的同学先打涛涛……老师无可奈何。慢慢地,涛涛的坏习惯不但没有改,反而变本加厉,发展到私拿同学的文具、零钱,而涛涛也总是撒谎说是在上学路上捡的,妈妈也相信儿子的话。涛涛的坏习惯导致同学们不愿意和涛涛交朋友,让涛涛在班上处于孤立境地,又更加重了他的自卑感。

其三,涛涛学习基础很差,内心焦虑沮丧、厌倦消沉。爸妈教育不得法,涛涛行为习惯差,这都会直接影响涛涛的学习成绩。涛涛坐不住,上课玩东西、讲小话,老师讲老师的,他玩他的,成绩怎么能好得起来?这样,自卑感、挫败感叠加,无异于雪上加霜,他的学习兴趣和意志力减弱,上进的动力消退,对学习长缩厌恶，对学校和班级生活感到乏味，对周围的人和事感到讨厌，认为环境和现状对自己冷若冰霜，没有丝毫的温暖。

其四，涛涛看事物主观片面、猜疑心重。爸爸看不见，因此感知事物不完整，妈妈看事物也会受爸爸的影响，加之她文化水平不高，又有自卑心理，导致容易猜疑。涛涛与同学闹矛盾，老师公平公正地处理，爸妈总觉得老师偏袒了别的同学，对涛涛不公平；班上同学按照个头高矮排座位，爸妈就说涛涛的位置不好，是在故意整涛涛，还当着涛涛的面指责老师的不是……在爸妈的"熏陶"下，涛涛也越来越感到确实是这么一回事：老师是真的不公平，老师、同学对我不好，嫌弃我！

其五，涛涛怨恨交加，易于迁怒攻击。爸妈两人脾气比较暴躁，心情不好时常常暴打涛涛，涛涛也从父母身上"遗传"了暴躁的性格，易怒，容易出现过激行为，老师一批评他，指出他的过错，他就会怒目以对，立即冲出教室，害得大家到处找他。同时，他又羡慕别的同学的家庭，怨恨自己的家庭怎么会是这样，常常将这些怨恨直接迁怒于别人，甚至打骂同学。

三、辅导过程

1. 帮忙给盲人按摩店做广告。涛涛爸爸的按摩技术还不错，我打听到一个老乡因腰间椎盘突出而腰痛脚麻，涛涛爸爸给他对症治疗，按摩、自制膏药、针灸、火罐等多管齐下，三个疗程下来，这老乡痊愈了。于是，我利用自己的人脉关系，在同事、邻居、同学、朋友、学生家长中大肆宣传，不仅让他家的按摩生意好了不少，而且让涛涛爸爸觉得自己给周围的人们带来了健康，觉得自己在为社会做贡献，并且得到了社会的认可，心里乐滋滋的！

2. 多次上门送去温暖。我多次请示学校领导，组织给贫困家庭送温暖活动。在重要的节日，如端午节、六一儿童节、中秋节等，我和几位同事一起去涛涛家登门拜访，送去节日的问候，还送去礼物、慰问金，同时学校每学期减免涛涛的学费，我自己私人还经常买书、本子送给涛涛。

3. 改变教育观念。我多次去家访或是通过电话与涛涛父母交流，帮助他们夫妇认识自己、了解孩子，重视孩子良好习惯的培养，指导他们如何改进教育的方式方法。

4. 多次找涛涛来知心聊天室交流，帮助他正视家庭现实，正确认识自我。给他讲《我要做一棵冷杉树》的故事：

有一个孩子，他叫阿尔伯特。

第四篇　探索项目驱动和工作室的社会化路径

阿尔伯特三岁多了还不会说话，父母担心他是哑巴，还曾带他去医院检查过。后来，阿尔伯特总算开口说话了，但是说得很不流利，而且他讲的每一句话都像是经过吃力地思考之后才说出来的。

后来，阿尔伯特上学了。同学们都不愿意跟他交往，老师甚至毫不客气地对他父亲说："你儿子智力低下，不守纪律，他将来是不会有什么出息的！"阿尔伯特因此极度自卑，在学校里几乎抬不起头来，老师甚至想把他赶出校门，他自己也常常逃学。

一天，父亲带他到郊外散心。父亲指着两棵树说："你知道那是两棵什么树吗？"

阿尔伯特迟钝地摇摇头："不知道。"父亲说："高的叫沙巴，矮的叫冷杉。你觉得哪棵树更珍贵？"阿尔伯特想了想说："应该是沙巴树吧，你瞧，它长得那么高大。"

"错！"父亲说，"长得快，木质一定疏松。长得慢，木质坚硬，才珍贵呢。而且，贪长的树很难成材，你别看沙巴树现在长得快，三年之后就不长了，很少有沙巴树能长得超过十米。冷杉却不同，别看它长得慢，但它始终如一地坚持生长。而且，它的寿命极长，活上万年都不成问题。"

说着，父亲把他领到冷杉面前，这棵直插云霄的千年古树至今仍然生机勃勃。阿尔伯特仰着头，若有所思地说："爸爸，你是想让我做一棵树，做一棵虽然长得慢，但是永不放弃的冷杉树，对不对？"父亲满意地点了点头。

从此，阿尔伯特不再逃学了。有一天，在手工课上，阿尔伯特费了很大的劲做出了一只难看的小板凳，结果遭到了全班同学的嘲笑。但是，他依然相信自己："我会成功的！"

你可能已经猜到阿尔伯特是谁了，他就是二十世纪最伟大的物理学家、思想家和哲学家，他的全名是阿尔伯特·爱因斯坦。

涛涛听了这个故事，默默地点着头，眼睛湿润了。过了好一阵子，他突然大声地对我说："知心姐姐，我也要做一棵冷杉树！"我摸了摸他的头，微笑着说："涛涛，知心姐姐相信你，一定能行！加油！"

接下来，我要涛涛制订近期的学习目标给我看，我帮他修改、提建议，同时借助"优点银行储蓄本"帮助他慢慢改正缺点，让优点越来越多、缺点慢慢减少，特别是以他记忆力好的这一优势，指导他怎么学语文、学英语，发挥自己的强项，逐渐增强他的自信。同时，我又引导他明白自己是世界上独一无二的涛涛，天生我材必有用！我也常常找他来"知心聊天室"，为他加油鼓劲。"优点银行储蓄本"上每次满了10个优点(今天上课比昨天认真了,作业比昨天工整了,都是"优点"),我就给他颁发"优点达人"的小奖状,每次集满了10张"优点达人"的奖状就颁发"优点明星"的大奖状和勋章。

5. 找涛涛的老师、同学,让大家都来关心、爱护、帮助涛涛。涛涛犯了错误,老师单独找涛涛交谈,语重心长、坦诚相待,作业方面,请老师给他宽松的政策,同学们做十道题,涛涛可以在其中选自己会做的题目完成,同时请同学们多多忍耐、宽容涛涛,我还另外请了几位成绩好的男同学谈话,请他们分组轮流帮助涛涛补习功课,课余时间陪涛涛玩游戏。

四、辅导效果

通过近两个学期的努力,涛涛的行为习惯有了好转,打人、骂人的现象减少了;私拿别人东西的现象没有了;上课管住自己专心听课的时间变长了;老师也能看到他的作业了。他背诵中华经典诗文,篇目数量处于班上中等水平,现在也没有再逃课。最重要的是,我看到他每天很快乐,对自己也充满信心!这对我来说,是最欣慰的了!

娄底市第八小学　陈爱莲

春阳与童心,道德与法治

春阳暖暖地照在身上,伴着春天的清新气息,伴着中共中央2018年两会召开的好日子,我捧着教育部《中小学德育工作指南》(教育部文件教基〔2017〕8号文件),细细地阅读,慢慢地品味,深深地思考……

悠悠岁月,自我从中师毕业那个青涩的18岁起,漫过千山万水,走过风霜雨雪,沐过暖阳甘露,2018年我迎来了第23个教育教学工作年,年岁渐老,心窝却依旧年轻着。让镜头回放,让心情平复,过去的教育教学片段不停在眼前闪现。

归纳总结一番又一番,我"满园的桃李"如今都志在四方,不管曾经是我的乖巧学生崽,还是我的顽皮学生崽,不管曾经是被我表扬奖励过的优等生,还是被我批评惩罚过的后进生,他们、她们,都是国家的有用之才,各自都围着自己的圈子,为自己、为家庭、为社会、为祖国,储备能量,尽心尽力,发光发热,为理想和人生奉献着青春和热血。而作为"园丁"的我,除了欣慰外,更多的是庆幸在教育路上对"花朵们"的用心呵护,倾情培育,才换来了今天的"春色满园,桃李芬芳"。多年的经验告诉我,"花朵们"的栽培德育最为营养,只有德育灌溉的根最能稳固心灵，助力成长。

正因为有了德育为先的教育观念，在我的教育教学过程中，在担任学校德育工作副校长期间，尤其是加入了刘红霞小学德育名师工作室以来，我积极积累了许多有关道德与法治的小故事，现在与读者来分享。

故事一：颜小如——让法律陪我长大

一大清早，颜小如的爸爸打来了电话，称小如在上学的路上，被交警给拦住了，并扣压了自行车。我速速赶去现场，果然，小如急得哭了，满脸是泪，她爸爸正在与交警交涉。再看交警的神情，并没有要原谅他们的意思，不肯归还自行车。

自行车对于小如来说是很重要的，因学校在冷水江市中连乡，属郊区，小如家在新化，暂时随在冷水江市打工的父母亲租居在布溪特区，上学得穿越整个城区。这个学期，小如上五年级了，觉得坐公交车需转车不方便，才决定骑自行车上学的。不想，第一次骑车就被交警给拦住了。

交警见老师来了，便非常有礼貌地跟我们谈起来："你们好！《中华人民共和国道路交通安全法实施条例》第七十二条中严格规定，驾驶自行车必须年满12周岁。我看这个孩子的年龄应该没有达到规定年龄，为了安全起见，先让孩子停止骑车为好！所以才通知了家长和老师。"

我们恍然大悟，原来是这样。小如更是眨巴着一双大眼睛，听得入了神，连连点头："谢谢交警叔叔的教育！以后我一定要多学法律知识，让法律陪我长大。"交警叔叔还告诉我们，大人骑自行车或电动车带人也是不允许的，非常危险，因为自行车和电动车的载重量有限，制动性能差，带人后方向不易掌握，在遇到紧急情况时容易发生危险。看来，学习法律对我们人身以及生活都有着不可估量的作用呀。

故事二：杨静静——昂起头来真自信

接手三年级113班的那一天，有一个女孩引起了我的注意，她叫杨静静。正如她的名字，她总是静静地坐在座位上，一直沉沉地低着头，不敢抬头，甚至不敢轻易地动一动身子，同学们都叫她"缩头小乌龟"。从家长、同学和任课老师那了解的情况是：她认为自己皮肤黑，丑陋，自卑。我思量了许久后，设计了一个方案，先不去寻找她自卑的原因，我只要想办法让她抬起头来，自信做人就行了。

于是，我略施了一小计。我准备了一个女孩子都喜欢的粉红色发卡，是小小蝴蝶结形状的。午休时间，我轻轻地来到静静身边，把发卡夹在她的头发上，然后，拿出一面镜子给她欣赏，她羞涩地不肯看镜子中的自己。这时，有一个女同学走过，惊喜地说："杨静静好漂亮哦！"听到赞扬声，她竟然瞧了一眼镜子中的自己，虽然她不信同学的赞美，但心里却很高兴。我对她说："静静同学，你等下戴着这个漂亮的发卡跟我去操场为学校布置六一儿童节的会场吧？"她点点头。

趁她起身的时候，我悄悄地取下了她头上的漂亮小发卡藏在兜里。只见她，突然昂起了头，挺起了胸走在我身边，全然没有"缩头小乌龟"的模样了。同学们有的说："杨静静昂起头的样子真漂亮！"有的说："杨静静挺直腰板身材好苗条！"看着静静漂亮的样子，是多么自信和可爱，是多么有尊严和有范儿，而我也是充满了教育成就感。后来，她知道了我的良苦用心，知道了同学们赞扬的并不是她头上的粉红色发卡，而是她高高昂起自信的头的模样。从此，静静昂着自信的头，扬起自信的脸，快乐地生活和学习。如今，她已经是湖南第一师范的学生，将来的她也是教书育人的美丽园丁。

自信原本就是一种美丽，自信是乐观的源泉。而我们都要有道德的底线，不轻易去歧视他人的不足，应该去鼓励和引导他人进步。并且，无论我们出身优越还是贫穷，无论我们美如天仙，还是相貌平平，昂起自信的头，别人定会看到我们最为可爱乐观的样子。

故事三：猴皮皮——妈妈爱我有法规

第三个故事我想以真人真事为原型，以童话的写作形式来呈现，送给爱阅读的你一次新鲜的心灵碰撞，望君喜欢。

猴皮皮是狮雄雄的学生。这天，猴皮皮哭哭啼啼地来到狮雄雄的办公室，掀起揉皱的上衣，让狮雄雄看到了他身上的多处伤痕，有新的有旧的，令人怜悯。经询问，方知是猴皮皮的妈妈猴严严给教训的。原因就是猴皮皮太顽皮，不认真完成作业，懒惰，爱吵架闹事。

狮雄雄领着猴皮皮立即去找到了猴严严，挽起猴严严的胳膊，好一顿劝说："猴皮皮他妈呀！你爱孩子，教育孩子是应该的呀！但是，从道德与法治上来看，得有方法和讲究，万一失手，把孩子给弄成重伤或者更严重，后悔就晚了呀！一不留神，还会触碰到法律就不好了！我们的孩子也具有身体权、健康权，任何人（包括父母）都无权进行殴打、伤害，但是合乎情理的，法律一般不予追究。根据《未成年人保护法》第十条，父母或者其他监护人应当创造良好、和睦的家庭环境，依法履行对未成年人的监护职责和抚养义务。禁止对未成年人实施家庭暴力，禁止虐待、遗弃未成年人，禁止溺婴和其他残害婴儿的行为，不得歧视女性未成年人或者有残疾的未成年人……"狮雄雄一气呵成说了这么多，大松一口气后，又拍拍猴严严的肩膀说，"明白了吗？我的猴皮皮他妈呀！"

猴严严头点得跟小鸡啄米似的:"明白了,明白了!谢谢狮雄雄老师!"自此,猴皮皮在猴严严的正确教导下,进步越来越大了,成了一个优秀的孩子。

我的道德与法治教育小故事还有很多,我将继续伴着春阳,伴着明月,伴着温茶,拥抱童心,拥抱美好,拥抱世界,潜心阅读教育部《中小学德育工作指南》等文件和书籍,好好把握在刘红霞小学德育名师工作室的成长机会,把德育工作做得更精更细更有效果!

在今后的工作中,我将深入贯彻习近平总书记系列重要讲话精神和治国理政新理念新思想新战略,始终坚持育人为本、德育为先,大力培育和践行社会主义核心价值观,以培养学生良好思想品德和健全人格为根本,以促进学生形成良好行为习惯为重点,以落实《中小学生守则》为抓手,以中连乡中心小学"童心教育"为理念,以刘红霞德育名师工作室为平台,坚持教育与社会实践相结合,坚持学校教育与家庭教育、社会教育相结合,不断完善学校德育工作长效机制,全面提高德育工作水平,为中国特色社会主义事业培养合格建设者和可靠接班人。让道德与法治沐浴在春阳满满的童话校园里,浸润在童心绵绵的儿童心灵里!

冷水江市中连乡中心小学　潘佩兰

家风故事

中华民族向来有"家国同构"的情怀——"家是最小国,国是最大家",治国和治家只是治理范围不同而已。《大学》说:"古之欲明明德于天下者,先治其国;欲治其国者,先齐其家;欲齐其家者,先修其身……身修而后家齐,家齐而后国治,国治而后天下平。"可见,修身、齐家看起来是一人一家之事,实际上却是关系到治国、平天下的大事,是治国理政的基础和起点。"天下之本在国,国之本在家。"习总书记在2018年春节团拜会的讲话中,引用这句古语,凸显了总书记对家庭建设的重视。工作室于2019年寒假开展了"好家风好家训"征文比赛活动,进行家训家规的搜集、整理、保护及传播工作,这对于弘扬中华优秀传统文化,在全社会努力培育和践行社会主义核心价值观,不断增强文化自信具有十分重要的意义。

一勤天下无难事

我家祖上历代务农，日出而作，日落而息。土地染黄了我们的肤色，也滋养着我们的心灵。"一分耕耘，一分收获"。一个"勤"字早已融入了我们家族的血脉，成为家风的一部分。

记忆中的父亲总是忙个没完，农忙季节总在田地里劳作。当时条件很艰苦，加上手头不宽裕，小块的稻田，父亲从不请牛工，直接用锄头翻坯，一块地，一锄一锄把它翻个遍。干旱季节，稻田常缺水，家里没有抽水机，父亲就站在田边的小渠里，用水桶舀水。那是桑拿天，太阳晒，水汽蒸，双腿浸泡在泥水里，一舀就是大半晌。到了寒冬腊月，多数人就闲下来了，可父亲也没休息。因为他同时也是个有名的弹匠，十里八乡的人要做棉被就找他。或亲自上门，或在家包做，厅屋里大木桌子旁，常能听到"咚咚""咚咚"的弹棉花的声音，弹花、铺棉、布线、压匀……在噪声和粉尘中，父亲一天天重复着单调的工作，可他从无怨言。

父亲45岁有了我，算是晚年得子吧。我十多岁就跟着父亲做些事。但那时我学习有些偏科，记得读初二时，我的期末英语成绩只得了15分，父亲很为我的学业担心。我也意识到这样下去是很难升入高一级学校的。于是暗下决心，要把成绩提上来。我每天把单词抄在被炊烟熏黑的墙上，抄在作业纸上贴在床上的蚊帐上，甚至用圆珠笔直接写在手掌上。每天强迫自己记几十个单词，一两个月就过了单词关。

每晚在昏暗的煤油灯下挑灯夜读，我硬着头皮把那些枯燥的语法看了一遍又一遍。从此英语不再是短板。凭着一股韧劲，我以优异的成绩考上了娄底师范。毕业后，我深感自己学历太低，参加了湖南省高等教育自学考试，仅用了两年的时间就先后获得了专科和本科学历。其间我读过教材上百本，做过学习笔记数万字。2003年我去深圳教书，当时对电脑一无所知，一期下来，我的电脑水平就赶超了其他人，后来，我的课件、微课、网络备课等多次获得省市一等奖。现在很多人叫我"贺大师"，更多的可能是对我电脑操作水平的肯定。

我得感谢父亲，是他让我明白：一锄锄地挖，地就能翻遍；一桶桶地提，稻田就能被水滋润；一下下地弹，棉花就会变成棉被；任何困难的事，只要努力去做，就有可能成功。

好的家风会在家族里传承。儿子年幼时特别好玩，学习不太上心，高考的前一个学期才知道要发奋努力。他自己制订了一个长期目标，又分解成许多小目标，然后把每天要复习的内容分科目画上进度条，每完成一步，就把进度往前推进一步。看着计划本上密密麻麻的小方格进度条，我仿佛看到了父亲一锄锄挖下的土和我一个个抄写的英语单词。它们都是一脉相承的，共同的基因在传递。儿子后来考上了部属师范大学，分配在长沙工作。巧的是，他也找了一位老师做女朋友，现在领证了，我们算是教师之家了。人说教书是最辛苦的工作，当一个好老师不容易。"一勤天下无难事"，我希望孩子们能秉承这一家训，成为更加优秀的老师，更加优秀的人。

双峰县永丰中学　贺中元

母亲给予我的范例是"学习+反思"

我是一名90后，是经历了80年代改革初期，到90年代社会逐渐稳定后出生的孩子。我的爷爷奶奶都是面朝黄土背朝天的农民，妈妈可以说是靠着自身的努力跳出农门的金凤凰，她当时考上了湖南第一师范学校，当了教师。后来阿姨也受妈妈的影响考上了常德卫校，当了医生。听说当时，妈妈老家新化枫林引起了不小的振动，我大爷爷还上坟去敬谢过老祖宗呢！可以想象一个贫寒家庭出生的孩子背后担负着一份多么沉甸甸的期许！因此，她们都非常珍惜那份改变、那种生活。后来，妈妈又凭着自己的努力成为一名首席名师、未来教育家、教育家孵化对象。

她经常跟我说，其实她一点儿都不聪明，就是勤能补拙而已。别人逛街的时候，她在学习；别人打牌的时候，她在学习；别人追剧的时候，她还在学习。学习了还要写文章，三年之内竟然出了两本书，完成了一名普通农家女到一名普通的人民教师，再到一名有专业尊严与自信的首席名师、优秀校长的蜕变。当然，在她学习反思的背后，有我老爸任劳任怨的默默支持。

受这个原生家庭氛围的影响，我从小懂得感恩，也希望得到别人的认可。但我，却是一个不爱读书的人，我喜欢的是体育与音乐，因为这份兴趣与爱好，我曾在音乐的殿堂里频频过关，在体育的赛事中屡屡胜出。

毕竟是教师家庭，我妈妈根据因材施教的原则和霍华德·加德纳多元智能理论，尊重我的爱好，让我走特长生的路线，于是我顺利成为一名中学体育教师。

刚成为一名教师，妈妈就给我写了一封信，与其说是一封信，还不如说是一份沉甸甸的嘱托与引领。后来，她的这篇文章《所谓母爱是一场得体的退出》在湖南省《科教新报》发表。

在妈妈的影响下，刚参加完暑假的政治学习，我就写了篇《认识你自己——

暑假师德师风学习自我剖析材料》，以期在别人最不经意的地方唤醒自己的反思自觉。

刚一参加工作，妈妈就鼓励我参加教育系统的篮球比赛、全市"中医杯——青声习语·做新时代的奋斗者"的演讲比赛及全市纪委系统迎新春"拥抱新时代，共抒廉政情"的诗朗诵节目……

很多人看到初露头角且高大帅气的我，都会人前人后地嘀咕：在一个小县城教体育是不是格局太小了？一个学期以来，我看到了妈妈的苦心，也同时反感她的干预。于是，有过一段和她很少交流，甚至闹对立情绪的时光。直到看了妈妈推荐的一篇《如果格局决定人生，那什么决定格局？》的文章。

这篇文章写了几个现象。

第一个现象：那些名校毕业、表现优秀的年轻人，大部分家境都很好。而老家在农村，父母都是务农，自己特别努力考上名校的"金凤凰"，虽然各方面也都很优秀，但对比来看，却会明显发现在情商、气质形象和眼界谈吐上的差距。

第二个现象：越有钱的人往往越有钱，越优秀的人往往越优秀。这是这个社会的一个残酷的真相。马云的儿子就读于加州大学伯克利分校；柳传志的女儿从哈佛毕业后先入高盛，然后执掌滴滴……

第三个现象：小县城的一般赶往省城，省城的一般都赶往大都市，大都市的一般都赶往国外……

2017年，北京的高考状元熊轩昂在接受采访的时候语出惊人：农村地区的孩子越来越难考上好学校，而生在北京这种大城市的他，能享受到得天独厚的教育资源，是很多外地孩子或农村孩子完全享受不到的。这种东西决定了他在学习的时候，确实是能比他们走很多捷径。

是啊，所谓的捷径往往是获得更多的教育资源；更多的教育资源往往决定一个人的格局；一个人的格局，其实就是你所追求目标的高度，你眼界的广度，你思维的深度以及你身上所体现出的从容大度。

再反观武汉理工大事件：2018年4月，武汉理工大学研究生陶崇园自杀身亡后，有很多人质疑他为什么在面对导师压迫的时候那么怂，为什么在遇到困境的时候就这么想不开？其实是他的格局太小了，造成他的心眼太小了，情绪太敏感了！如果换个角度来看，一个导师而已，还能管得了你一辈子？

我终于明白妈妈的苦心、妈妈的干预、妈妈的隐忍与等待。是啊，一个人的格局很大程度上决定了他人生的起点和终点，上限与下限。出生在我们这个小城镇，对于我这个不爱读书的大学毕业生而言，原生家庭撑不起我更大的格局，也给不了我更高的起点。诚如文章里所写：要想突破原生家庭的束缚，走向更大的人生格局，就只有三条路可走：

第一，不断地读书和学习。毛泽东也是一个来自湘潭农家的普通孩子，之所以能有如此超越世人的识见与志向，首先归功于年轻时孜孜不倦地学习与看书。而他看的是什么书呢？研究哲学的，比如《伦理学》；研究历史的，比如《御批历代通鉴辑览》；研究社会的，比如《盛世危言》；研究时事的，比如《新民丛报》……总结来看，这些书根本的东西是两样："知识"与"规律"。

第二，不断地经历和爬升。"行万里路，交万千友"。虽然一个普通的家庭，带给一个人眼界和思维上的提升很有限，但认识的人多了、经历的故事多了，想法乃至习性也会发生很大的变化。

第三，不断总结和反思。一个人最怕的是，人生早已设限，却不自知。事实上，如果我们对每一段人生进行总结反思，对每一个看起来自然而然却又难以理解的现象进行分解、剖析，都能得出很多新的、有价值的东西来……

我曾想突破原生家庭的束缚，到北上广等大城市去闯荡一番，但是当我知道自己的能力还支撑不了自己野心的时候，还是决定先要好好学习与反思。

我也想突破原生家庭的束缚，到社会认可的更体面的单位去历练一番，但是我知道我的家境还支撑不了我的选择的时候，还是要先好好学习与反思。

我想我最终还是要突破甚至超越原生家庭的束缚的，因为人生的格局并非一成不变，但我想只有自觉、清醒地走出改变的第一步，才有可能迎来水到渠成的第二步。就算我一直未能改变我的职业，我想一定能改变自己的格局。

冷水江市第二中学　李基磊

我的家书

一、我的家风故事——母亲的信

前言：弟弟成家后，妈妈写给我们姐弟俩一人一封信。读弟弟那封时，我哭了，读到自己这封，我又哭又笑，还有点儿尴尬。妈妈是一位人民教师，勤劳贤惠，温柔随和，乐于吃亏。她从不打骂我和弟弟，爸爸年轻时算命先生告诉他，你若找得对，这一辈子就只要娶一个老婆，若不对，得娶九个。谢谢妈妈为爸爸减轻生活负担，不然我爸得多累啊。爸爸一直比较严厉，嘴上唠叨我懒，啥都不会，但又从不让我做任何事。小时候，他嫌妈妈帮我扎头发不好看，自己动手打扮女儿，那时候六十块钱一月的工资，爸爸给我买四十元一件的大衣。每每回老家时，就把我捯饬得无比美丽，高高地扛在肩上"招摇过村"。读书时，他说有一点儿遗憾就是没送我去学艺术专业。老爸脾气大，只要我有一点委屈，他就拍桌打椅、暴跳如雷，很有江湖黑道的范儿。老爸事事追求完美，为人低调，眼光犀利长远，要不，怎么找了我妈生了我俩呢？

年年岁岁、岁岁年年，我们大了，你们老了，将来的日子里，唯愿妈妈继续快快活活地做着好吃的等我们回家，老爸一周敷着两次面膜保养皮肤，虽然美白效果不够明显。有你们在，就足够我们姐弟俩幸福了。

1. 写给儿子。

儿子，今天你长大了，结婚成家了，曾记得：你三岁多时每天和妈妈挤公交车，帮妈看管东西。你是那么的懂事，还不到五岁就上一年级，妈担心你跟不上班，而你的成绩名列前三。在茅圹学校，我们有房子了，每天在学校吃午饭，餐餐是精肉煮荷包蛋，有一点儿不如意，你就喊容老母，逗得学校老师哈哈大笑。从初中到大学，我们很少操心，特别上了大学，总是喜报不断，学生会干部、入党、英语过六级，成绩还排名前二。毕业后你考村干部、公务员，去省纪委上班，接着考上市委组织部。开始我觉得你读文科是冷门专业，还埋怨你爸，其实是文科成就了你今天的一切。今天，你太完美了，无人不赞，有你这样的儿子，妈妈很骄傲、很自豪，妈要你一直自信、自强、自立，一步一个脚印地走下去，前面的路，前途无量，前程似锦！

2. 写给女儿。

灿灿，从你呱呱坠地至今已三十六载，你出生时，我们住的是双江中心校又矮又小的土砖平房。你还没满月时，老师们都说，灿伢子长得很漂亮。六岁时上学了，每年的"六一"节你都参加了舞蹈队，直至初中毕业，这文艺细胞遗传自你爸。你身体娇小，动作优美，深受老师的好评。你考进娄底师范读普师专业，在学校，你担任推普委员，选进校舞蹈队，你喜欢弹琴、表演，因而忽略了文化课，妈妈曾赌气说："你去教书，只怕是个下岗对象！"其实一回想，妈说错了，学校最需要有特长的教师，无论在万宝中心校还是在第二小学，你的工作都离不开你的特长，你担任大队辅导员其间所编排的舞蹈年年金奖，编排的大课间操《阳光乐章》和《红领巾飘起来》获教育部高度评价，直接评选你为"全国特色教育工作先进工作者"，不仅如此，你还通过层层遴选，评上了湖南省青年精英教师，年年去北师大研修学习，妈妈为你骄傲。今年十月，你又提升为副校长，你一步一个脚印，兢兢业业，干得如此出色，妈妈很高兴。但也有让妈妈头痛的时候，你买的衣服、包包、鞋子太多了，每次清得我好烦，会工作，更要会合理安排生活。周敏不在身边工作，朵朵的培养你也付出了不少心血，妈妈想来帮你也是力不从心，现在牵挂的人太多了。最后妈妈想说，现在你在干好本职工作的同时，也要把精力放在朵朵的学习上，自己多锻炼身体，让生活充满阳光，天天快快乐乐，笑口常开！

妈妈写于 2017 年 10 月 19 日

二、我的家风故事——写给爱人的信

前言：2017 年 11 月 10 日，是爱人周敏的 40 岁生日，身为警察的他因工作没有回家，我带着朵朵一起去双峰陪他过生日。忙碌的他安置好我俩后，继续加班，一直到深夜十二点。在等他的间隙，我敲下了这篇文字。（"无米"系周敏的网名。）

亲爱的无米先生，今天起你就步入不惑之年了，祝你生日快乐！朵朵在很早以前就在手机里设置了你的生日提醒，小棉袄很暖心。

记得结婚前的那个冬天，派出所里热水器坏了，你带我去镇上的大澡堂。洗完后我披着你的大警袍子出来，在外等着的你一边帮我吹头发，一边嘟囔着："这么大人了，也不知道把头发裹好，感冒了怎么办？"澡堂老板热情万分地对你说："哎呀，周警官，你的女儿这么大了，真是好福气呀！"你无法回答，从这以后，我俩的"父女"形象更加深入人心，以至现在你拥有着"两个女儿"，而你的内心也在各种"演练"中愈发强大了。

不熟悉你的人都跟我说你很严肃，相处久了大家都知道，你最爱逗别人开心。你个性固执，但心胸宽广，善良正义，不计较个人得失。每当吵架后岳父来严词说教时，你从不顶嘴，让我总是占着上风。而平时，你总是口是心非，对我提出要买的东西经常一个"呸"字回复，然后又悄悄买回来。刚结婚不懂事的时候，只要一过节我就要礼物，连重阳节都要，你一边骂着一边送着，但在结婚十周年时，你不动声色地带着我去周大福挑金圈圈。你很爱朵朵，陪她打球、跑步、逛超市，你总是很有耐心，每每周末回来，你俩便腻歪着把我晾到一旁，当然，这也是我喜欢的。

我经常生病，"伺候"我的时候，你必然会说一句话：我得找老彭退货去！哪知道老彭家的规矩是一旦售出，概不退换，你只好继续伺候着。房子装修挑家具，你对老板说，主卧一定要一个好看的梳妆台，因为家里有个臭美的婆娘。卧室的衣柜里都是我的衣服，你很认真地跟我说："拜托你，帮我留一层好不好？"你总是笑称自己在家中地位太低，没有决定权，但有需要时总是先为我和朵朵

想。同学聚会回来后，你感慨着要好的几个兄弟都离婚了，然后拉着我笑道："就只有我没离了。"你也常说，为何我俩兴趣爱好都不同，却一起走了十四年。你说你本来很有米，遇到我后被敲诈得无米了，连头发都敲没了，所以为自己取此网名。其实，我也不是故意的。

老公，你是个简单的人，喜欢做简单的事，处简单的关系。以后的日子，望你身体健康，想自己所想做自己所做。愿无岁月可回首，且以深情共余生！

娄底市第二小学　彭灿

我家的省钱方略

无论世界变得如何奢华，我还是喜欢俭省。这已经变得和金钱没有很密切的关系了，只是一个习惯。比如不论牙膏管子多么丰满，但你只能在牙刷毛上挤出1.5到2厘米的膏条就可以了。因为你用不了那么多，你不能把自己的嘴巴变成螃蟹聚会的洞穴。再比如无论你拥有多少橱柜的衣服，当暑气蒸人的时候，你只能穿一件凉快的衣裳，如果把貂皮大衣捂在身上，轻者长满痱子，重者就会中暑倒地，一命呜呼。俭省比奢华要容易得多，是懒人的好伴侣——用最直截了当的方式和最小的花费直抵目标。但正如毕淑敏所说，人生的三件事情不能俭省。我虽千方百计地想省钱的方略，然而以下这三件事我们不能俭省。

第一件事是学习。关于学习，我们网络名师工作室的首席刘红霞校长为我们树立了典范。学习是需要费用的，就算圣人孔子，答疑解惑也要收干肉为礼。学习费用支出的时候，和买卖其他货物略有不同。你不知道究竟能得到多少知识，这不单取决于老师的水平，也决定于你自己的状态。我经常跟我的女儿说：学习是生命中的营养，机遇是牵着婚纱的小童，如果你不学习，新郎就永远不会出现在你人生的殿堂。女儿因循我的教诲，不断地向老师学习，向同伴学习，向书本学习，向网络学习，向社会学习，当新化县一中招考音乐教师的时候，女儿回报给我的就是榜上有名。

第二件事是旅游。毕淑敏说：每个人出生的时候都是蝌蚪，长大了都变作井底之蛙。这不是我们的过错，只是我们的限制，但我们要想法弥补。要了解世界，必须到远方去。旅游是需要花钱的，谁都知道。旅游的好处却不是一眼就能看到的，常常需要日积月累、潜移默化地蓄积。因此，在面对我们班50多个农村孩子的时候，我想方设法地做家长的思想工作，让孩子参加研学旅行。因为，研学旅行能让孩子学到很多教室里、书本上学不到的东西。

第三件事是锻炼身体。古人没有专门锻炼身体的习惯,饥一顿饱一顿,全无赘肉。生存的需要逼得他们不停奔跑狩猎,闲暇的时候就在岩壁上凿画,在篝火边跳舞,都不是轻体力劳动,积攒不下多余的卡路里。社会进步了,物质丰富了,用不完的热量成了我们挥之不去的负担。于是要人为地在机器上跋涉,在充满氯气的池子里浮沉,在人造的雪花和冰面上打滚,在矫揉造作的水泥峭壁上攀爬……这真是愚蠢的奢侈啊,可我们没有办法,只有不间断地投入金钱,操练贫瘠的肌肉和骨骼,以保持最起码的力量和最基本的敏捷。为此,我成了学校健身的热心人,每每天气好的时候,我会在操场上大声吆喝:"帅哥美女们快下来打排球!"同事们听到我的呼唤也都会陆续下来,同时,我也会把休假的先生或在家休息的女儿都喊来酣战一场!大家不仅锻炼了身体,而且愉悦了身心!

就这样,我和我的家人把人生当作课堂,向一切人学习,就省了上学的钱。徒步到远方去,就省了旅游的钱。不用任何健身器械,就在家里踢毽子、高抬腿、做广播体操,在学校里打排球等,就省了健身的钱。

然而,这也是破费,尊敬的思政课同行们,你们说这是为啥呢?因为我们付出了最最珍贵的时间,我们要教育孩子珍惜时间、珍惜亲人、珍惜当下!

冷水江市中连乡中心小学　谭俏红

家风如灯,照我前行

每一个家都是儿女返航时那一处温柔的港湾,每一位父母都是儿女成长路上那一盏长明的灯火,每一位子女更是父母年迈时那一根坚挺的脊梁。勤劳质朴是我家的家风,它教会我脚踏实地地做事;修身律己是我家的家风,它教会我循规蹈矩地做人;积极乐观是我家的家风,它教会我用豁达的心态迎接人生的挑战。

一、脚踏实地勤养家

父母亲在我们家乡是出了名的勤劳人,他们从不投机取巧,只会脚踏实地。父母亲在我记事以来,一直都是搞养殖业。这是一个很辛苦的活儿。从孵化小鸡、喂养、打包谷到给鸡群们调药、卖出等活都是父母亲力亲为。特别是赶上暴雨天气,鸡群躲在山里各处树下,父母必须冒着大雨一只一只地去驱赶。父亲忙出忙进,负责招揽生意,学习技术。母亲是一个能干的女人,不仅忙着养殖,而且一日三餐从不马虎,把家里打理得井井有条,让在外的父亲没有后顾之忧。父母亲就是靠着勤劳的双手撑起了一家子的天空,让我们过着虽不富足但很踏实的生活。我们在父母亲的熏陶下也养成了脚踏实地、勤劳肯干的好习惯。生活中，我们真诚待人，乐于助人；工作上，我们尽心尽力，无愧于心。

二、修身律己育儿女

当我们还小的时候，家里条件不太好，没有多余的钱给我和弟弟买零食，那时候树上的各类果子便是我们的美味。有一回，看到邻居小爷爷家的桃子树上挂满了果子，鲜红透亮，我们馋得直咽口水。我和弟弟趁着没人的时候，摘了好些果子用衣服掩盖着，生怕被人发现。当我们回到家正准备"享受"这一堆"战利品"的时候，父亲回来了，问道："这桃子哪来的？"我和弟弟支吾半天才说是在小爷爷家的树上偷的。我们本以为这一顿打骂是少不了的，结果父亲语重心长地说道："孩子们，这桃子固然好吃，但是我们不能在没经允许的时候，去摘别人家的果子，这和小偷没有分别，况且小爷爷年纪大了，他还指望着把这些桃子卖了换点儿生活费呢。"听了父亲的话，我们很是羞愧，抱着桃子朝小爷爷家飞奔而去。再后来，父亲在自家的后山上种满了桃树、李树、橘树和板栗，这些果树一年四季满足着我们的味蕾，直到我们长大成人。到如今，山上的果树换了几代了，父亲教给我们的身正意坚、严于律己的为人品德一直根植在我们内心深处，让我们能始终严格要求自己，循规矩，守纪律。

三、积极乐观迎难上

母亲个头不高，但她小小的身体里面总是能释放出大大的能量，总能用积极乐观的心态面对生活的艰难。年少的我看到父母的辛劳很是心疼，读师范的第二年只想着打工兼职来减轻家里的负担，以至于学业退步。母亲看在眼里急在心里，她对我说："孩子，我知道你懂事，不想看着爸妈辛苦劳累，但是你不好好读书，这算减轻我们的负担吗？你只有读好书，学好了知识，今后找一个好工作才是对我们最好的回报。"母亲简单的话语敲醒了我，是的，我只有好好学习才能真正地减轻父母的负担，才能让他们放心。母亲的话给了我满满的正能量，自此以后我坚定了学习的信念，成为一名优秀的人民教师后，也都能从母亲的身上找到不竭动力。

我感恩于有这样一个温暖的家，有这样一对慈爱的父母。他们只是千千万万中国父母中的普通一员，但他们用自己的实际行动阐释着勤劳质朴、修身律己、积极乐观的家风家训。作为儿女的我们深受感染，受益终身，也必定将这良好的家风世代传承。人生路上，家风如灯，照我前行。

第四篇　探索项目驱动和工作室的社会化路径

双峰县荷叶中心小学　屈慧玲

染于苍则苍，染于黄则黄
——我的家风家训

家庭教育对一个人的性格、意志、品质、情操、爱好，乃至人生观、世界观都起着相当重要的作用。好的家风是一种无言的教育、无字的典籍、无声的力量，没有家教的小孩，即使学校教育再优秀，一生都不会有大成就，因为他没有根。我家从曾祖父开始在本村就属体面人家，至今，我们仍然遵循着曾祖父的家训。

一、勤俭持家，其道乃长

奶奶是一位勤劳的农村妇女。每天天一亮，她就准时起床，开始了忙碌的一天。爷爷奶奶克勤克俭，持家有方，终于把九个儿女养育成人。

在我很小的时候，曾听母亲讲过一件有关奶奶的待客之事。那时家境虽然还比较好，可孩子多，入不敷出，一大家子人，全靠爷爷和奶奶张罗。家中有什么好吃的都要留下来待客，自家只吃一些粗粮。记得那是我母亲刚嫁到这儿不久，有一次，家中来了一位客人，奶奶忙给客人倒了一杯酒，并把家中仅剩的四条小干鱼炒了。客人不知何故喝完酒就离开了，奶奶待客人走后，迅速地把那碟菜收好。过了不久，那位客人又返回家中，奶奶依然笑容满面地招待他，可那碟小鱼在客人再次离开后，又被奶奶收进了橱柜。转眼间到了晚餐的时间，只见奶奶小心翼翼地把剩下的小鱼夹进另外一只干净的碗碟中，只留下那些辣椒等配料给家人们当菜吃。夜深人静后，奶奶又急忙把那几条小鱼洗净，烤干……好再次待客。这个家也在奶奶的勤俭操持下慢慢有了起色。

在爷爷奶奶的言传身教下，父亲也非常勤劳。农村搞集体合作社时，父亲是生产队队长，每天都要带领队员们出工。很多时候，父亲天还没亮就起床，去5公里之外的煤矿挑一担炭回来，然后准时率全队社员出工。古语云：其身正，不令而行。勤俭就如血液一样，在我们的血管里静静流淌着，代代相传。

二、诗书传家，源远流长

我出生在一个有文化的家庭，父亲是我们地方上的第一个大学生，曾轰动一时，（后因病无法完成学业，留下了终生遗憾）母亲虽不能吟诗作赋，却也是能识文断字的初中生。我奶奶所信奉的观点是——大出息靠读书，小发财靠喂猪。父亲念书时，爷爷奶奶无力资助学费，而伯父们都已建立了自己的家庭，不愿意支付父亲的读书费用，面对这种窘况，爷爷拄着拐杖挨家挨户地去劝说他们，遇到不通情理的，还将其臭骂一顿。在爷爷奶奶的极力支持下，父亲才有幸走进学校。正因为爷爷奶奶的熏陶，父母对我们几兄妹的学习十分重视，从不准我们逃课，每天早晨只要求我们读书，不需要干活。在那样艰难的日子里，父母顶着巨大的经济压力与旁人的嘲讽，常常告诫我们：你们只管念，砸锅卖铁都要送你们读书的。因为有了坚强的后盾，我们才能努力前行。终于，在那食不果腹的岁月里，我们六兄妹有三兄妹顺利从初中毕业，其他三个则进入了更高的学府，这是令常人难以相信的事实。父亲现在亦常教孙辈背诵《老子》《论语》等国学经典，自己也笔耕不辍，多次在地方刊物上发表诗文。

三、早扫考宝，代代相传

小时候，每天被父母早早地叫起床，我揉着惺忪的睡眼，好不容易才站稳，家人们却都匆匆离去，只丢下一句："好好看家！"我只得履行使命，哪儿也不敢去，眼巴巴盼着他们早些回来。用父母的话说，就是"一年之计在于春，一天之计在于晨"。即使外头滴水成冰，我们也不能赖床，父亲带着我们兄妹几个强身健体，母亲则打扫卫生。忙完第一道程序后，紧接着是我们的晨读时间，父亲干杂活，母亲准备早餐。我们在一个个充实的早晨中快乐成长。现在，我们六兄妹都已成家立业，但父母教给我们的早起习惯还在各个小家庭中延续。

父母是一盏明灯，照亮了我们前行的路程。他们培养了我们早起的习惯，也培育了我们孝敬长辈的品质。

父亲是书生，母亲则是独生女。不善操持农活的他们，不但要照料好六个嗷嗷待哺的孩子，还要照顾生病的爷爷与年老的奶奶。（爷爷奶奶虽有伯父们分担一些费用，但他们跟随我家的日子多些）与此同时，他们还是外公外婆的依靠。生活的压力对他们来说是如此的巨大，但他们从不抱怨，咬紧牙关坚持着！我母亲在无人处偷偷抹过多少次眼泪，连她自己也记不清了。邻居曾劝他们放弃对爷爷的治疗，可父母面对好心人的提议总是轻轻摇头。日复一日，父母对爷爷的悉心照料也没能阻止死神的光临，爷爷带着对这个世界的留恋撒手西去，只留下对亲人的牵挂与几张账单。送走了爷爷后，家境并没有多少改观，因饮酒过多，奶奶逐渐出现了神志不清的状况，有时甚至连生活都不能自理。母亲只好留在家中照料，等到我们放学，嘱咐我们照看奶奶后，才匆匆地赶往菜地……

日子在艰难中向前迈进，我们也渐渐长大。大姐率先跨入了社会，跟熟人去了建筑工地，挣点儿钱添补家用。在此期间，奶奶也走完了她人生的最后一程，那时我刚上初中。接下来的是外婆,她老人家因常年操劳而病倒了,此时正碰上母亲卧病在床。得知外婆病了的消息,母亲急得不行,父亲只好背着母亲去了外婆家,幸好两家相隔不是太远。母亲在那一待就是一星期,父亲只好两头跑。可父母的孝心也无法挽留住外婆,这件事给了母亲沉重一击,使母亲郁郁寡欢了很长一段时间。同时,外公也因外婆的突然离世,生活规律变得混乱,总在沉痛中度日。幸有父母竭尽所能地给他老人家照顾。我们几兄妹在父母的影响下,也纷纷响应,能出钱的出钱,没钱的出力。在旁人羡慕的目光中,外公安度了幸福的晚年,享年88岁。父母率领我们兄妹为外公操办了隆重的丧礼,附近的人一致评价:"谁说养女不如养崽好呢?"

有所耕耘,才有所收获。父母对长辈们的孝心在本村人中被视为榜样,他们对邻居们的帮助也被传为美谈。

曾祖父和祖父都是开药铺和治疗脱臼、骨折的,父亲得到了真传,再加上他有文化,肯钻研,因此他在治疗骨折、脱臼等病症上颇有造诣,远近闻名。父亲给人治病从不漫天要价,别人愿意给多少就给多少,遇上家庭困难的不但不收钱,还自掏腰包替人买药。他为人厚道,深受邻里喜欢。村里人无论干啥事都要叫上父亲去帮忙,他也乐此不疲,还经常乐呵呵地跟我们说:"邻里关系是个宝。"

双亲耄耋之年,四世同堂,其乐融融!

家风是一个家庭的精神内涵,也是一个社会的价值缩影。家风好,则家教好,则人缘好。久居幽兰之室不闻其香,于外益显奇香;久入鲍鱼之肆不闻其臭,于外益显奇臭。故无为之治,不言之教,岂虚言哉!诚全而归之。

家风家教,言传身教,愿我们每个家庭都有好的家风可以传承。

新化县桑梓镇坪溪学校　杨芳兰

名师讲堂

湖南省中小学教师发展中心李再湘副主任把教师的专业成长概括为9个关键词,分别是:梦想、学习、反思、积累、研究、写作、交流、引领、辐射。引领与辐射已然成为首席名师的工作常态。2018年,娄底市教育局在全市范围内组织了大规模的名师大讲堂活动，邹兆林书记全程参与，他截取"犟龟"的精神，勉励工作室成员要树立坚持的品格；同年，湖南省中小学教师发展中心也在全省范围内组织了大规模的送培到县活动。工作室首席名师作为送培到县的专家点评，结合长沙市王大庆老师的讲演勉励工作室成员把自己开成花；在娄底市直新进教师培训会上，工作室青年教师刘琼听了首席名师的讲座后，勉励所有新进教师要以梦为马，不负韶华……

坚 持

在2018年娄底教育大讲堂——娄底市名师工作室首席名师系列讲座活动中，娄底市刘红霞小学德育名师工作室首席名师刘红霞老师分享了一个《犟龟》的故事。故事大体内容是这样的：乌龟陶陶从鸽子夫妇那里得知狮王二十八世要举行婚礼庆典，谁都可以去参加。乌龟陶陶也踏上了去狮子洞的路，这对她来说实在是太远了……同伴们都劝阻她，嘲笑她，可她偏要继续走，最终参加了狮王二十九世的婚礼庆典，因为二十八世已在和老虎斯斯的战争中死去了。

听了刘红霞老师的故事，我想起了一个历史典故《跛鳖千里》。有一只跛鳖和一群马，为了寻找南方的乐土，他们一起上路了，但在布满荆棘的旅程中，能日行千里的马群却放弃了，只有那只跛鳖，日复一日，年复一年，不停地走啊走啊。在漫长的旅途中，它爬过了无数道山岭，蹚过了无数条河流，穿越了无数片森林。终于，在付出了长达三年的辛苦努力之后，这只意志坚强的跛脚鳖终于到达了它梦寐以求的乐土。

这个故事给我们的启示是：只要你上路了，像犟龟一样执着地上路，虽然难免还有实现不了的愿望，但是总会遇到另外一个隆重的庆典！"荷花定律"告诉我们，要想看到满塘荷花绽放，就必须坚持下去，等到最后一天。马云曾说："今天很残酷，明天更残酷，后天很美好，但是大多数人死在明天晚上，看不到后天的太阳。"大部分人都是在离成功一步之遥时放弃了。中国有句老话"行百里者半九十"，就是说走一百里路，走九十里才算走了一半，因为很多人坚持到九十里就放弃了。记得小时候用镰刀割稻子，弯着腰，一把一把地割，抬头往前看，看不到边，所以心里就开始着急、厌烦、疲惫。长辈告诉我，低头割稻子，看手中的稻子，别往前看，可以往身后看。转身看去，原来自己已经割了那么远。越接近成功越困难，越需要坚持。无论是创业还是人生，我们缺少的不是能力、技巧、模式，需要的是坚持和毅力。只有坚持量变，才能最后完成质变，才能突破成功的临界点，取得最后的成功。"大道至简，悟在天成"，复杂的事情简单去做，简单的事情重复去做，重复的事情用心去做，长期坚持，自然功成。

手握三寸粉笔，我们的老师是那么的执着，耕耘三尺讲台，我们的老师是那么的坚守，这是一份责任、一份担当，是敬业奉献、热爱学生、为人师表，是教师们的典范。"靡不有初，鲜克有终""感动中国人物"中的山村教师支月英那一句"我不是因为有希望才选择坚守，而是坚守了才可能看到希望"，就是对工匠精神的有力诠释！教育要实现以立德树人为根本的任务目标，需要全体教师始终保持一种专业、专注、专心的恒心与韧劲，以执着、精益求精、一以贯之的精神，贯彻落实好党的教育方针。

娄底市师资培训中心　邹兆林

把自己开成花
——湖南省送培到县师德巡讲专家点评

尊敬的各位领导，各位老师：

大家上午好！我叫刘红霞，来自咱们冷水江市中连乡中心小学。

"纪伯伦说，所有的工作都是空洞的，除非有爱，因为工作就是，把爱变成看得见。已经走到了人生的秋季，可把自己开成花，就永远走在春天里。"我很喜欢"岳麓区首届十佳师德标兵"王大庆老师的这句话。至圣先师孔夫子曾说：吾十有五而志于学，三十而立，四十而不惑，五十而知天命，六十而耳顺，七十而从心所欲，不逾矩。一个已有三十年教龄，且到了知天命年纪的教师，看上去一点也不显老，为什么？因为她把自己开成了花！记得亨利·福特曾说："一个人无论实际年龄已过80还是刚刚成年，如果他停止学习了，那么他就是衰老了。不断努力学习的人，不仅能保持青春的活力，而且能使自己更加有价值。"

在中共中央政治局常委李长春视察长沙时，王大庆老师曾荣幸地作为教师代表进行汇报。在倾听王老师的演讲时，我们的内心总是产生一种强烈的共鸣。这是因为，也有责任心、有爱心的我们不由自主地与王老师对接起一种共同的话语体系。如果说童心与爱心是教育事业的最后一道防线，（李镇西语）那么，今天王大庆老师演讲的"让爱看得见"，给我们诠释的则是"责任"与"成长"这两个关键词。国庆节那天，我在我的工作室分享了王老师的事迹，率先组织娄底市品德与社会名师工作室的成员进行网络研修。新化的伍伟英老师说："已经走到了人生的秋季，可把自己开成花，就永远走在春天里。这句话很有深度，值得深思。"冷水江组的杨丽琼说:"拐杖孩子的成长足以让我们明白,每位孩子都可以变成更好的自己,更何况班里那些聪明伶俐的学困生呢?"涟源组的李涛这样表达:"走出去的教育,摸得着的真实,实践教育的魅力。"双峰组的屈慧玲由衷感慨:"让我们在爱与被爱中享受教育特有的幸福吧!"娄底组的王灵芝用苏轼的诗歌《赠刘景文》来应和:"荷尽已无擎雨盖,菊残犹有傲霜枝,一年好景君须记,正是橙黄橘绿时。"有了王大庆老师的鼓舞,我们老教师在人生的秋季,也要乐观向上,积极而坚定投身教育事业,让爱看得见!

在王老师的班主任管理生涯中,为了实践上述两个关键词,她倾注了很多的心血与智慧,让我们见证着一位教育名师"用脚板思考、用脑袋行走"的方式。

诚如王大庆老师自己所说"人的成长需要认清方向,找准位置,脚踏实地,一步一个脚印行走",我觉得王老师首先是一个用脑袋行走的实践者。

一、王老师印象

1.用脑袋行走,做思考的实践者。

演讲中,王老师用很朴实的话语和大家分享了星城一个"拐杖男孩"的故事。一开始,王老师被这个拐杖孩子折腾得身心疲惫,但她没有抱怨,更没有放弃,而是在实践中寻找解决问题的策略与方法。如先和他母亲沟通,并且抓住她的心理问了一个问题:"你希望孩子长大了能有自食其力的能力吗?"争取了家庭教育的合力,再抓住一个很好的契机——孩子的生日,通过给孩子庆生让他感受到集体的温暖,也让更多的人来了解他,关心他。后来,王老师利用很多平台锻炼孩子,为孩子赢得更多的自尊与自信,如参加语文知识竞赛他还获得了二等奖等。正是因为老师用心的、科学的干预,才让孩子成长为长沙市感动星城之"自强之星"。我们回过头审视这个故事,"学校经过再三考虑,反复权衡才决定把孩子放到我班上,理由是绝对相信我会善待他"。试问:是一个多么具有爱心、责任心的人才配得上这一份沉甸甸的信任?其实,我们都有择班的经历,比如我的孩子在读初中时,我选择到七中的李晓荣老师班,我就是冲着李老师的责任心与工作能力去的。但是我们中鲜有学校帮孩子选择班级的。当一所学校经过再三权衡与考虑,把一个残障的孩子放到你班上的时候,这是对老师的爱心、责任心、人格、人品何等的褒奖!王老师果真不负众望,她善于发现问题,善于抓住父母的心理,善于抓住合适的时机进行有效的干预,让这个孩子在爱的环境中成长,最后能够自食其力。在这个过程中,老师是一个知者(客观认识),同时是一个行者(行动力与执行力),更是一个智者(科学干预)。只有这般才能成全别人,也只有这般才能成就自己。

如果说"拐杖男孩"的故事体现了王老师大爱的情怀与实践的智慧，那么对每一届学生基于课程建设为载体的天性开发，则又体现出王老师更是一位创造者。第一届：走进大自然；第二届：寻访遗落在长沙的历史文化明珠；第三届：走进系列之走进厨房、走进大学校园、走进老干所、走进戒毒所；第四届：一路行走一路书香；第五届：博物创新课程。就在教师节那天，她收到了全国知名刊物《学校品牌管理》的电子版稿件《博物创新，跨界融合——湖南首个博物课程实验班多方共建记》。

大家知道，这样的课程，特别是博物创新课程是整合了学校、社会和媒体资源的跨界融合课程，是我们教育工作者用脚步丈量责任与担当的课程。在当前的政治生态下，特别是学校安全高压线的态势下，这是我们很多老师已经不敢，甚至连想都不敢想的事情。但是那份责任与担当让王老师把实践课程做成了体系，做成了她带班的一贯作风，并且行走的脚步还将继续。我想这背后承担风险的是老师，而最受益的却是孩子，得到成长的也是孩子。这需要老师有怎样强大的内心，才扛得起这份责任与担当？因此，我情不自禁地想说：谁说我们学校的职责小？谁说班主任的职位小？谁说教师的使命就仅仅是眼前的评价和家长的满意？我们在座的也有很多的老师像王老师一样，把目光放得更高更长远，在学生思想的生发处、知识的形成处、情感的涵育处、德育的生长处做文章。

也许我们很多人会私下里嘀咕，谁还敢把学生带出去？但是王老师做到了，用她的认真、坚守与执着。于是我不由得想到了全国十佳班主任、"追梦书生"郑立平老师曾说过的话：这个世界上有太多我们无法改变的东西，比如公平与自由、责任与权利、付出与获得。它们总在不停地消耗我们的希望、打碎我们的梦想、考验我们的耐心。可哪里才是绝对公平的伊甸园？哪里有无限自由的法度？哪里有只要权利不要责任义务的职业？哪里有只要付出就定能收获的世界？如果有，那就在未来，就在我们教师的努力中从无到有，那需要国民素质的整体提升，需要心灵和灵魂的统一净化，需要我们所有的班主任老师那份坚守、执着与开拓！我希望有那么一天。

我觉得王老师不仅是一个用脑袋行走的实践者，同时还是一位用脚板思考的思考者。

2. 用脚板思考，做实践的思考者。

一个人的成长离不开他人的引领。从王老师的演讲中，我们得知她也是从农村来到城市的。我是1991年参加工作，按照王老师比我年长几岁推算，那王老师应该是1987年左右参加工作。80年代末与90年代初的农村学校条件非常艰苦，这我也深有体会。学校杂草丛生，教室坑坑洼洼，记得当时学校安排我任教的班级，教室里有两个窟窿，如果不填平根本无法摆桌子。

刚毕业时，我也是一个小姑娘，从来没有处理过这等事情的我选择了一个笨办法：发动孩子到学校操场捡一些石头砖头，用碎石与砖头垫底，再在砖头上放几筲箕黄土才基本把地板整平，整平了地板才把桌子放稳，也才能开展正常的教育教学工作。教室如此破败，教师的专业成长就不用说了，基本没有人去引领，就是教师集会，也只是校长非常简单地做一些上传下达的事务性的布置。所以要成长就只能靠自己去勤学苦练。

想想当时，看看现在，我们现在的老师，特别是年轻教师很幸福！不仅学校校舍漂亮，设施齐全，而且有很多培训学习的机会。所幸王老师在求学过程中的每一个阶段，都遇到了非常优秀的语文老师，当然也离不开老师妈妈潜移默化的作用，更重要的是书籍也成了她的重要伙伴，因为读一本好书就是与一位高人对话。

是啊，每一次信手拈来的从容都是厚积薄发的沉淀，所以她自己现在也成为了别人的重要他人。因为她在行走中积累了丰富的经验，在分享中获得了更多的追随者，因此她便成了老师们的精神领袖。也许我们每个人都有这样的经历。就拿我来说吧，之前，我的名师工作室与项目县送教下乡活动在我校进行，活动期间我们邀请了湖南省教师发展中心的李再湘主任参加了我的新书发布会。发布会上，她说到了去邵阳北高铁站接她的杨丽琼老师，说杨丽琼一路上都在说"我的成长是刘校夸出来的"，她还列举了我在新化与冷水江的两个故事：《我是所长》与《二十年后的音乐晚会》。

我们国家有千千万万个老师，如果我们都能思考，做孩子生命中的贵人，那么会有多少个孩子可以人尽其才呢？同时，我也反问自己：我，是所有学生生命中的贵人吗？如果不是，我可以继续用自己的教育智慧、教育情思去扶持培育，使和我们有缘相遇的幼苗都可以在适合的土壤中，长成自己愿意看到的样子。

二、认识自己

古罗马著名学者塔西陀曾说要想认识自己就要把自己同别人做比较。我想，这句话是很有道理的。因为，比，才可以发现不同对象的长短优劣；较，才能推动自我的调整和改造。今天的师德巡回演讲又给我们提供了一个比较、交流、分享的平台。虽然我们知道，我们小县城的学校很多方面是没法与省城名校进行比较的，但是，我们却非常期待通过这样的培训形式带给我们更多的启迪与思考，也让我们且行且思且进步！站在管理者的视角，我发现班主任工作存在以下的问题。

高消耗——班主任和学生时间投入量极大。从白天到黑夜，从校外到校内，班级管理成为拼体力、拼消耗的一种体力型劳动。城区很多班主任是过着清早出发，披星戴月而归的生活，就是休息时间也要处理班级很多的突发事件。我们说教育是一个智慧型的行业，班主任就要做学生的精神领袖、人生导师。但是，我们的很多班主任不堪重负。

低产出——班主任和学生发展不全面、不健康。据我所知，许多班主任至今仍以教出几个竞赛尖子、几个清华北大学生为骄傲，却忽视了大多数学生的身心发展，忽视班级学生整体文明习惯的养成、个性品质的完善、创新精神的锤炼。机械地送走一茬又一茬，很少或根本就没有想到要为学生一生的幸福奠基。

粗放式——对学生的管理、班级文化的培育、班级发展目标的达成，不全面、不到位、不科学。班集体建设工作不讲究规范化、精细化、科学化，从目标上讲，往往只管平时考核和学习成绩；从方法上讲，大多不管过程，只注重结果；从实质上讲，只教不育，教育和管理大多停留在表面的现象，没有真正走进学生的内心。

鄙视科学——班级教育的科学精神极其匮乏，对班集体和学生的发展规划缺乏辩证思维、科学思维。他们顽固地相信时间＋汗水，不尊重规律，不相信科学。殊不知，不尊重规律，不调查研究，不规划思考，不追求效益地"管"，只能导致班主任的忙乱、疲惫和班级管理的机械、武断。

如何打破僵局？突破困境？很多时候，困扰我们的，是一些简单的问题。我们之所以将它复杂化，是长期禁锢我们的惯有思维在作祟。

三、破解困境

先说句题外话，现在二孩政策下来，很多二孩老师都觉得更辛苦。于是，我想到冷办中心小学的工会主席曾说过的话，她说她带崽就像玩一个高级玩具。由此，我想到我们当班主任，也可以以玩的心态找乐子，让自己变得更优秀。久在樊笼里，复得返自然。打开笼门，让鸟儿飞走，也把自由，还给鸟笼。有人说：教育就是一场美丽的修行。从王老师的演讲中，我觉得优秀的班主任是这样的：

把自己修炼成一个演说家，亦如我们的王大庆老师。

把自己修炼成一个收藏家。（德育故事库，学生案例库，活动素材库，管理方法库，育人好文章，礼仪小贴士，心理巧调试）

把自己修炼成一个活动家。如王老师的课程建设,没有一定的活动能力是难以落地的。

把自己修炼成一个设计家。(每日问答,每日宣誓,每日演讲,每日审视,每日爱的拥抱,每周一歌,每周播报,每周大事,每周书荐,每周明星,每周反思,每周亲情,每周嘉奖,层递奖励,我来露一手,班委会述职报告,班级志愿者,学法小论坛,心理极限测试等)

把自己修炼成一个外交家。(家长获奖证书,家长会邀请函,给家长的感谢信,期末鉴定信,家长报告会,手拉手家庭,家教金点子,班级微信、QQ群等)

把自己修炼成一个心理学家。(好书推荐员,矛盾调解员,可爱诨号,十大人物评选,我的优点卡,焦点热点辩论会,弹性惩戒制度,班级牢骚会,阅读法转变后进生,绘画展,才艺展……)

把自己修炼成一个摄影家。用心捕捉孩子成长的镜头,留住精彩留住爱,留下脚印与成长。

把自己修炼成一个规划家。(班级必读书籍,班级必看电影,班级必听演讲,班级自己的节日,班主任应该挂在嘴边的三句话等)

如规划班级必读书籍:

《杀死一只知更鸟》(哈珀·李)、《罗密欧与朱丽叶》(莎士比亚)、《狼图腾》(姜戎)、《繁星·春水》(冰心)、《名人传》(罗曼·罗兰)、《童年》(高尔基)、《麦田里的守望者》(塞林格)、《挪威的森林》(村上春树)、《不抱怨的世界》(比尔·盖茨)。

班级必看电影:

《辛德勒的名单》《巴别塔》《当幸福来敲门》《美丽心灵》《三大战役》《大宅门》《放牛班的春天》《娘》《肖申克的救赎》《十六岁的花季》《阿甘正传》。

班级必听演讲:

《让世界充满爱》《人生的强者》《有些事,一转身就是一辈子》《我为什么学习》《点燃学习的动力》《为何不可能》《比尔·盖茨在哈佛大学毕业典礼上的讲话》《中国强大的真正希望》。

班级自己的节日:

友谊日与互助日、感恩日与尊师日、微笑日与赞美日、我秀日与无声日、道歉日与规劝日……

班级必写的书信:

感恩信:父母、老师、同学

公开信：班级、小组、好友

承诺信：师长、现在、未来

生活信：读书、特长、日记

班主任应该挂在嘴边的三句话：

孩子，我同情你，让我们一起面对吧！

孩子，我理解你，让我们一起改变吧！

孩子，我相信你，让我们一起努力吧！

把自己修炼成一个战略家。（读书学习、良好习惯、培养班干、尊重科学）

把自己修炼成一个雕刻家。（用关系点亮爱心，用角色点亮责任，用行动点亮自信，用思考点亮智慧，用习惯点亮品格，用赞美点亮成长）

把自己修炼成一个思想家。（人管人，是一种约束，是一种矛盾；而文化管人，是一种启迪，一种引领。教育的终极目标是激活思维、内化习惯、塑造人格、育养精神）

马斯洛需求理论告诉我们，我们所有的努力都是为了自我实现。我们可以选择平庸，我们也可以选择优秀。可以选择枯燥乏味地上课下课，也可以选择过有品质的教育生活。我们可以选择应付着做，也可以选择认真地做，还可以选择用心地做。一个人如果选择了自己想做、能做，且社会需要的事情，并沉醉地做着，这无疑就是最幸福、最快乐的。我坚信，把自己开成花，就永远走在春天里。我们不能扭转季节，但我们可以"营造局部的道德春天，无论面对什么困难，总有些事情，是我们能够做到的；无论多么艰辛，也总有些事情，是我们应该努力去做的，不计名利，不求功德——我始终相信，即使黑暗的深渊，也总会有某种光亮可以期待，即使是铁板一块，也总会有空间，让我们见缝插针。"

那，就让我们都把自己开成花。

谢谢！

冷水江市中连乡中心小学　刘红霞

春风沐我心，春晖遍四方

——听刘红霞校长在娄底市直新进教师培训会上的讲座有感

2019年，我才新进娄底市刘红霞小学德育名师工作室。在2019年娄底市直新进教师培训会上，我有幸聆听了首席名师刘红霞校长的专题讲座《以梦为马，不负韶华》，听完讲座，我感触颇深，只觉相见恨晚。

刘红霞校长的讲座，犹如一道视觉盛宴，给我们带来美的享受！所讲内容深刻独到、旁征博引、通俗易懂、生动有趣、发人深省。不仅让我们看到了一位思政人在兢兢业业、勤勤恳恳的耕耘中收获到的充实和幸福，更让我们听到了一位长者对我们后辈新人的谆谆教诲。讲座伊始，刘校长首先介绍了自己的学习历程：强学力行，在教育的智慧里呼吸；重视他人，在懵懂的岁月中摸索。其间分享的小故事，让我为之感动，也让我默默反思：原来我们还可以用一种育人的新视角去教书。紧接着，刘校长告诫新进教师要有团队意识，要在未知的世界里合作。一个个趣味视频和一句句情真意切的提点，让我们意识到了团队精神的重要性和必要性。然后，刘校长提到作为教师，在教书育人时，需在良心的称颂中前行。"良心"这些司空见惯、耳熟能详的词语通过刘校长的现身说法显得那么朴实与自然，感觉那么温暖，那么亲切，又那么可敬。大家都觉得刘校长是一位接地气的名师工作室首席。最后，刘校长更提醒新进教师要时刻储备能量，在巨人的肩膀上约取。是啊，每次信手拈来的从容都是厚积薄发的沉淀，只有厚积方能薄发；只有博观，方能约取。感谢刘校长的倾囊相授。

听了刘校长的讲座，如登高望远，一览师生才；如沐浴春风，荡涤心灵绪；如向导带路，寻找教学本。我也更加懂得从事教师这一职业想要获得成就，我们自己首先要热爱这个职业，热爱教育这份事业，在教育教学过程中学会转变思维观念，不能墨守成规，要不断地发展，不断地摸索适合自己的教学方式，形成自己的教学风格。

幸福是奋斗出来的！没有人能随随便便就能成功。刘校长用行动给我们阐释了"敬业是基准线，创业是生命线，乐业是幸福线"，让参培老师们都受益匪浅，刘校长所讲述的一些方法，实际上就为我们参培老师起到了"扬帆导航"的作用，我觉得包括我在内的所有参培老师必须好好地吸收和采纳，吾尽吾心，终亦无悔。

娄底市第七小学　刘琼

附录　工作室成员的成长手记

　　杰克·韦尔奇曾说:"在成功之前,你的成长与他人的帮助有关;在成功之后,你的成长就与他人的成长有关。"我们时刻提点所有工作室成员以师德铸魂,从经师走向仁师;以专业固本,从研修走向研究;以发展添翼,从共享走向共创。虽然起步较晚,羽翼未丰,但是从老师们的部分成长手记中,我们发现:成长正在路上。

以师德铸魂，从经师走向仁师

做经师，更做仁师

"经师易得，人师难求。"这两句话源于《礼记》，意思是说每一个孩子的成长都离不开经师知识的传授，同时更需要人师的精神领航。作为一名小学基础教育工作者，在进行小学道德与法治教学中，我们更应该俯下身子去做我们该做的事，用师德潜移默化地影响学生，教育我们身边一个个鲜活的生命，不断用新知识武装他们，怀瑾握瑜，思接千载，不忘本，不着急，不功利，执着地行走在从经师走向仁师的道路上，有理想，有境界，有思想，有方法，努力做到以仁爱固本，以师德铸魂。

一、以仁爱固本，从经师走向仁师

"教会学生做人"是小学道德与法治课程的出发点和归宿。小学道德与法治是对小学生进行德育教育的一门重要课程，在小学教学中占据着举足轻重的位置。该课程是以儿童生活为基础，以培养品德良好、乐于探究、热爱生活的儿童为目标的生活型综合课程。同时，道德与法治是一门温暖的课程，它为学生营建着健康安全的生活、愉快积极的生活、负责任有爱心的生活、动脑筋有创意的生活……作为一名小学道德与法治教师，要以德育为主体，让学科核心素养教学深入人心，让学生充分享受课堂学习的快乐，彰显学科教学的特色与魅力，从而实现自己从经师到仁师的华丽转身。

经师，注重的是知识的传授；仁师，则强调引领示范，精神导航。仁师，也是教师的高级阶段，正逐步把学生的道德意志转化为道德行为，达到知行统一。要做仁师，首先要具有这四个特质：一是要有理想信念，二是要有道德情操，三是要有扎实学识，四是要有仁爱之心。习近平总书记曾说，"好老师应该是仁师，只有以自己仁爱之心，才能开启学生的心灵之门。"没有"仁"，难做"师"；不做"仁师"，难称"好老师"。在小学道德与法治教书育人实践中，应该加强行为练习和实践锻炼，培养良好的道德习惯。如：文明礼貌的教育，不应该只在"文明礼貌月"当中开展，而应把文明礼貌教育制度化，不管在学校、社会还是家庭，都应对学生提出具体的要求。而教师更应该注意言传身教，为人师表，起到模范带头作用。不但要对学生的行为习惯给予正确的引导，而且应对学生输出的反馈信息给予及时的评价，正确的给予表扬，错误的给予纠正，同学之间取长补短，真正让学生知道什么应该做，什么不应该做，应该怎么做。"言传"加"身教"，使小学生们置身于学习道德与法治的意境之中，让学生轻松愉悦地接受良好的德育教育。

二、以师德铸魂，从德治走向法治

国无德不兴，人无德不立。国运兴衰，系于教育；教育成败，系于教师；教师素质，重在师德。老师作为学生健康成长的指导者和引路人，要帮助小学生扣好人生的第一粒扣子，就要以师德铸魂。教师的人格魅力来自对理想信念的执着追求。在小学道德与法治教学中，我们会面临很多道德认知的冲突；在日常生活中，有时甚至陷入两难的窘境。那么作为道德与法治教师怎么理解道德、怎么理解法治，这是非常重要的。

道德与法治是人类社会的两大基石，它们缺一不可。道德以善与恶、正义与非正义、荣辱与耻辱等标准来评价人们的言行，并通过人们内心的信念、传统习惯和社会舆论的维系发挥它的作用，道德对人的约束是一种"软约束"，没有硬性的要求，但表现好了就体现为正能量与道德高尚。法治以公平正义为原则，是由国家立法机关制定，政权保证执行的行为规则。它以规定当事人权利与义务为内容，是有普遍约束力的社会规范。它对人是一种"硬约束"。所以，我们面对这门课程的教育及日常生活的行为必须清楚：道德引导民心向善，法律规制社会、调整行为。道德解决不了的问题就需要法律去规范，法律做不到的事情需要道德去弥补。

甘为孺子育英才，克勤尽力细心裁。让我们做经师，更做仁师。

新化县实验学校　杨彩霞

从泥土里长出，朝阳成长，芬芳整个世界

一年前的某个午后，刘校长问我：如果办名师工作室，其核心任务是什么？说实话，我对其界定并不是很清晰，但有一个画面在眼前：一位举着自己鲜明旗帜的领跑者，带领一批善跑、愿跑且有方向的奔跑者，在其学科跑道上携手前进！刘校长笑了，再问："如果我是这个领跑者，你愿意加入这团队吗？"我说："很荣幸！"

一年后的早晨,阳光照射在每个孩子与老师们的身上,工作室正式启动了,我看着成立于中连乡一所农村小学的名师工作室,心中感慨万千。因为自己有幸成为团队中的一员,并参与其建设,然后深知其艰辛,敬佩其专业,感动其付出,从而深信这个从泥土里长出的工作室,迎朝阳成长,定会芬芳这个世界!

一、深知其艰辛

首席名师的艰辛:

首席名师是领头雁,是带动名师工作室团队开展工作的"发动机"!刘校,在朝夕相处的四年里我已充分领略其教育家的风范:如火的教育热情、如诗的教育情怀、独特而科学的教育思想、先进而接地气的教育理念。合理的知识结构再加其卓越的能力,让中连乡中心小学在短短的几年里发生翻天覆地的变化,她是名师工作室的灵魂!而这跳跃的灵魂是个会半夜爬起来思索教育、探求发展、坚持写校长周记并践行教育理念的名师中的名师!从个人申报到考核通过,从确定名师工作室名称到招聘研修人员的前期工作,其烦琐准备并非朝夕能成就!她轻轻道来:从招募令一发出到成员满额,她打过与接到过上百的电话。她拿着花名册,如数家珍地告诉我:这是某某区的某某老师,她可棒了,曾多次参加各类教学比武并获得奖励!再看这个,虽然不是专职教师,但是功底相当了得……看着她陶醉的表情,知道这些招募而来或慕名而来的成员都是她手心的宝!

事物初生的艰辛:

万事开头难,但首席名师思路清晰、未雨绸缪、行动力强。她请来了能为工作室提供理论支撑与业务指导,也将为工作室开展各项活动创造有利条件的两位专家顾问——湖南省教育科学研究院左梦飞老师与娄底市教育科学研究所何立新老师!有"才子诗人"之称的何顾问早早地邀请了风趣幽默的左顾问来娄底为部分成员输送能量,而后在开班仪式上的讲座——"道德与法治课程与教材的前世今生",更是让听者不愿停下!协助首席名师的三位姑娘也来了,有闻其声就知其"牛"的双峰刘娟老师,有温婉的娄底市第六小学李丽梅老师和一直在学习路上的我!于是,在2017年10月31日,由首席名师、两顾问、三核心成员与两助手(李果与杨尊东)组成的群成立了。彼此认识之后直接进入了主题的讨论:工作室的理念文化,工作室地点的选定、布局、设计,工作室的工作设想等等。刘校着手工作室的场地安排与资金争取的同时,我们又分别拟定一份理念文化初稿。各项工作分工且合作,如成员名单核实、QQ群微信群建立、学员档案建立、工作室网络工作初步建设、学员研修手册设计、工作室内几大板块的确定等等。一点一滴，一步一步，从初步到完善，从模糊到清晰！当我们第一次面对面全部集齐于中连中小会议室时，工作室的简介、室徽的设计与解读、工作室的理念文化、管理办法、工作计划、协议书等各项资料都全部放于桌面，大伙手执红笔、逐字逐句地斟酌与完善！

著名教育家丰子恺认为：名师健全的人格应该是求真、至善、达美，这是集责任感、进取心、创造力、宽容心为一体的新型人格！所以对于遇见的或将会遇见的一切艰辛与困难，在团队前都将不是问题！

二、敬佩其专业

参与者之专：

在开班仪式上，无论是上级领导还是专家讲座或者成员发言，我都要忍不住夸一声：都是行家呀！

在接省专家龚科长的路上，我对龚科长提出的建议已感动于心。而他在讲座上呈现的朴实的语言与观点，本身就是《师德素养与专业发展》专题讲座的体现，即高尚的师德人品、坚定的政治立场、强烈的社会责任、良好的沟通调试！我不禁想起两年前由他主持的省《直击新课程》网络研修工作，当时的他表现出的专业性，不张不扬，却会影响辐射周边人！

首席名师刘校的 10 分钟说课给大伙带来的是引领与思索。深厚的功底，极好的人文素养，科学的设计，严谨的提问，灵动的思维，精巧的点拨，把整节课提升到另一个高度！许是站得高，看得远，其实是"顶灯"设计，让我们清晰明白这节课所要达成的目标。

何顾问说："作为校长都能一直坚持在一线，才是真的名师。"这位阅课无数的专家诚挚地谈道："课堂要拓展，要做到 1 + 1 大于 2！"看到我们这个充满生机的团队时，他激动地说："这个团队定将取得各项优异的成绩！"

开展活动之专：

常言道：没有规矩不成方圆。章程制度与运行机制的确定为工作室运转提供保障。在丽梅带领成员学习这些东西时，我们仍在思考，我们的宗旨、职能、目标、主要工作与措施是否妥当，包括听课、评课、交流活动的开展、课题研究规划、预期效果，各项制度等，是否真正有利于促进团队的成长。

我们在工作计划里提出以课题研究为载体，以教师发展为目标，教育科研是名师成长的必由之路，科研与教学，其实就是理论与行动。想到马上要上报的优质课，我们的主题研讨活动将这样进行：晾晒（个人的思想）——碰撞（彼此的思维)——沉淀(自己的思考)——构建(新的工作思路),这将是不断共同打磨、各自内化与外化为行动的成长。

所以,为期一天的开班典礼与研修活动,既有有高度的理论知识讲座,又有有力度的课堂引导,也有有温度的互动交流,一颗颗愿成为研究型、智慧型教师的梦想种子,悄然在老师们心中生根发芽!

三、感动之付出

有几个镜头一直让我们很感动。在开班仪式的破冰活动里,成员们彼此珍惜,感激提供的平台,更珍惜遇见来自四面八方的彼此!有宝宝刚满月的"妈妈"老师,有钟情于课堂、激情讲话的"领导"老师,也有落落大方介绍远方客人的"姐妹"老师。推开家、学校、班级的一切工作,只为赴这场美丽的约定,见证彼此的成长。这种付出与成长,让我说声:缘来是你,有你真好!

在研修的休息期间,我回到中连中小的大小伙伴中间,再次相逢,彼此都很兴奋。他们同以往一样,乐呵呵地忙这忙那,他们上课之余还要为远方的客人们准备香甜可口的饭菜,只有一个厨师的食堂能够撑起近百人的丰富伙食,这离不开每位老师在背后的默默付出。而且是等客人朋友们坐定吃好后,他们才坐下休息,这又是多么让人感动的团队!

分别之时,刘校长轻轻道一声:"愿一路平安。"到家时,大伙纷纷回信。这个刚组建的大家庭,很温暖。名师工作室并不只依靠行政指令完成教育教学研究任务,首席名师与学员之间,更像是自我约束、相互帮扶的师徒关系。在这个大家庭里,思想与理念相互交融、碰撞,众人形成一个互助合作的社会性学术研究团体,发挥工作室示范、培优的作用。

在一位老师的博客上发现这段美美的文字:最好的教师不应该只燃烧自己,照亮别人;而应该在照亮别人的同时也发展自己,照亮更多的人,实现社会价值最大化。这难道不是名师工作室成员的真实写照吗?刘红霞小学德育名师工作室,从泥土中发芽,吸取养分与阳光,将通过名师引领和骨干凝聚,带领一个团队、一个学科、一所学校乃至整个社会走上科研兴教的教育改革之路,那将芬芳整个世界!

冷水江市第二中学　杨丽琼

名师就在眼前　幸福就在身边

人们往往容易忽略近在眼前的事物，而一味渴求远在天边的东西。现如今，名师就在我们身前，在最熟悉的地方也能听到最高端的讲座，感受最有学识的思想碰撞，我想身处于中连乡中心小学的我们都很幸福。名师就在我们的身边，我们每天相视而对，幸福就在我们身边，要想拥有幸福，我们就应该正确认识自己，正确认识自己现在所拥有的客观条件，去追求更大的进步。

名师工作室名单甫一确定，我们就开始忙活了。从工作室的建设到工作室成员档案的收集、整理归纳，一直到活动会场的布置，人员的分工等，都在刘红霞校长的亲自指导下有条不紊地展开。通过一系列前期精细的工作，2017年12月29日，刘红霞小学德育名师工作室开班仪式暨全员第一次研修活动正式拉开帷幕。

整天的活动内容丰富而精彩，主持人刘娟老师的专业素养体现了活动的高水平，姜荣华校长的欢迎致辞体现了东道主的胸怀格局，欧阳平主任宣布全体工作室成员名单时无比庄重、严肃，陈爱莲老师的发言激情澎湃，苏新喜局长的期许专业到位，杨丽琼老师组织的破冰活动温暖人心，刘红霞校长的说课大气深邃，而龚明斌、左梦飞专家的讲座具有深度与内涵。这一切，我至今都在细细咀嚼与内化。

湖南省中小学教师发展中心的龚明斌先生给我们送来的《师德修养与专业发展》就像及时雨，为我的专业成长指明了方向。他的讲座内容分为四个方面，从教师职业到师德修养再讲到专业发展，最后讲到德育的指要。给我感触最深的是，他提了这样一个问题："老师，你有自主权吗？"没有，市场经济的冲击，淡化了教师的职业信念；社会干预的蔓延，弱化了教师的职业地位；无限责任的压力，加重了教师的职业怠倦。而社会对于教师的要求也更加严格，所以要想让教师这个职业给人带来欢乐与幸福，就必须强调一个观念：教师首先是人，不是神！教师同样享有追求尊严和幸福的权利。把教师这个职业上升至精神层面的追求才能找到其幸福感。我们要不忘初心，牢记使命，稳步前行。这不正契合我校"不忘初心 永葆童心"这几个字背后的理念吗？

龚明斌先生在讲到专业发展方面时又给我敲了一记警钟，他说站在不同的职业岗位上，就应该思考不同领域的问题，从老师变为一个教育管理者，你自己的思维必须有大的变动，首先在自己原任学科中有所突破，其次在德育活动中获得成绩，最后在教育管理方面获得突破形成特色。那么要做到这些就必须在专业发展中提高自己，他告诉我们一个重要的方法：找关键人物——关键事件——关键书籍——认真写反思，认真反复阅读。

找关键人物即指寻找专业人士做引领，寻找贵人，寻找专家；关键事件指的是学会进入团队，进入集体中，抱团取暖，互帮互助；关键的书籍就是指由专业人士介绍的必看书籍，看关键书籍能提高自己的专业水准；最后是认真地写好各个阶段的反思，反复阅读并加以改正。连大教育家李镇西都坚持着"每天五个一"，我们就更应该改变一下自己原有的职业怠倦了吧？我想，能有幸进入刘红霞名师工作室应该是我们成长中的机遇，遇上刘红霞校长与各位专家及工作室的所有兄弟姐妹则应该是遇上我们成长中的贵人吧！我突然感觉自己是如此幸运，同时也多么想成为孩子成长的贵人！

刘红霞校长《古老的丝绸之路》说课，借用娄底市教研所何立新"何诗人"的话来说："从刘校长的说课来看简直就是——'拿着高压棒打蚊子——埋没了人才'，从课程设计与内容编排来说是滴水不漏，专业又接地气。"我认为何主任的评价真的是精准到位，我已不是第一次倾听刘校长的示范课了，给我最深的体会就是刘校长无论上哪一堂课都能很好地把握课程内容的重点以及难点，并能很好地把我们身边的案例运用到课堂中，让学生更容易理解难点内容，更迅速地接受重点内容，把知识与生活融合在一起，让学生能真正地学以致用，我想这也是我们这些年轻老师所缺乏的，更应该为之努力的方向。

左梦飞教授讲的《道德与法治课程与教材的前世今生》，我已是第二次用心倾听了。第一次在娄底市第一小学听的时候就已经深深被折服，被他幽默诙谐的风格所打动，被他中肯精确的语言所感染，更被他用自己亲身经历以及亲生儿子的小故事来举例子而感动。如今再一次听同样的讲座我并没有分心，反而更加珍惜，因为我把我第一次听懂了的回顾了一遍，把没听懂的再学习了一遍，比如法制与法治、道德与法律、道德教育与法治教育到底有何区别，有何共同之处。他还教给我们最切实际的教学方法：1.课本已完全改革，课本的最终目的是"教师便于教，学生易于学"，正确地使用教科书。2.理解教材，抓住教材中的教学话题以及活动，根据话题展开、拓宽。3.参照教材内容编排的逻辑实施教学，内容编排与课堂教学逻辑基本是一致的。4.法治教育目标要准，内容要适当，要注重目标的层次，要与之年龄相适应。5.法治教育要紧密联系学生生活，让课程鲜活有趣、有意义。6.法治教育要符合儿童的心理特点，要学会用儿童性的语言来讲授法言法语。最后，左教授强调小学的法治教育不是法学专业教育，也不是法律职业教育，而是孩子们的素养教育，要让孩子们愉快地、有尊严地度过学校生活。

是啊！我们老师大部分时间都是用成人的眼光来评价孩子的一切，殊不知在某一瞬间就可能伤害了他们呢。难怪我校的办学理念是童化育人，我们要用儿童的眼睛去观察，用儿童的耳朵去倾听，用儿童的心理去感受啊！

愉快而充实的一天很快就过去了，工作室成员们的热情却未曾退去。我要感谢刘校建立这样一个群体，感谢刘校让我参与到这个群体，感谢刘校的认可与支持，感谢所有成员的积极与配合，让我感受到前所未有的温暖与勇气。如今我对这门学科充满了浓厚的兴趣，对我们这个集体充满了无限的期待，名师就在眼前，我一定珍惜这难得的幸福。

冷水江市中连乡中心小学　李果

以专业固本，从研修走向研究

以"七子"模式研修金字塔
——致工作室所有成员

美国学者埃德加·戴尔（Edger. Dale）早在1946年就首先发现并提出了一种现代学习方式的理论，即金字塔学习方式。它用数字形式形象显示了学习的不同状态。

第一种，"听讲"，这是我们最熟悉最常用的方式，也就是老师在上面说，学生在下面听，但这种学习方式的学习效果却是最低的，因为，两周以后学习的内容只能留下5%。

第二种，通过"阅读"方式学到的内容，可以保留10%。

第三种，用"声音、图片"的方式学习，可以达到20%。

第四种，是"示范"，采用这种学习方式，可以记住30%。

第五种，"小组讨论"，可以记住50%的内容。

第六种，"做中学"或"实际演练"，可以达到75%。

最后一种在金字塔基座位置的学习方式，是"教别人"或者"马上应用"，可以记住90%的学习内容。

埃德加·戴尔提出，学习效果在30%以下的几种传统方式，都是个人学习或被动学习；而学习效果在50％以上的，都是团队学习、主动学习和参与式学习。

　　刘红霞小学德育名师工作室开班仪式暨第一次集中研修活动及以后的研修活动将基于埃德加·戴尔金字塔学习方式的理论逐步进行。

　　本周，工作室成员第一次集中研修的心得体会陆续发到了工作室。都说语言的背后是思想与情怀。我有幸拜读了很多作品，如果要把各工作室成员的研修总结与埃德加·戴尔的金字塔学习方式理论进行一个有效对接的话，我想可以用"七子"模式来概括，那就是铺底子，引路子，架梯子，搭台子，打样子，夺旗子，创牌子。用一个图式标示如下：

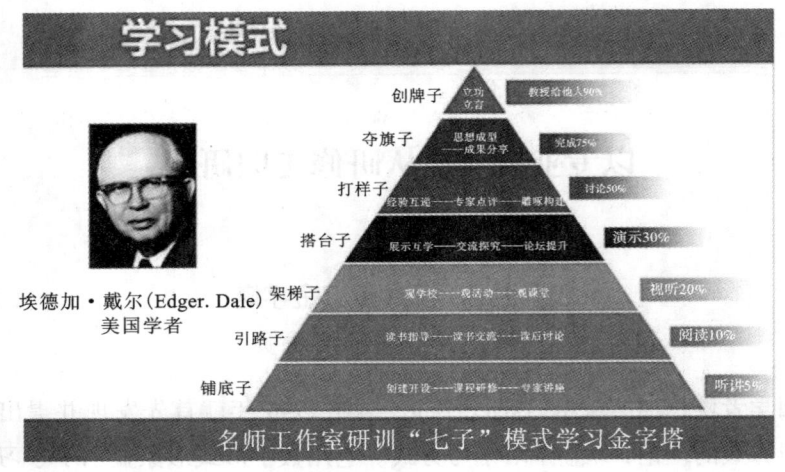

一、见贤思齐铺底子

1. 创建班级。

　　从2017年10月26日在娄底师资培训中心参加首批中小学名师工作室首席名师会议以来，工作室就紧锣密鼓地进行了成员的组建工作。于是一份饱含渴慕贤才之情的娄底市首个招募令出现在各县市的教师工资科，出现在品德与社会教研员及湖南省未来教育家、青年精英教师的手中。让我尤为感动的是双峰的刘韶红教研员、冷水江的李新强教研员与涟源的张朝晖教研员，还有新化的教师工资科科长，他们第一时间转发我的招募令，并在全市（县）范围内帮助工作室物色优秀的、有培养价值的工作室成员，才让我有机会用热切的期盼与真诚的等待迎接各位兄弟姐妹的到来。经过几天的筹划、组建与沟通，11月6日，名师工作室所有成员的电子档案发至娄底市师资培训中心指定邮箱。至此，完成了工作室组建的第一步工作。

2. 课程研发。

根据师培中心的要求，2017年12月15号前，名师工作室章程、三年发展规划、2018年年度计划必须出台，基本配置必须到位。其中工作室配置基本要求如下：独立的研讨室，教师研讨桌椅，通网络，有电脑视频展示设备，饮水设备等。这对于一所麻雀级的乡村小学来说，是有一定困难的。但是困难再大，也有解决问题的办法。于是，从那时起，我们就进行三条腿走路，一方面腾空、装修工作室，进行工作室的硬件建设；一方面与几位核心成员着手软件材料准备；还有一方面就是向有关部门汇报，争取支持。总之，工作室成员一组建完毕，接下来的事情就像对待课程研发一样。所以11月6日至12月15日这近一个月的时间里，工作室三位核心成员与其说是参与工作室的准备阶段，还不如说是课程研发的阶段。一是工作室理念文化课程研发，二是工作室规划课程研发，三是工作室行为课程研发。

这段时间，我们的三位核心成员都先根据自己的理解分头撰写，然后在线上线下交流，接着工作室顾问、核心成员齐聚中连乡中心小学进行面对面的敲定，由首席名师综合分析、取舍整合，最后在"我的成长驿站"最终成文。其间，工作室的两位顾问全力指导。如我们在凝练工作室理念文化时，何立新老师发来了有关学校的理念，希望对我们有所帮助。左梦飞老师虽未曾谋面，但在微信群里非常实诚地指导：多开展活动，包括学术的、联谊性质的活动，有活动才有生命力；多对外宣传，将活动的情况及时向领导、外界宣传；多提供平台，多发表、参评文章（以后可以单独送论文参评），上课比赛等，善于将成员平时取得的成绩总结提升，要有一定看得见的成果。

3. 专家讲座。

为了筹划开班仪式与第一次集中研修活动，工作室邀请了相关学科的龚明斌、左梦飞、何立新三位专家，专家们于12月29日如期而至。他们的分享使大家醍醐灌顶，这从所有成员的研修手记里可见一斑。

二、同声相应引路子

1. 读书指导。

读书，可以读别人的书，也可以读自己的书。因为每个人都是一本书，为了让自己这本书更加丰富，更富内涵，第一次集中研修后，工作室要求所有成员写研修总结。大家的研修手记我都一一过目，我看到很多文章，老师们用心写了，但是呈现的方式好像差一点点火候，如果交换一下位置或者改动一个词语，效果就截然不同。古时，读书人不是为了吟安一个字，要捻段数根须吗？于是就有了我的自作主张，也有了小伙伴们的意外惊喜。我想这也是我作为首席的天职理念与范本意识。

2. 读书交流。

三人行必有我师，其实，是大家给我带来更多的惊喜。工作室成员的很多文章，从标题到架构，从思想到内涵都让我眼前一亮，于是我情不自禁地推送到微信交流群。自己写来大家读，多么好的一种读书交流方式。比如，罗小玲的《聚是一团火，散是满天星》，彭灿的《守望麦田黄熟时》，陈爱莲的《名师"名"在于"明"》，李丽梅的《风景这边独好》，邓国辉的《共红霞与山水灿》，刘娟的《聆听破茧成蝶的声音》，伍伟英的《一路美丽向前行》，李俐的《静待春暖花开》，吴丽群的《感谢有您》，肖灿琼的《冬日里的一抹暖阳》，王黎明的《以德修身塑师风，以法育人润童心》，李红的《据守道德制高点，收获满园幸福花》，李果的《名师就在眼前，幸福就在身边》，罗雄的《学习何必去远方》，曾浩的《我的成长驿站》，李涛的《聆听最美声音》等都是很好的学习文本。确实，学习何必去远方，这是最好的学习资源。每个人都是一本书，每个人都值得大家用心学习。

3. 读后辩论。

当然，如果我们在读书时能融入自己的思想，能进行元认知反思的构建，或进行读后辩论，效果会更佳。在所有的研修总结中，有一篇文章很特别，那就是冷水江红日学校的潘红老师的手记，她从理论知识的夯实与发展、教学中的反思与自我反思以及关于沟通的进行三个方面来撰文，我想大概是基于元认知反思的总结吧，这是我在教育家孵化班研修时，华南师范大学王红教授倡导的方式，只是我自己还在领悟内化中。看了潘红的《新起点与新希望》研修总结后，好像明晰一点点了，至少让我体会到了她那种对于生活满足且奋进的态度。

我还记得李涛老师的观点：我觉得"聆听最美声音"与"聆听最美的声音"是效果完全不同的两种表述。我好生欢喜，因为我们的工作室成员很有思想，很有见地，这正是我所期盼的。

伍艳林老师是第一个在群里询问读什么书的老师，欧清华老师是第一个思考在其他学科中如何有效渗透法治理念的教师。我感觉这位年轻的小姑娘和这位朴实的小姐姐都有一种成长的觉醒。其实，关于读什么书，我们的核心成员李丽梅老师早就问了左梦飞老师，左老师已经开了一个清单发给了我们。作为新时期的教师肯定是要博览群书的，只有厚积方能薄发，博观然后约取。由于清单暂时不知存到哪个文件夹，面对伍老师的再次追问，我只好把我自己正在看的两本书发给她，一本是《直抵心灵的教育》，一本是《孩子成长的关键期》，这两本书是华南师范大学附属小学校长张锦庭所著，因11月份刚好要到张校长学校与之进行近距离交流，我想，通过读书，我们一定能拥有更多共同的话题。

三、同气相求架梯子

1. 观学校。

其实，不论把名师工作室设在哪个学校，都是对该校工作的促进。我校是一所麻雀级的乡村小学，各位专家们能莅临我校是学校的福气，各位名校、高校、兄弟学校的老师能来到我校是我校的荣光。对于大家的到来，我们学校也没有刻意地准备，今天我仔细留意了下校园，竟发现宣传牌都因脱落耷拉着脑袋！就是这么一个没经刻意留痕的乡下学校，我们工作室高素质的教师给予了充分的包容、海涵与鼓励，难道这不正折射出了专家的高水准与工作室所有成员的高素养吗？在这里，请容我感谢大家。同时，也倡导大家在今后的道德与法治教学中同样追求不要刻意雕琢的教育原生态。

2. 观活动。

娄底电视台的宣传是何立新老师帮我们联系的。感恩贺台长与周晓研老师在校一待就是一整天，虽然呈现在我们眼前的视频只有一分四十四秒，但是从媒体的视角却观照了我们工作室活动的整个流程。

3. 观课堂。

原本是要准备一堂高水准的示范课，其实如果让左老师来上，他是信手拈来的。考虑时间的关系，就让我来说课了。何老师及大家的评价是特照顾我面子的，这我知道。但是能让大家对这门课程有一个感性的认识，并且在这种认识的基础上有一定的想法便是我说课的初衷，就不负初衷吧。

接下来，2018年及以后的工作室活动，我们将从以下四个方面进行。

四、同伴互助搭台子

1. 展示互学。

四月份计划去双峰城南学校参与核心成员刘娟老师的展示课研讨活动。

2. 交流探究。

各学习小组要针对课堂展示集思广益，互学互促。

3. 论坛提升。

届时，还会进行优质课例的评选活动，我们可以以娄底市师资培训中心的名义进行评奖。我想这种以评促讲的方式将成为工作室活动的主要方式，以期在这样的活动中听到工作室成员生命拔节的声音。

五、同生共长打样子

1. 经验互递。

下半年，工作室将举行专题展示或经验分享大会，在经验互递中生成更多的精彩。

2. 专家点评。

在经验互递中，专家的点拨与引导是必不可少的，定能影响你的深度与广度。

3. 雕琢构建。

"清水出芙蓉，天然去雕饰"往往是我们追求的理想状态。而现实的状况是：不经一番寒彻骨，怎得梅花扑鼻香。我们只有通过自己的反思，同伴的互助，专家的指导，内心的重构才能有真正的提升。

六、千锤百炼夺旗子

1. 思想成型。

经过多轮的集训，小组的练兵，自身的内驱，才会形成自己的观点，形成自己的主张，形成自己的思想。

2. 成果分享。

三年的时间转瞬即逝，在名师工作室你是亏了还是盈了，在最终的成果展示阶段自有分晓。我相信，待到山花烂漫时，我们工作室所有成员一定都在丛中笑。

有了成果的展示，发挥自媒体效应，创牌子就是水到渠成的事了！相信这是我们每个人的期盼。

如果以上各项用埃德加·戴尔的学习金字塔来算分值：听讲占5%、阅读占10%、视听占20%、演示占30%、讨论占50%、完成占75%、教授他人占90%，就正好构成了铺底子、引路子、架梯子、搭台子、打样子、夺旗子、创牌子这"七子"金字塔学习模式。

那亲爱的伙伴们，如今，名师工作室已为我们铺好了底子，就让我们一路前行吧。

冷水江市中连乡中心小学　　刘红霞

将社会主义核心价值观内化于心、外化于行
——娄底市第八小学让社会主义核心价值观儿歌全面开花

习总书记在十九大报告中指出，社会主义核心价值观是当代中国精神的集中体现，凝结着全体人民共同的价值追求，要把社会主义核心价值观融入社会发展的各方面，转化为人们的情感认同和行为习惯。习总书记也多次指出：社会主义核心价值观要从娃娃抓起。今年3月18日，习总书记主持召开学校思政老师座谈会时强调，"思政课教师要给学生心灵埋下真善美的种子，引导学生扣好人生第一粒扣子"。怎样在孩子们的心田种下"社会主义核心价值观"的种子，引导孩子们扣好人生的"第一粒扣子"呢？曾经有一段时间，我们大中小学的老师、孩子都要求背诵"社会主义核心价值观"24个字。嘴上大家是背得滚瓜烂熟，但怎么样让孩子们将"社会主义核心价值观"入脑入心、外化于行呢？

我们刘红霞小学德育名师工作室的首席刘校长高瞻远瞩，带领冷水江市中连乡中心小学的全体老师与时俱进，开展了湖南省教育规划课题"基于儿童本位的传统文化序列化创编研究"，其间根据"童化育人、借力发展"的办学路径，邀请国家一级编剧申大局老师创编了社会主义核心价值观儿歌132首。

我作为"刘红霞小学德育名师工作室"的班长、娄底市第八小学思政教研组的组长，想从刘校长身上沾一丁点儿"光"，学那么一丁点儿，于是带领我们教研组的伙伴们进行了思考与探索，把社会主义核心价值观儿歌有机融入我们的思政课教学。

一、社会主义核心价值观儿歌进教材

现在我们的孩子们都是创作儿歌、童谣的"高手"，君不见孩子们课余时间热衷传唱一些"套路段子""灰色儿歌"——"春眠不觉晓，作业何时了。夜来棍棒声，怨恨知多少！"少年儿童，是人生的起始阶段，从小在孩子们心目中确立社会主义核心价值观体系，不仅关系到一代人的健康成长，也关系到社会主义的和谐、社会主义建设的百年大计。著名儿童文学家、首都师范大学金波教授认为，好的童谣、儿歌是心灵鸡汤，它能滋润孩子们的心灵，帮助他们健康成长，并且对儿童开朗乐观人格的塑造、思想品德的形成、美好情感的培养、行为习惯的养成，乃至中华民族语言美感的熏陶都有着潜移默化、无可替代的作用。

1. 认真学习，统一思想。

我们教研组的老师认真学习十八大、十九大以来有关社会主义核心价值观的

重要论述，学习并诵读刘校长学校——冷水江市中连乡中心小学创编的132首社会主义核心价值观儿歌，同时组内的每位老师统一思想认识，因为我们习惯于把正确的价值体系作为一种理念和思想传递给学生，因此要贯彻落实"社会主义核心价值观从娃娃抓起"，我们就要探索如何将这些大的、抽象的、理论性的、与孩子现实生活有一定距离的，甚至相对比较空洞的观念、理论转化为孩子们实际需要的、乐意接受的、能够理解的内容，变"被动接受"为"主动学习"，改"把真理交给学生"为"带领孩子感受、领悟、践行真理"。

2.社会主义核心价值观儿歌编入教材。

我们思想与品德组的老师在以前学习的基础上，根据自己任教年级的教材内容，将切合教材主题的社会主义核心价值观儿歌补充进教材，如教科版六年级《品德与社会》下册第二单元"祖国，我为你自豪"，就把与"富强"相关的儿歌《祖国在腾飞》《中国彻底变了样》《追赶强国梦》《两条龙》补充到教材内容中。

有的教材内容，我们自己创编儿歌，如教科版二年级上册《道德与法治》第五单元"我爱绿树，我爱蓝天"的第一主题《身边的环境》，为了增强孩子们的环保意识，让孩子们懂得保护绿水青山的重要性，跟上时代步伐，同时也将习总书记"绿水青山就是金山银山"的重要论述加入教材，我们一起创编了《绿水青山》儿歌：

山绕水，水绕山。
白云蓝天映水间，
青山绿水绕心田，
诗意美景我家园。
绿绿水，青青山，
水托青山向蓝天。
爱山护水我能行，
有山有水胜金银！
胜——金——银！

我们现在用的教科版《品德与社会》教材还是2004年初审通过的，教材上有些内容已成为"晚间新闻"，我们创编贴近时代、贴近生活的时政内容儿歌补充进教材，更能激发孩子们的兴趣，这也是将"社会主义核心价值观从娃娃抓起"这一精神落到实处的非常有益的探索。

二、社会主义核心价值观儿歌进课堂

社会主义核心价值观儿歌与思政课整合，将儿歌引入课堂教学，不仅符合孩子的身心特点，而且有利于转变课堂教学方式，有利于提高课堂教学的时效性。

1. 导入新课，引用儿歌，激发兴趣。

上课伊始，将社会主义核心价值观儿歌导入新课，可以调动孩子的学习积极性，将孩子的注意力快速吸引到探究知识的过程中，有效开启孩子思维的闸门，为一堂课的成功铺下重要的基石。如学习教科版六年级《品德与社会》下册第二单元第三个主题"光辉的瞬间"第一课时，讲香港、澳门回归祖国怀抱，用儿歌《妈妈的花》引入：

紫荆花，

雪莲花，

都是妈妈园中花。

一百年前被盗走，

离开妈妈离开家。

一百年，

妈想花，

流下多少泪花花。

如今妈妈强大了，

才把花儿找回家。

2. 课中环节，唱响儿歌，突破难点。

小学阶段的孩子注意力不稳定、不持久，很难长时间注意同一件事物，根据孩子的这一特点，在学习新课的过程中可以运用与新授内容有关的儿歌，调节课堂氛围，又帮助孩子理解和掌握所学的知识。如教科版五年级上册《品德与社会》第二单元"我们都有发言权"第一主题《谁说了算》第一课时，为了让孩子们理解"人人享有发言权，大家说了算"，老师出示儿歌《爱问"好不好？"》：

班主任，赵小桃，

总是爱问"好不好？"

去春游，去秋游，

她问："都去好不好？"

小组长，课代表，

她说："海选好不好？"

她越问："好不好？"

我们越觉老师好！

这时老师提问：为什么老师越问"好不好"，同学们就越觉老师好呢？一石激起千层浪！老师借用儿歌引发大家热烈的讨论，化解教学难点，引导孩子们在乐中学，在乐中悟！

3. 总结阶段，创编童谣，提升认知。

在课堂最后几分钟，我们老师一般都要进行归纳总结，这也是课堂教学中不可缺少的环节，这样能帮助孩子进一步理清思路，加深对所学知识的理解。而下课前的几分钟又是孩子最疲劳的时候，孩子对于新授内容的新鲜感逐渐消失，学习兴趣也逐渐减弱，该怎样"吊起孩子的胃口"呢？我们利用儿歌进行归纳总结，从而再度激起孩子的学习热情。如人教版二年级下册《道德与法治》第16课《奖励一下自己》的第一课时《我来发个奖》，课堂总结阶段，我们创编了儿歌《夸一夸》：

对你笑一笑，好像阳光照；
把我夸一夸，心里乐开花；
学会赞美人，幸福伴我行！
伴——我——行！

此时，儿歌以其简洁明快、朗朗上口的特点，又给课堂注入了新的活力。师生边吟诵儿歌边律动，将课堂推向高潮，孩子们笑脸如花，获得满满的成就感、满满的幸福感。

三、社会主义核心价值观儿歌上舞台

这个想法来自我们思政组老师在教学中遇到的"尴尬"。有一回，我们学校举行了"爱心义卖会"，我任教的四（2）班所筹集的爱心款有1200多元，是全年级第一，我表扬孩子们团结合作、富有爱心，这时孩子们纷纷举手报告："是我们班小乐同学的爸爸是大老板，一次就给了小乐500块参加这次活动，我们班才得年级第一的！"这时孩子们都把羡慕、崇拜的目光投向小乐，小乐脸上洋溢着骄傲的表情。还有一回，我们老师让孩子们谈"我的梦想"，班上大部分孩子说自己的梦想是当大老板、总经理、局长，也有说当科学家、工程师、老师、医生的，只有两个孩子说自己长大了要当"厨师"，这时全班同学哄堂大笑。唉！现在大部分的孩子们梦想自己将来的职业要"高大上"，也为着自己的爸爸妈妈可能是酒店服务员、清洁工、摆地摊的、快递员而感到这样的工作"不体面"，因怕被人瞧不起而"自卑"，在同学面前也不敢透露自己爸妈的职业，甚至看不起自己的父母……围绕这方面的问题，我们教研组开展了专题研讨活动，我们认为不但要在课堂教学中渗透"职业不分高低贵贱，不管是脑力劳动、还是体力劳动，都是在为繁荣富强的祖国贡献力量"的思想,从而引导孩子们深刻领会"文明、和谐、敬业、友善"等关键词的含义,同时我们也思考着充分利用可感知、可识别的具象化载体,促进孩子潜移默化认知、整合、内化社会主义核心价值观。

1.以言导舞,将社会主义核心价值观儿歌融入舞蹈教学。

嘟嘟嘟,摩托声;

滴滴滴,电话响。

喂喂喂,快递员;

亲亲亲,宝贝到!

爸爸是个快递员,

包裹送达家家屋。

从早忙到日头落,

脚步不停车轮舞。

爸爸是个快递员,

心里装的是客户。

他把辛苦当幸福,

当——幸——福!

这是我们娄底市第八小学舞蹈老师徐金菊的课堂传来的朗朗童谣《快递员爸爸》。为了巩固社会主义核心价值观与思政课教学有机整合的教学效果,让社会主义核心价值观更加深入人心,我们思政教研组扩大辐射范围,主动邀请音乐、舞蹈老师加入我们的团队,将社会主义核心价值观儿歌融入舞蹈教学。老师用社会主义核心价值观儿歌极大地调动了孩子们的多种感官,孩子们边练习舞蹈动作边吟唱儿歌,口、脑、手、脚,甚至全身都协调地动起来,让孩子们在做中学、学中乐,在自然、轻松、愉快中学会舞蹈,在自然、轻松、愉快中感悟社会主义核心价值观儿歌蕴含的深刻道理,同时我们还将排练的舞蹈《妈妈是清洁工》搬上舞台,实现了社会主义核心价值观的具象化、舞台化。

城市美容师就是清洁工,

天天打扫无论春夏秋冬。

马路和街道变美丽呀,

还有头顶上那蓝蓝的天空!

城市美容师就是清洁工,

环境卫生就在他们的心中。

工作服上镶嵌着黄色和绿色呀,

在我眼里变成了一道道彩虹!

2. 以文会友,将社会主义核心价值观儿歌融入阅读教学舞台。

寒暑假,我们思想与品德教研组又和图书馆联手,举办"阅读故事、续写故事——我阅读、我快乐"亲子阅读活动,给孩子们创设以文牵手、以文竞技、以文会友的机会,让孩子们在感受中华文化、文字、文学独特魅力的同时,领略社会主义核心价值观的主旨内涵。比如我们思政组在暑假义务举办"《迟到的理由》绘本亲子阅读活动",有不同年级、不同班级的孩子、家长一起参加我们的活动,我们组的伙伴们一起创编切合故事内容的儿歌"诚实是个宝"穿插在故事中,引人入胜,又带给孩子们很多的启迪。

诚诚实实是个宝,
做人根本要记好!
做错事情敢承认,
改正错误要做到。
与人交往信誉高,
生活快乐无烦恼!

这样通过舞蹈、亲子阅读故事会等活动,多角度解读社会主义核心价值观的丰富内涵,将抽象的价值理念具象化,增强孩子们对社会主义核心价值观的认知和认同,让社会主义核心价值观在孩子们心田落地生根、开花结果。

四、社会主义核心价值观入生活

习近平总书记深刻指出:"要注意把社会主义核心价值观日常化、具体化、形象化、生活化,使每个人都能感知它、领悟它,内化为精神追求,外化为实际行动。"

我们思政教研组的老师在教学班级创设发展性评价机制,以"优点银行"(高年级为"学习财富榜")作为载体,将社会主义核心价值观由理论形态转变为实践形态,由政治话语转化为生活话语,将培育和践行社会主义核心价值观与孩子们的日常生活融合。如在教《身边的环境》这一课时,引导孩子们爱国先要从爱家乡做起,从爱护身边的环境做起,要求孩子们争当"环保明星",将日常生活中的"环保优点"记录到"优点银行储蓄本"(班上孩子人手一册)上,相关证人签字,以此作为重要依据,每月评比"环保明星"。这样引领孩子在生活中践行社会主义核心价值观的同时学会做人、学会做事,让孩子们感觉到社会主义核心价值观可感、可知、可信、可行。

党的十九大报告强调，文化是一个国家、一个民族的灵魂，文化自信是一个国家、一个民族发展中更基本、更深沉、更持久的力量。价值观是文化最深层的内核，价值观自信是文化自信最本质的体现。

作为一线老师，我们教育引导孩子们践行社会主义核心价值观，也是我们自己践行社会主义核心价值观的最好体现。培育和践行社会主义核心价值观，大力传承中华民族思想精髓、精神基因、文化血脉，才能更好构筑中国精神、中国价值、中国力量，使中华民族以更加昂扬的姿态屹立于世界民族之林，我们老师责无旁贷！

最后，谨以自编儿歌和大家共勉：

践行核心价值观，

身体力行挑重担！

不忘初心加油干，

名师工作室创示范！

娄底市第八小学　陈爱莲

以发展添翼，从共享走向共创

如何运用信息技术工具优化教学过程
——以《品德与社会》教学为例

随着信息技术在教学中的应用，道德与法治教学变得生动形象。利用信息技术可创设形象、生动逼真的教学情景，能激发学生学习的兴趣，极大地提高课堂学习效率，充分发挥教师的主导作用和学生的自主性。将信息技术引入小学道德与法治课教学，实现先进的教学方法与教学手段的最佳整合，不仅优化了课堂教学结构，拓宽了学生的知识面，更有效地提高了课堂教学质量。

一、运用微视频、微课程改变学生学习方式

课程标准有关"实施建议"强调——"教师要激发学生的学习积极性，通过调查、讨论、访谈、项目研究、情境分析等方式，引导学生主动探索社会现实与自我成长中的问题,在合作和分享中扩展自己的经验,在自主探究和独立思考的过程中增强道德学习能力""教师要善于利用并创设丰富的教育情境,引导和帮助学生通过亲身经历与感悟,在获得情感体验的同时,深化思想认识"。然而在听课及自己的教学过程中,我发现了道德与法治的教学存在的一些问题:教学资源以书本为主,缺少多样化生活资源;教学目标以知识为主,缺少方法与能力培养;教学方法以讲授为主,缺少情景体验和探究;教学过程空洞说理多,缺少针对性和实效性;教学关注点以教为主,缺少对学习方式的指导。微视频、微课程的运用在一定程度上能转变学生的学习方式。

1.利用微视频能激发学生学习兴趣,增强情感体验。

案例:四年级第一学期《天有不测风云》(教科版)教学时,利用微视频,有效地激发了学生的学习兴趣,增强了学生的情感体验。

教学环节:借助媒体感知,了解多发自然灾害。引导学生交流:我国经常发生的自然灾害还有哪些?观看数字故事,情感提升:在2008年5月12日,四川省阿坝藏族羌族自治州汶川县发生了8.0级大地震,让我们一起来看数字故事《家》。师生互动,交流看了数字故事后的感受。案例探究分析,认识自然灾害的可怕性、不可抗拒性。

活动一:展示自然风光图片,引导学生认识美丽的大自然。提出问题:你知道大自然发怒的时候是什么样子吗?(小组内交流自己收集到的关于自然灾害的图片、文字资料)

活动二:创设情景,感受灾害(观看印尼海啸视频),感受自然灾害的可怕性、不可抗拒性。

活动三:自然灾害知多少。(了解自然灾害带给人类的灾害,视频、图片资料展示)

活动四:我国的自然灾害。播放发生在我国的自然灾害的视频,如《唐山大地震》《1998年特大洪水》。

活动五:如何预防和减少自然灾害。

教学感悟:在借助媒体感知,了解多发自然灾害的教学环节中,学生在观看了数字故事后,流露出了对遇难孩子的同情、对自然灾害的憎恨并认识到要尽快治理自然灾害的重要性。由此可见,数字故事关注了社会热点,贴近了学生生活,挖掘了学生的已有认知,提升了学生的情感体验。此外,可视化的数字故事对学生视觉和情感均有较大的冲击,学生在感受到自然灾害危害性的同时,也自然而然地体会到治理自然灾害的紧迫性,真正体现了技术为教学服务!

2. 利用微视频创设问题情境，引导学生合作探究；利用微课程实施"翻转课堂"，培养自主学习。

微课程是当前教育技术发展的热点。微课程也包括教学目标、内容、活动、评价等基本要素。教师根据教学需要，以某一学习内容为目标，借助信息技术工具如 Camtasia、Articulate、微讲台、录屏软件等，结合 PPT、剪辑的视频资料，录制微型视频课程。微课程配合必要的问题设计、学习任务单，可以实现学生课前学习、课上讨论的"翻转课堂"教学效果，还可以在课堂教学中某一环节使用。恰当使用微课程，有助于提升课堂效果，增强学生自主学习能力，培养良好学习习惯，实现"先学后教、以学定教"。

案例：五年级第二学期《社会生活有规则》第一课时教学中，为了帮助学生了解在社会生活中（路上、公交车上、书店或图书馆、超市、游乐场、电影院、公园、餐厅）必须遵守的规则，可以设计并制作微型视频课程，并对学生提出相应的学习任务单和要求。

学习流程：

（一）课前学习

1. 教师提前下发"学习任务单"和"微课程视频"，学生根据任务单要求预习教材内容，观看微课程。

2. 学生记录预习和观看微课程时遇到的问题和困惑，填写在任务单有关栏目中。

3. 按要求完成后续的学习任务：如何做一个守规则的文明人。（用各种形式呈现，如电子小报、画册等）

（二）课中讨论

环节一：学生分组交流自己收集的资料，感受社会生活中处处有规则。
环节二：学生提出的问题和困惑，师生共同研讨，教师解答。
环节三：问题探究——为什么生活中要遵守规则？（理解社会规则的意义）
环节四：如何做一个守规则的文明人？

二、运用思维导图工具促进师生的合作学习

思维导图在教学中的作用：培养学生的思维能力，提升思维品质；系统、全面地呈现知识，帮助学生掌握概念、形成知识体系、掌握学习的策略和方法；帮助学生进行分析比较和抽象概括，为解决问题、实现有效理解创造良好的前提。

教师可以准确及时地把握学生思维发展的脉络，了解其知识掌握情况，及时调整教学策略，有针对性地改进教学。教师在小组内部讨论时，将每位学生从不同角度对问题的了解及思考简单记录下来，有助于激活学生的思维。

思维导图是一种知识可视化工具，也是一种应用于记忆、学习、思考的有效思维模式，有利于人脑的扩散性思维的展开。

三、运用"班级优化大师"建立评价机制促进合作探究

"班级优化大师"是一款由希沃（Seewo）自主研发、针对学生课堂行为优化的游戏化课堂管理工具，电脑与手机可同时登录与评价，数据同步。

班级优化大师为每一位学生设定了专属卡通角色，通过加减分、随机抽选进行角色升级，配合游戏化的规则、界面及音效，激发学生的好胜心与创造力，抓住孩子的每一个闪光点，创建更积极的课堂。道德与法治课中，根据学生上课的表现，及时有力地对学生做出激励与评价，合作探究的实际效果就会有很大的提高。

小学道德与法治的信息化的整合教学改变了以往枯燥单调的教学方式，让我们的课堂变得生动有趣。多媒体技术成为促进道德与法治教学发展的重要手段。当然，信息技术的运用也要因学生和教学的需要而定，在教学过程中，教师的主导作用是不可替代的，应不断提高自身的综合素养，创造性地理解和使用教材，运用科学的教育观念，这才能营造道德与法治教学的生动形象。

冷水江市中连乡中心小学　杨尊东

农村小学创新传承优秀传统文化初探

摘要：中华优秀传统文化积淀着中华民族最深沉的精神追求，代表着中华民族独特的精神标识，是中华民族生生不息、发展壮大的丰厚滋养。对于农村小学而言，如果能将优秀传统文化创编成孩子们喜闻乐见又易于理解与表达的儿歌形式，创造性传承，会收到事半功倍的效果。实施这种传承策略需要在理念上积极引导、在内容上回归本源、在传播手段上推陈创新。

关键词：优秀传统文化、创新传承、策略

一、在理念上积极引导

1.上承天意，把握传统文化创编的战略意义。中华优秀传统文化是中华文明的精髓，积淀着中华民族最深层的精神追求。党的十八大以来，习近平总书记多次强调要传承和弘扬中华优秀传统文化。中共中央办公厅、国务院办公厅印发了《关于实施中华优秀传统文化传承发展工程的意见》。秉承全面贯彻习近平总书记关于中华优秀传统文化传承发展重要讲话精神，结合各地传承与弘扬中华优秀传统文化的经验做法，我校承担了"基于儿童本位的传统文化序列化创编研究"课题。我们认为：小学教育是决定孩子一生命运的教育，是儿童教育的固本铸魂工程。传承中华文明从孩子抓起，一是培养核心素养的基本要求，二是弘扬传统文化的本质要求，三是提升生命质量的实践要求，四是化解负面冲击的时代要求。

2. 下接地气，遵循农村儿童的身心发展规律。教育要基于儿童，为了儿童。引导农村孩子传承祖国优秀传统文化更要坚持儿童立场，体现游戏精神。蹲下来用儿童的眼睛去观察，用儿童的耳朵去倾听，用儿童的思维去发现，用儿童的心灵去感受，把优秀传统文化内化成儿童自己的文化样态，使之成为儿童生命成长的养料。

3. 凸显人气，彰显传统文化精神的文化自觉。凸显人气体现在尊重需求、顺应人性与注重价值引领上。对于心智没有完全成熟的农村小学生来说，中华优秀传统文化传承最大的需求是资源。我们主张用儿童文学的思想和方法来梳理、甄别、遴选传统文化中的优质资源，再把传统文化内容分成三大类：基础类，意在打好底子；结构类，意在润好底色；装饰类，意在蓄好底蕴。在形式上进行儿歌式嵌入创造、编写，让传统文化的理性光芒与儿童文化的灵性神韵有机结合。从而把对中华优秀传统文化的自觉与认同，转化为具体的文化行动。如学校通过国旗下传诵经典来推送，通过课前诵读、午间阅读、课后服务及乡村少年宫、家校联动等方式进行推广。在推广的过程中，尽可能用人性化的管理来涵养学校的文化与生态，使人不断向好、不断向善，不断激发人内心的正能量。

二、在内容上回归本源

中华优秀传统文化不仅仅停留在背诵朗读、磕头作揖、唐装汉服这种浅显的学习层面，更要深入到文化精神与灵魂之中去。

1. 传承与遴选。传承国粹是历史赋予我们的责任与使命。早在1988年，全世界诺贝尔奖获得者在巴黎发表宣言：如果人类要在21世纪生存下去，必须回到2500多年前去吸收孔子的智慧。1995年3月，政协会议上，赵朴初、冰心、曹禺、夏衍等九位文化名人提出了传承文化的紧急呼吁。时值当下，传承祖国优秀传统文化已是新时代的最强音、中国教育改革发展的时代刚需。遴选中华优秀传统文学资源,准确理解再创作价值,发挥文学就是"例子"的教育和示范作用是一项重要的工程。如对华夏名人,我校遴选了华夏百杰,根据其生平、特长及贡献进行分类。包括老子等圣哲先贤、屈原等文学泰斗、秦始皇等政治英才、王羲之等艺术大师、孙武等军事将领、李冰等科学英杰、王昭君等巾帼英贤。

2. 改造与创编。结合当代语境,对国学进行现代化改造,形成新国学,进而实现对中国传统文化的现代转型,才能使国学与传统文化焕发新的生机。我们组织相关成员对遴选的资源进行改造与创编,首先要找准中华优秀传统文化与儿童教育、现代文明的最佳融合点,将适合儿童的中华传统文化嵌入孩子们喜闻乐见的歌谣之中,以诵读传承,以游戏传诵,以生活浸润。其次把遴选出的内容作为创编的资源,结合学校童化教育的办学思想,合理利用社会资源对传统文化进行儿歌式嵌入创编。如圣哲先贤篇中的《老子》:"老子骑青牛,来到函谷口,遇到喜关守,拉住不让走,写本《道德经》,永在世间留。"再如艺术大师篇中的《王羲之》:"王羲之,爱写字。拜卫烁,当老师。学张芝,研墨池。一幅《兰亭序》,天下第一书。草书《十二帖》,精美传后世。"

3. 实践与干预。从某种意义来说,传统文化序列化创编研究,是对儿童的行为方式、情感态度和生命意义的探寻。实践即儿童文化课程的实施方式。实施方式是一个综合概念,它融合了包括理念、文化、兴趣、思维、方法、技巧、策略、情感等在内的诸多因素,而形成一种品质。传统文化传承的特点是:文化熏陶,亲身体验,善于反思,融入生活。目前的课程干预主要是把中华优秀传统文化的序列化创编作品成功应用到课程计划,供常规学习;引入到乡村少年宫,供日常活动;引入到校园文化艺术节,供展示表演;引入到家庭教育,供家校联动;引入到联盟共同体,供相互交流。

三、在传播上推陈创新

既要保持传统、严肃的特质,又要改变传统文化呆板、陈旧的面貌,结合儿童的特点,创新表达方式,在传统内容中融入现代流行文化元素,使青少年不再敬而远之,而是主动靠近,心向往之。

1. 国家课程的校本化实施。在国家课程的校本化实施上,我们主要从以下几方面抓好学校常规传承。

(1)国旗下诵读传承。我校改变国旗下讲话传统的内容和方式,让孩子站在舞台的正中央,通过一个个任务驱动,每周让一个班的孩子在国旗下诵读、表现、推广,并利用课前两分钟诵读、午间讨论、课后服务的方法达到传承的目的。

（2）课间操律动传承。我校借鉴高校与中小学在国学方面的协作研究方式，邀请国家一级编剧申大局先生对课间操律动内容进行创编。在大课间活动中创编了传统文化花样跳绳操，通过活动中的吟唱，不仅树立了榜样，而且发挥了优秀人物的引领作用。

（3）乡村少年宫主题传承。每周三下午是学校的乡村少年宫活动，乡村少年宫项目都围绕学校的办学理念，乡村少年宫真正成了道德建设的窗口，素质教育的载体，优秀传统文化传承的主阵地。

2.地方课程的本土化开发。浙江大学教授刘正伟曾说：地方文化既是个体接受民族、国家主流文化的背景及媒介，其中又无不渗透着民族及国家的主流文化。每一个个体的成长都离不开他赖以生存的环境，特别是所属的文化，会深深地打下这个文化的印记。显然，在个体成长的过程中，地方文化的滋养不可或缺。它对个体认知和接触主题文化具有重要的促进作用。我们曾组织学校师生开展过"认识脚下热土，了解家乡人文"为主题的研学活动。在活动中，让学生认知、理解及体验本地的文化，增强自豪感和使命感。我们又与娄底市波月诗社的诗人一道从冷水江自然风光儿歌、精英人物儿歌、工业赞歌儿歌、器具忆旧儿歌、美丽传说儿歌、乡土人情儿歌等几方面进行地方优秀传统文化的创编与传诵。地方优秀传统文化是中国传统文化的根基。进行冷水江传统文化儿歌创编，对于保存和传承地方传统文化，有着非同一般的意义，它能打破时空阻力界限，使地方传统文化得到全方位、全角度的感知与传承。为此，在2018娄底市、冷水江市课题成果推广活动中，笔者在红日实验小学，面对全市的与会教师，上了一堂《吟唱地方童谣，传承中华经典》的示范推广课，获得了好评。尤其是参会的相关市领导评价说：地方传统文化儿歌化，通过音画，借助童声的纯真，童心的纯洁，打造当地经济和文化旅游事业发展的新名片，以此向全世界发出邀请，对推动地方经济社会发展提速，发挥了重要作用。

3.校本课程的特色化推进。在主题活动中，还可以结合课外活动编排文艺节目，与学生实际和教育教学有机结合、得体实施，让学生在兴致勃勃的表演中去理解经典的深刻内涵，让高尚的情操、崇高的理想通过语言文字流入学生的心田，提高文化品位和审美情趣。

（1）社会主义核心价值观儿歌进校园。习近平总书记特别强调，人无德不立，育人的根本在于立德，要坚持教育引导学生培育和践行社会主义核心价值观，做到"品德润身、公德善心、大德铸魂"。总书记不仅强调了德育的极端重要性，还全面阐述了德育的内容和方式方法，这对我们学校工作有很大的指导意义。我们根据小学生的年龄特点，围绕社会主义核心价值观24个字创编了132首儿歌，如"富强"从以下11个主题进行创编：祖国在腾飞、中国彻底变了样、追赶强国梦、两条龙、高速公路、立交桥、中国在领跑、网络时代、小康生活、天堂是家乡、小鼠标。儿歌的创编让"富强"这个抽象概念变得可视化与具象化，诵读中，一种爱国的情感便油然而生。

（2）金融儿歌进校园。我们从"货币的故事、亲近人民币、假币是个害人精、走进身边的银行、从小学理财、诚信伴我行"等几个方面进行创编。如货币的故事这样说："货币是什么，货币就是钱。吃喝拉撒睡，都和钱相干。世界五大洲，没钱玩不转。上下五千年，货币相陪伴。远古用实物，上古用铸件。后来用纸钞，今日用卡片。一部货币史，绵延几千年。"

（3）法治知识进校园。我校是德育名师工作室的基地校，笔者是娄底市首批名师工作室小学德育名师工作室的首席名师，为了培养工作室所有成员及全校师生的法治意识，落实国家法治精神，我们又组织相关成员进行了法治知识进校园儿歌创编。从"记住这些标志、了解这些常识、懂得这些知识、具备这些胆识、别干这些事"等几个方面创编了100首儿歌。

冷水江市中连乡中心小学　刘红霞

后　记

　　世间一切，都是遇见。就像春遇到冬，有了岁月；天遇见地，有了永恒。人生中，我们遇见无声的文字，遇见有声的倾诉，遇见一花一叶，遇见大千世界。2017年，娄底市首批以首席名师姓名与当时任教学科命名的九个名师工作室成立了，娄底市刘红霞小学品德与社会名师工作室（后更名为刘红霞小学德育名师工作室）花落冷水江市一所麻雀级的乡村小学——中连乡中心小学。这不仅是我、我校、冷水江及娄底教育史上的大事，更是我们每个有缘人的一次美丽遇见。

　　在这里，我们遇见友谊，我们遇见智慧。教育科研是披荆斩棘、充满艰辛的跋涉旅程，但一行人就是一种气象。两年多来，工作室小伙伴一起，同课异构各展风采、主题研讨火花四溅、课题研究小试牛刀……就这样激情共促、温情陪伴，手拉手点亮了思政教育路上的智慧星光，也收获了志同道合的亲密战友。

　　在这里，我们遇见成长，更遇见一群专业领域的"贵人"。工作室成立两年多，工作室的小伙伴从省思政教学比赛的大奖到课题研究与教育教学论文评比各类奖项拿到手软，今天这本《思政教育在路上》的结集出版，是我们成长的璀璨印记。但这不仅是我们自身努力、团队成员携手奋进的结果，更要感谢遇到的一群专业领域的"贵人"。从工作室的筹备到工作室各项活动的开展，是娄底市党组书记、局长李耀文先生，娄底市师资培训中心肖四萍主任、邹兆林书记，冷水江市教育局党组书记、局长刘论文先生，副局长苏新喜先生，教师工作科科长欧阳平主任，教师进修学校龙显特校长，中连乡中心学校姜荣华校长等为我们搭建了学习交流的平台，并提供物质场地的保障；是工作室专家顾问湖南省教科院基础教育研究所副所长左梦飞先生、娄底市教科所道德与法治教研员何立新老师为我们的思政教研之路提供了具有指导意义的顶层设计与专业指导；是咱们工作室的客座专家李新强、刘韶红、张朝晖、聂磊、田新月等娄底市各个县市的道德与法治教研员给予的大力支持与无私帮助。这里尤其要感谢冷水江市委宣传部部长邓娟女士与冷水江市政府副市长王建农先生的关注与国家一级编剧申大局先生的帮扶。

孔子说，居之无倦，行之以忠。有一天，我们会发现，抛开一切世俗的附加，我们的信念和本心才是最为宝贵的，它存在于向真、向善、向美的追求当中。我们，将继续勤勉地跋涉于思政教育的路上，致力于引导孩子们"扣好人生的第一粒扣子"，将"向真、向善、向美"的种子植根于孩子们幼小的心田，培养能担当民族复兴大任的时代新人。

心怀感恩，珍惜遇见，向光而行，美好可期！

刘红霞
2019 年 7 月 16 日

图书在版编目（CIP）数据

思政教育在路上：刘红霞小学德育名师工作室专业成长路径/刘红霞主编. —长沙：中南大学出版社，2020.1

ISBN 978-7-5487-3737-7

Ⅰ.①思… Ⅱ.①刘… Ⅲ.①思想品德课—教学研究—小学②社会科学课—教学研究—小学 Ⅳ.①G623.102

中国版本图书馆 CIP 数据核字（2019）第 202824 号

思政教育在路上
——刘红霞小学德育名师工作室专业成长路径

刘红霞　主编

□责任编辑	谢贵良　张　倩　梁　甜
□责任印制	易建国
□出版发行	中南大学出版社
	社址：长沙市麓山南路　　邮编：410083
	发行科电话：0731-88876770　传真：0731-88710482
□印　　装	长沙市宏发印刷有限公司
□开　　本	710 mm×1000 mm 1/16　□印张 26　□字数 464 千字
□版　　次	2020 年 1 月第 1 版　□印次 2020 年 1 月第 1 次印刷
□书　　号	ISBN 978-7-5487-3737-7
□定　　价	49.00 元

图书出现印装问题，请与经销商调换